भारत

एक सनातन यात्रा

'भारत एक सनातन यात्रा'

एक रहस्यदर्शी की रहस्यपूर्ण पुस्तक है।

इस रहस्यदर्शी में अतीत के स्वर्णिम भारत के सभी रहस्यदर्शी समा जाते हैं और साथ ही वे जीवंत व जगमग हो उठते हैं। इस पुस्तक के एक-एक पृष्ठ की एक-एक पंक्ति में रहस्यों के हीरे, माणिक-मोती हैं। रहस्य में से रहस्य निकालते चलें और फिर भी पीछे रहस्य छूट जाएंगे। इसलिए इसे आप बार-बार पढ़ने का आनंद ले सकते हैं। पुस्तक के अंत में सभी प्रवचनांशो का स्रोत भी प्रकाशित किया गया है, ताकि आप चाहें तो पूरा प्रवचन अथवा पुस्तक भी मंगवा सकते हैं।

संकलन / संपादन : स्वामी चैतन्य कीर्ति
संयोजन : स्वामी अमानो मनीष

Bharat Ek Sanatan Yatra - in Hindi

प्रकाशक : डायमंड पॉकेट बुक्स (प्रा.) लि.
X-30 ओखला इंडस्ट्रियल एरिया, फेज-II
नई दिल्ली-110020
फोन : 011-40712200
ई-मेल : sales@dpb.in
वेबसाइट : www.diamondbook.in

मुद्रक : रेप्रो (इंडिया)

संस्करण : 2021

भारत
एक सनातन यात्रा

ओशो

भूमिका

चेतना की पहली किरण के साथ इंसान की आंखों में जो सपना बस गया, ओशो उस सपने का नामकरण करते हैं—भारत। और इसीलिए भारत को भू-खंड की सीमा से मुक्त कर देते हैं। उनके लफ़्ज़ों में—"भारत कोई भू-खंड नहीं है, न राजनैतिक इकाई, न ऐतिहासिक तथ्यों का कोई टुकड़ा। भारत एक प्यास है, सत्य को पा लेने की। जमीन पर कोई कहीं भी पैदा हो, किसी देश में, किसी सदी में, अतीत में या भविष्य में, अगर कोई खोज अंतर की खोज है, किसी की भी, वह भारत का निवासी है।"

जातिवाद एक बहुत बड़ी समस्या है। समय-काल हार गया उसे सुलझाते हुए, कुछ नहीं कर पाया। ओशो सहज कह पाए हैं—"देह शूद्र है, मन वैश्य, आत्मा क्षत्रिय, और परमात्मा ब्राह्मण।"

वे कुछ ब्योरे में उतरते हैं—"देह शूद्र है, क्यों? क्योंकि देह की दौड़ सिर्फ इतनी है—खा लो, पी लो, भोग कर लो, सो जाओ, जाग जाओ और मर जाओ। यह शूद्र की सीमा है। जो देह में जीता है, वह शूद्र। शूद्र का अर्थ हुआ—मैं देह हूं। यह मनोदशा शूद्र है।

"मन वैश्य है। खाने-पीने से ही राजी नहीं होता। कुछ और मांगता है। मन का अर्थ है—कुछ और चाहिए। शूद्र में एक तरह की सरलता है। देह में बड़ी सरलता है। वह कुछ ज्यादा नहीं मांगती। दो रोटी मिल जाए, सोने को छप्पर मिल जाए, और शरीर की मांग सीधी है—थोड़ी सी, सीमित सी। देह को असंभव में रस नहीं है। इसीलिए कहता हूं देह शूद्र है...।

"जब और-और की वासना उठती है, तो वैश्य हुआ। वैश्य का मतलब है—मन। और मन व्यवसायी है, वह फैलता चला जाता है, रुकना नहीं जानता...।

"क्षत्रिय का मतलब है—संकल्प, प्रबल संकल्प, कि मैं कौन हूं? इसे जान लूं! शूद्र शरीर को ही जानता है, उतने में ही जी लेता है। वैश्य मन के साथ दौड़ता है। और क्षत्रिय जानना चाहता है—मैं कौन हूं? इसीलिए चौबीस तीर्थंकर, राम, कृष्ण सब क्षत्रिय थे। क्योंकि ब्राह्मण होने से पहले क्षत्रिय होना जरूरी है। जिसने जन्म के साथ अपने को ब्राह्मण समझ लिया, वह चूक गया। जैसे परशुराम ब्राह्मण नहीं हैं। उनसे बड़ा क्षत्रिय खोजना मुश्किल होगा। जिंदगी भर मारने का काम करते रहे। फरसा लेकर घूमते थे। उन्हें ब्राह्मण कहना ठीक नहीं है। सो—संकल्प क्षत्रिय है...।

"ऐसा समझो कि भोग यानी शूद्र। तृष्णा यानी वैश्य। संकल्प यानी क्षत्रिय। और जब संकल्प पूरा हो जाए, तब समर्पण की संभावना है...।

"समर्पण—यानी ब्राह्मण। ब्राह्मण यानी ब्रह्म को जान लेना। जो मिटा उसने ब्रह्म को जाना...।"

और ओशो यह सब कहते हुए, आहिस्ता से हर रहस्य को खोलते हैं—"भारत में पैदा होने से ही कोई भारत का नागरिक नहीं हो सकता। जो एक दुर्घटना की तरह भारत में पैदा हो गए, जब तक उनकी प्यास उन्हें दीवाना न कर दे, तब तक वे भारत के नागरिक होने के अधिकारी नहीं हैं। भारत एक सनातन यात्रा है, अनंत से अनंत तक फैला हुआ रास्ता..." और ओशो की आवाज एक सीमा से निकल कर असीम में ढलती हुई कहती है—"मेरे लिए भारत और अध्यात्म एक ही अर्थ में है...।"

मैं नहीं जानती—कौन सा काल था, कौन से ऋषि थे, जिन्होंने काल मुक्त होकर, ब्रह्मा, विष्णु, महेश के गुणों से गुणातीत, त्रिपुरा सुंदरी का रहस्य पाया। आदि शक्ति का। उन ऋषियों ने कायामय होते हुए भी काया-मुक्त की सी अवस्था में त्रिपुरा सुंदरी का दर्शन किया। और कह सकती हूं—कि ओशो का होना कुछ उसी तरह की घटना है, कि उन्होंने 'भारत' शब्द को अध्यात्म नाम की जमीन पर पनपते हुए और खिलते हुए देखा।

थोड़ा सा गहराई में जाएं, अध्यात्म की जमीन पर खिलते हुए फूल को समझने के लिए, तो ओशो की इन पंक्तियों को सामने रखना होगा—" 'नहीं' के बीच में जो कुछ है, जिसे जिंदगी कहा जाता है, यह असत्य होगा। जो पहले नहीं था, अब है, और फिर नहीं होगा, वह असत्य ही हो सकता है, सत्य नहीं। भारत में सत्य की एक परिभाषा है—जो काल में टिके। तीन काल में टिके। तीन काल में जिसका खंडन न हो। जो पहले भी था, अब भी है, और फिर भी होगा, वही सत्य है। जो कल नहीं था, अब है, और फिर नहीं होगा, भारत उसे असत्य कहता है।"

त्रिपुरा सुंदरी का रहस्य ठीक यही है, तीन पुर, तीन नगर, तीन गुण, जो लीला खेलते हैं, उससे पहले भी त्रिपुरा सुंदरी थी, उस लीला में भी वह है, और उस लीला के बाद भी वह रहेगी।

भारत ने इस सब कुछ को साक्षी भाव से देखा, और इस सत्य को अंतर चेतना का नाम दिया।

यही सत्य महा कारण से पहले था, महा कारण में आया, फिर कारण शरीर में, फिर सूक्ष्म शरीर में। और फिर वही सूक्ष्म—कायामय होता है...।

दूसरे लफ्ज़ों में—यह कायामय होना कायनात के साज़ की आरोही है, और फिर काया-मुक्त होकर जो लौट जाना है, वह इसी साज़ की अवरोही है...।

खामोशी का तरंगित हो जाना वही सत्य है, जो किसी ध्वनि का खामोशी में उतर जाना। इसलिए कह सकती हूं कि ओशो, भारत की खामोशी का तरंगित हो जाना है। बुद्ध, कृष्ण, नानक, भारत की ध्वनि थे, और जब हम से वह ध्वनि खो गई, तब उस ध्वनि को सुन पाने का और कह पाने का जो माध्यम हुआ, उस माध्यम का नाम ओशो है।

हम जब काल की सीमा में बंध जाते हैं, काल-मुक्त होकर सत्य को पाने का स्मरण भी खो जाता है। और उस समय किसी बुद्ध, किसी कृष्ण, किसी अष्टावक्र की आमद अंतर के अंधेरे में शक्ति कणों की तरह चमक जाती है। शक्ति कण अंतर में होते हैं, लेकिन उनका स्मरण नहीं होता। और बुद्ध, कृष्ण जैसी कोई आवाज उनका स्मरण देती है। ठीक उसी तरह ओशो हैं, जिन्होंने भारत के शक्ति कणों की स्मरण-गाथा कही है, इसलिए बड़े प्यार से, अंतर के गहरे अहसास से मैं ओशो को स्मरण-देवता कहना चाहती हूं।

यह अंतर में कृष्ण की बांसुरी को सुनना है। इसी का स्मरण देते हुए ओशो के शब्द हैं—"तुमने सुना कि कृष्ण की बांसुरी बजती है तो गोपियां अपने घरों में काम नहीं कर पातीं। उनके हाथ-पैर डगमगा जाते हैं, गगरी छूट जाती है, मथनी भूल जाती है, वे भागती हैं, मदहोश सी। यह कथा प्रतीक है—इंद्रियां प्रतीक हैं गोपियों की। और जिस दिन भीतर की बांसुरी बजने लगती है, तो इंद्रियां—अपनी मथनी, अपनी मटकी, अपनी गागर, सब भूल जाती हैं। भीतर के कृष्ण की बांसुरी बजने लगी, और इंद्रियां उसके आसपास नाचने लगीं। परिधि नाचने लगी केंद्र के पास।"

जिस तरह कृष्ण की बांसुरी को भीतर से सुनना है, ठीक उसी तरह 'भारत—एक सनातन यात्रा' को पढ़ते-सुनते, इस यात्रा पर चल देना है। और कह सकती हूं कि अगर कोई तलब कदमों में उतरेगी, और कदम इस राह पर चल देंगे, तब वक्त आएगा कि यह राह सहज होकर कदमों के साथ चलने लगेगी, और फिर 'यात्रा' शब्द अपने अर्थ को पा लेगा!

यह अर्थ बहुत गहरा है—धारा से राधा हो जाने का। ओशो सुनाते हैं—"पुराने शास्त्रों में राधा का कोई जिक्र नहीं। गोपियां हैं, सखियां हैं, कृष्ण बांसुरी बजाते हैं और रास की लीला होती है। राधा का नाम पुराने शास्त्रों में नहीं है। बस इतना सा जिक्र है, कि सारी सखियों में एक थी, जो छाया की तरह साथ रहती थी। यह तो सात सौ वर्ष पहले राधा का नाम प्रकट हुआ। गीत गाए जाने लगे, राधा और कृष्ण के। इस नाम की खोज में बहुत बड़ा गणित है। राधा शब्द बनता है धारा शब्द को उलटा देने से।

"गंगोत्री से गंगा की धारा निकलती है। स्रोत से दूर जाने वाली अवस्था का नाम धारा है। और धारा शब्द को उलटा देने से राधा हुआ, जिसका अर्थ है—स्रोत की तरफ लौट जाना। गंगा वापिस लौटती है गंगोत्री की तरफ। बहिर्मुखता, अंतर्मुखता बनती है।"

ओशो जिस यात्रा की बात करते हैं—वह अपने अंतर में लौट जाने की बात करते हैं। एक यात्रा धारामय होने की होती है, और एक यात्रा राधामय होने की...।

—अमृता प्रीतम

भारत एक सनातन यात्रा है

प्यारे ओशो,
वह कौन-सा सपना है, जिसे साकार करने के लिए आप तमाम रुकावटों और बाधाओं को नजरअंदाज करते हुए पिछले पच्चीस-तीस वर्षों से निरंतर क्रियाशील हैं?

सपना तो एक है, मेरा अपना नहीं, सदियों पुराना है, कहें कि सनातन है। पृथ्वी के इस भू-भाग में मनुष्य की चेतना की पहली किरण के साथ उस सपने को देखना शुरू किया था। उस सपने की माला में कितने फूल पिरोये हैं—कितने गौतम बुद्ध, कितने महावीर, कितने कबीर, कितने नानक, उस सपने के लिए अपने प्राणों को निछावर कर गये। उस सपने के मैं अपना कैसे कहूं? वह सपना मनुष्य का, मनुष्य की अंतरात्मा का सपना है। इस सपने को हमने एक नाम दे रखा है। हम इस सपने को भारत कहते हैं। भारत कोई भूखंड नहीं है। न ही कोई राजनैतिक इकाई है, न ऐतिहासिक तथ्यों का कोई टुकड़ा है। न धन, न पद, न प्रतिष्ठा की पागल दौड़ है।

भारत है एक अभीप्सा, एक प्यास—सत्य को पा लेने की।

उस सत्य को, जो हमारे हृदय की धड़कन-धड़क में बसा है। उस सत्य को, जो हमारी चेतना की तहों में सोया है। वह जो हमारा होकर भी हमें भूल गया है। उसका पुनः स्मरण उसकी पुनरुद्घोषणा भारत है।

'अमृतस्य पुत्रः—ऐ अमृत के पुत्रो', जिनने इस उदघोषणा को सुना, वे ही केवल भारत के नागरिक हैं। भारत में पैदा होने से कोई भारत का नागरिक नहीं हो सकता।

जमीन पर कोई कहीं भी पैदा हो, किसी देश में, किसी सदी में, अतीत में या भविष्य में, अगर उसकी खोज अंतस की खोज है, वह भारत का निवासी है। मेरे लिए भारत और अध्यात्म पर्यायवाची हैं। भारत और सनातन धर्म पर्यायवाची हैं। इसलिए भारत के पुत्र जमीन के कोने-कोने में हैं। और जो एक दुर्घटना की तरह केवल भारत में पैदा हो गए हैं, जब तक उन्हें अमृत की यह तलाश पागल न बना दे, तब तक वे भारत के नागरिक होने के अधिकारी नहीं हैं।

भारत एक सनातन यात्रा है, एक अमृत पथ है, जो अनंत से अनंत तक फैला हुआ है।

इसलिए हमने कभी भारत का इतिहास नहीं लिखा। इतिहास भी कोई लिखने की बात है? साधारण-सी दो कौड़ी की रोजमर्रा की घटनाओं का नाम इतिहास है। जो आज तूफान की तरह उठती हैं और कल जिनका कोई निशान भी नहीं रह जाता। इतिहास तो धूल का बवंडर है। भारत ने इतिहास नहीं लिखा। भारत ने तो केवल उस चिरंतन की ही साधना ही है, वैसे ही जैसे चकोर चांद को एकटक बिना पलक झपके देखता रहता है।

मैं भी उस अनंत यात्रा का छोटा-मोटा यात्री हूं। चाहता था कि जो भूल गये हैं, उन्हें याद दिला दूं; जो सो गए हैं, उन्हें जगा दूं। और भारत अपनी आंतरिक गरिमा और गौरव को, अपनी हिमाच्छादित ऊंचाइयों को पुनः पा ले। क्योंकि भारत के भाग्य के साथ पूरी मनुष्यता का भाग्य जुड़ा हुआ है। यह केवल किसी एक देश की बात नहीं है।

अगर भारत अंधेरे में खो जाता है तो आदमी का कोई भविष्य नहीं है।

और अगर हम भारत को पुनः उसके के पंख दे देते हैं, पुनः उसका आकाश दे देते हैं, पुनः उसकी आंखों को सितारों की तरफ उड़ने की चाह से भर देते हैं तो हम केवल उनको ही नहीं बचा लेते हैं , जिनके भीतर प्यास है। हम उनको भी बचा लेते हैं, जो आज सोये हैं, लेकिन कल जागेंगे; जो आज सोये हैं, लेकिन कल घर लौटेंगे।

भारत का भाग्य मनुष्य की नियति है।

क्योंकि हमने जैसे मनुष्य की चेतना को चमकाया था और हमने जैसे दीये उसके भीतर जलाये थे, जैसे फूल हमने उसके भीतर खिलाये थे, जैसे सुगंध हमने उसमें उपजाई थी, वैसी दुनिया में कोई भी नहीं कर सका था। यह कोई दस हजार साल पुरानी सतत साधना है, सतत योग है, सतत ध्यान है। हमने इसके लिए सब कुछ कुरबान कर दिया। लेकिन मनुष्य की अंधेरी से अंधेरी रात में भी हमने आदमी की चेतना के दीये को जलाये रखा है, चाहे कितनी ही मद्धिम उसकी लौ हो गयी हो, लेकिन दीया अब भी जलता है।

मैंने चाहा था कि वह दीया फिर अपनी पूर्णता को ले और क्यों एक के भीतर जले, क्यों न हर आदमी प्रकाश का एक स्तंभ बने।

दुनिया की किसी भाषा में मनुष्य के लिए 'मनुष्य' जैसा शब्द नहीं है। अरबी और अरबी से उपजी भाषाओं में, हिब्रू और हिब्रू से उपजी भाषाओं में जो भी शब्द हैं, उनका मतलब होता है मिट्टी का पुतला। 'आदमी' का मतलब होता है मिट्टी का पुतला। 'मैन' का मतलब होता है मिट्टी का पुतला। सिर्फ 'मनुष्य' में इस बात की स्वीकृति है कि तुम मिट्टी के पुतले नहीं हो, तुम चैतन्य हो, तुम अमृतधर्मा हो, तुम्हारे भीतर जीवन की परम ज्योति है। मिट्टी का दीया हो सकता है, ज्योति मिट्टी नहीं होती। यह शरीर मिट्टी का होगा, लेकिन इस शरीर के भीतर, जो जाग रहा है, जो चैतन्य है, वह मिट्टी नहीं है। जबकि सारी दुनिया मिट्टी की खोज में लग गयी, तब कुछ थोड़े से लोग ज्योति की तलाश में संलग्न रहे।

तू पूछती है कि आपका क्या सपना है?

वही जो बुद्धों का सदा से रहा है। जो भूल गया है, वह याद दिलाया जाए; जो सोया है, उसे जगाया जाए; क्योंकि जब तक आदमी यह न समझ ले कि शाश्वत जीवन उसका अधिकार है, ईश्वरत्व उसका जन्मसिद्ध हक है, तब तक आदमी पूरा नहीं हो पाता, अधूरा और अपंग रह जाता है।

जब से मैंने होश सम्हाला है, हर पल, हर घड़ी एक ही प्रयत्न और एक ही प्रयास, अहर्निश एक ही चेष्टा कि किसी तरह तुम्हारी संपदा की तुम्हें याद दिला दूं, कि तुम्हारे भीतर से भी अनहलक की आवाज उठे, कि तुम भी कह सको अहम् ब्रह्मास्मि, मैं ईश्वर हूं।

ईश्वर की बातें दुनिया के कोने-कोने में हुई हैं, लेकिन ईश्वर सदा दूर, बहुत दूर, आसमानों

के पार रहा है। केवल हमने ईश्वर को आदमी के भीतर प्रतिष्ठित किया है । केवल हमने ईश्वर को आदमी के भीतर बिठाकर आदमी को मंदिर बनने की क्षमता, सौंदर्य, महिमा दी है।

कैसे हर आदमी मंदिर बन जाये और कैसे हर आदमी का हर क्षण प्रार्थना बन जाए, इसे ही तुम मेरा सपना कह सकती हो।[1]

भारत : एक अनूठी संपदा

प्यारे ओशो,

भारत में आपके पास होना, दुनिया में और कहीं भी आपके सान्निध्य में होने से अधिक प्रभावमय है। प्रवचन के समय आपके चरणों में बैठना ऐसा लगता है जैसे संसार के केंद्र में, हृदय-स्थल में स्थित हों। कभी-कभी तो बस होटल के कमरे में बैठे-बैठे ही आंखें बंद कर लेने पर मुझे महसूस होता है कि मेरा हृदय आपके हृदय के साथ धड़क रहा है। सुबह जागने पर जब आसपास से आ रही आवाजों को सुनती हूं, तो वे किसी भी और स्थान की अपेक्षा, मेरे भीतर अधिक गहराई तक प्रवेश कर जाती हैं। ऐसा अनुभव होता है कि यहां पर ध्यान बड़ी सहजता से, बिना किसी प्रयास के, नैसर्गिक रूप से घटित हो रहा है।

क्या भारत में आपके कार्य करने की शैली भिन्न है, अथवा यहां कोई 'प्राकृतिक बुद्ध-क्षेत्र' जैसा कुछ है?

भारत केवल एक भूगोल या इतिहास का अंग ही नहीं है। यह सिर्फ एक देश, एक राष्ट्र, एक जमीन का टुकड़ा मात्र नहीं है। यह कुछ और भी है—एक प्रतीक, एक काव्य, कुछ अदृश्य सा—किंतु फिर भी जिसे छुआ जा सके! कुछ विशेष ऊर्जा-तरंगों से स्पंदित है यह जगह, जिसका दावा कोई और देश नहीं कर सकता।

इधर दस हजार वर्षों में सहस्त्रों लोग चेतना की चरम विस्फोट की स्थिति तक पहुंचे हैं। उनकी तरंगें अभी भी जीवंत हैं। उनका असर अभी भी हवाओं में मौजूद है। तुम्हें सिर्फ एक विशेष तरह की ग्राहकता की, संवेदनशीलता की, उस अदृश्य को ग्रहण करने की क्षमता की जरूरत है—जो इस अदभुत भूमि को घेरे हुए है।

अदभुत इसलिए कहा, क्योंकि इसने सिर्फ एक ही खोज—सत्य की खोज के लिए सब कुछ

न्यौछावर कर दिया। इस देश ने बड़े फिलासफर पैदा नहीं किए—तुम्हें जानकर आश्चर्य होगा—न प्लेटो, न अरस्तू; न थामस एक्युनस, न कांट; न हीगल, न ब्रैडले; और न ही बर्ट्रेंड रसेल। भारत के पूरे अतीत ने एक भी फिलासफर को जन्म नहीं दिया—और वे सत्य की खोज में संलग्न थे!

निश्चित ही उनकी खोज, अन्य देशों में की जा रही खोज से सर्वथा भिन्न थी। दूसरे देशों में लोग सत्य के संबंध में चिंतन कर रहे थे। भारत में वे सत्य के बारे में विचार नहीं कर रहे थे क्योंकि कोई सत्य के विषय में भला क्या विचार कर सकता है! या तो तुम सत्य को जानते हो, या नहीं जानते हो। चिंतन-मनन असंभव है, फिलासफी की संभावना ही नहीं, वह तो बिलकुल ही फिजूल और व्यर्थ की मेहनत है। वह तो एक अंधे आदमी द्वारा प्रकाश के संबंध में सोचने-विचारने जैसी बात है—क्या खाक चिंतन कर सकता है वह? हो सकता है वह बड़ा प्रतिभाशाली हो, महान तर्कशास्त्री हो, पर इससे क्या फर्क पड़ता है? न प्रतिभा की जरूरत है और न तर्कों की। जरूरत तो है बस आंखों की—जो देख सकें।

प्रकाश देखा जा सकता है, पर सोचा नहीं जा सकता। सत्य भी देखा जा सकता है, किंतु विचारा नहीं जा सकता। इसीलिए भारत में हमारे पास 'फिलासफी' का समानार्थी शब्द ही नहीं है। सत्य की खोज को हम दर्शन कहते हैं, और 'दर्शन' का मतलब होता है—'देखना'। फिलासफी का अर्थ है सोचना-विचारना, और स्मरण रहे कि विचार-प्रक्रिया हमेशा वर्तुलाकार होती है, इर्द-गिर्द घूमती है...बस गोल-गोल, चारों ओर, सिर्फ परिधि ही पर...वह कभी भी अनुभूति के केंद्र बिंदु पर नहीं पहुंचती।

पूरी दुनिया में भारत ही एक ऐसी भूमि है, जिसने अदभुत रूप से अपनी सारी प्रतिभा को सत्य को जानने और सत्य ही हो जाने के प्रयास में एकाग्र कर दिया, समर्पित कर दिया।

भारत के पूरे इतिहास में एक भी बड़ा वैज्ञानिक तुम न पाओगे। ऐसा नहीं कि यहां बुद्धिमान और कुशल लोग न हुए, कि प्रतिभाएं नहीं जन्मीं। गणित की आधारशिला भारत में रखी गई थी, किंतु अल्बर्ट आइंस्टीन यहां पैदा नहीं हुआ। चमत्कारिक रूप से यह पूरा देश किसी बाह्य खोज में उत्सुक ही नहीं था। 'पर' की पहचान नहीं, वरन स्वयं को जानना ही यहां एकमात्र लक्ष्य रहा।

कम से कम दस हजार सालों से लाखों-करोड़ों लोग सतत एक ही प्रयास में जुटे रहे, उसके पीछे सब कुछ बलिदान कर दिया—विज्ञान, तकनीकी विकास, समृद्धि। उन्होंने दरिद्रता, रुग्णता, बीमारियां और मृत्यु को भी स्वीकार कर लिया, परंतु सत्य की खोज को किसी भी कीमत पर नहीं छोड़ा...इससे एक खास किस्म का वातावरण निर्मित हुआ, कुछ विशेष तरह की तरंगों का सागर जो चारों ओर से तुम्हें घेरे है।

यदि कोई थोड़े से भी ध्यानी चित्त को लेकर यहां आता है, तो उसे उन तरंगों का संस्पर्श होगा। हां, अगर एक पर्यटक की भांति आते हो तो तुम चूक जाओगे। तुम मंदिरों, महलों, खंडहरों को, ताजमहल, खजुराहो, और हिमालय को तो देख लोगे, पर भारत को नहीं देख पाओगे। तुम असली भारत से बिना मिले ही भारत से गुजर जाओगे। यद्यपि वह सब ओर व्याप्त था, पर तुम संवेदनशील न थे, ग्राहक न थे। तुम कुछ ऐसा देखकर लौटोगे जो वास्तविक भारत नहीं, सिर्फ उसका अस्थि-पंजर है, आत्मा नहीं। तुम्हारे पास उस अस्थि-पंजर

के फोटोग्राफ्स होंगे, उनका अलबम बनाओगे और सोचोगे कि भारत घूम आए, भारत को जान लिया...यह स्वयं को धोखा दे रहे हो तुम।

एक आध्यात्मिक पहलू भी है। न तो तुम्हारे कैमरा उसके चित्र लेने में, और न ही तुम्हारे शिक्षा-संस्कार उसे पकड़ने में सक्षम हैं। जर्मनी, इटली, फ्रांस, इंग्लैंड अथवा किसी भी देश में जाकर तुम वहां के लोगों से मिल सकते हो। वहां के भूगोल से, इतिहास और अतीत से भलीभांति परिचित हो सकते हो। लेकिन जहां तक भारत का प्रश्न है, ऐसा नहीं किया जा सकता। यदि अन्य देशों की श्रेणी में भारत को गिना, तो प्रारंभ से ही तुमने चूक कर दी, क्योंकि उन देशों में वैसा आध्यात्मिक आभामंडल नहीं है। उन्होंने एक भी गौतम बुद्ध, महावीर, नेमीनाथ और आदिनाथ को जन्म नहीं दिया। एक भी कबीर, फरीद या दादू पैदा नहीं किया। उन्होंने बड़े वैज्ञानिकों, कवियों, कलाकारों, चित्रकारों और सभी प्रकार के प्रतिभा-संपन्न व्यक्तियों को तो पैदा किया, पर रहस्यदर्शी ऋषि भारत की मोनोपॉली है, एकाधिकार है, कम से कम अभी तक तो यह एकाधिकार रहा है।

और ऋषि एक बिलकुल ही भिन्न प्रकार का मनुष्य है। वह मात्र प्रतिभावान ही नहीं, एक महान चित्रकार या कवि ही नहीं—वह तो दिव्यता का माध्यम है, भगवत्ता के लिए एक पुकार और आमंत्रण है। वह भीतर दिव्यता के अवतरण के लिए द्वार खोलता है। और हजारों सालों से लाखों ऋषियों ने द्वार खोले हैं—इस देश की हवाओं को दिव्यता से भरने के लिए। मेरे लिए वह दिव्य वातावरण ही वास्तविक भारत है। परंतु उसे जानने के लिए तुम्हें एक विशेष प्रकार की भावदशा में होना होगा।

चूंकि तुम शांत होने का प्रयास कर रही हो, ध्यान में डूब रही हो, इसलिए वास्तविक भारत को तुम स्वयं के संपर्क में आने दे पा रही हो। हां, तुम ठीक कहती हो जिस सरलता से इस गरीब देश में तुम सत्य को उपलब्ध कर सकती हो, वैसा किसी और जगह पर संभव नहीं। यह अत्यंत दीन-हीन है पर फिर भी इसकी आध्यात्मिक विरासत इतनी समृद्ध है कि अगर तुम अपनी आंखें खोलकर उसे देख सको तो बहुत आश्चर्यचकित हो जाओगी। शायद यही एकमात्र मुल्क है जो बड़ी गहनता से चैतन्य के विकास में संलग्न रहा, किसी और चीज में नहीं। दूसरे सभी मुल्क और हजारों चीजों में व्यस्त रहे। लेकिन इस मुल्क का एक ही लक्ष्य, एक ही उद्देश्य रहा कि कैसे मनुष्य की चेतना उस बिंदु तक उठ सके, जहां भगवत्ता से मिलन हो। कैसे भगवत्ता और मनुष्य करीब आएं!

और यह किसी इक्के-दुक्के आदमी की नहीं, करोड़ों-करोड़ों व्यक्तियों के जीवन की बात है। कोई एक दिन, महीना, या साल का सवाल नहीं, सहस्त्रों वर्षों की सतत साधना है। स्वभावतः इस देश में सब ओर एक अत्यंत ऊर्जामय क्षेत्र निर्मित हो गया है, वह पूरी जगह पर छाया है। तुम्हें सिर्फ तैयार होना है, संवेदनशील् बनना है।

यह संयोग मात्र ही नहीं है कि जब भी कोई सत्य के लिए प्यासा होता है, अनायास ही वह भारत में उत्सुक हो उठता है, अचानक वह पूरब की यात्रा पर निकल पड़ता है। और यह केवल आज की ही बात नहीं है। यह उतनी ही प्राचीन बात है जितने पुराने प्रमाण और उल्लेख मौजूद हैं। आज से पच्चीस सौ वर्ष पूर्व, सत्य की खोज में पाइथागोरस भारत आया था। ईसा मसीह भी भारत आए थे।

ईसा मसीह की तेरह से तीस वर्ष की उम्र के बीच का बाइबिल में कोई उल्लेख नहीं है—और यही उनकी लगभग पूरी जिंदगी थी, क्योंकि तैंतीस की उम्र में तो उन्हें सूली पर ही चढ़ा दिया गया था। तेरह से तीस तक के सत्रह सालों का हिसाब गायब है! इतने समय वे कहां रहे, और बाइबिल में उन सालों को क्यों नहीं रिकार्ड किया गया? उन्हें जान-बूझकर छोड़ा गया है, ताकि यह पता न चल सके कि ईसाइयत एक मौलिक धर्म नहीं है, कि ईसा मसीह जो भी कह रहे हैं वे उसे भारत से लाए हैं।

यह बहुत ही विचारणीय बात है। वे एक यहूदी की तरह जन्मे, यहूदी की तरह जीए, और यहूदी की तरह मरे। स्मरण रहे कि वे ईसाई नहीं थे, उन्होंने तो 'ईसा' और 'ईसाई' ये शब्द भी नहीं सुने थे। फिर क्यों यहूदी उनके इतने खिलाफ थे? यह सोचने जैसी बात है, आखिर क्यों? न तो ईसाइयों के पास इस सवाल का ठीक-ठीक जवाब है, और न ही यहूदियों के पास। क्योंकि इस व्यक्ति ने किसी को कोई नुकसान नहीं पहुंचाया। वे उतने ही निर्दोष थे, जितनी कि कल्पना की जा सकती है।

...पर उनका अपराध बहुत सूक्ष्म था। पढ़े-लिखे यहूदियों और चतुर रबाईयों ने स्पष्ट देख लिया कि वे पूरब से विचार ला रहे हैं, जो कि गैर-यहूदी हैं। वे कुछ अजीबोगरीब और विजातीय बातें ला रहे हैं। और यदि इस दृष्टिकोण से देखो तो तुम्हें समझ आएगा कि क्यों वे बार-बार कहते हैं—"अतीत के पैगंबरों ने तुमसे कहा था कि यदि कोई तुम पर क्रोध करे, हिंसा करे, तो आंख के बदले में आंख लेने और ईंट का जवाब पत्थर से देने को तैयार रहना। लेकिन मैं तुमसे कहता हूं कि अगर कोई तुम्हें चोट पहुंचाता है, एक गाल पर चांटा मारता है, तो उसे अपना दूसरा गाल भी दिखा देना।" यह पूर्णतः गैर-यहूदी बात है। उन्होंने ये बातें गौतम बुद्ध और महावीर की देशनाओं से सीखी थीं।

वे जब भारत आए थे—तब बौद्ध धर्म बहुत जीवंत था, यद्यपि बुद्ध की मृत्यु हो चुकी थी। गौतम बुद्ध के पांच सौ साल बाद जीसस यहां आए; पर बुद्ध ने इतना विराट आंदोलन, इतना बड़ा तूफान खड़ा किया था कि तब तक भी पूरा मुल्क उसमें डूबा हूआ था; उनकी करुणा, क्षमा, और प्रेम के उपदेशों को पिया हुआ था। जीसस कहते हैं कि "अतीत के पैगंबरों द्वारा यह कहा गया था"—कौन हैं ये पुराने पैगंबर? वे सभी प्राचीन यहूदी पैगंबर हैं: इजेकिएल, इलिजाह, मोसेस—जो कहते हैं कि "ईश्वर बहुत ही हिंसक है, और वह कभी क्षमा नहीं करता!"

यहां तक कि उन्होंने ईश्वर के मुंह से भी ये शब्द कहलवा दिए हैं। पुराने टेस्टामेंट के ईश्वर के वचन हैं, "मैं कोई सज्जन पुरुष नहीं हूं, तुम्हारा चाचा नहीं हूं। मैं बहुत क्रोधी और ईर्ष्यालु हूं, और याद रहे जो भी मेरे साथ सहमत नहीं हैं, वे सब मेरे शत्रु हैं।"

और ईसा मसीह कहते हैं कि "मैं तुमसे कहता हूं: परमात्मा प्रेम है।" यह खयाल उन्हें कहां से आया कि परमात्मा प्रेम है? गौतम बुद्ध की शिक्षाओं के सिवाय दुनिया में कहीं भी परमात्मा को प्रेम कहने का कोई और उल्लेख नहीं है।

उन सत्रह वर्षों में जीसस इजिप्त, भारत, लद्दाख, और तिब्बत की यात्रा करते रहे। और यही उनका अपराध था कि वे यहूदी परंपरा में बिलकुल अपरिचित और अजनबी विचारधाराएं ला रहे थे। न केवल अपरिचित; बल्कि वे बातें यहूदी धारणाओं से एकदम विपरीत थीं।

तुम्हें जानकर आश्चर्य होगा कि अंततः उनकी मृत्यु भी भारत में हुई। और ईसाई रिकार्ड्स इस तथ्य को नजरअंदाज करते रहे हैं। यदि उनकी बात सच है कि जीसस पुनर्जीवित हुए थे, तो फिर पुनर्जीवित होने के बाद उनका क्या हुआ? आजकल वे कहां हैं? क्योंकि उनकी मृत्यु का तो कोई उल्लेख है ही नहीं!

सचाई यह है कि वे कभी पुनर्जीवित नहीं हुए क्योंकि वास्तव में वे सूली पर कभी मरे ही नहीं थे। चूंकि यहूदियों की सूली आदमी को मारने की सर्वाधिक बेहूदी तरकीब है, उसमें आदमी को मरने में करीब-करीब अड़तालीस घंटे लग जाते हैं। चूंकि हाथों में और पैरों में कीलें ठोंक दी जाती हैं, तो बूंद-बूंद करके उनसे खून टपकता रहता है। यदि आदमी स्वस्थ है तो साठ घंटे से भी ज्यादा लोग जीवित रहे ऐसे उल्लेख हैं। औसत अड़तालीस घंटे तो लग ही जाते हैं। और जीसस को तो सिर्फ छह घंटे बाद ही सूली से उतार लिया गया था। यहूदी सूली पर कोई भी छह घंटे में कभी नहीं मरा है, कोई मर ही नहीं सकता है।

यह एक मिलीभगत थी—जीसस के शिष्यों की पोंटियस पायलट के साथ। पोंटियस यहूदी नहीं था, वह रोमन वायसराय था। क्योंकि जूडिया उन दिनों रोमन साम्राज्य के आधीन था, और इस निर्दोष युवक की हत्या में उसे कोई रुचि नहीं थी। उसके दस्तखत के बगैर यह हत्या नहीं हो सकती थी, और उसे अपराध भाव अनुभव हो रहा था कि वह इस भद्दे और क्रूर नाटक में भाग ले रहा है। चूंकि पूरी यहूदी भीड़ पीछे पड़ी थी कि जीसस को सूली लगनी चाहिए, तो वह एक मुद्दा बन चुकी थी। पोंटियस पायलट दुविधा में था: यदि वह जीसस को छोड़ देता है, तो वह पूरी जूडिया को, जो कि यहूदी है, अपना दुश्मन बना लेता है। ऐसा करना कूटनीतिक नहीं होगा। और यदि वह इस व्यक्ति को सूली देता है तो उसे सारे देश का समर्थन तो मिल जाएगा मगर उसके स्वयं के अंतःकरण में एक घाव छूट जाएगा कि राजनैतिक परिस्थिति के कारण एक निरपराध व्यक्ति की हत्या की गई, जिसने कुछ भी गलत नहीं किया था।

तो उसने शिष्यों के साथ यह व्यवस्था की कि शुक्रवार को, जितनी संभव हो सके उतनी देर से सूली दी जाए। चूंकि सूर्यास्त होते ही शुक्रवार की शाम को यहूदी सब प्रकार के कामधाम बंद कर देते हैं; फिर शनिवार को कुछ भी काम नहीं होता, वह उनका पवित्र दिन है। यद्यपि सूली दी जानी थी शुक्रवार की सुबह, पर उसे स्थगित किया जाता रहा; ब्यूरोक्रेसी तो किसी भी कार्य में देर लगा सकती है। अतः जीसस को दोपहर के बाद सूली पर चढ़ाया, और सूर्यास्त के पूर्व ही उन्हें जीवित उतार लिया गया, यद्यपि वे बेहोश थे, क्योंकि शरीर से रक्त स्राव हुआ था, और कमजोरी आ गई थी। फिर जिस गुफा में उनकी देह को रखा गया वहां का चौकीदार...पवित्र दिन के पश्चात यहूदी उन्हें पुनः सूली पर चढ़ाने वाले थे, मगर वह चौकीदार, गुफा का रक्षक रोमन था...इसीलिए यह संभव हो सका कि शिष्यगण जीसस को बाहर निकाल लिए और फिर जूडिया के भी बाहर ले गए।

जीसस ने भारत में आना क्यों पसंद किया? क्योंकि अपनी युवावस्था में भी वे वर्षों तक भारत में रह चुके थे। उन्होंने अध्यात्म का और ब्रह्म का परम स्वाद इतनी निकटता से चखा था, कि उन्होंने वहीं लौटना चाहा। तो जैसे ही स्वस्थ हुए, वे वापस भारत आए, और फिर एक सौ बारह साल की उम्र तक जीए।

काश्मीर में अभी भी उनकी कब्र है। उस पर जो लिखा है, वह हिब्रु भाषा में है...स्मरण रहे उस समय भारत में कोई हिब्रु जाननेवाले यहूदी नहीं रहते थे। उस शिलालेख पर खुदा है "जोशुआ"—वह हिब्रु भाषा में ईसा मसीह का नाम है। 'जीसस' 'जोशुआ' का ग्रीक रूपांतरण है। 'जोशुआ यहां आए'—समय, तारीख वगैरह सब दी हैं। 'एक महान सदगुरु, जो स्वयं को भेड़ों का गड़रिया पुकारते थे, अपने शिष्यों के साथ शांतिपूर्वक एक सौ बारह साल की दीर्घायु तक यहां रहे।' इसी वजह से वह स्थान 'भेड़ों के चरवाहे का गांव' कहलाने लगा। तुम वहां जा सकते हो, वह शहर अभी भी है— 'पहलगाम', उसका काश्मीरी में वही अर्थ है— 'गड़रिए का गांव'।

वे यहां रहना चाहते थे, ताकि और अधिक आत्मिक विकास कर सकें। एक छोटे से शिष्य समूह के साथ वे रहना चाहते थे ताकि वे सभी शांति में, मौन में डूबकर आध्यात्मिक प्रगति कर सकें। और उन्होंने मरना भी यहीं चाहा, क्योंकि यदि तुम जीने की कला जानते हो तो यहां जीवन एक सौंदर्य है, और यदि तुम मरने की कला जानते हो तो यहां मरना भी अत्यंत अर्थपूर्ण है।

केवल भारत में ही मृत्यु की कला खोजी गई है, ठीक वैसे ही जैसे जीने की कला खोजी गई है। वस्तुतः तो वे एक ही प्रक्रिया के दो अंग हैं।

इससे भी अधिक आश्चर्यजनक तथ्य यह है कि हजरत मूसा ने भी भारत में आकर देह त्यागी। उनकी और जीसस की समाधियां एक ही स्थान में बनी हैं। शायद जीसस ने ही महान सदगुरु मूसा के बगल वाला स्थान स्वयं के लिए चुना होगा। पर मूसा ने क्यों काश्मीर में आकर मृत्यु में प्रवेश किया?

मूसा ईश्वर के देश 'इजराइल' की खोज में यहूदियों को इजिप्त के बाहर ले गए थे। उन्हें चालीस वर्ष लगे, जब इजराइल पहुंचकर उन्होंने घोषणा की कि 'यही है वह जमीन, परमात्मा की जमीन, जिसका वादा किया गया था। और मैं अब वृद्ध हो गया हूं तथा अवकाश लेना चाहता हूं। हे नई पीढ़ी वालो, अब तुम सम्हालो।' क्योंकि जब उन्होंने इजिप्त से यात्रा प्रारंभ की थी, तब की पीढ़ी लगभग समाप्त हो चुकी थी। बूढ़े मरते गए, जवान बूढ़े हो गए, नए बच्चे पैदा होते रहे। जिस मूल समूह ने मूसा के साथ शुरुआत की थी, वह अब बचा ही नहीं था। मूसा करीब-करीब एक अजनबी की भांति अनुभव कर रहे थे। उन्होंने युवा लोगों को शासन और व्यवस्था का कार्यभार सौंपा और इजराइल से विदा हो लिए।

यह अजीब बात है कि यहूदी धर्मशास्त्रों में भी, उनकी मृत्यु के संबंध में, उनका क्या हुआ इस बारे में कोई उल्लेख नहीं है। हमारे यहां काश्मीर में उनकी कब्र है। उस समाधि पर भी जो शिलालेख है, वह हिब्रु भाषा में ही है। और पिछले चार हजार सालों से एक यहूदी परिवार पीढ़ी दर पीढ़ी उन दोनों समाधियों की देखभाल कर रहा है।

मूसा भारत आना क्यों चाहते थे? केवल मृत्यु के लिए? हां, कई रहस्यों में से एक रहस्य यह भी है कि यदि तुम्हारी मृत्यु एक बुद्धक्षेत्र में हो सके, जहां केवल मानवीय ही नहीं वरन भगवत्ता की ऊर्जा-तरंगें हों, तो तुम्हारी मृत्यु भी एक उत्सव और निर्वाण बन जाती है।

सदियों से, सारी दुनिया से साधक इस धरती पर आते रहे हैं। यह देश दरिद्र है, इसके पास भेंट देने को कुछ भी नहीं, पर जो संवेदनशील हैं; उनके लिए इससे अधिक समृद्ध कौम इस पृथ्वी पर कहीं और नहीं है। लेकिन वह समृद्धि आंतरिक है।

तुम ठीक कहती हो। सिर्फ थोड़ा और खुलो, शांत और शिथिल होओ, थोड़ा और समर्पण की भावदशा में डूबो, तो मनुष्य के लिए जो बड़े से बड़ा संभव है—ऐसा महानतम खजाना यह गरीब देश तुम्हें दे सकता है।[2]

ध्यान का अनुदान

इस देश में ध्यान कभी मरा नहीं। कभी भूमि के ऊपर और कभी भूमि के भीतर, मगर उसकी गंगा बहती रही सतत, सनातन, आज अभी बहता है, कल भी बहेगी और यही एक आशा है मनुष्य की। क्योंकि जिस दिन ध्यान मर जाएगा, उस दिन आदमी भी मर जाएगा। ध्यान में ही आदमी के प्राण हैं। चाहे तुम्हारी श्वासों के भीतर जो छिपा है और तुम्हारी धड़कनों के भी जो छिपा है, तुम जो हो, वह ध्यान के अतिरिक्त और कुछ भी नहीं।

इस देश ने जगत को अगर कुछ दिया है, इसका अगर कोई अनुदान है तो वह सिर्फ ध्यान है। फिर चाहे पतंजलि में, चाहे महावीर में, चाहे बुद्ध में, चाहे कबीर में, चाहे नानक में—नाम बदलते रहे होंगे, लेकिन दान नहीं बदला। अलग-अलग लोगों से, अलग-अलग आवाजों में एक ही पुकार, एक ही आवाज हम जगत को देते रहे हैं, और वह आवाज है ध्यान की। इसलिए स्वभावतः यह प्रश्न उठता है कि गौरीशंकर की ऊंचाइयों को छू लेने के बाद, गौतम बुद्ध की ऊंचाइयों को पहचान लेने के बाद, फिर ध्यान के प्रति इतनी अरुचि भारत के जनमानस में क्यों फैल गई?

देखने में विरोधाभास मालूम होता है। लेकिन मनुष्य का मनोविज्ञान ऐसा है। जो चीज पा ली जाती है, साधारण मनुष्य के मन में उसकी चुनौती समाप्त हो जाती है। अहंकार को चुनौती है उसमें, जो पाया नहीं जाता, जिसे पाना बड़ा मुश्किल है। समझना, थोड़ा बारीक है। हमने देखे महावीर, हमने देखे बुद्ध, हमने देखे पार्श्वनाथ, कबीर और नानक और फरीद और हजारों फकीर। जनमानस में एक बात अचेतन में प्रविष्ट हो गई कि यह ध्यान तो कुछ ऐसी चीज है, कोई भी पा लेता है। इसे पा लेना कोई बहुत बड़ी बात नहीं है। यह फरीद ने पा ली, यह कबीर जुलाहे ने पा ली, यह रैदास चमार ने पा ली। अहंकार को चुनौती मिट गई। धन मुश्किल मालूम पड़ता है, ध्यान आसान मालूम पड़ने लगा। लोग धन के पीछे दौड़ने लगे, लोग पद के पीछे दौड़ने लगे, लोग प्रतिष्ठा के पीछे दौड़ने लगे। जो मुश्किल है उसमें चुनौती है, उसमें अहंकार को भरने की क्षमता है। जो सहज है, जो सुगम है अहंकार के लिए, उसमें कोई आकर्षण नहीं रह जाता। अनेक लोगों के ध्यान के जगमगाते ज्योतिर्मय व्यक्तित्वों ने आम

जनता के मन से ध्यान की चुनौती छीन ली। और यूं लगा कि आज नहीं कल पा लेंगे, और कल नहीं तो अगले जन्म में पा लेंगे, ऐसी कोई जल्दी नहीं है। जीवन के क्षणभंगुर सुख पता नहीं कल मिलें न मिलें; जवानी आज है, कल भी होगी, इसका कोई भरोसा नहीं। भरोसा तो इसी का है कि कल नहीं होगा। ध्यान कल भी कर लोगे तो चलेगा। यह तो जवानी, ये जो जवानी की उठती हुई तरंगें—इन्हें तो आज पूरा कर लो। और ध्यान तो उनको भी मिल जाता है जिनके पास कुछ भी नहीं।

नग्न महावीर के पास तुमने ध्यान की ज्योति देखी, जूते सीते हुए रैदास के पास हमने ध्यान की आभा देखी। लोगों के मन से ध्यान का आकर्षण जाता रहा। ऐसा लगा कि यह तो कुछ बात ऐसी है कि कभी भी पा लेंगे। लेकिन धन, पद प्रतिष्ठा—इस जगत की जो अनेक-अनेक महत्वाकांक्षा की दौड़ें हैं, ये इतनी आसान नहीं। बड़ी प्रतियोगिता, बड़ी गलाघोंट प्रतियोगिता है। इंच-इंच लड़ना, तब कहीं कोई एक व्यक्ति जाकर करोड़ों व्यक्तियों में देश का राष्ट्रपति बन सकेगा। अहंकार का मजा यही है—कि मैं सबके ऊपर उठ जाऊं। और ध्यान की मुश्किल यह है कि ध्यान कहता है, जो मजा सब के पीछे बैठे रहने में है, वह सब के ऊपर उठ जाने में नहीं। वहां कोई प्रतियोगिता नहीं, वहां कोई तुम्हें धक्का देकर ध्यान में तुमसे आगे नहीं निकल सकता, क्योंकि बात बाहर की नहीं है, बात भीतर की है। वहां तुम बिलकुल अकेले हो। न कोई प्रतियोगिता है, न कोई संघर्ष है, न कोई छीना-झपटी है। अहंकार को कोई मजा नहीं। अहंकार को मृत्यु का डर है। अगर ध्यान में फूल लगे तो अहंकार मरा। अगर ध्यान की ज्योति जली तो अहंकार का दीया बुझा। ये दोनों चीज एक साथ घटित नहीं हो सकतीं। इनका कोई सह-अस्तित्व नहीं है। या अहंकार या ध्यान। और ध्यान तुम्हारे भीतर है और अहंकार का विस्तार यह सारे जगत में है। अहंकार के बड़े प्रलोभन हैं। ध्यान का प्रलोभन भी क्या?

अहंकार बड़े आश्वासन देता है, पूरे कभी नहीं करता, कर सकता नहीं। अहंकार बिलकुल नपुंसक है।[3]

विराट ध्यान आंदोलन की आवश्यकता

मनुष्य-जाति के इतिहास में आनेवाले कुछ वर्ष बहुत महत्वपूर्ण हैं। अब दो-चार लोगों से काम नहीं चलेगा। अगर एक बहुत बड़ी स्प्रिचुएलिटी, अध्यात्म का जन्म नहीं होता है, एक ऐसा आध्यात्मिक आंदोलन नहीं होता है जिसमें लाखों-करोड़ों लोग प्रभावित हो जाएं, तो दुनिया को भौतिकवाद के गर्त से बचाना असंभव है। और बहुत मोमेंटस क्षण हैं कि पचास साल में भाग्य का निपटारा होगा—या तो धर्म बचेगा, या निपट अधर्म बचेगा। इन पचास साल में बुद्ध, महावीर, कृष्ण, मोहम्मद, राम, जीसस, सबका निपटारा होने को है। इन पचास सालों में एक तराजू पर ये सारे लोग हैं और दूसरे तराजू पर सारी दुनिया के विक्षिप्त राजनीतिज्ञ, सारी दुनिया के विक्षिप्त भौतिकवादी, सारी दुनिया के भ्रांत और अज्ञान में स्वयं और दूसरों को भी धक्का देनेवाले लोगों की बड़ी भीड़ है। और एक तरफ तराजू पर बहुत थोड़े से लोग हैं। पचास सालों में निपटारा होगा। वह जो संघर्ष चल रहा है सदा से, वह बहुत निपटारे के मौके पर आ गया है। और अभी तो जैसी स्थिति है उसे देखकर आशा नहीं बंधती। लेकिन मैं निराश नहीं हूं, क्योंकि मुझे लगता है कि बहुत शीघ्र बहुत सरल-सहज मार्ग खोजा जा सकता है, जो करोड़ों लोगों के जीवन में क्रांति की किरण बन जाए।

और अब इक्का-दुक्का आदमियों से नहीं चलेगा। जैसा पुराने जमाने में चल जाता था कि एक आदमी ज्ञान को उपलब्ध हो गया। अब ऐसा नहीं चलेगा। ऐसा नहीं हो सकता। अब एक आदमी इतना कमजोर है, क्योंकि इतनी बड़ी भीड़ पैदा हुई है, इतना बड़ा एक्सप्लोजन हुआ है जनसंख्या का कि अब इक्का-दुक्का आदमियों से चलनेवाली बात नहीं है। अब तो उतने ही बड़े व्यापक पैमाने पर लाखों लोग अगर प्रभावित हों, तो ही कुछ किया जा सकता है।

लेकिन मुझे दिखाई पड़ता है कि लाखों लोग प्रभावित हो सकते हैं। और थोड़े से लोग अगर न्युक्लियस बनकर काम करना शुरू करें तो यह हिंदुस्तान उस मोमेंटस फाइट में, उस निर्णायक युद्ध में बहुत कीमती हिस्सा अदा कर सकता है। कितना ही दीन हो, कितना ही दरिद्र हो, कितना ही गुलाम रहा हो, कितना ही भटका हो, लेकिन इस भूमि के पास कुछ संरक्षित संपत्तियां हैं। इस जमीन पर कुछ ऐसे लोग चले हैं, उनकी किरणें हैं, हवा में उनकी ज्योति, उनकी आकांक्षाएं सब पत्तों-पत्तों पर खुद गई हैं। आदमी गलत हो गया है, लेकिन अभी जमीन के कणों को बुद्ध के चरणों का स्मरण है। आदमी गलत हो गया है, लेकिन वृक्ष पहचानते हैं कि कभी महावीर उनके नीचे खड़े थे। आदमी गलत हो गया है, लेकिन सागर ने सुनी हैं और तरह की आवाजें भी। आदमी गलत हो गया है, लेकिन आकाश अभी भी आशा बांधे है। आदमी भर वापस लौटे तो बाकी सारा इंतजाम है।

तो इधर मैं इस आशा में निरंतर प्रार्थना करता रहता हूं कि कैसे लाखों लोगों के जीवन में

एक साथ विस्फोट हो सके। आप उसमें सहयोगी बन सकते हैं। आपका अपना विस्फोट बहुत कीमती हो सकता है—आपके लिए भी, पूरी मनुष्य-जाति के लिए भी। इस आशा और प्रार्थना से ही इस शिविर से आपको विदा देता हूं कि आप अपनी ज्योति तो जलाएंगे ही, आपकी ज्योति दूसरे बुझे दीयों के लिए भी ज्योति बन सकेगी।[4]

पूरब की प्रतिभा : धर्म

ईसाइयत और यहूदी धर्म, धर्म की कोई बड़ी ऊंची अभिव्यक्तियां नहीं हैं। बड़ी साधारण अभिव्यक्तियां हैं। क्राइस्ट तो ठीक वहीं हैं जहां बुद्ध हैं, लेकिन ईसाइयत उस ऊंचाई को नहीं पहुंच सकी जहां बुद्ध के अनुयायियों ने बुद्ध के विचार को पहुंचाया—उस परिशुद्धि को, उस प्रज्ञा को। मोजेज तो वहीं हैं, जहां लाओत्सु है, लेकिन यहूदी मोजेज को वहां न उठा सके जहां लाओत्सु के शिष्यों ने लाओत्सु को उठाया, और लाओत्सु के विचार पर आकाश में एक ताना-बाना बुना— अत्यंत परिशुद्ध!

ईसाइयत और यहूदी, धर्म की बड़ी साधारण अभिव्यक्तियां हैं, बड़ी प्राथमिक; परिष्कार नहीं है; राजनीति ज्यादा है, धर्म कम है; व्यवसाय ज्यादा है, धर्म कम है; धर्म औपचारिक मालूम होता है। रविवार को चर्च हो आता है आदमी और सोच लेता है बात पूरी हो गई। रविवारीय धर्म है, बाकी छह दिन कोई प्रयोजन नहीं है। थोड़ी-बहुत प्रार्थना को जगह है, ध्यान के लिए कोई जगह नहीं है; समाधि की कोई धारणा नहीं है। इसलिए बहुत ऊंचाई की बात नहीं थी।

फ्रायड सिर्फ इन दो धर्मों से परिचित था। पूरब के धर्म—उपनिषद, ताओ-तेह-किंग, झेन, तंत्र, तिलोपा, बोधिधर्म, नागार्जुन, बसुबंधु, धर्मकीर्ति—इनकी कोई पहचान उसे न थी। ऐसे कमल भी खिले हैं, इसका उसे कुछ पता न था। इसलिए उसकी सीमाएं थीं। उसने पश्चिम के साधारण धर्मों को ही धर्म मान लिया।

धर्म की गहरी समझ चाहिए हो तो पूरब में डुबकी लगानी जरूरी है; जैसे विज्ञान की गहरी समझ चाहिए हो तो पश्चिम में डुबकी लगानी जरूरी है; पश्चिम की मौलिक प्रतिभा विज्ञान में प्रकट हुई है। पूरब की प्रतिभा धर्म में प्रकट हुई है। जैसे पूरब का वैज्ञानिक मध्य श्रेणी का होता है। जिसको तुम पूरब में वैज्ञानिक कहते हो वह कोई बड़े मूल्य का नहीं होता; तकनीशियन होता है, वैज्ञानिक नहीं होता; पश्चिम से सीख कर आ जाता है, उधार उसका ज्ञान होता है। पूरब के पास विज्ञान की सीधी-सीधी प्रतिभा नहीं मालूम होती, क्योंकि विज्ञान की प्रतिभा के

लिए तर्क चाहिए और विज्ञान की प्रतिभा के लिए गणित चाहिए—और पूरब की प्रतिभा काव्यात्मक है, रहस्यात्मक है, संगीत में प्रकट हुई है, ध्यान में प्रकट हुई है।

तो अगर किसी को भी धर्म का ठीक परिचय करना हो तो पूरब से ही परिचित होना होगा। विज्ञान पढ़ना हो तो ऑक्सफर्ड जाओ, कैम्ब्रिज जाओ, हार्वर्ड जाओ। लेकिन अगर धर्म पढ़ना हो तो भटको कहीं पूरब के गली-कूचों में, भटको पूरब की घाटियों-वादियों, पहाड़ों में। विज्ञान को समझना हो तो पश्चिम की धारा ने विज्ञान को ठीक-ठीक उसके निष्कर्ष पर पहुंचा दिया है, तर्क को उसकी आत्यंतिक निष्पत्ति दे दी है। अगर अतर्क्य हृदय की, अंतरतम की बात सुननी हो तो पूरब के सन्नाटे में सुनो; उसकी गुनगुनाहट, उसका नाद पूरब में है।[5]

भारतीय मनीषा और मनोविज्ञान

भारत में सत्य की एक परिभाषा है और वह परिभाषा है: जो तीनों काल में टिके; त्रिकाल- अबाधित; कभी भी जिसका खंडन न हो; जो पहले भी था, अभी भी है और फिर भी होगा; जो शाश्वत है—वही सत्य है। जो कल नहीं था, आज है, और कल फिर नहीं हो जाएगा—उसे भारत असत्य कहता है।

भारत की इस परिभाषा को ठीक खयाल में लेना। यहां सत्य की परिभाषा ही यही है कि जो अबाधित रूप से रहे, जैसा था वैसा ही रहे। क्यों? जो कल नहीं था, आज है, और कल फिर नहीं हो जाएगा—इसका तो अर्थ हुआ कि दो 'नहीं' के बीच में होना घट सकता है। एक दिन था तुम नहीं थे, जन्म नहीं हुआ था; एक दिन आएगा कि तुम मर जाओगे, मौत हो जाएगी। दो 'नहीं' और उन दोनों के बीच में जिसको तुम जीवन कहते हो यह है। यह तो स्वप्नवत है—चाहे सत्तर साल देखो, चाहे सात सौ साल देखो, इससे कोई फर्क नहीं पड़ता। लंबाई से कुछ भेद नहीं पड़ता। जो सदा है...।

त्रिकालाबाध्यत्वे सत्यत्वम्।

'जो तीनों काल में अबाधित रहे, वही सत्य है।'

भारतीय मनोविज्ञान मनुष्य की चेतना की चार अवस्थाएं कहता है। तीन तो अवस्थाएं हैं, चौथा स्वभाव है। जाग्रत, स्वप्न, सुषुप्ति—तीन तो अवस्थाएं हैं; और साक्षी, तुरीय, चतुर्थ स्वभाव है। जागते में तुम एक दुनिया देखते हो। जब तुम सो जाते हो और सपने में पड़ते हो तो जागने की दुनिया झूठ हो जाती है। तुम ठीक अपनी पत्नी के पास सो रहे हो बिस्तर पर, लेकिन पत्नी झूठ हो गई जब तुम सो गए। तुम्हें सोने में पत्नी की कभी याद नहीं आती। तुम यह सोचते

ही नहीं इस भाषा में कि वह मेरी पत्नी है। जब तुम सो गए तो बच्चे, तुम्हारा मकान, तुम गरीब हो कि अमीर, प्रतिष्ठित हो कि अप्रतिष्ठित, साधु हो कि संत, कि असाधु कि असंत, सब खो गया। जागना एक सपना था। जब दूसरा सपना शुरू हुआ; जागने का सपना खो गया।

फिर सुबह जब सपना टूटता है फिर दूसरा सपना शुरू हुआ। सपने में जो देखा था, वह अब खो गया। जब रात में गहरी नींद लगती है और सपना भी खो जाता है—तब जाग्रत में जो जाना, वह भी समाप्त हो गया; सपने में जो जाना, वह भी समाप्त हो गया। सुषुप्ति में दोनों ही खंडित हो गए। और जो लोग चौथी अवस्था को उपलब्ध होते हैं—चौथी, जो कि तुम्हारा निज-स्वरूप है; कहो बुद्धत्व, साक्षी-भाव, जिनत्व, जो भी नाम देना हो—जो उस चौथी शुद्ध अवस्था को उपलब्ध होते हैं, जहां परम जागरण रह जाता है, उनको पता चलता है कि वे तीनों अवस्थाएं खंडित हो गईं। स्वप्न, सुषुप्ति, जागृति—सब खंडित हो गए; कुछ और ही अनुभव में आता है। ब्रह्म ही ब्रह्म अनुभव में आता है। कहीं कोई संसार नहीं दिखाई पड़ता, कहीं कोई दूजा नहीं दिखाई पड़ता। अपना ही फैलाव मालूम होता है। न कोई मैं बचता, न कोई तू बचता।

तो भारत कहता है: साक्षी-भाव में जो जाना जाता है, वही केवल सत्य है; उसका फिर कभी खंडन नहीं होता। यह जगत जिसको हम सत्य मान बैठे हैं—भारतीय मनीषा कहती है—इस जगत की परिभाषा: गच्छतीति जगत! जो जा रहा है—जगत। जो गया-गया है—जगत। जो जा ही चुका है, जो जाने के किनारे खड़ा है—जगत। जगत का अर्थ है: जो अथिर है, जो थिर नहीं; जो नदी की धार की तरह बहा जा रहा है; जहां सब परिवर्तन ही परिवर्तन है और कुछ भी शाश्वत नहीं। जहां परिवर्तन है, वहां असत्य। और जहां अपरिवर्तित के दर्शन होते हैं, शाश्वत की प्रतीति होती है—वहीं सत्य। गच्छतीति जगत—जो भागा जा रहा है! जैसे आकाश में धुएं के बादल बनते हैं और मिटते हैं और रूप खड़े होते हैं और बिखरते हैं, क्षण भर भी कुछ ठहरा हुआ नहीं है—वैसा जगत! कोई गिर रहा, कोई उठ रहा; कोई जीत रहा, कोई हार रहा! जो हार रहा है, वह कल जीत सकता है। जो अभी जीत रहा है, वह कल हार सकता है। यहां कुछ भी पक्का नहीं है, यहां सब चीजें बदली जा रही हैं। समुद्र की लहरें हैं! इसमें जिसने सत्य को खोजना चाहा, वह खाली हाथों मरता है।

इस सारी बदलाहट के बीच, क्या तुम्हें कभी भी थोड़ा स्मरण आता है कि कोई ऐसी चीज है जो बिना बदली है? उस बिना बदले को ही हम आत्मा कहते हैं। दिन में तुम जागते हो—संसार—एक बात। यह जो भीतर तुम्हारे बैठा देखता है संसार को—यह दूसरी बात है। रात तुम सपने में सो जाते हो, सपना देखते हो, तब भी दो चीजें रहती हैं—सपना और तुम। फिर तुम गहरी नींद में पड़ जाते हो, तब भी दो चीजें रहती हैं—तुम और गहरी नींद। गहरी नींद कभी सपना बन जाती है, सपना कभी गहरी नींद बन जाता है। सपने से कभी जाग आते हो, दुनिया आ जाती है, फिर दुनिया खो जाती है; लेकिन एक चीज शाश्वत बनी रहती है—तुम्हारा साक्षी-भाव, तुम्हारा द्रष्टा-भाव, तुम्हारी अंतर्दृष्टि।[6]

भारत के ध्वज पर चक्र

तुम्हारी पूरी जिंदगी एक वर्तुल में घूमता हुआ चाक है। इसलिए हिंदुओं ने जीवन को जीवन-चक्र कहा।

देखते हैं, भारत के ध्वज पर जो चक्र बना है, वह बौद्धों का चक्र है। बौद्धों ने जीवन को एक गाड़ी का चक्का माना; घूमता रहता है उसी कील पर, वहीं का वहीं। एक आरा ऊपर आता, फिर नीचे चला जाता; फिर थोड़ी देर बाद वही आरा ऊपर आ जाता है।

तुम जरा चौबीस घंटे अपने जीवन का विश्लेषण करो। तुम पाओगे: क्रोध आता, पश्चात्ताप आता, फिर क्रोध आ जाता। प्रेम होता, घृणा होती, फिर प्रेम हो जाता। मित्रता बनती, शत्रुता आती, फिर मित्रता। ऐसे ही चलते रहते, आरे घूमते रहते, जीवन का चाक घूमता रहता है। चाक का अर्थ है: जीवन में पुनरुक्ति हो रही है।

कब जागोगे इस पुनरुक्ति से? कुछ तो करो! एक काम करो: अब तक बदलना चाहा, अब स्वीकार करो! स्वीकार होते ही एक नया आयाम खुलता है। यह तुमने कभी किया ही नहीं था। यह बिलकुल नयी घटना तुम करोगे। और मैं नहीं कह रहा हूं कि लाचारी...। मैं कह रहा हूं, धन्यभाव से! प्रभु ने जो दिया है उसका प्रयोजन होगा। क्रोध भी दिया है तो प्रयोजन होगा। तुम्हारे महात्मा तो समझाते रहे कि क्रोध न हो, लेकिन परमात्मा नहीं समझता है। फिर बच्चा आता है, फिर क्रोध के साथ आता है। अब कितनी सदियों से महात्मा समझाते रहे! न तुम समझे, न परमात्मा समझा। कोई समझते ही नहीं महात्माओं की। महात्मा मर कर सब स्वर्ग पहुंच गये होंगे। वहां भी परमात्मा की खोपड़ी खाते होंगे कि अब तो बंद कर दो—क्रोध रखो ही मत आदमी में।

लेकिन तुम जरा सोचो, एक बच्चा अगर पैदा हो बिना क्रोध के, जी सकेगा? उसमें बल ही न होगा। उसमें रीढ़ न होगी। वह बिना रीढ़ का होगा। तुम एक धप्प लगा दोगे उसको, वह वैसा ही का वैसा मिट्टी का लौंदा जैसा पड़ा रहेगा। जी सकेगा? उठ सकेगा? चल सकेगा? गोबर के गणेश जी होंगे। किसी काम के न सिद्ध होंगे।

तुमने कभी खयाल किया, जिस बच्चे में जितनी क्रोध की क्षमता होती है उतना ही प्राणवान होता है, उतना ही बलशाली होता है। और दुनिया में जो महानतम घटनाएं घटी हैं व्यक्तित्व की, वे सभी बड़ी ऊर्जा वाले लोग थे।

तुमने महावीर की क्षमा देखी? महावीर के क्रोध की हमें कोई कथा नहीं बतायी गयी। लेकिन मैं तुमसे यह कहता हूं कि अगर इतनी महाक्षमा पैदा हुई तो पैदा होगी कहां से? महाक्रोध रहा होगा। जैन डरते हैं, उसकी कोई बात करते नहीं। लेकिन यह मैं मान नहीं सकता कि महाक्षमा महाक्रोध के बिना हो कैसे सकती है। अगर इतना बड़ा ब्रह्मचर्य पैदा हुआ है तो

महान कामवासना रही होगी, नहीं तो होगा कहां से? नपुंसक को कभी तुमने ब्रह्मचारी होते देखा? और नपुंसक के ब्रह्मचर्य का क्या अर्थ होगा? सार भी क्या होगा?[7]

सिकंदर का राज्य

सिकंदर भारत से वापस लौटता था, तब वह एक फकीर को मिलने गया। और उस फकीर ने सिकंदर को देखा और वह हंसने लगा। तो सिकंदर ने कहा: 'यह अपमान है मेरा। जानते हो मैं कौन हूं? सिकंदर महान!'

वह फकीर और जोर से हंसने लगा। उसने कहा कि 'मुझे तो कोई महानता दिखाई नहीं पड़ती। मैं तो तुम्हें बड़ा दीन-दरिद्र देखता हूं।' सिकंदर ने कहा कि 'या तो तुम पागल हो और या तुम्हारी मौत आ गई। सारी दुनिया को मैंने जीत लिया है।' उस फकीर ने कहा, 'छोड़ यह बकवास! मैं तुझसे पूछता हूं, अगर मरुस्थल में तू भटक जाये और प्यास तुझे जोर की लगी हो और चारों तरफ आग बरसती हो और कहीं हरियाली न दिखाई पड़ती हो, कहीं किसी मरूद्यान का पता न चलता हो—उस समय एक गिलास पानी के लिए तू इस राज्य में से कितना दे सकेगा?'

सिकंदर ने थोड़ा सोचा। उसने कहा: 'आधा राज्य दे दूंगा।' फकीर ने कहा: 'लेकिन आधे में मैं बेचने को राजी न होऊंगा।' सिकंदर ने फिर सोचा। उसने कहा कि ऐसी हालत अगर होगी तो पूरा राज्य दे दूंगा। तो वह फकीर हंसने लगा। उसने कहा: 'एक गिलास पानी कुल जमा मूल्य है तेरे राज्य का। और ऐसे ही अकड़ा जा रहा है। वक्त पड़ जाये तो एक गिलास पानी में निकल जायेगी सब अकड़। यह राज्य तेरी प्यास भी तो न बुझा सकेगा उस क्षण में। चिल्लाना खूब—महान सिकंदर, महान सिकंदर! कुछ न होगा। मरुस्थल बिलकुल न सुनेगा।'

एक गिलास पानी में राज्य चला जाता हो...! अगर तुमसे कोई कहे कि परमात्मा मिलने को तैयार है, तुम क्या खोने को तैयार हो? तुम क्या दांव पर लगाने को तैयार हो? सिकंदर फिर भी हिम्मतवर था, उसने कहा आधा राज्य दे दूंगा एक गिलास पानी के लिए। तुम एक गिलास परमात्मा के लिए क्या देने को राजी हो? तुम शायद आधी दुकान भी न दोगे। तुम शायद आधा मकान भी न दोगे। तुम शायद अपनी आधी तिजोड़ी भी न दोगे। तुम कहोगे: 'प्रभु, अभी और बहुत काम करने हैं, तिजोड़ी अभी कैसे दे दूं? अभी लड़की की शादी करनी है, अभी लड़का युनिवर्सिटी में पढ़ रहा है। दे दूंगा एक दिन, लेकिन अभी नहीं दे सकता।' तुम क्या देने को राजी हो?

कभी अपने मन में पूछना, अगर प्रभु द्वार पर खड़ा हो और कहे कि मैं मिलने को राजी हूं, तुम क्या देने को राजी हो? तब तुम क्या दे दोगे निकालकर? तुम्हारे हाथ डरेंगे, खीसे में न जायेंगे।[8]

समय का बोध

इस देश में हमने समय की कमी नहीं मानी है। पश्चिम में समय कम है। क्योंकि एक ही जीवन है। जन्म और मृत्यु, सत्तर साल, सब समाप्त। फिर कुछ नहीं। कर लो तो कर लो, गये तो गये। इस देश में इतनी कंजूसी नहीं है, हमने खूब लंबा समय माना है—जनम-जनम। अनंतकाल तक। कोई जल्दी नहीं है। इसीलिए तो हड़बड़ाहट नहीं है पूरब में। इसीलिए तो घड़ी पर इतना आग्रह नहीं है।

घड़ी पूरब में पैदा ही नहीं हो सकती थी, वह पश्चिम की पैदाइश है। घड़ी को पैदा करने के लिए ईसाई चाहिए, हिंदू पैदा नहीं कर सकते घड़ी। इसलिए हिंदू का कोई भरोसा नहीं है। कहता है आ जाएंगे पांच बजे, पता नहीं आए न आए, पांच बजे आए कि सात बजे आए, कि कल आए, कि आज आए, कि परसों आए, कुछ पक्का नहीं। और तुम यह मत समझना कि वह तुम्हें धोखा देता है, उसे समय का बोध नहीं। उसकी धारा नहीं समय की। वह कहता है, क्या फर्क पड़ता है?

तुम जल्दी मत करो। तुम जीवन में जहां हो, उसे ठीक से समझ लो और जी लो। उसका स्वाद कड़वा है, देर-अबेर समझ में आ जाएगा। जिस दिन जीवन पर तुम्हारी पकड़ छूटेगी उस दिन संन्यास का जन्म होता है। फिर मैं तुम्हें जीवन से छोड़कर भाग जाने को तो कहता नहीं—संन्यास के बाद भी नहीं कहता। क्रांति तो अंतर में है, भीतर की है। रहोगे वहीं, जहां हो। और ढंग से रहोगे। बोधपूर्वक रहोगे। जागकर रहोगे। लेकिन जल्दी मत करो। अगर कहीं कुछ थोड़ा-बहुत रस उलझा रह गया है, उसका भी निपटारा कर लो। उसका भी चुकतारा कर लो।[9]

धर्म का राज़

उपनिषदों में कथा है कि एक पिता ने अपने पांच बेटों को भेजा सत्य की खोज पर। वे गए। वर्षों बाद वे लौटे। पिता मरणासन्न है। वह पूछता है अपने बेटों से, सत्य मिल गया? ले आए? जान लिया?

पहला बेटा जवाब देता है, वेद की ऋचाएं दोहराता है। दूसरा बेटा जवाब देता है, उपनिषद के सूत्र बोलता है। तीसरा बेटा जवाब देता है, वेदांत की गहन बातें कहता है। चौथा बेटा बोलता है, जो भी सारभूत धर्मों ने पाया है, सब कहता है।

लेकिन जैसे-जैसे बेटे जवाब देते हैं, वैसे-वैसे बाप उदास होता चला जाता है। चौथे के जवाब देते-देते वह वापस बिस्तर पर लेट जाता है। लेकिन पांचवां चुप ही रह गया। बाप फिर उठ आया है। और उसने पूछा कि तूने जवाब नहीं दिया? शायद सोचा हो कि मैं लेट गया, थक गया। तेरा जवाब और दे दे; क्योंकि मैं तुम्हारी ही प्रतीक्षा में जी रहा हूं। वह बेटा फिर चुप है। बाप कहता है, तू बोल। वह बेटा फिर चुप है। उसने आंख बंद कर ली हैं। वह बाप कहता है, तो मैं फिर निश्चिंतता से मर सकता हूं। कम से कम एक जान कर लौटा है, जो चुप है।

बोधिधर्म वापस लौटता है—चीन दस वर्ष काम करके। अपने शिष्यों को इकट्ठा करता है और पूछता है, मुझे बताओ, धर्म का राज क्या है? रहस्य क्या है? संदेश क्या है बुद्ध का? मैंने तुम्हें क्या दिया?

वह जांच कर लेना चाहता है जाने के पहले।

एक शिष्य उत्तर देता है कि संसार और निर्वाण एक हैं, सब अद्वैत है।

बोधिधर्म उसकी तरफ देखता है और कहता है, तेरे पास मेरी चमड़ी है।

वह युवक बहुत हैरान हो जाता है, चमड़ी? अद्वैत की बात, और कहता है चमड़ी! बात जब सिर्फ अद्वैत की होती है, बात ही जब अद्वैत की होती है, तो चमड़ी ही होती है, कुछ और नहीं होता। बात तो उसने बड़ी ऊंची कही थी, पूरे अद्वैत की, कि संसार और ब्रह्म एक, संसार और मोक्ष एक, द्वैत है ही नहीं।

दूसरे से पूछता है। वह दूसरा कहता है, कठिन है कहना, अनिर्वचनीय है। बहुत मुश्किल है।

बोधिधर्म कहता है, तेरे पास मेरी हड्डियां हैं।

पूछता है युवक, सिर्फ हड्डियां?

बोधिधर्म कहता है, हां! क्योंकि तू कहता तो है अनिर्वचनीय, लेकिन कहता जरूर है। तू कहता है अनिर्वचनीय, नहीं कहा जा सकता, फिर भी कहता है। हड्डियां ही तेरे पास हैं।

और तीसरा युवक कहता है, न तो कहा जा सकता अनिर्वचनीय उसे, न कहा जा सकता अद्वैत उसे, शब्द नहीं वहां काम करते, वहां तो मौन ही सार्थक है।

बोधिधर्म कहता है, तेरे पास मेरी मज्जा है। मस्तिष्क में खोपड़ी को घेरे हुए जो है, वह तेरे पास है।

पर और इससे गहरी क्या बात होगी?

वह चौथे युवक की तरफ देखता है। वह चौथा युवक उसके पैरों में गिर पड़ता है और सिर उसके पैरों में रख देता है। वह उसे उठाता है। उसकी आंखें शून्य हैं, उसकी आंखों में जैसे कोई प्रतिबिंब नहीं दौड़ता; जैसे आकाश में कभी कोई बादल न चलता हो, ऐसा खाली।

वह उसे हिलाता है कि तूने मेरा प्रश्न सुना या नहीं? मैं तुझसे कुछ पूछता हूं, तुझ तक पहुंचा या नहीं?

शून्य आंखें शून्य ही बनी रहती हैं, बंद ओंठ बंद ही बने रहते हैं, वह दुबारा झुक कर सिर चरणों पर बोधिधर्म के रख देता है। वह उसे फिर उठाता है; वह कहता है, मुझे तू बोल!

नहीं बोलता, वह चुप है।

और बोधिधर्म कहता है, तेरे पास मैं हूं; अब मैं जाता हूं। वह वापस लौट आता है। तेरे पास मैं हूं!

रहस्य का अर्थ है, उसे कभी पाया हुआ नहीं कहा जा सकता, जाना हुआ नहीं कहा जा सकता; न जाना हुआ भी नहीं कहा जा सकता। ज्ञात नहीं, अज्ञात नहीं। इतना बड़ा है सब कि हमारा कुछ भी कहना सार्थक नहीं होता।[10]

चूड़ियां और संन्यास

पुरानी कथा है जैन-शास्त्रों में, मिथिला के महाराजा नेमी के संबंध में। उन्होंने कभी शास्त्र नहीं पढ़े। उन्होंने कभी अध्यात्म में रुचि नहीं ली। वह उनका लगाव ही न था। उनकी चाहत ने वह दिशा कभी नहीं पकड़ी थी। बूढ़े हो गए थे, तब बड़े जोर का दाह्य-ज्वर उन्हें पकड़ा। भयंकर ज्वर की पीड़ा में पड़े हैं। उनकी रानियां उनके शरीर को शीतल करने के लिए चंदन और केसर का लेप करने लगीं। रानियों के हाथ में सोने की चूड़ियां थीं, चूड़ियों पर हीरे-जवाहरात लगे थे; लेकिन लेप करते समय उनकी चूड़ियां खड़खड़ातीं और बजतीं। सम्राट नेमी को वह खड़खड़ाहट की आवाज, वह चूड़ियों का बजना बड़ा अरुचिकर मालूम हुआ। और उन्होंने कहा, हटाओ ये चूड़ियां, इन चूड़ियों को बंद करो! ये मेरे कानों में बड़ी कर्ण-कटु मालूम होती हैं।

तो सिर्फ मंगल-सूत्र के खयाल से एक-एक चूड़ी बचा कर, बाकी चूड़ियां रानियों ने निकाल कर रख दीं। आवाज बंद हो गई। लेप चलता रहा। नेमी भीतर एक महाक्रांति को उपलब्ध हो गए। यह देख कर कि दस चूड़ियां थीं हाथ में तो बजती थीं; एक बची तो बजती

नहीं। अनेक हैं तो शोरगुल है। एक है तो शांति है। कभी शास्त्र नहीं पढ़ा, कभी अध्यात्म में कोई रस नहीं रहा। उठ कर बैठ गए। कहा, मुझे जाने दो। यह दाह्य-ज्वर नहीं है, यह मेरे जीवन में क्रांति का संदेश लेकर आ गया। यह प्रभु-अनुकंपा है।

रानियां पकड़ने लगीं। उन्होंने समझा कि शायद ज्वर की तीव्रता में विक्षिप्तता तो नहीं हो गई! उनका भोगी-रूप ही जाना था। योग की तो उन्होंने कभी बात ही न की थी, योगी को तो वे पास न फटकने देते थे। भोग ही भोग था उनके जीवन में। कहीं ऐसा तो नहीं कि सन्निपात हो गया है! वे तो घबड़ा गईं, वे तो रोकने लगीं।

सम्राट ने कहा, घबड़ाओ मत। न कोई यह सन्निपात है। सन्निपात तो था, वह गया। तुम्हारी चूड़ियों की बड़ी कृपा! कैसी जगह से परमात्मा ने सूरज निकाल दिया, कहा नहीं जा सकता! चूड़ियां बजती थीं तुम्हारी, बहुत तुमने पहन रखीं थीं। एक बची, शोरगुल बंद हुआ—उससे एक बोध हुआ कि जब तक मन में बहुत आकांक्षाएं हैं तब तक शोरगुल है। जब एक ही बचे आकांक्षा, एक ही अभीप्सा बचे, या एक की ही अभीप्सा बचे—और ध्यान रखना एक की ही अभीप्सा एक हो सकती है। संसार की अभीप्सा तो एक हो ही नहीं सकती—संसार अनेक है। तो वहां अनेक वासनाएं होंगी। एक की अभीप्सा ही एक हो सकती है।

नेमी तो उठ गए, ज्वर तो गया। वे तो चल पड़े जंगल की तरफ। न शास्त्र पढ़ा, न शास्त्र जानते थे। लेकिन, शास्त्र पढ़ने से कब किसने जाना! जीवन के शास्त्र के प्रति जागरूकता चाहिए, तो कहीं से भी इशारा मिल जाता है। अब चूड़ियों से कुछ लेना-देना है?

तुमने कभी सुना, चूड़ियों और संन्यास का कोई संबंध? जुड़ता ही नहीं। लेकिन बोध के किसी क्षण में, जागरूकता के किसी क्षण में, मौन के किसी क्षण में, कोई भी घटना जगाने वाली हो सकती है। तुम सो रहे हो, घड़ी का अलार्म जगा देता है, पक्षियों की चहचहाहट जगा देती है, कौओं की कांव-कांव जगा देती है, दूध वाले की आवाज जगा देती है, राह से निकलती हुई ट्रक का शोरगुल जगा देता है, ट्रेन जगा देती है, हवाई-जहाज जगा देता है; कुत्ता भौंकने लगे पड़ोसी का, वह जगा देता है।

ठीक ऐसे ही हम सोए हैं। इसमें जागरण की घटना घट सकती है, लेकिन जागरण की घटना केवल शब्दों से नहीं घटती। वास्तविक ध्वनि...। शास्त्र तो ऐसे हैं जैसे रिकार्ड में ध्वनियां बंद हैं। तुम रिकार्ड रखे अपने बिस्तर के पास सोए रहो, इससे कुछ भी न होगा। तुम अपनी स्मृति में कितने ही शास्त्रों के रिकार्ड भर लो, इससे कुछ न होगा।[11]

पतंजलि का योग-विज्ञान

पतंजलि अत्यंत विरल व्यक्ति हैं। वे प्रबुद्ध हैं बुद्ध, कृष्ण और जीसस की भांति; महावीर, मोहम्मद और जरथुस्त्र की भांति, लेकिन एक ढंग से अलग हैं। बुद्ध, कृष्ण, महावीर, मोहम्मद, जरथुस्त्र—इनमें से किसी का दृष्टिकोण वैज्ञानिक नहीं है। वे महान धर्म प्रवर्तक हैं, उन्होंने मानव-मन और उसकी संरचना को बिलकुल बदल दिया, लेकिन उनकी पहुंच वैज्ञानिक नहीं है।

पतंजलि बुद्ध पुरुषों की दुनिया के आइंस्टीन हैं। वे अद्‌भुत घटना हैं। वे सरलता से आइंस्टीन, बोर, मैक्स प्लांक या हेसनबर्ग की तरह नोबल पुरस्कार विजेता हो सकते थे। उनकी अभिवृत्ति और दृष्टि वही है जो किसी परिशुद्ध वैज्ञानिक मन की होती है। कृष्ण कवि हैं; पतंजलि कवि नहीं हैं। पतंजलि नैतिकवादी भी नहीं हैं, जैसे महावीर हैं। पतंजलि बुनियादी तौर पर एक वैज्ञानिक हैं, जो नियमों की भाषा में ही सोचते-विचारते हैं। उन्होंने मनुष्य के अंतस जगत के निरपेक्ष नियमों का निगमन करके सत्य और मानवीय मानस की चरम कार्य-प्रणाली के विस्तार का अन्वेषण और प्रतिपादन किया।

योग कोई धर्म नहीं है, यह बात स्मरण रहे। योग हिंदू नहीं है, मुसलमान नहीं है। योग तो एक विशुद्ध विज्ञान है—गणित, फिजिक्स या केमिस्ट्री की तरह। फिजिक्स न तो ईसाई है और न बौद्ध। चाहे ईसाइयों द्वारा ही फिजिक्स के नियमों की खोज की गई हो, लेकिन फिर भी इस विज्ञान को ईसाई नहीं कहा जा सकता। यह संयोग मात्र है कि ईसाइयों ने फिजिक्स के नियमों का अन्वेषण किया। भौतिकी विज्ञान तो मात्र विज्ञान है। और योग भी मात्र एक विज्ञान है। यह फिर एक संयोगपूर्ण घटना ही है कि हिंदुओं ने योग को खोजा। लेकिन इससे यह हिंदू तो न हुआ। यह तो एक विशुद्ध गणित हुआ आंतरिक अस्तित्व का। इसलिए एक मुसलमान भी योगी हो सकता है; ईसाई भी योगी हो सकता है। इसी तरह एक जैन, एक बौद्ध भी योगी हो सकता है।

योग तो शुद्ध विज्ञान है। और जहां तक योग-विज्ञान की बात है पतंजलि इस क्षेत्र के सबसे बड़े नाम हैं। यह पुरुष विरल है। किसी अन्य की पतंजलि के साथ तुलना नहीं की जा सकती। मनुष्यता के इतिहास में धर्म को पहली बार विज्ञान की अवस्था तक लाया गया। पतंजलि ने धर्म को मात्र नियमों का विज्ञान बना दिया, जहां विश्वास की जरूरत नहीं है।

सब तथाकथित धर्मों को विश्वासों की जरूरत रहती है। धर्मों में परस्पर कोई विशेष अंतर नहीं है। अंतर है तो उनकी अलग-अलग धारणाओं में ही। एक मुसलमान के अपने विश्वास हैं; इसी तरह हिंदू और ईसाई के अपने-अपने विश्वास हैं। अंतर तो विश्वासों में ही है। जहां तक विश्वासों की बात है, योग इस विषय में कुछ नहीं कहता। योग तो तुम्हें किसी बात पर विश्वास करने को नहीं कहता। योग कहता है: अनुभव करो। जैसे विज्ञान कहता है: प्रयोग

करो, योग कहता है: अनुभव करो। प्रयोग और अनुभव एक ही बात है, उनकी दिशाएं अलग-अलग हैं।

योग मृत्यु तथा नवजीवन दोनों ही है। तुम जैसे हो, उसे तो मरना होगा। और जब तक पुराना मरेगा नहीं, नए का जन्म नहीं हो सकता। नया तुममें ही तो छिपा है। तुम केवल उसके बीज हो। और बीज को गिरना ही होगा, धरती में पिघलने के लिए। बीज को तो मिटना ही होगा, केवल तभी तुममें से नया प्रकट होगा। तुम्हारी मृत्यु ही तुम्हारा नवजीवन बन पाएगी। योग दोनों है—मृत्यु भी और जन्म भी। जब तक तुम मरने को तैयार न होओ तब तक तुम्हारा नया जन्म नहीं हो सकता। यह केवल विश्वास को बदलने की बात नहीं है।[12]

भिक्षु और स्वामी

बुद्ध अपने संन्यासियों को भिक्षु कहते थे। खूब मजाक किया उन्होंने। दिस इज़ वेरी आयरॉनिकल। और मजाक में ही कहा, लेकिन मजाक गहरा है और गंभीर है।

बुद्ध एक गांव में गए हैं, भिक्षा का पात्र लेकर भीख मांगने निकले हैं, और गांव का जो बड़ा धनपति है, नगरसेठ है, उसने कहा कि क्यों? तुम जैसे सुंदर—सर्वांग सुंदर व्यक्तित्व था बुद्ध का; शायद उस समय वैसा सुंदर व्यक्ति खोजना मुश्किल था—तुम जैसा सुंदर व्यक्ति, और तुम भीख मांगते हो सड़क पर भिक्षा का पात्र लेकर? तुम सम्राट होने योग्य हो। मैं नहीं पूछता, तुम कौन हो, क्या हो—तुम्हारी जाति, तुम्हारा धर्म, तुम्हारा कुल; मैं तुम्हें अपनी लड़की से विवाह देता हूं; और मेरी संपत्ति के तुम मालिक हो जाओ, क्योंकि मेरी लड़की ही अकेली संपदा की अधिकारिणी है।

बुद्ध ने कहा, काश! ऐसा सच होता कि मैं भिक्षु होता और तुम मालिक होते! बाकी तुम सबको भिखारी देखकर और अपने को मालिक समझता देखकर हमने भिक्षा का पात्र हाथ में लिया है; क्योंकि अपने को मालिक कहना ठीक नहीं मालूम पड़ता, तुम सभी अपने को मालिक कहते हो—हम भिखारी हैं; क्योंकि जिस दुनिया में भिखारी अपने को मालिक समझते हों, उस दुनिया में मालिकों को अपने को भिखारी समझ लेना ही उचित है।

अनूठी घटना घटी थी इस जमीन पर। इतने बड़े सम्राट दुनिया में बहुत कम पैदा हुए हैं जो भिक्षा मांगने की हिम्मत कर सके हों। और अकेला भारत जमीन पर एक देश है जहां बुद्ध और महावीर जैसा व्यक्ति सड़क पर भिक्षा मांगने निकला है—अकेला! बिलकुल अकेला! लेकिन यह किसी भीतरी मालकियत की खबर है। और यह बड़ा व्यंग है हम सब पर। भारी व्यंग है।

जिनके भीतर भिक्षा के पात्र ही पात्र भरे हैं, वे मालिक होने के वहम में जीते हैं; और जिनके भीतर से सारी तृष्णा चली गई, वे भिक्षा का पात्र लेकर सड़क पर निकलते हैं। साईकोड्रामा है। यह बहुत मजे का व्यंग है। और बुद्ध जैसे व्यक्ति के व्यंगों को भी हम नहीं समझ पाते, यह बड़ी अड़चन हो जाती है।[13]

सिकंदर और संन्यासी

तुम्हें पता है क्यों इस देश ने संन्यास के लिए गैरिक वस्त्र चुने? वह अग्नि का रंग है, लपटों का रंग है। प्राचीन समय में जब किसी को संन्यास देते थे, तो उसे चिता बनाकर उस पर लिटाते थे। फिर चिता में आग लगाते थे और घोषणा करते थे कि तू अब तक जो था, समाप्त हो गया। तेरी तरह तू मर गया। अब उठ और एक नए जीवन में उठ! जलती चिता से संन्यासी उठता था, फिर उसे नया नाम देते थे, और गैरिक वस्त्र देते थे ताकि याद रखना अग्नि को, लपटों को, मृत्यु को; स्मरण रखना कि जो भी मरणधर्मा है वह तू नहीं है; स्मरण रखना कि जो भी मरेगा, वह तू नहीं है।

सिकंदर जब भारत से वापस लौटता था तो उसे याद आयी—जब यात्रा पर आया था भारत की तरफ तो उसके गुरु अफलातून ने उससे कहा था, जब भारत से लौटो, और बहुत-सी चीजें तुम लूट कर लाओगे, बन सके तो एक संन्यासी भी ले आना। संन्यास भारत की गरिमा है। वह भारत का गौरव है। वह भारत की देन है दुनिया को। तो अफलातून ने ठीक ही कहा था कि तू सब कुछ तो लाएगा लूटकर—धन-दौलत, हीरे-जवाहरात—मेरे लिए इतना खयाल रखना, एक संन्यासी ले आना। क्योंकि मैं जानना चाहता हूं, संन्यास क्या है?

सब लूट-पाट कर जब सिकंदर जा रहा था और पंजाब की आखिरी बस्तियां छोड़ रहा था, तब उसे याद आया कि वह भूल ही गया संन्यासी को ले जाना। तो उसने खबर की गांव में कोई संन्यासी है? लोगों ने कहा—हां, एक संन्यासी है। वह नदी के किनारे नग्न वर्षों से जीता है। सिकंदर ने अपने दो आदमी भेजे और कहा—संन्यासी को कहो कि घोड़े पर सवार होकर हमारे साथ हो जाए। और कह देना, अगर आज्ञा न मानी तो यह नंगी तलवार है, गर्दन इसी वक्त काटकर गिरा दी जाएगी।

वे नंगी तलवारें लिए हुए सैनिक गए। जो संन्यासी वहां खड़ा था —नग्न, मस्त, सुबह की रोशनी में. . . सूरज से बातें करता होगा, आकाश में उड़ता होगा, अनंत से जुड़ा था, मस्त था, मौज में था, रक्स में था, नाच में था—थोड़ी देर तक तो वे दोनों सैनिक तलवारें नंगी हाथ

में लिए चुपचाप खड़े रहे; ऐसा दृश्य उन्होंने देखा नहीं था! ऐसी मस्ती उन्होंने देखी नहीं थी! मतवाले देखे थे, मगर ऐसा मतवाला नहीं देखा था! और संन्यासी को जैसे पता ही नहीं चला कि वे दो नंगी तलवारें लिए आदमी खड़े हैं किसलिए? आखिर में उन्होंने ही कहा कि भई, देखते नहीं, हम बड़ी देर से देख रहे हैं, सिकंदर की आज्ञा है, महान सिकंदर की आज्ञा है कि घोड़े पर सवार हो जाओ और हमारे साथ यूनान चलो। सब तरह की सुविधा रहेगी, सब तरह का इंतजाम रहेगा, तुम शाही मेहमान रहोगे। और यह भी खबर है साथ में कि अगर जाने से इंकार किया, तो ये नंगी तलवारें तुम्हारी गर्दन अभी गिरा देंगी। वह संन्यासी ऐसा खिलखिलाकर हंसा कि नंगी तलवारें लिए सैनिकों के दिल धड़ककर रह गए होंगे। उस संन्यासी ने कहा—सिकंदर को कहो कि फिर उसे संन्यासियों से बात करने की तमीज नहीं है। उसे संन्यासियों के साथ चर्चा करने का कुछ पता नहीं है। उस नासमझ को ही ले आओ ताकि वह भी देख ले—जब एक संन्यासी की गर्दन काटी जाती है तो क्या होता है? रही आने-जाने की बात, वर्षों हो गए तब से मैंने आना-जाना छोड़ दिया। ठहर गया हूं।

वह ऊंची बातें कह रहा था जिसकी सिपाहियों को तो कुछ समझ में ही नहीं आया होगा क्या कह रहा है। आना-जाना छोड़ चुका हूं, उसने कहा, ठहर गया हूं। वह तो संन्यासी की परिभाषा कर रहा था, जो कृष्ण ने की है—स्थितप्रज्ञ, जिसकी प्रज्ञा ठहर गयी है, जो न अब आता न जाता. . .रज्जब ने कहा न—जो आए जाए सो माया. . . जो न आता, न जाता, जो सदा ठहरा है, सदा स्थिर है, उस थिरता का नाम ही संन्यास है। तो उसने कहा—मैं तो अब कहां आता-जाता, वर्षों हो गए ठहर गया, अब कैसा आना, कैसा जाना! कैसा भारत, कैसा यूनान! व्यर्थ की बातें यहां न करो। रही गर्दन काटने की बात, तुम्हें काटना हो तुम काट लो, सिकंदर को काटना हो सिकंदर काट ले, जहां तक मेरा संबंध है, मैं तो यह गर्दन बहुत पहले काट ही चुका। इस गर्दन का मुझसे कुछ लेना-देना नहीं।

सिपाहियों की हिम्मत न पड़ी काटने की। यह आदमी कुछ अनूठा था। उन्होंने बहुत आदमी देखे थे, या तो आदमी होता है तलवार उसके सामने करो तो वह अपनी तलवार निकाल लेता है, लड़ने-जूझने को तैयार हो जाता है; या एक आदमी होता है कि तलवार दिखाओ तो वह भाग खड़ा होता है, पीठ दिखा देता है। न इसने पीठ दिखायी, न इसने तलवार निकाली, यह तीसरे ही तरह का आदमी था, जो खिलखिलाकर हंसा! इन सैनिकों ने बहुत युद्ध देखे थे, बहुत लोग मारे थे, मारे गए थे, खुद मौत का सामना किया था, मृत्यु के अनुभव से निरंतर गुजरे थे, मगर ऐसा आदमी न देखा था। उन्होंने सोचा, बेहतर है हम सिकंदर को पहले खबर कर दें। एक तो वहीं रुका रहा कि संन्यासी पर नजर रखे, दूसरा भागा सिकंदर के पास, उसने कहा कि आदमी देखने जैसा है! अफलातून ने, तुम्हारे गुरु ने जो कहा संन्यासी ले आना, ठीक ही कहा। हमने बहुत आदमी देखे, मगर यह आदमी कुछ और तरह का आदमी है। यह आदमियों जैसा आदमी नहीं है। यह मौत की बात सुनकर हंसा—ऐसा हंसा कि भरोसा न आए! या तो यह पागल है, या यह किसी ऐसी अवस्था में है ऊंचाई की जहां हमारी कोई पहुंच नहीं है। आप खुद ही चलो। काटना हो आप खुद ही काट लो। और वह कहता है—गर्दन तो मैं पहले ही कटा चुका।

सिकंदर खुद गया। सिकंदर ने लिखा है कि जिंदगी में मैं दो बार अपने को छोटा अनुभव किया हूं। एक बार डायोजनीज से मिला था, तब—वह भी एक नंगा फकीर था यूनान का—और एक बार दंडामि, इस हिंदू संन्यासी से मिला, तब; दो बार मुझे लगा कि मैं ना-कुछ हूं। बाकि बड़े सम्राट देखे, दुनिया के बड़े ख्यातिनाम लोग देखे, उनके सामने मैं सदा बड़ा था। मेरे मुकाबले वे कुछ भी न थे। मगर इन दो फकीरों ने—दोनों नंगे फकीर थे मुझे एकदम झेंप से भर दिया। दंडामि के सामने खड़े होकर सिकंदर ने कहा कि चलना होगा, अन्यथा यह तलवार है और मैं कठोर आदमी हूं, जैसा कहता हूं, वैसा करता हूं, यह गर्दन अभी कट जाएगी, यह सिर अभी गिर जाएगा। पता है दंडामि ने क्या कहा? दंडामि ने कहा—गिराओ, गिराओ, सिर को गिरा दो; मैं भी उसे गिरते देखूंगा, तुम भी उसे गिरते देखोगे। और अब तुम करोगे क्या, जो काम मेरा गुरु पहले ही कर चुका है! अब तो यह सिर ऐसा ही अटका है, जुड़ा नहीं है। यह तो कटा हुआ सिर है, कटे हुए को क्या काटते हो, मगर काटो! तुम भी देखोगे गिरते, मैं भी देखूंगा गिरते।

सिकंदर की तलवार कहते हैं म्यान में वापस चली गयी। इस आदमी की रौनक, इस आदमी की आभा देखकर हतप्रभ होकर वापस लौट गया। जाते वक्त उस सन्यासी ने कहा—और ध्यान रखना, जो संन्यासी तुम्हारे साथ जाने को राजी हो जाए, वह ले जाने-योग्य नहीं है। वह संन्यासी नहीं है। जो संन्यासी है, उसका अब कैसा आना, कैसे जाना! ज्यूं का त्यूं ठहराया।[14]

सम्राट् मिलिंद और भिक्षु नागसेन

कभी सोचा आपने, यह 'मैं' है क्या? आपका हाथ है 'मैं', आपका पैर है, आपका मस्तिष्क है, आपका हृदय है? क्या है आपका 'मैं'?

अगर आप एक क्षण भी शांत होकर भीतर खोजने जाएंगे कि कहां है 'मैं', कौन-सी चीज हैं 'मैं', तो आप एकदम हैरान रह जाएंगे कि भीतर कोई 'मैं' खोजे से मिलने को नहीं है। जितना गहरा खोजेंगे, उतना ही पाएंगे भीतर एक सन्नाटा और शून्य है, वहां कोई 'आई' नहीं, वहां कोई 'मैं' नहीं, वहां कोई 'इगो' नहीं।

एक भिक्षु नागसेन को एक सम्राट् मिलिंद ने निमंत्रण दिया था कि तुम आओ दरबार में। तो जो राजदूत गया था निमंत्रण देने, उसने नागसेन को कहा कि भिक्षु नागसेन, आपको बुलाया है सम्राट् मिलिंद ने। मैं निमंत्रण देने आया हूं। तो नागसेन कहने लगा, मैं चलूंगा जरूर; लेकिन एक बात विनय कर दूं, पहले ही कह दूं कि भिक्षु नागसेन जैसा कोई है नहीं। यह केवल एक नाम है, कामचलाऊ नाम है। आप कहते हैं तो मैं चलूंगा जरूर, लेकिन ऐसा कोई आदमी कहीं है नहीं।

राजदूत ने जाकर सम्राट् को कह दिया कि बड़ा अजीब आदमी है वह। वह कहने लगा कि मैं चलूंगा जरूर लेकिन ध्यान रहे कि भिक्षु नागसेन जैसा कहीं कोई है नहीं, यह केवल एक कामचलाऊ नाम है। सम्राट् ने कहा, अजीब-सी बात है, जब वह कहता है, मैं चलूंगा। आएगा वह!

वह आया भी रथ पर बैठकर! सम्राट् ने द्वार पर स्वागत किया और कहा, भिक्षु नागसेन हम स्वागत करते हैं आपका।

वह हंसने लगा। उसने कहा, स्वागत स्वीकार करता हूं। लेकिन स्मरण रहे भिक्षु नागसेन जैसा कोई है नहीं।

सम्राट् कहने लगा, बड़ी पहेली की बातें करते हैं आप। अगर आप नहीं हैं तो कौन हैं, कौन आया है यहां, कौन स्वीकार कर रहा है स्वागत, कौन दे रहा है उत्तर?

नागसेन मुड़ा और उसने कहा, देखते हैं, सम्राट् मिलिंद, यह रथ खड़ा है जिस पर मैं आया। सम्राट् ने कहा, हां, रथ है। तो भिक्षु नागसेन पूछने लगा, घोड़े को निकालकर अलग कर लिया जाए। घोड़े अलग कर लिए गए। और उसने पूछा सम्राट् से, ये घोड़े रथ हैं?

सम्राट् ने कहा, घोड़े कैसे रथ हो सकते हैं?

घोड़े अलग कर दिए गए। सामने के डंडे जिनसे घोड़े बंधे थे, खिंचवा लिए गए।

उसने पूछा कि ये रथ हैं?

सिर्फ दो डंडे कैसे रथ हो सकते हैं?

डंडे अलग कर दिए गए। चाक निकलवा लिए।

और कहा, ये रथ हैं?

सम्राट् ने कहा, ये चाक हैं, ये रथ नहीं हैं।

और एक-एक अंग रथ से निकलता चला गया। और एक-एक अंग पर सम्राट् को कहना पड़ा कि नहीं, ये रथ नहीं हैं। फिर आखिर पीछे शून्य बच गया, वहां कुछ भी न बचा।

भिक्षु नागसेन पूछने लगा, रथ कहां है अब? रथ कहां है अब! और जितनी चीजें मैंने निकालीं, तुमने कहा ये भी रथ नहीं, ये भी रथ नहीं, ये भी रथ नहीं! अब रथ कहां है?

तो सम्राट् चौंककर खड़ा रह गया—रथ पीछे बचा भी नहीं था और जो चीजें निकल गई थीं, उनमें कोई रथ था भी नहीं।

तो वह भिक्षु कहने लगा, समझे आप? रथ एक जोड़ था। रथ कुछ चीजों का संग्रह मात्र था। रथ का अपना होना नहीं है, कोई 'इगो' नहीं है। रथ एक जोड़ है।

आप खोजें—कहां है आपका 'मैं' और आप पाएंगे कि आप अनंत शक्तियों के एक जोड़ हैं; 'मैं' कहीं भी नहीं है। और एक-एक अंग आप सोचते चले जाएं तो एक-एक अंग समाप्त होता चला जाता है, फिर पीछे शून्य रह जाता है। उसी शून्य से प्रेम का जन्म होता है, क्योंकि वह शून्य आप नहीं हैं, वह शून्य परमात्मा है।[15]

प्रेम और परमात्मा

रामानुज एक गांव में ठहरे हुए थे। एक आदमी ने आकर कहा कि मुझे परमात्मा को पाना है। तो उन्होंने कहा कि तूने कभी किसी को प्रेम किया है? उस आदमी ने कहा, इस झंझट में मैं कभी पड़ा ही नहीं। प्रेम बगैरह की झंझट में नहीं पड़ा। मुझे परमात्मा को खोजना है।

रामानुज ने कहा, तूने झंझट ही नहीं की प्रेम की? उसने कहा, मैं बिल्कुल सच कहता हूं आपसे।

वह बेचारा ठीक ही कह रहा था। क्योंकि धर्म की दुनिया में प्रेम एक डिस्क्वालिफिकेशन है, एक अयोग्यता है।

तो उसने सोचा कि अगर मैं कहूं किसी को प्रेम किया है, तो वे कहेंगे कि अभी प्रेम-व्रेम छोड़, यह राग-वाग छोड़, पहले इन सबको छोड़कर आ, तब इधर आना। तो उस बेचारे ने किया भी हो तो वह कहता गया कि मैंने नहीं किया है। ऐसा कौन आदमी होगा, जिसने थोड़ा-बहुत प्रेम नहीं किया हो?

रामानुज ने तीसरी बार पूछा कि तू कुछ तो बता, थोड़ा-बहुत भी, कभी किसी को? उसने

कहा, माफ करिए, आप क्यों बार-बार बही बातें पूछे चले जा रहे हैं? मैंने प्रेम की तरफ आंख उठाकर नहीं देखा। मुझे तो परमात्मा को खोजना है।

तो रामानुज ने कहा; मुझे क्षमा कर, तू कहीं और खोज। क्योंकि मेरा अनुभव यह है कि अगर तूने किसी को प्रेम किया हो तो उस प्रेम को फिर इतना बड़ा जरूर किया जा सकता है कि वह परमात्मा तक पहुंच जाए। लेकिन अगर तूने प्रेम ही नहीं किया है तो तेरे पास कुछ है नहीं, जिसको बड़ा किया जा सके। बीज ही नहीं है तेरे पास जो वृक्ष बन सके। तो तू जा कहीं और पूछ।[16]

तत्वमसि श्वेतकेतु!

आज भी आप कभी किसी पीपल के पास नमस्कार करके गुजर जाते हैं। लेकिन आपने खयाल नहीं किया होगा कि जो आदमी, आदमियों को वस्तु जैसा व्यवहार करता है, उसका पीपल को नमस्कार करना एकदम सरासर झूठ है। पीपल को तो वही नमस्कार कर सकता है, जो ज़ानता है कि पीपल भी व्यक्ति है, वह भी परमात्मा का हिस्सा है; उसके पत्ते-पत्ते में भी उसी की छाप है। कंकड़-कंकड़ में भी उसी की पहचान है। जगह-जगह वही है, अनेक-अनेक रूपों में। चेहरे होंगे भिन्न; वह जो भीतर छिपा है, भिन्न नहीं है। आंखें होंगी अनेक, लेकिन जो झांकता है उनसे, वह एक है। हाथ होंगे अनंत, लेकिन जो स्पर्श करता है उनसे, वह वही है।

गदर के समय, म्यूटिनी के समय, अठारह सौ सत्तावन में, एक मौन संन्यासी, जो पंद्रह वर्ष से मौन था। नग्न संन्यासी। रात गुजर रहा था। चांदनी रात थी। चांद था आकाश में। वह नाच रहा था। धन्यवाद दे रहा था चांद को। उसे पता नहीं था कि उसकी मौत करीब है।

नाचते हुए नग्न वह निकला नदी की तरफ। बीच में अंग्रेज फौज का पड़ाव था। फौजियों ने समझा कि यह कोई जासूस मालूम पड़ता है। तरकीब निकाली है इसने कि नग्न होकर गीत गाता हुआ फौजी पड़ाव में से गुजर रहा है। उन्होंने उसे पकड़ लिया। और जब उससे पूछताछ की और वह नहीं बोला, तब शक और भी पक्का हो गया कि वह जासूस है। बोलता क्यों नहीं? हंसता है, मुस्कुराता है, नाचता है, बोलता क्यों नहीं?

मैंने कहा, गीत गाता हुआ, वाणी से नहीं। ऐसे भी गीत हैं, जो प्राणों से गाए जाते हैं। ऐसे भी गीत हैं, जो शून्य में उठते और शून्य में ही खो जाते हैं। वह तो मौन था, शब्द से तो चुप था। पर गीत गाता हुआ, नाचता हुआ, अपने समग्र अस्तित्व से पूर्णिमा के चांद को धन्यवाद देता हुआ!

सिपाहियों ने कहा कि बोलता क्यों नहीं है? मुस्कुराता है। आंखें कहती हैं। गाता है। नाचता है। बोलता क्यों नहीं है? बेईमान है। जासूस है! उन्होंने भाला उसकी छाती में भोंक दिया।

उस संन्यासी ने संकल्प लिया हुआ था कि एक ही शब्द बोलूंगा—आखिर, अंतिम, मृत्यु के द्वार पर। इस जगत से पार होते हुए धन्यवाद का एक शब्द इस पार बोलकर विदा हो जाऊंगा।

कठिन पड़ा होगा उसको कि क्या शब्द बोले! मुश्किल पड़ा होगा! एक ही वाक्य बोलना है—अंतिम!

छाती में घुस गया भाला। खून के फव्वारे बरसने लगे। वह जो नाचता था हृदय, मरने के करीब पहुंच गया। उस संन्यासी ने कहा, तत्वमसि श्वेतकेतु! उपनिषद का महावाक्य। उसने कहा, श्वेतकेतु, तू भी वही है। दैट आर्ट दाऊ। तू भी वही है।

नहीं समझे होंगे वे अंग्रेज सिपाही। लेकिन उसने उस सिपाही से कहा, तू भी वही है—तत्वमसि! उस अंग्रेज सिपाही से, जिसने उसकी छाती में भोंका भाला, उससे उसने कहा, तू भी वही है।

इस खिड़की में से भी वह उसी को देख पाया। इस भाला भोंकती हुई खिड़की में से भी उसी का दर्शन हुआ। भगवत् प्रेम को उपलब्ध हुआ होगा, तभी ऐसा हो सकता है, अन्यथा नहीं हो सकता है।

भगवत् प्रेम का अर्थ है, सारा जगत व्यक्ति है। व्यक्तित्व है जगत के पास अपना, उससे बात की जा सकती है। इसलिए भक्त बोल लेता है उससे।[17]

होमा और सोमा

प्यारे ओशो,

वेदों में होमापक्षी की कथा है। यह चिड़िया आकाश में बहुत ऊंचे पर रहती है। वहीं पर अंडे देती है। अंडा देते ही वह गिरने लगता है। परंतु इतने ऊंचे से गिरता है कि गिरते-गिरते बीच में ही फूट जाता है। तब बच्चा गिरने लगता है। गिरते-गिरते ही उसकी आंखें खुलती हैं और पंख निकल आते हैं। आंखें खुलने से जब वह बच्चा देखता है कि मैं गिर रहा हूं और जमीन पर गिर कर चूर-चूर हो जाऊंगा, तब वह एकदम अपनी मां की ओर फिर ऊंचे चढ़ जाता है। इस कथा का आशय समझाने की अनुकंपा करें।

यह कथा किसी पक्षी की कथा नहीं, मनुष्य की कथा है। मनुष्य के पतन, मनुष्य के बोध की कथा है। ऐसा ही मनुष्य है। आकाश में हमारा घर है, ऊंचाइयों पर हमारा घर है, लेकिन जन्म के साथ ही हम गिरना शुरू हो जाते हैं। गिरने का कोई अंत नहीं है। क्योंकि खाई अतल है। कोई तल नहीं है खाई का। हम गिरते जा सकते हैं और गिरते जा सकते हैं। ऐसी कोई सीमा नहीं है जहां अनुभव में आए कि बस इसके आगे गिरना और नहीं हो सकता। और भी हो सकता है, और भी हो सकता है।

अंतिम पापी कभी हुआ नहीं। कभी होगा नहीं। क्योंकि पाप में और परिष्कार हो सकते हैं। पाप में और नई ईजाद हो सकती है। पाप में और नई कलाएं जोड़ी जा सकती हैं।

गिरने का कोई अंत नहीं है। गिरते ही गिरते किसी दिन आंख खुलती है। गिरने की चोट से ही आंख खुलती है। गिरने की पीड़ा से ही आंख खुलती है। और उसी आंख के खुलने में मनुष्य को अपने घर की याद आनी शुरू होती है। उस आंख का खुलना है—दर्शन, दृष्टि। नहीं तो हम अंधे हैं। ये बाहर की आंखें खुली हैं, इससे यह मत सोच लेना कि तुम्हारे पास आंखें हैं। अगर तुम्हारे पास आंखें हैं तो फिर बुद्ध के पास क्या था? तुम्हारे पास आंखें हैं तो फिर महावीर के पास क्या था? तुम्हारे पास आंखें हैं तो फिर जिनको हमने द्रष्टा कहा है, उनके पास क्या था? नहीं, तुम्हारे पास आंख नहीं है। तुम्हारे पास सिर्फ आंख की भ्रांति है।

हमारी आंखें वैसी ही हैं जैसे तुमने मोर के पंख पर बनी आंखें देखी हों। उनसे दिखाई कुछ नहीं पड़ता, आंखें भर हैं। हमारी आंखें मोरपंखी हैं। चित्रित हैं। दिखता कुछ नहीं है, सूझता कुछ नहीं है, बुझता कुछ नहीं है। टटोल-टटोल कर गिरते-उठते हम चलते रहते हैं।

आंख तो तब है जब तुम्हें अपने घर की याद आ जाए। आंख तो तब है जब तुम्हें ऊंचाई का स्मरण आ जाए। तुम कहां से आए हो, किस स्रोत से आए हो, जब उसकी प्रतीति सघन हो जाए, तब समझना कि आंख खुली। और उसी क्षण क्रांति शुरू हो जाती है। उसी क्षण अनुलोम समाप्त हुआ, विलोम प्रारंभ हुआ। उसी क्षण अदम क्राइस्ट बन जाता है। उसी क्षण हम परमात्मा से दूर जाने के बजाय उसके पास आने शुरू हो जाते हैं। और पंख हमारे पास हैं, आंख हमारे पास नहीं है। आंख हो तो हम पंखों का सम्यक उपयोग कर लें। शक्ति हमारे पास है, दृष्टि हमारे पास नहीं है। इसलिए हमारी शक्ति आत्मघाती हो जाती है। हम अपनी ही तलवार से अपने को ही छिन्न-भिन्न कर लेते हैं। किसी और ने तुम्हें थोड़े ही काटा है, किसी और ने तुम्हें खंडित थोड़े ही किया है, तुमने ही अपने को खंडित किया है, तुमने ही अपने को काटा है। कोई और तुम्हें नहीं मार रहा है, तुम्हीं अपने को मार रहे हो। महावीर ने कहा है, मनुष्य ही अपना मित्र और मनुष्य ही अपना शत्रु है। शत्रु तब तक जब तक आंख नहीं। तब तक हाथ में आई हुई ऊर्जा भी आत्मघाती सिद्ध होती है। और मित्र उस दिन से जिस दिन आंख खुली।

आंख बंद और आंख खुलने के बीच जो घटना है, उसको मैं संन्यास कह रहा हूं। आंख खुले, इसकी आकांक्षा संन्यास है। आंख बंद है इसकी प्रतीति होने लगे, तो आंख खुल जाए इसकी आकांक्षा भी पैदा होने लगती है। यहां पूरी चेष्टा यही है कि तुम्हें यह स्मरण आ जाए कि तुम्हारे पास आंख अभी है नहीं। तुम्हें स्मरण आ जाए कि तुम्हारा जो ज्ञान है; थोथा है, झूठा है। तुम्हें यह स्मरण आ जाए कि जिसे तुमने जीवन समझा है, वह सपने से ज्यादा नहीं है और

इससे तुम कुछ निकाल न पाओगे। जैसे कोई रेत से तेल निकालने की कोशिश कर रहा है, ऐसे ही जीवन में हारोगे। विषाद में मरोगे। ये आशाएं जो तुमने संजो रखी हैं, कोई भी काम आनेवाली नहीं हैं। क्योंकि इन आशाओं का अस्तित्व से कोई सामंजस्य नहीं है। ये तुम्हारे निजी सपने हैं। ये सपने पूरे नहीं हो सकते। अस्तित्व का सहयोग मिले तो कोई चीज पूरी हो सकती है। और अस्तित्व का सहयोग तभी मिलता है कि जब तुम्हारा अहंकार मरता है। अहंकार गिराता है, निर-अहंकार उठाता है। अहंकार अंधापन है, निर-अहंकार आंख है।

यह होमापक्षी की कथा मनुष्य की अंतर-कथा है। अंतर-व्यथा भी। और इसे तुम ठीक से समझ लो तो मनुष्य का पूरा यात्रापथ समझ में आ जाए।

फिर से सुनो—

यह होमा बहुत ऊंचे आकाश में रहता है। ये तो प्रतीक हैं। हम ऊंचाई से आते हैं।

यह होमा की कथा मनुष्य की चेतना के निरंतर पतन की कथा है।

इसलिए इस देश में हमने जो विभाजन किया है, वह देखते हो? चार कालों में समय को बांटा है। पहला काल, सतयुग। फिर द्वापर। फिर त्रेता। फिर कलि। श्रेष्ठतम युग पहले। फिर प्रतिक्षण पतन होता जाता है। फिर एक-एक टांग टूटती जाती है। आदमी अपंग होकर गिर पड़ता है कलि में। दोनों हाथ, दोनों पैर, सब टूट गए। इसके पीछे बड़ा गहरा मनोविज्ञान है। इसे तुम एक-एक आदमी की जिंदगी में भी देख सकते हो।

बच्चा पैदा होता है, तब वह सतयुग में होता है। बच्चे के जीवन में श्रद्धा होती है, सरलता होती है, निर्दोष भाव होता है। सौंदर्य होता है। आह्लाद होता है। आश्चर्यविमुग्ध बच्चा जीता है। छोटे बच्चे को देखो, अभी-अभी ताजे पैदा हुए बच्चे को देखो! वह सतयुग में है। सतयुग के लिए तुम्हें दार्शनिक सिद्धांतों में जाने की जरूरत नहीं है, छोटे बच्चे को देखो, वह सतयुग में है। फिर धीरे-धीरे पतन शुरू होता है। अहंकार पैदा होगा। पतन शुरू हुआ। फिर परिग्रह बढ़ेगा। पतन और शुरू हुआ। और आखिर में तुम एक आदमी को देखो, बुढ़ापे में, वह कलियुग है। सब यंत्रवत हो जाता है। जिंदगी बोझ हो जाती है। बूढ़ा आदमी मशीन की तरह हो जाता है। जीता है किसी तरह, सांस लेता किसी तरह, अब मरने की तैयारी है, मरने के सिवाय और कोई भविष्य नहीं है। इसलिए इस देश में हमने कहा है कि कलियुग के बाद प्रलय हो जाएगी। मृत्यु! कलियुग के बाद फिर कोई और समय नहीं बचता, मृत्यु ही बचती है। यह आदमी के सामान्य प्रत्येक व्यक्ति के जीवन की कहानी है। और जो प्रत्येक व्यक्ति के जीवन की कहानी है, वही मनुष्य जाति की भी कहानी है।

होमापक्षी गिरना शुरू होता है ऊंचाई से, परमात्मा के घर से। पहले अंडे में छिपा होता है। फिर अंडा भी टूट जाता है—गिरते-गिरते-गिरते। फिर पंख भी निकल आते हैं—गिरते-गिरते-गिरते। फिर आंख भी खुल जाती है—गिरते-गिरते। और जब आंख खुलती है तब उसे समझ में आता है कि क्या हो रहा है! जब तक आंख नहीं खुली थी, तब तक शायद वह सपना देखता हो कि मैं ऊंचाइयों पर जा रहा हूं, विकास हो रहा है। कि मैं अपनी मां को कितना पीछे छोड़ आया! हर बच्चा ऐसा ही सोचता है कि मैं अपने मां-बाप को कितना पीछे छोड़ आया!

तुम हो होमापक्षी! प्रत्येक व्यक्ति होमापक्षी है।

वेदों में दो शब्द बड़े बहुमूल्य हैं—होमा और सोमा। दोनों समझने जैसे हैं। दोनों प्रतीक हैं। शायद दोनों का जन्म एक ही शब्द से हुआ होगा। क्योंकि कुछ लोग स को ह उच्चारण करते हैं। तो होमा और सोमा हो सकता है एक ही शब्द से आए हों, सिर्फ उच्चारण-भेद हो गया है। इस स और ह के कारण ही तो हिंदुस्तान का नाम पड़ा। जब आर्य भारत में आकर बसे तो उनका ही एक हिस्सा ईरान में बसा। उनका एक कबीला ईरान में बसा। ईरान का पुराना नाम है—आयरान। आयरान से ही ईरान बना। आर्यों का एक कबीला ईरान में बस गया और एक कबीला भारत में आकर बस गया। भारत का पुराना नाम है—आर्यावर्त्त। और ईरान का पुराना नाम है—आयरान। ईरान में जो आर्य बसे, वे स का उच्चारण ह की तरह करते थे। इसलिए जब उन्होंने पहली दफा भारत की यात्राएं कीं—अपने मित्रों से मिलने आए होंगे, अपने सगे-संबंधियों से मिलने आए होंगे—तो सिंधु नदी को उन्होंने हिंदू नदी कहा। उसी से हिंदू शब्द पैदा हुआ। उसी से हिंदुस्तान शब्द पैदा हुआ। और उसी से इंडिया शब्द पैदा हुआ। उन्होंने इसको हिंदू क़हा और जब इसे वे वापिस ले गए और उनके द्वारा यह शब्द जाकर पश्चिम की तरफ यात्रा पर निकला, तो कुछ जातियां थीं, जो ह का उच्चारण इ की तरह करती हैं, तो उन्होंने हिंदू को इंदु उच्चारण करना शुरू किया। इंदु से इंडस। इसलिए अंग्रेजी में सिंधु नदी का नाम है—इंडस। और फिर इंडस से इंडिया। भारत का नाम इंडिया हो गया। ये सारी बात पैदा हुई सिर्फ इसी बात से कि कुछ लोग ह की तरह उच्चारण करते थे स का।

होमा और सोमा एक ही शब्द होंगे, सिर्फ उच्चारण भेद हो गया है। सोमा का अर्थ होता है—वह परम मादक द्रव्य, जिसे पीकर आदमी सदा के लिए मस्त हो जाता है। वह आखिरी शराब, जिसे पी लेने पर फिर नशा नहीं उतरता।

वेदों में सोमा की बड़ी प्रशंसा है। और यह मान कर कि सोमा नाम की कोई जड़ी-बूटी होती होगी—जैसे भंग और गांजा होता है—क्योंकि नशे की बात है, न मालूम कितने लोग सोमा की तलाश करते रहे हैं सदियों से। अभी भी तलाश जारी है। अभी पश्चिम के एक बहुत बड़े वैज्ञानिक ने कोई बीस वर्ष हिमालय में तलाश करके किताब लिखी—बड़ी किताब लिखी कि मैंने खोज ली वह जड़ी-बूटी। वह जड़ी-बूटी है ही नहीं, खोजोगे कैसे? सोमा तो सिर्फ प्रतीक है, जैसे होमा एक प्रतीक है।

अब तुम होमापक्षी को खोजने मत निकल जाना! नहीं तो कहीं नहीं मिलेगा। यह बात हो ही नहीं सकती कि इतनी ऊंचाई पर मां अंडा दे। ऊंचाई पर रहेगी कैसे? घोंसला कहां बनाएगी? अंडे को रखेगी कहां? इतनी ऊंचाई तो कोई भी नहीं है जहां से अंडा गिरे और गिरते ही गिरते, गिरते ही गिरते पक्षी निकल आए; और गिरते ही गिरते, गिरते ही गिरते पंख निकल आएं; और गिरते ही गिरते, गिरते ही गिरते आंखें खुल जाएं, ऐसी तो कोई ऊंचाई नहीं है। यह प्रतीक कथा है। सोमा भी कोई जड़ी-बूटी नहीं है, वह परमात्मा को पी जाने का नाम है। वह परम औषधि को पी जाने का नाम है। ये प्रतीक हैं। जब कोई व्यक्ति सोमरस पी लेता है—सोमरस यानी प्रभु-रस; रसो वै सः—जब प्रभु के रस को कोई पी लेता है, तो फिर जो मस्ती आती है, वह कभी टूटती नहीं। यहां तो जितने भी रस उपलब्ध हैं सबकी मस्ती टूट ही जाती है। क्षणभंगुर है। अभी है, अभी समाप्त हो जाएगी।

कीमती से कीमती शराब भी कितनी देर काम आएगी? थोड़ी देर विस्मरण हो जाता है, फिर सब वही जाल शुरू हो जाता है। मगर भक्ति का एक ऐसा रस है, एक ऐसी मधुशाला है, जहां अगर तुमने पी लिया, तो बस पी लिया। उसको पीते ही तुम मिट जाते हो—विस्मरण नहीं होते, मिट ही जाते हो, गल ही जाते हो, खो ही जाते हो।

सोमा प्रतीक है परम रस का। और होमा प्रतीक है उस परम गृह का, उस मातृगृह का, उस मातृभूमि का जहां से हम आए हैं। हम बड़ी ऊंचाइयों से आ रहे हैं। हम अगम्य ऊंचाइयों से आ रहे हैं। हमारे तथाकथित गौरीशंकर इत्यादि कुछ भी नहीं हैं, बच्चों के खिलौने हैं, जिन ऊंचाइयों से हम आ रहे हैं। हम परमात्मा से आ रहे हैं। कोई अभी अंडे में ही है। जो अंडे में ही है, उसे धर्म शब्द अर्थहीन मालूम होता है। उसे हैरानी होती है लोग जब धर्म चर्चा के लिए जाते हैं, या सत्संग के लिए जाते हैं, वह कहता है—क्या करते हो? मैं सिनेमा जा रहा हूं, चलो वहां! वहां कुछ रस है, कुछ आनंद; तुम जाते कहां हो? धर्म में रखा क्या है? अभी वह अंडे में है। जो अंडे में है, उसे अंडे के बाहर क्या है यह पता नहीं हो सकता। अभी वह कहता है—धन कमाओ, राजनीति में उतरो, चुनाव लड़ो, पद-प्रतिष्ठा बनाओ, इसमें कुछ सार है। यह तुम किस धुन में पड़ गए हो? तुम गलत रास्ते पर जा रहे हो। जिंदगी में कुछ कर जाओ, कुछ निशान छोड़ जाओ, हस्ताक्षर छोड़ जाओ। कि तुम्हारी लोग याद करें, इतिहास में तुम्हारी याद रह जाए। यह धर्म इत्यादि में लग कर तो तुम खो जाओगे। और धर्म इत्यादि सब झूठ हैं।

मार्क्स ने कहा है कि धर्म अफीम का नशा है। मार्क्स अंडे में ही रहा होगा। जो अंडे में है, अगर उससे तुम आकाश की बात करोगे, चांद-तारों की बात करोगे, वह कहेगा—पागल हो तुम? सपने देख रहे हो। तुम कोई नशे में हो। कहां का आकाश? मुझे तो कुछ दिखाई नहीं पड़ता। जो मुझे नहीं दिखाई पड़ता, वह हो कैसे सकता है? इस दुनिया में अधिक लोग अंडे में हैं। अभी अंडा भी नहीं टूटा, वे गिरते ही जा रहे हैं गिरते ही जा रहे हैं। कुछ लोग अंडे में ही रह कर मर जाते हैं।

अंडा भी तभी टूट सकता है जब तुम थोड़े पंख फड़फड़ाओ। तुम जरा भीतर से चोंच मारो! तुम अंडे से राजी मत हो जाओ! तुम अपनी सुरक्षा से राजी मत हो जाओ! तुम थोड़े-से अभियान करो, थोड़ी खोजबीन करो, थोड़ी जिज्ञासा करो—अथातो भक्ति जिज्ञासा! अंडा टूटेगा, मगर तुम कुछ भीतर से करोगे तो टूटेगा। बाहर तो कोई तोड़ नहीं सकता। बाहर से यह अंडा तोड़ा नहीं जा सकता, इसकी कुंजी भीतर से ही तोड़ी जा सकती है। बाहर से तो कोई तोड़ेगा तो और कठिन हो जाता है, क्योंकि तुम भीतर से रक्षा करने लगते हो। तुम आत्मरक्षा में लग जाते हो। तुम भयभीत हो जाते हो। तुम्हीं साहस जुटाओगे तो अंडा टूटेगा।

कुछ का अंडा टूट जाता है, मगर उनकी आंखें नहीं खुलतीं। फिर वे बंद आंखों से गिरना शुरू हो जाते हैं। ऐसे लोग धर्म के संबंध में विचार तो करते हैं, लेकिन धर्म का आचरण नहीं करते। सोचते हैं। कहते हैं, धर्म अच्छी बात है, ईश्वर इत्यादि की सैद्धांतिक चर्चा करते हैं, गीता इत्यादि पढ़ते हैं, कुरान पढ़ते हैं, शब्द कंठस्थ कर लेते हैं, लेकिन उनके जीवन में कोई रंग नहीं होता। जीवन को नहीं रंगते। बातचीत ही होता है धर्म। बकवास होता है धर्म। बहुत लोग ऐसे ही बकवास करते समाप्त हो जाते हैं।

बहुत थोड़े से सौभाग्यशाली लोग हैं जो आंख खोलने की चेष्टा में संलग्न होते हैं। भजन से खुलती है आंख। भजन की ऊर्जा में ही आंख के खुलते की संभावना—या ध्यान से खुलती है आंख। एक ही बात को कहने के दो ढंग। ध्यान से या भजन से आंख खुलती है। भजन के संबंध में मत सोचते रहो, भजन करो। धर्म तुम्हारा कृत्य हो तो आंख खुलेगी। और आंख खुलते ही क्रांति घट जाती है। आंख खुलते ही दिखाई पड़ता है—तुम गिर रहे हो। रोज-रोज गिरते जा रहे हो। हम सब मृत्यु के मुंह में गिरते जा रहे हैं। वही है जमीन से टकराकर टूट जाना। देखते नहीं कितने लोग टूटकर गिर गए हैं और अपनी कब्रों में पड़े हैं? तुम भी कितनी देर चलोगे? जल्दी ही टकरा जाओगे, टूटोगे और कब्र में समा जाओगे। कोई भी खो गई घडी वापस नहीं मिलती। जो समय गया, गया। आंख खुलते ही दिखाई पड़ता है कि बहुत मैं गंवा चुका हूं। अब और गंवाने की जरूरत नहीं। तत्क्षण दिशा रूपांतरित हो जाती है।

पंख तो तुम्हारे पास ही हैं, आंख न हो तो अपने पंख भी नहीं दिखाई पड़ते। आंख न हो तो मैं कितनी संपदा लेकर पैदा हुआ हूं, यह भी दिखाई नहीं पड़ता। आंख न हो तो पता ही नहीं चलता कि मेरे भीतर हीरे-जवाहरातों की खदानें हैं। प्रभु का राज्य मेरे भीतर है। परमात्मा ने पूरा पाथेय देकर भेजा है। मगर आंख तो चाहिए ही चाहिए। कहते रहते हैं बुद्ध और क्राइस्ट और कृष्ण कि परमात्मा का राज्य तुम्हारे भीतर है, तुम सुन भी लेते हो फिर अपनी दुकान पर बैठ जाते हो। सुन लेते हो और अनसुना कर देते हो। क्राइस्ट ने बहुत बार अपने शिष्यों से कहा है कि अगर आंखें हों तो देख लो, मैं तुम्हारे सामने खड़ा हूं। कान हों तो सुन लो मैं चिल्ला रहा हूं। जिनसे कहा था, उनके पास तुम जैसी ही आंखें थीं, तुम जैसे ही कान थे। अंधों से बात नहीं कर रहे थे। लेकिन साधारण आदमी अंधा ही तो है, बहरा ही तो है, लंगड़ा ही तो है। सोचता ही है, करता नहीं। और कृत्य से जीवन रूपांतरित होता है।

कुछ लोग सौभाग्यशाली हैं, जिनकी आंख खुलती है। बस आंख खुलने का क्षण संन्यास का क्षण है। फिर उसके बाद रूपांतरण हो जाता है। विलोम शुरू हुआ, वापसी की यात्रा शुरू हुई। बेटा बाप की तरफ वापिस लौटने लगा। जो अदम प्रभु के राज्य से निष्कासित हो गया था, वह फिर प्रभु की तलाश में चल पड़ा। अपने घर की खोज।

इस होमापक्षी की कथा को कथा मान कर तुम पढ़ लोगे तो चूक जाओगे इसका रस। इसमें पूरी प्रक्रिया छिपी हुई है।

खोलो आंख! अगर अपने अंडे में बंद हो अब तक सुरक्षा के, तो तोड़ो अपने अंडे को, खोलो आंख, देखो अपने पंख! तुम्हारा पंख ही आकाश का प्रमाण है। पंख है तो आकाश जरूर होगा। और पंख हैं तो ऊंचाइयां जरूर होंगी, नहीं तो पंख होते किसलिए? पंख होते कैसे? इस जगत में कुछ भी अकारण नहीं है! तुम्हारे भीतर अगर ईश्वर को खोजने की आकांक्षा है तो ईश्वर होना ही चाहिए। नहीं तो आकांक्षा न होती। पंख ही न होते अगर आकाश न होता। कैसे पंख होते? किसलिए पंख होते? कहां से पंख होते, उनका प्रयोजन क्या होता? निष्प्रयोजन तो कुछ नहीं है। तुम्हारा पंख इस बात का प्रमाण है कि आकाश है, ऊंचाइयां हैं, जो जाननी हैं। और जिन्हें बिना जाने कोई तृप्ति नहीं हो सकती।

बनो होमापक्षी! और तुम होमापक्षी बनो तो एक दिन सोमा का पान होगा। तुम होमापक्षी

बनो तो एक दिन सोमरस तुम्हारे कंठ से उतरेगा। तुम उस परमात्मा को पी सकोगे। उसे बिना पीए तृप्ति नहीं। इस जगत का जल कितना ही पीओ, फिर-फिर प्यास लग आती है। उस जगत का एक बूंद भी कंठ से उतर जाए, तो प्यास सदा को समाप्त हो जाती है।[18]

भिक्षु की यात्रा अंतर्यात्रा है

'भिक्षु' शब्द को थोड़ा खयाल में ले लेना चाहिये क्योंकि जगत में सिर्फ भारत अकेला देश है जिसने भिक्षु को सम्राट के भी ऊपर रखा है। वैसी घटना पृथ्वी पर कहीं नहीं घटी। यह घटना अलौकिक है। सम्राट से ऊपर पृथ्वी पर कहीं भी कोई नहीं रहा है।

सिर्फ भारत अकेला देश है, जहां हमने सम्राट के ऊपर भिक्षु को स्थापित किया है। क्योंकि सम्राट भोग का शिखर है, और भिक्षु त्याग का। सम्राट चीजों को संग्रह करता चला गया है, सब कुछ संग्रह करता चला गया है पागल की तरह, और भिक्षु ने अपने को बचाया है; बाकी कुछ भी नहीं बचाया है। सम्राट वस्तुओं को इकट्ठा कर रहा है, भिक्षु सिर्फ अपनी आत्मा को इकट्ठा कर रहा है। सम्राट चीजों में खोया हुआ है, भिक्षु चीजों से अपने को मुक्त कर रहा है ताकि अपने में प्रवेश कर सके। सम्राट की यात्रा बहिर्यात्रा है; भिक्षु की यात्रा अंतर्यात्रा है।

'भिक्षु' शब्द परम आदरणीय है। भिक्षु का अर्थ है कि अब जिसके पास अपना कहने योग्य कुछ भी नहीं सिवाय स्वयं के होने के। जो किसी चीज का मालिक नहीं रहा है। जिसका कोई पजेशन नहीं। जिसका कोई परिग्रह नहीं। जो कहता है, मेरा कुछ भी नहीं है; सिर्फ मै हूं, जिसके पास एक दाना भी अपना कहने को नहीं है। जिसका सब-कुछ संसार का है और जिसने एक भेद रेखा स्पष्ट अनुभव कर ली है कि मेरा मैं ही अकेला हो सकता हूं, कोई संपदा मेरी नहीं हो सकती; क्योंकि जब मैं नहीं था, जब संपदा थी, महल थे, जमीन थी, जायदाद थी, हीरे थे, मोती थे; जब मैं नहीं रहूंगा, तब भी वे होंगे; मैं व्यर्थ ही बीच में अपना परिग्रह स्थापित करके परेशान हूं। उससे हीरे-मोती परेशान नहीं होते, उससे मैं ही परेशान होता हूं।

महावीर जिसको भिक्षु कहते हैं, वही मालिक है। लेकिन, वह हम सब अपने को मालिक कहते हैं, इसलिए महावीर ने उसे मालिक कहना उचित नहीं समझा—क्योंकि उससे भ्रांति होगी। हम सभी अपने को मालिक समझते हैं, तो हम सबको ठीक चोट देने के लिए महावीर और बुद्ध दोनों ने उस परम घटना को भिक्षु कहा। बुद्ध अपने को 'भिक्षु' कहते हैं, जिनके पास अपनी मालकियत है; और हम अपने को 'मालिक' कहते हैं, जो वस्तुओं के गुलाम हैं।

तो जिस दुनिया में गुलाम अपने को मालिक समझते हों, यह उचित ही है कि मालिक अपने को भिक्षु कहे; नहीं तो भाषा में बड़ी गड़बड़ हो जायेगी।

इसलिए हिंदुओं का जो शब्द है, स्वामी, वह जैनों और बौद्धों ने चुनना पसंद नहीं किया। वह शब्द बिलकुल सही है—एकदम सही है। 'स्वामी' का अर्थ है : 'मालिक', जो अपना सचमुच मालिक है। हिंदुओं ने अपने संन्यासी को स्वामी कहा। बिलकुल ठीक कहा। यही ठीक है। लेकिन बुद्ध और महावीर ने उलटा शब्द चुना, 'भिक्षु'। उनका व्यंग गहरा है। वे यह कह रहे हैं कि यहां तो सभी अपने को स्वामी समझ रहे हैं, यहां तुम भी अपने को स्वामी कहोगे तो भाषा बड़ी गड़बड़ हो जायेगी। और जहां सभी पागल अपने को स्वस्थ समझते हों; वहां स्वस्थ आदमी को अपने को पागल कहना ही उचित है।

कौन है भिक्षु? सच में जो मालिक हो गया। लेकिन सच की मालकियत सिर्फ अपने पर हो सकती है, और किसी पर भी नहीं हो सकती। और जब तक कोई व्यक्ति दूसरे पर मालकियत करने की कोशिश करता है, तब तक अपने जीवन का अपव्यय करता है। वह शक्ति व्यर्थ जा रही है। उसका कोई अर्थ नहीं होनेवाला है। वह कहीं भी पहुंचेगा नहीं। वह सिर्फ अपने को रिक्त कर रहा है, चुका रहा है, खत्म कर रहा है; वह नष्ट कर रहा है। वह आत्महंता है—क्योंकि जो नहीं हो सकता, वह नहीं होगा; वह कभी नहीं हुआ है। अलेग्झेंडर और नेपोलियन गुजरते हैं रास्तों से मालिक होने की कोशिश में, और दीन-दरिद्र ही मरते हैं।[19]

परमात्मा नटराज है

निश्चित ही मैं नृत्य की बात करता हूं, क्योंकि मेरे लिए नृत्य ही पूजा है। नृत्य ही ध्यान है। नृत्य से ज्यादा सुगम कोई उपाय नहीं, सहज कोई समाधि नहीं। नृत्य सुगमतम है, सरलतम है। क्योंकि जितनी आसानी से तुम अपने अहंकार को नृत्य में विगलित कर पाते हो उतना किसी और चीज में कभी नहीं कर पाते।

नाच सको अगर दिल भरकर तो मिट जाओगे। नाचने में मिट जाओगे। नाच विस्मरण का अदभुत मार्ग है, अदभुत कीमिया है।

और नाच की और भी खूबी है कि जैसे-जैसे तुम नाचोगे, तुम्हारी जीवन-ऊर्जा प्रवाहित होगी। तुम जड़ हो गये हो। तुम सरिता होने को पैदा हुए थे, गंदे सरोवर हो गये हो। तुम बहने को पैदा हुए थे, तुम बंद हो गये हो। तुम्हारी जीवन-ऊर्जा फिर बहनी चाहिए, फिर झरनी चाहिए। फिर उठनीं चाहिए तरंगें। क्योंकि सरिता तो एक दिन सागर पहुंच जाती है, सरोवर नहीं

पहुंच पाता। सरोवर अपने में बंद पड़ा रह जाता। इसलिए तुमसे कहता हूं, नाचो।

नाचने का अर्थ, तुम्हारी ऊर्जा बहे। तुम जमे-जमे मत खड़े रहो, पिघलो। तरंगायित होओ। गत्यात्मक होओ।

दूसरी बातः नाच में अचानक ही तुम प्रसन्न हो जाते हो। उदास आदमी भी नाचना शुरू करे, थोड़ी देर में पायेगा, उदासी से हाथ छूट गया। क्योंकि उदास होना और नाचना साथ-साथ चलते नहीं। रोता आदमी भी नाचना शुरू करे, थोड़ी देर में पायेगा, आंसू धीरे-धीरे मुस्कुराहटों में बदल गये। थका-मांदा आदमी भी नाचना शुरू करे, शीघ्र ही पायेगा कि कोई नई ऊर्जा का प्रवाह भीतर शुरू हो गया। नृत्य दुख जानता ही नहीं। नृत्य आनंद ही जानता है।

इसीलिए तो हिंदुओं ने परमेश्वर के परम रूप को नटराज कहा है, कृष्ण को नाच की मुद्रा में, ओंठ पर बांसुरी रखे, मोर-मुकुट बांधे चित्रित किया है। यह ऐसे ही नहीं, अकारण ही नहीं। यह सारा जीवन नाच रहा है।

जरा वृक्षों को देखो, पक्षियों को देखो। सुनते हो यह पक्षियों का कलरव? फूलों को देखो, चांद-तारों को देखो। विराट नृत्य चल रहा है। रास चल रहा है। यह अखंड रास! तुम इसमें भागीदार हो जाओ। तुम सिकुड़-सिकुड़कर न बैठो। तुम कंजूस न बनो। तुम बहो।

पूछा है तुमने, 'नृत्य कब घटित होता है?'

नृत्य तब घटित होता है जब नर्तक मिट जाता है। नृत्य तब घटित होता है जब नाच तो होता है, तुम नहीं होते। नाचनेवाला नहीं होता। याद ही नहीं रह जाती।

पश्चिम का बहुत बड़ा नर्तक हुआ निजिंस्की। ऐसा नर्तक, कहते हैं मनुष्य जाति के इतिहास में शायद दूसरा नहीं हुआ है। उसकी कुछ अपूर्व बातें थीं। एक अपूर्व बात तो यह थी कि जब वह नृत्य की ठीक-ठीक दशा में आ जाता था—जिसको मैं नृत्य की दशा कह रहा हूं, जब नर्तक मिट जाता है—तो निजिंस्की ऐसी छलांगें भरता था कि वैज्ञानिक चकित हो जाते थे। क्योंकि गुरुत्वाकर्षण के कारण वैसी छलांगें हो ही नहीं सकतीं। और साधारण अवस्था में निजिंस्की भी वैसी छलांगें नहीं भर सकता था। उसने कई दफे कोशिश करके देख ली थी। अपनी तरफ से भी उसने कोशिश करके देख ली थी, हर बार हार जाता था।

जब उससे किसी ने पूछा कि इसका राज क्या है? उसने कहा, मुझसे मत पूछो। मुझे खुद ही पता नहीं। क्योंकि मैंने भी कई दफे कोशिश करके देख ली। जब यह घटती है तब घटती है। जब नहीं घटती तब मैं लाख उपाय करूं, नहीं घटती। और जब घटती है तो मैं हैरान होता हूं। कुछ क्षण को ऐसा लगता है, गुरुत्वाकर्षण का मेरे ऊपर प्रभाव नहीं रहा। मैं एक पक्षी के पंख की तरह हलका हो जाता हूं। कैसे यह होता है, मुझे पता नहीं। एक बात भर समझ में आती है कि यह उन क्षणों में होता है जब मुझे मेरा पता नहीं होता, जब मैं लापता होता हूं। जब मैं होता ही नहीं तब यह घटता है।

यह तो योग का पुराना सूत्र है। यह तो तंत्र का पुराना आधार है। निजिंस्की को कुछ पता नहीं वह क्या कह रहा है। अगर उसे पूरब के शास्त्रों का पता होता तो वह व्याख्या कर पाता।

विज्ञान कहता है—न्यूटन ने खोजा वृक्ष के नीचे बैठे-बैठे। गिरा फल और न्यूटन को खयाल आया, हर चीज ऊपर से नीचे की तरफ गिरती है। पत्थर भी हम ऊपर की तरफ फेंकें तो

नीचे आ जाता है, तो जरूर जमीन में कोई गुरुत्वाकर्षण, कोई कशिश, कोई ग्रेविटेशन होना चाहिए। जमीन खींचती चीजों को अपनी तरफ।

न्यूटन ने एक बात देखी। हमने और भी एक बात देखी, जो न्यूटन ने नहीं देखी। और खयाल रखना, वही दिखाई पड़ता है जो हम देखने को तैयार होते हैं। कृष्ण ने कुछ और देखा, अष्टावक्र ने कुछ और देखा। उन्होंने यह देखा कि ऐसी कुछ घड़ियां हैं जब अहंकार नहीं होता तो आदमी ऊपर की तरफ उठने लगता है; जैसे आकाश की कोई कशिश, कोई आकर्षण है। जैसे वैज्ञानिक कहते हैं ग्रेविटेशन, गुरुत्वाकर्षण, ऐसे अंतरतम के मनीषियों ने कहा है कि प्रभु का आकर्षण। ऊर्ध्व, ऊपर की ओर से उतरती कोई ऊर्जा और खींचने लगती है। लेविटेशन या ग्रेस, प्रसाद कहें।

वही घट रहा था निजिंस्की को। कभी-कभी ऐसा हो जाता था, वह इतना तल्लीन, इतना तल्लीन हो जाता, ऐसा लवलीन हो जाता, ऐसा खो जाता कि फिर नर्तक न रहता, नृत्य ही बचता। कोई आयोजक न रह जाता भीतर, कोई नियंत्रक न रह जाता। कोई नृत्य करने वाला न रह जाता।

मैं तुमसे कहता हूं नृत्य की परिभाषाः जब नर्तक मिट जाये। ऐसे नाचो, ऐसे नाचो कि नाच ही बचे। ऊर्जा रह जाये, अहंकार का केंद्र न रहे।

और नृत्य जितनी सुगमता से परमात्मा के निकट ले आयेगा और कोई चीज कभी नहीं ला सकती। और नृत्य बड़ा स्वाभाविक है। आदमी है अकेला, जो भूल गया। सारा संसार नाच रहा है आदमी को छोड़कर। आदमी भी नाचता था। आदिम आदमी अब भी नाच रहे हैं, सिर्फ सभ्य आदमी वंचित हो गया है। सभ्य आदमी नाच भूल गया है। जड़ हो गया है। पत्थर की तरह हो गया है। झरना नहीं है कि बहे। निर्झर नहीं है।

तुम इधर बहे कि परमात्मा ने तुम्हें छुआ। उसने छुआ कि तुम और बहे। तुम और बहे कि उसने तुम्हें और छुआ। एक वर्तुल है। धीरे-धीरे तुम ज्यादा-ज्यादा हिम्मत जुटाते जाओगे। नर्तक खोता जायेगा, नृत्य बचेगा।

नाचो। हृदय खोलकर नाचो। सब तरह की कृपणता छोड़कर नाचो। एक दिन तुम पाओगेः अचानक, विस्मयविमुग्ध, चकित-भाव, भरोसा न होगा कि तुम मिट गये हो, नाच चल रहा है। जिस दिन तुम पाओगे कि तुम नहीं हो और नाच चल रहा है, उसी दिन तुम पाओगे सब जो पा लेने जैसा है; सब, जिसको पाये बिना और सब पाना व्यर्थ है।[20]

रामलीला का अर्थ

सीता है पृथ्वी, राम हैं आकाश। उन दोनों का मिलन ही रामलीला है—पृथ्वी और आकाश का मिलन। और रामलीला प्रत्येक के भीतर घट रही है। तुम्हारी देह सीता है; तुम्हारी आत्मा, राम। तुम्हारे भीतर दोनों का मिलन हुआ है—पृथ्वी और आकाश का, मर्त्य का और अमृत का। तुम्हारे भीतर दोनों का मिलन हुआ है। और उस सब में जो भी घट रहा है, सभी रामलीला है।

राम-कथा को अपने भीतर पढ़ो। और जिस दिन तुम यह पहचान लोगे कि तुम न तो राम हो और न तुम सीता हो, तुम तो रामलीला के साक्षी हो, द्रष्टा हो—उसी दिन रामलीला बंद हो जाती है। जाना है सीता और राम के ऊपर।

रामलीला लोग देखने जाते हैं, वहां क्या खाक मिलेगा? भीतर रामलीला चल रही है, वहीं बैठ कर देखो—तुम देखने वाले बन जाओ। रामलीला देखने से कहते हैं बड़ा लाभ होता, पुण्य होता। वह पुण्य, अगर मेरी बात समझ में आ जाए, तो होता है। यह जो सीता और राम का मिलन तुम्हारे भीतर हुआ है, ये जो पृथ्वी और आकाश मिले, यह जो पदार्थ और चैतन्य का मिलन हुआ—इसको मंच बना लो, यह होने दो। तुम दर्शक होकर बैठ जाओ, तुम द्रष्टा बन जाओ, तुम साक्षी हो जाओ। जैसे ही तुम साक्षी हुए, तुम लीला के पार हो गए।

कहीं और रामलीला देखने नहीं जाना है। प्रत्येक के भीतर जन्मती है रामलीला। और जब तक रामलीला चलती रहती है, तब तक संसार चलता रहता है। जिस दिन तुम्हारा साक्षी जाग जाता है और रामलीला बंद हो जाती है, उसी दिन संसार तिरोहित हो जाता है।

बहुत दिन देख ली रामलीला; लेकिन जिस ढंग से देखी, उसमें थोड़ी भूल है। वह भूल ऐसी है कि तुम रामलीला देखते-देखते यह भूल ही जाते हो कि तुम द्रष्टा हो। यह भी रोज होता है। तुम फिल्म देखने जाते हो, तुम भूल जाते हो कि तुम देखने वाले हो; तुम फिल्म का अंग बन जाते हो।

जब पहली दफा थ्री डायमेंशनल फिल्म बनी और लंदन में दिखाई गई, तो लोगों को समझ में आया कि हम कितने भूल जाते हैं। तीन डायमेंशनल जो फिल्म है, उसमें तो बिलकुल ऐसा लगता है जैसे साक्षात व्यक्ति आ रहा है। एक घुड़सवार एक घोड़े पर दौड़ता एक भाला लिए आता है, और ठीक आकर पर्दे पर वह भाला फेंकता है। पूरा हाल झुक गया—आधा इस तरफ, आधा उस तरफ—भाले से बचने के लिए। एक क्षण को झूठ सच हो गया। इस झूठ के सच हो जाने का नाम माया है।

बंगाल में बड़े प्रसिद्ध विचारक हुए ईश्वरचंद्र विद्यासागर। वे रामलीला देख रहे थे, या कोई और नाटक देख रहे थे। सभी नाटक रामलीला हैं। और नाटक में एक पात्र है, जो एक स्त्री के साथ बलात्कार करने की चेष्टा कर रहा है। वह इतनी बदतमीजी कर रहा है और वह इतनी कठोरता कर रहा है कि ईश्चरचंद्र विद्यासागर जो सामने ही बैठे थे पंक्ति में, भूल गए कि

यह नाटक है। निकाल लिया जूता और चढ़ गए मंच पर, लगे पीटने उस अभिनेता को। अभिनेता ने ज्यादा होशियारी की। वह हंसने लगा। उसने जूता पुरस्कार की तरह लेकर अपनी छाती से लगा लिया। माइक पर खड़े होकर उसने कहा कि धन्य मेरे भाग्य, मैंने तो कभी सोचा नहीं था कि मैं इतना कुशल अभिनेता हो सकता हूं कि ईश्वरचंद्र विद्यासागर धोखा खा जाएं। ऐसे ज्ञानी धोखा खा गए! तो इस जूते को लौटाऊंगा नहीं; यह तो मेरा पुरस्कार हो गया; इसको तो, अब याददाश्त के लिए रखूंगा। और बहुत प्रमाण-पत्र मुझे मिले हैं, मैडल मिले हैं; मगर इससे बड़ा कोई भी नहीं मिला।

ईश्वरचंद्र बड़े सकुचाए जैसे ही होश आया कि यह मैं कर क्या बैठा हूं।

ईश्वरचंद्र जैसा बुद्धिमान आदमी खो गया नाटक में! सभी बुद्धिमान ऐसे ही खो गए हैं।

जब तुम देखते हो नाटक को, तो तुम भूल ही जाते हो कि तुम द्रष्टा हो। वह जो चल रहा है धूप-छाया का खेल मंच पर, पर्दे पर, वही सब कुछ हो जाता है। ऐसा ही घट रहा है भीतर। यह जो रामलीला तुम्हारे जीवन में घटी है—सीता और राम के मिलन पर, पृथ्वी और आकाश के मिलन पर, इसमें तुम बिलकुल खो गए हो; तल्लीन हो गए हो; तुम भूल ही गए हो कि तुम सिर्फ द्रष्टा हो। करो याद, जगो अब। जागते ही तुम पाओगे कि पर्दा शून्य हो गया। न वहां राम हैं, न वहां सीता। खेल समाप्त हुआ। इस खेल की समाप्ति को हम कहते हैं: मुक्ति, मोक्ष, निर्वाण![21]

राम और रावण की चेतना

प्यारे ओशो, आपके वचनों से ऐसा लगता है कि आध्यात्मिक साधना, चाहे इस पार हो या उस पार की बात है। या तो हम अधर्म में हैं या धर्म में, बंधन में या मोक्ष में, रावण में या राम में। शायद बीच की कोई स्थिति नहीं है।
यदि ऐसा है, तो साधना और समर्पण में संबंध क्या है?

निश्चय ही बीच की कोई स्थिति नहीं है, हो भी नहीं सकती। इसे थोड़ा समझें, क्योंकि कठिन है। और मन को इससे बड़ी निराशा पैदा होती है कि बीच की कोई स्थिति नहीं है। मन बीच की स्थिति पैदा करता है। उससे भरोसा आता है कि हम राम भला न हों, लेकिन रावण भी नहीं हैं। आधे तक पहुंच गए हैं, काफी यात्रा कर ली है। मोक्ष न मिला हो, लेकिन संसार से हम छूट गए हैं। परम ज्ञान न हुआ हो, लेकिन काफी ज्ञान हुआ है, बस थोड़ी ही यात्रा और है।

लेकिन क्या ज्ञान बंट सकता है? क्या ऐसा हो सकता है कि आपको आधा ज्ञान हुआ हो? क्या आधा बुद्धत्व संभव है? और जो आदमी आधा बुद्ध हो गया हो, वह बाकी आधी निर्बुद्धि को क्यों ढोएगा? जिसके भीतर आधे में प्रकाश हो गया हो, क्या इस आधे प्रकाश में इतनी भी सामर्थ्य नहीं कि वह आधे अंधकार को मिटा दे? जिसकी वासना आधी चली गई हो, वह शेष आधी को कैसे बचाएगा?

मगर मन की गहरी तरकीबों में एक तरकीब है कि वह आपको बताता है कि विकास हो रहा है। इससे आशा बनी रहती है। तो मन कहता है, एक-एक सीढ़ी हम चढ़ रहे हैं, थोड़ी सीढ़ियां बाकी रही हैं। जल्दी कुछ है नहीं, घबड़ाने की कोई बात नहीं, चिंता बनाओ मत। इतनी सीढ़ियां देखो चढ़ चुके हो, थोड़ी सीढ़ियां और, वे भी पार हो जाएंगी। मन सीढ़ियां पैदा करता है, जहां सीढ़ियां हैं ही नहीं। मन डिग्रीज बनाता है, जहां कोई डिग्री नहीं है, जहां डिग्री हो नहीं सकती।

या तो कोई आदमी ज्ञान में है, तब अज्ञान टिक नहीं सकता। रत्तीभर नहीं टिक सकता, आधे की तो बात अलग है। क्योंकि ज्ञान की मौजूदगी में अज्ञान टिकेगा कैसे? और या कोई आदमी अज्ञान में है। और तब वह यह नहीं कह सकता कि रत्तीभर ज्ञान मुझे हुआ है, क्योंकि रत्तीभर ज्ञान अज्ञान को नष्ट कर देगा।

आपका पूरा घर अंधेरे से भरा हो, छोटा सा दीया जल जाए और अंधेरा समाप्त है। कोई पूरे घर को आग थोड़े ही लगानी पड़ेगी, जब प्रकाश होगा! कि पूरे घर को आग लगाएंगे, तब प्रकाश होगा? एक छोटा सा दीया जला कि प्रकाश हो गया, कि अंधकार गया। प्रकाश की मौजूदगी अंधकार का अंत है।

और अगर पूरे घर में अंधकार भरा है और सिर्फ थोड़ी सी जगह प्रकाश जल रहा है और दीया थोड़ा सा प्रकाश करता है, तो आप समझना कि यह दीया कल्पित है। आप सोच रहे हैं कि यह है, यह है नहीं। आप कोई सपना देख रहे हैं। या यह दीया नहीं होगा, दीए की पेंटिंग होगी। और चित्रकार दीए को पेंट कर सकता है कि देखने पर लगे कि दीया रखा है, और देखने पर लगे कि ज्योति भी जली है, और ज्योति के चारों तरफ प्रकाश भी पेंट किया जा सकता है। लेकिन उससे अंधेरा नहीं मिटेगा। यह दीया झूठा है।

हमारा ज्ञान इस चित्रित दीए की भांति है, उसे हमने शास्त्रों से इकट्ठा किया है, वे चित्र हैं। उसे हमने संजो लिया है मन के एक कोने में। अंधेरा अपनी जगह है, ज्ञान उसके बीच में बैठा हुआ है। जो ज्ञान अंधेरे को आमूल न मिटा देता हो, समझना कि वह उधार है। वह कहीं न कहीं मिथ्या और झूठा है।

या तो रावण हो सकते हैं या राम, मध्य में होने का कोई उपाय नहीं। हमारे मन की तकलीफ यह है कि यह तो हम भी समझते हैं कि राम हम नहीं हैं, मगर यह अहंकार को चोट होती है कि तो फिर रावण ही बचते हैं, वह मानने को मन राजी नहीं होता। मन कहता है, माना कि राम नहीं हैं, क्योंकि इतनी घोषणा करनी भी जरा मुश्किल मालूम पड़ती है। और चारों तरफ लोग जानते हैं कि राम हम नहीं हैं, किसके सामने घोषणा करें? लोग सिर्फ हंसेंगे। तो राम तो हम अपने को नहीं कह पाते। कहना तो चाहते हैं, कह नहीं पाते, वास्तविक कठिनाइयां हैं, लेकिन रावण मानने का भी मन नहीं होता। तो बीच का हम मार्ग खोज लेते हैं। हम कहते हैं, न

हम राम हैं अभी न रावण हैं, मध्य में हैं, अभी हम बीच में हैं। अभी परम ज्ञान नहीं हुआ, बुद्धत्व उपलब्ध नहीं हुआ, लेकिन हम कोई मूढ़ और अज्ञानी भी नहीं हैं।

यह जो बीच का खयाल है, यह बहुत खतरनाक है, क्योंकि यह तुम्हें तुम्हारी स्थिति से परिचित ही न होने देगा। अच्छा है कि तुम समझ लो कि तुम रावण हो। और रावण में खराबी क्या है, जिसकी वजह से तुम डरते हो? अगर रावण के व्यक्तित्व को समझो, तो तुम पाओगे कि तुम मध्य में तो हो ही नहीं सकते, छोटे या बड़े रावण हो सकते हो। यह हो सकता है कि तुम छोटे रावण हो।

पर तुम्हारा ढंग और तुम्हारी चेतना का गुण, एक बूंद हो कि सागर, इससे क्या फर्क पड़ता है? सागर की एक बूंद भी खारी है, पूरा सागर भी खारा है। बुद्ध कहते थे, सागर की एक बूंद चख लो, तुमने पूरा सारा सागर चख लिया। वैज्ञानिक कहते हैं, सागर की एक बूंद का विश्लेषण कर लो, तुमने पूरे सागर का विश्लेषण कर लिया। जो एक बूंद में है, वही पूरे सागर में है; सागर मैग्नीफाइड है, बस उसका ही विस्तार है। और बूंद संकुचित है, बस उसी का संकोच है। तो यह हो सकता है कि तुम सागर न हो, बूंद हो, पर तुम्हारा मूल गुणधर्म वही है।

रावण की क्या कठिनाई है? रावण में क्या है, जो तुम पाते हो, तुममें नहीं है। इसे थोड़ा हम समझें। रावण धन का दीवाना है, साम्राज्य के विस्तार की आकांक्षा है। स्त्रियों के लिए लोलुप है। वे चाहे स्त्रियां पराई, दूसरों की स्त्रियां ही क्यों न हों, अगर उसे पसंद पड़ जाएं, तो उन्हें उसके राजमहल में ही होना चाहिए। पंडित है बड़ा, शास्त्र का ज्ञाता है।

रावण में ये जो गुणधर्म हैं, इनमें कौन सा है, जो हम कोशिश करें तो अपने में न पाएं, खोजें तो न पाएं! स्त्री आकर्षित करती है। और सच तो यह है कि अपनी स्त्री कम आकर्षित करती है, दूसरे की ही सदा आकर्षित करती है। क्योंकि अपनी से तो हम धीरे-धीरे आदी हो जाते हैं। और मन अपने से तो ऊब जाता है। खुद की पत्नी में कभी कोई आकर्षण होता है? खुद की पत्नी में कोई आकर्षण नहीं रह जाता। असल में जो चीज हमें उपलब्ध हो, उसमें आकर्षण रह ही नहीं जाता। आकर्षण तो उसमें होता है, जो उपलब्ध नहीं है। और जितना कठिन हो पाना, उतना ही आकर्षण बढ़ता है।

राम की स्त्री में रावण का रस कठिनाई के कारण है। कठिनाई निश्चित बड़ी थी और कठिनाई बड़ी गहरी थी। कठिनाई क्या थी? राम की स्त्री को चुराना बहुत कठिन नहीं था, वह तो रावण ने किया ही। राम की स्त्री को झुकाना कठिन था, जो रावण नहीं कर पाया। वही कठिनाई थी, वही चुनौती थी। सीता का लगाव राम की तरफ ऐसा परिपूर्ण था कि सीता के हृदय में जरा सी भी रंध्र न थी, जिसमें से रावण भीतर प्रवेश कर जाए—यह चुनौती थी।

वेश्या में थोड़े ही आकर्षण होता है! सती में आकर्षण होता है। वेश्या में क्या आकर्षण है? थोड़ा आपका खीसा हल्का होगा और वेश्या उपलब्ध हो जाएगी। वेश्या खरीदी जा सकती है। उसमें क्या रस हो सकता है? रस था सीता में, उसे खरीदना असंभव था। कोई उपाय न था, जिससे उसे खरीदा जा सके। और कोई उपाय न था कि उसके हृदय में प्रवेश किया जा सके।

इसलिए पूरब की स्त्रियों में जो आकर्षण है, वह पश्चिम की स्त्री में नहीं है। पश्चिम के लोग भी अनुभव करते हैं कि पूरब की स्त्री में जो आकर्षण है, वह पश्चिम की स्त्री में नहीं है। पश्चिम की स्त्री ज्यादा सुंदर हो सकती है, उसके शरीर का अनुपात ज्यादा ढंग का हो सकता

है, लेकिन फिर भी उसमें वह आकर्षण नहीं जो पूरब की साधारण स्त्री में होगा। क्योंकि पूरब की स्त्री के हृदय में प्रवेश असंभव है। चुनौती बड़ी है।

रावण के पास सुंदर स्त्रियों की कमी न थी, सीता से शायद ज्यादा सुंदर रही हों। लेकिन सीता की जो अनन्य भक्ति है राम के प्रति, वह चुनौती बन गई रावण को।

तुम्हारे लिए भी सदा वही चुनौती है। दूसरे की स्त्री में रस है। वह रावण की चेतना का गुणधर्म है। जो दूसरे के पास है उसमें रस है, जो अपने पास है उसमें रस नहीं है।

राम को किसी दूसरी स्त्री में कोई रस नहीं, जैसे सीता में सारा संसार पूरा हो गया। यह राम की चेतना का हिस्सा है कि जो अपने पास है, वह सब है; जो अपने पास है, वह पूरा है; जो अपने पास है, उसमें संतोष है, उसमें संतुष्टि गहन है, उससे ज्यादा की कोई मांग नहीं है। उससे ज्यादा दिखाई ही नहीं पड़ता, सब उसमें समाया हुआ है। जैसे सारी दुनिया की स्त्री का स्त्रीत्व सीता में समा गया है। सीता मिल गई, तो सब स्त्रियां मिल गईं।

रावण की चेतना, जब तक सारी स्त्रियां न मिल जाएं, तब तक तृप्ति नहीं होती। और तब भी तृप्ति होगी, कहना कठिन है। व्यक्ति का मूल्य रावण को नहीं है, खुद के स्वार्थ और खुद की संवेदना का मूल्य है।

जिसके पास हम रहते हैं, उसके प्रति हमारी संवेदना बोथली हो जाती है। रोज उसे देखते हैं, फिर देखने योग्य कुछ नहीं बचता; रोज उसे खोजते हैं, फिर खोजने योग्य कुछ नहीं बचता। फिर उसके पूरे व्यक्तित्व से हम परिचित हो जाते हैं, तो सब बासा हो जाता है। यही सभी इंद्रियों का ढंग है। आज भोजन मिला, वही कल भी मिला। आज कहा, बहुत अच्छा है; लेकिन कल उतना अच्छा नहीं कह सकेंगे, वही भोजन। फिर तीसरे दिन भी वही भोजन फिर मिला, तो ऊब पैदा हो गई। चौथे दिन थाली सरका देंगे। वही है, जो पहले दिन बहुत अच्छा कहा था, लेकिन चार दिन में ऊब गए।

इंद्रियां पुराने से ऊबती हैं। इंद्रियों का ढंग है, रोज नए की तलाश। क्योंकि इंद्रियों को उत्तेजना चाहिए। उत्तेजना नए से मिलती है। इसलिए जितने ऐंद्रिक समाज होंगे, नए की खोज उनका सूत्र होगा। जितने आध्यात्मिक समाज होंगे, पुराने के साथ तृप्ति उनका स्वभाव होगा। चेतना तो सनातन की खोज करती है, इंद्रियां नवीन की।

तो राम ने तो सीता में सनातन को खोज लिया। वह जो शाश्वत है, जो कभी पुराना नहीं पड़ता और जिसे नया करने की कोई जरूरत नहीं, जिससे ऊब कभी पैदा ही नहीं होती।

प्रेम से कभी ऊब पैदा नहीं होती, काम से ऊब पैदा होती है। क्योंकि प्रेम है हृदय का और काम है इंद्रियों का। इसलिए अगर कामवासना आपका केंद्र है, तो रोज आपको नई स्त्री चाहिए, नया पुरुष चाहिए, नया भोजन चाहिए, रोज! क्योंकि शरीर तो प्रतिपल नए में जी सकता है, उससे उत्तेजना मिलती है, चुनौती मिलती है। लेकिन चेतना तो सनातन में जीती है, शाश्वत में जीती है। इसलिए प्रेम शाश्वत हो सकता है।

राम और सीता के बीच तो प्रेम घटा है, रावण और उसकी पत्नियों के बीच कामवासना के संबंध हैं। सीता में रावण की उत्सुकता इस बात की खबर है कि उसकी अपनी पत्नियों में उत्सुकता नहीं रही है।

यही तो हमारी दशा है, चेतना हमारी भी इसी तरह बह रही है। जो हमारे पास है, वह बेकार; और जो दूसरों के पास है, वहां स्वर्ग; और जब तक मैं उसे न पा लूं, तब तक बेचैनी; और पाते ही से वह बेकार हो जाता है। क्योंकि जैसे ही पा लिया, वह मेरा हो गया, फिर नजर और पर जाने लगी। यह जो दूसरे पर जाती नजर है, सदा दुख लाती है। और संतुष्टि का तो कोई आयाम इससे खुल नहीं सकता।

रावण धन के लिए दीवाना है, इसलिए कथा है कि उसकी नगरी स्वर्ण की नगरी है। उसकी लंका सोने की बनी है। लेकिन फिर भी दूसरे का धन, दूसरे का राज्य आकर्षित करता है। रावण की लंका तो सोने की है, राम की अयोध्या सोने की नहीं है। फिर भी राम को कोई रस दूसरे के राज्य में नहीं है।

सोने का भी राज्य आपको मिल जाए, तो भी जो दूसरे का है, उसमें आपको रस रहेगा। महल भी आपके पास हो, तो भी दूसरे का झोपड़ा आपको आकर्षित करेगा।

राम जैसी चेतना का व्यक्ति झोपड़े में रहे, तो भी महल आकर्षित नहीं करता। राम जैसा व्यक्ति जहां भी रहे, वहीं महल है। रावण जैसा व्यक्ति जहां भी रहे, वहीं दुख है, वहां महल नहीं है। महल कहीं और, किसी और के पास, जिसको जीतना है।

रावण के दस सिर हमने कहे हैं। अगर मनोवैज्ञानिकों से हम पूछें, तो वे कहते हैं, हर आदमी के दस सिर हैं। क्योंकि आपको कई चेहरे तैयार रखने पड़ते हैं, सुबह से शाम तक कई दफे बदलने पड़ते हैं। आपको खयाल में नहीं है, क्योंकि आपको अपने मन का ठीक विश्लेषण ही नहीं है। जब आप अपने नौकर के सामने खड़े होते हैं, तो आप दूसरे चेहरे का उपयोग करते हैं। जब आप अपने मालिक के सामने खड़े होते हैं, तो दूसरे चेहरे का उपयोग करते हैं।

इसे थोड़ा खयाल करना, तो आप पाएंगे, तत्क्षण आप चेहरा बदलते हैं। जैसे कई चेहरे स्पेअर तैयार हैं, जिनको आप तत्क्षण बदल लेते हैं। अगर किसी आदमी से काम लेना हो, तो आप और चेहरे का उपयोग करते हैं। और अगर कोई आदमी आपसे काम लेने आया हो, तो तब आपका चेहरा देखिए। जब आपको किसी से रुपए उधार लेने हैं, तब आप अपना चेहरा आईने में देखिए। और जब कोई आपसे रुपए उधार लेने आया है, तब अपने चेहरे को आईने में देखिए। आप पाएंगे कि अलग आदमियों के चेहरे हैं, यह एक ही आदमी का चेहरा नहीं है। दस का मतलब आप दस मत समझ लेना, दस तो आखिरी संख्या है, इसलिए दस। चेहरे तो हजार हैं, दस आखिरी संख्या है, बाकी संख्या तो फिर पुनरुक्ति है।

इसलिए सभी संख्याओं में, दुनियाभर की संख्याओं में, दस पर संख्या का अंत हो जाता है। ग्यारह का मतलब है फिर एक के ऊपर एक, फिर पुरानी संख्या दुहरने लगी। बारह का मतलब एक के ऊपर दो, लेकिन दस पर काम पूरा हो गया। और दस पर काम पूरा हो गया, क्योंकि आदमी की दस अंगुलियां हैं। आदमी ने पहले अंगुलियों पर गिनना शुरू किया, दस पर संख्या पूरी हो गई। फिर वह दस को ही बढ़ाता रहा है।

तो वे जो रावण के दस चेहरे हैं, वे तो सिर्फ संख्या का अंत बताने के लिए हैं, चेहरों का कोई अंत नहीं है। सुबह से शाम तक हजारों चेहरे आप बदल रहे हैं।

राम का एक ही चेहरा है, चाहे सुख में मिलें, चाहे दुख में, चाहे उनको आप राजमहल में मिलते और चाहे जंगल में। उनके चेहरे में भेद नहीं है।

और जिस आदमी ने एक चेहरा पा लिया, वह राम हो गया। इसका अर्थ है, जिसका चेहरा आथेंटिक हो गया, प्रामाणिक हो गया। जिसका चेहरा भीतरी हो गया। जो बाहर को देखकर अब चेहरे को नहीं बदलता। परिस्थिति जिस पर अब प्रभावी नहीं है। जिसका चेहरा अब एक आंतरिक दशा और स्थिति है। आप उसे गाली दें तो भी उसका चेहरा वही है, प्रशंसा करें तो भी उसका चेहरा वही है। अब कोई परिस्थिति उसके चेहरे को डांवाडोल नहीं करती। उसका होना थिर हो गया है। राम इस थिरता का नाम है।

रावण को मारना मुश्किल हुआ युद्ध में, क्योंकि एक गर्दन काटो, इससे क्या फर्क पड़ता है? असली गर्दन का तो कोई पता ही नहीं है, जिसके कटने से रावण मरेगा। और झूठा चेहरा एक गिरा कि दूसरा उग आता है। झूठे चेहरे काटने से कुछ हल नहीं है, क्योंकि वह कोई चेहरा ही नहीं है। इसलिए रावण के सिर गिरते जाते हैं और नए उगते आते हैं।

आपके झूठे चेहरे को कोई काट भी दे, क्या फर्क पड़ता है! न वहां रक्त है, न मांस है, न कुछ है; वह तो सिर्फ एक खयाल था, एक भाव था, वह काट दिया, आप दूसरा तत्क्षण पैदा कर देंगे।

रावण को मारने की भी कठिनाई यही थी कि उसके असली चेहरे का पता लगाना ही सूत्र था कि असली चेहरा कौन सा है। और आप भी अपने को न मिटा पाएंगे परमात्मा के सामने। राम के सामने रावण ऐसे ही खड़ा था, जैसे आप भी परमात्मा के सामने खड़े हैं। आपको तक पता नहीं कि आपका असली चेहरा कौन सा है, जिसको काटने से आप मिट जाएंगे। कई बार आप झूठे चेहरे काटकर चढ़ा आते हैं मंदिर में और घर लौट आते हैं। वे झूठे चेहरे हैं, उनके काटने से कुछ हल नहीं होता।

देखें मंदिर में, एक आदमी जाता है, सिर झुकाकर चरणों में रख देता है परमात्मा के। लेकिन अगर आप गौर से देखें, तो उसकी अकड़ तो वहां वैसी की वैसी खड़ी है। असली चेहरा तो खड़ा ही हुआ है, नकली चेहरा झुका हुआ है। और असली चेहरा चारों तरफ देख रहा है कि देख लो, मेरे जैसा भक्त इस गांव में कोई भी नहीं!

मैंने सुना है, एक सम्राट सुबह-सुबह चर्च में प्रार्थना कर रहा था। और सम्राट था और पर्व का दिन था, इसलिए पहला हक उसी का था। जैसा हरिद्वार में या गंगा पर स्नान के वक्त पहला हक कि कौन स्नान करेगा? धर्म के जगत में भी पहले का हक करने वाले लोग हैं! ये अहंकारी हैं। दंगा-फसाद हो जाता है कुंभ के मेले में। क्योंकि जिनका हक था, उनके पहले किसी ने स्नान कर लिया, तो वहीं मार-पीट शुरू हो जाएगी। भगवान के दरवाजे पर भी आप इतनी आसानी से न घुस पाओगे, वहां लट्ठ लिए लोग खड़े होंगे कि हमारा हक पहले, तुम पहले कैसे जा रहे हो?

वह सम्राट था, चर्च में पहला उसका हक था पर्व के दिन, तो अंधेरे में सुबह पांच बजे प्रार्थना करता था, क्योंकि फिर लोग आना शुरू हो जाते, भगवान से पहली मुलाकात उसकी होनी चाहिए। तो वह प्रार्थना कर रहा था और अंधेरे में कह रहा था, हे परमपिता! मैं ना-कुछ हूं, मैं दीन-दरिद्र हूं, पापी हूं, मुझे अपने चरणों में समा ले। तभी उसे लगा कि कोई और अंधेरे में मौजूद है। अंधेरे में दिखाई तो ठीक से नहीं पड़ता था, तो उसने कान सजग किए। पास में ही कोई आदमी वेदी के पास झुका था और यही शब्द दोहरा रहा था कि हे परमात्मा, मैं ना-कुछ हूं, दीन-दरिद्र, तेरे पैरों की धूल, मुझे अपने चरणों में समा ले।

सम्राट ने कहा, यह कौन आदमी मेरे सामने कहने का दावा कर रहा है कि मैं ना-कुछ हूं? मुझसे ज्यादा ना-कुछ दूसरा कोई भी नहीं हो सकता। यह कौन है जो कह रहा है कि मैं दीन-दरिद्र हूं? जब मैं कह चुका, तो मुझसे ज्यादा दीन-दरिद्र कोई भी नहीं हो सकता। अपने शब्द वापस ले ले!

अगर सम्राट कह रहा हो कि मैं निरअहंकारी हूं, तो आप यह नहीं कह सकते कि आप भी निरअहंकारी हैं। क्योंकि सम्राट का अहंकार खड़ा हुआ, वह कहेगा, मुझसे ज्यादा होने का दावा? वह चाहे धन का हो, चाहे निरअहंकारिता का, इससे कोई फर्क नहीं पड़ता, लेकिन मुझसे ज्यादा तुम नहीं हो सकते। दीन-दरिद्र तो मैं प्रथम, ना-कुछ तो मैं प्रथम, लेकिन मेरा प्रथमपन जारी रहेगा।

तो तुम झुक जाते हो मंदिर में, लेकिन तुम्हारा अहंकार तो खड़ा रहता है। तुम्हारा सिर झुकता है, जो झूठा है, जिसका कोई मूल्य नहीं।

रावण के मन को अगर समझें, तो आप अपने भीतर रावण को पूरी तरह प्रतिष्ठित पाएंगे। और वही रावण आपको समझा रहा है कि राम तुम भला न हो, लेकिन रावण नहीं हो।

उसकी बिलकुल मत सुनें। उसकी काफी सुन चुके हैं। उसकी सुनने के कारण यह दुर्दशा है। अगर आपको लगता है कि राम मैं नहीं हूं, तो पक्का जानें कि आप रावण हैं। यह पक्का जानना राम की तरफ जाने का पहला कदम होगा। अपने को बुरा जानना शुभ होने की पहली क्रांतिकारी घटना है। मैं अंधेरे में हूं, ऐसी गहन प्रतीति प्रकाश की खोज बनती है। मैं अज्ञानी हूं, तो ज्ञान की जिज्ञासा शुरू होती है।

मध्य और आधे की बात मत सोचें। या इस पार या उस पार। और जो इस पार से छूटता है, वह तत्क्षण उस पार पहुंच जाता है। क्योंकि दोनों के बीच में जरा भी जगह नहीं है, जहां आप खड़े हो सकें। ज्ञान और अज्ञान के बीच जरा सी भी जगह नहीं है, जहां आप खड़े हो सकें। यहां अज्ञान गया कि ज्ञान आया, यह घटना युगपत है। जैसे सौ डिग्री पानी गरम हुआ, फिर भाप और पानी के बीच में जरा सी भी जगह नहीं है कि पानी का कुछ हिस्सा बीच में रुक जाए और कहे, हम पानी तो न रहे, लेकिन अभी भाप नहीं हैं, बीच में हैं। न, या तो पानी या भाप, इन दोनों के बीच कोई भी जगह नहीं है।

वह जो दूसरा किनारा है और यह किनारा है, इन दोनों के बीच में कोई नदी नहीं बह रही, जिसमें आप मध्य में अपनी नाव टेक दें। नदी वहां है ही नहीं, बस दो किनारे हैं। यह किनारा छूटा कि दूसरा किनारा मिला। और जब तक दूसरा न मिला हो, तब तक आप इस किनारे पर हैं, इसे बहुत गहनरूप से अनुभव करना। मन के धोखे में मत पड़ना। या तो अंधकार या प्रकाश, या तो जीवन या मृत्यु। अधमरा आदमी भी अधमरा नहीं होता, हम कहते ही हैं। जिंदा होता है, पूरा जिंदा होता है। अधमरा कैसे कोई हो सकता है? यह भाषा की भूल है। आधा जिंदा कोई कैसे हो सकता है? एक आदमी बिलकुल बेहोश भी पड़ा हो, तो भी जिंदा है, पूरा जिंदा है, सौ प्रतिशत जिंदा है। आधा मर गया है, ऐसा नहीं कह सकते। और एक आदमी मर गया, तो आप यह नहीं कह सकते कि आधा जिंदा है। मर गया तो मर गया, जिंदा है तो जिंदा है। इन दो किनारों के बीच कोई भी जगह नहीं है, कोई स्पेस, कोई रिक्तता नहीं है।

ठीक से अपना विचार करें, और रावण को आप छिपा हुआ पाएंगे। और ठीक-ठीक आप अनुभव कर लें कि मैं रावण हूं। वही रावण की भूल थी। क्योंकि रावण अपने को रावण नहीं समझता था, समझता था महापंडित, ज्ञानी। और शायद शास्त्रार्थ करता तो राम को हरा देता, शास्त्र उसे कंठस्थ थे। शक्तिशाली भी कम नहीं था, क्योंकि अज्ञानी सदा शक्ति की तलाश करता है। बड़ी सिद्धियां उसने इकट्ठी कर रखी थीं। और सिद्धियां इकट्ठा करने के लिए अज्ञानी कुछ भी करने को राजी होता है।

इसलिए कथा है कि वह अपनी गर्दन को काटकर शिव के सामने चढ़ा देता था। इस सीमा तक जा सकता है अज्ञानी। सब कुछ छोड़ने को राजी है, अहंकार भर उसका मजबूत होता चला जाए। मरने तक को राजी है, अहंकार अगर बचता हो। तो सिद्धि की तलाश थी उसकी, मंत्रों की साधना थी उसकी, बड़ा साधक था।

राम के जीवन में कोई साधना की खबर ही हमें नहीं है कि राम ने कहां साधना की, कौन सी सिद्धियां पाईं, रावण के जीवन में हमें खबर है, उसने बड़ी साधना की, बड़ी सिद्धियां पाईं। आखिर शिव को उसने प्रसन्न कर लिया और वह परम शक्ति का मालिक हो गया। ज्ञान भी उसके पास था, पांडित्य उसके पास था, सब कुछ उसके पास था। इसलिए स्वाभाविक है कि वह सोचता हो कि राम मैं हूं।

अगर शक्ति से ही तौला जाए, साम्राज्य से तौला जाए, स्वर्ण से तौला जाए, ज्ञान से तौला जाए, तो राम बिलकुल निरीह हैं। राम का वह चित्र, जहां वह जंगल जा रहे हैं, बिलकुल निरीह है। जो था, वह भी छिन गया है। कुछ भी नहीं है पास। एक ना-कुछ व्यक्ति की तरह जंगल में निरीह खड़े हैं। रावण के पास सब कुछ है। उसको खयाल रहा होगा कि राम मैं हूं।

तो अगर शक्ति से ही हम सोचें, तो यह तर्क स्वाभाविक है।

जब तक आपको खयाल न आ जाए ठीक से कि रावण हैं आप, तब तक आपकी वास्तविक जीवन-क्रांति का कदम नहीं उठता। और जैसे ही यह खयाल आ जाए कि रावण मैं हूं, महल रावण का गिरना शुरू हो गया। क्योंकि कोई भी व्यक्ति सचेतन होकर रावण नहीं हो सकता। जानते हुए कि रावण मैं हूं, कोई रावण नहीं हो सकता। जानते हुए कि बुरा मैं हूं, बुराई नहीं टिक सकती। क्योंकि यह जानना एक आग है, जिसमें बुराई जल जाती है, राख हो जाती है।

अगर बुराई को बचाना हो, तो यह जानना जरूरी है कि मैं बुरा नहीं हूं। भला कहना मुश्किल हो, तो भी इतना तो कहूं कि और लोगों से कम बुरा हूं, भलाई की तरफ चल रहा हूं।

एक आदमी मरा। उस गांव का रिवाज था कि जब कोई मर जाए, तो उसकी प्रशंसा में कुछ कहा जाए। और जब तक उसकी प्रशंसा में कुछ न कहा जाए, तब तक उसका अग्नि-संस्कार नहीं किया जा सकता। और वह आदमी इतना बुरा था कि गांव भर के लोगों ने बहुत सोचा, लेकिन कुछ भी न खोज पाए कि प्रशंसा में क्या कहें!

उस जैसा दुष्ट खोजना मुश्किल था। उपद्रवी ऐसा था कि बिना कारण उपद्रव खड़ा करे। पूरा गांव उससे त्रस्त था और सभी प्रसन्न थे उसकी मृत्यु से। न केवल गांव के लोग, उसके घर-परिवार के लोग भी बड़े आनंदित और आह्लादित थे कि झंझट मिटी। क्योंकि वह आदमी झंझटी था और सुबह से सांझ तक किसी न किसी को, किसी न किसी झंझट में डाले रखता

था। पूरे गांव को उसने अदालत के चक्कर लगवा दिए थे। और उससे रास्ते पर नमस्कार करना भी खतरनाक था। उससे कोई भी संबंध बनाना उपद्रव की बात थी, क्योंकि उतने में ही वह कुछ जाल खड़ा कर दे।

मरघट पर उसकी लाश रखे बैठे हैं और कोई उठकर खड़ा नहीं होता जो प्रशंसा में कुछ कहे। गांव का पुराना रिवाज कि जब तक प्रशंसा में कोई कुछ न कहे, तब तक आग न दी जाए। फिर सांझ होने लगी, गांव परेशान है। आखिर लोगों को लगा कि मरकर भी सता रहा है, अब इसको कैसे जलाएं! और जब तक जलाओ न, तो गांव कैसे जाएं? और रात उतरने के करीब है, अब करना क्या?

फिर एक आदमी खड़ा हुआ और उसने कहा कि यह आदमी अपने चार भाइयों की तुलना में देवता था। इसके चार भाई और हैं गांव में, वे इससे भी ज्यादा उपद्रवी हैं और दुष्ट हैं। अपने चार भाइयों की तुलना में यह आदमी देवता था! अग्नि-संस्कार करके लोग घर लौट आए।

आप भी अपने को समझाए रखते हैं कि औरों की तुलना में मैं देवता हूं! इतने बुरे लोग हैं संसार में, मैं इतना बुरा नहीं। बुद्ध जैसा भला नहीं, राम जैसा भला नहीं, रावण जैसा बुरा भी नहीं हूं। और पृथ्वी रावणों से भरी है, मैं मध्य में हूं।

मध्य में कोई भी नहीं है, कोई भी हो नहीं सकता। मध्य की भ्रांति को छोड़ दें, तो क्रांति शुरू हो सकती है।[22]

काम से कौन कब जीता?

विहाय वैरिणं काममर्थं चानर्थसंकुलम्।
धर्ममप्येतयोर्हेतुं सर्वत्रानादरं कुरु।।

शत्रु है काम। क्यों समस्त शास्त्र सारी दुनिया के, काम को शत्रु कहते हैं? क्या कारण होगा कहने का? एक मत से शत्रु कहते हैं। हिंदू हों, जैन हों, बौद्ध हों, ईसाई हों—एक मत से कहते हैं कि काम शत्रु है। क्या कारण होगा काम को शत्रु कहने का? उसे हम समझने की कोशिश करें।

काम का बल ही, काम-ऊर्जा की शक्ति इतनी विराट है, कि उसके पाश के बाहर होना सर्वाधिक कठिन है, करीब-करीब असंभव जैसा है। मनोवैज्ञानिक तो मानते हैं, उसके पार हुआ ही नहीं जा सकता। और मनोवैज्ञानिकों की बात भी समझ लेने जैसी है। क्योंकि काम में ही हुआ है हमारा जन्म। जो पहली स्फुरणा तुम्हारे जीवन की थी, वह तुम्हारे मां और पिता की

कामवासना ही थी। उसी तरंग से तुम आए हो, उसी तरंग से निर्मित हुए हो। तुम्हारा रोआं-रोआं काम से भरा है। तुम्हारा पहला अणु दो काम-अणुओं का जोड़ था। उससे तुम निर्मित हुए। फिर उन्हीं काम-अणुओं का फैलाव होता चला गया है। अब तुम्हारे पास करोड़ों सेल हैं शरीर में, लेकिन प्रत्येक सेल काम-कोष्ठ है।

और तुम ऐसा मत सोचना कि स्त्री तुम्हारे बाहर ही है। क्योंकि जब तुम्हारा जन्म हुआ तो आधा अंग तो मां से मिला, आधा पुरुष से मिला, पिता से मिला। तो तुम्हारे भीतर स्त्री-पुरुष दोनों मौजूद हैं। मात्रा का भेद है, पर दोनों मौजूद हैं।

हिंदुओं की धारणा है, अर्धनारीश्वर की। शंकर की तुमने प्रतिमाएं देखी होंगी, जिनमें आधे वे पुरुष हैं, आधे स्त्री। वह धारणा बड़ी बहुमूल्य है। तुम भी अर्धनारीश्वर हो, प्रत्येक व्यक्ति अर्धनारीश्वर है; अन्यथा होने का उपाय ही नहीं है। क्योंकि आधी तुम्हारी मां है, आधे तुम्हारे पिता हैं; दोनों के मिलन से तुम निर्मित हुए हो। पुरुष में पिता की मात्रा ज्यादा है, स्त्री में मां की मात्रा ज्यादा है; पर यह मात्रा का भेद है।

तुम्हारे भीतर, ऐसा समझो कि अगर तुम पुरुष हो, तो साठ प्रतिशत पुरुष के जीवाणु हैं, चालीस प्रतिशत स्त्री के जीवाणु हैं। बस, इस अनुपात को बदल दिया जाए, तो तुम स्त्री हो जाओगे।

काम से हुआ है जन्म, दो विपरीत कामों के मिलन पर तुम्हारा जीवन खड़ा है। इसलिए यह करीब-करीब असंभव है—मनोवैज्ञानिक के हिसाब से तो बिलकुल असंभव है कि व्यक्ति कामवासना के पार हो जाए! धर्मशास्त्र भी यही कहते हैं। आत्मपुराण में बड़ा अदभुत वचन है:

कामेन विजितो ब्रह्मा, कामेन विजितो हरः।
कामेन विजितो विष्णुः शक्रः कामेन निर्जितः।।

काम ने जीता ब्रह्मा को, काम ने हराया शंकर को, काम ने हराया विष्णु को—काम से कौन कब जीता! काम से सब हारे हैं।

काम का बल तो प्रबल है। और जिसका जितना ज्यादा बल प्रबल है, उसके पार होने में उतना ही संघर्षण होगा। इसलिए कहते हैं: वैरी-रूप काम। इस जगत में अगर टक्कर ही लेनी हो किसी से, अगर हिम्मत ही हो टक्कर लेने की, अगर संघर्ष करने का और युद्ध करने का, योद्धा बनने का रस हो—तो छोटे-मोटे दुश्मन मत चुनना। खयाल रखना, जितना बड़ा दुश्मन चुनोगे उतनी ही बड़ी तुम्हारी विजय होगी। छोटे-मोटे को हरा भी दिया तो क्या सार है?

कहते हैं जंगल में—ईसप की कथा है—एक गधे ने सिंह को चुनौती दे दी और कहा: अगर हो हिम्मत तो आ मैदान में और हो जाए सीधा युद्ध। लेकिन सिंह चुपचाप चला गया। सियार यह सुन रहा था। उसने थोड़ा आगे बढ़ कर सिंह को पूछा कि सम्राट, बात क्या है? एक गधे की चुनौती को भी तुम स्वीकार नहीं किए!

उसने कहा: पागल हुआ है? अगर उसकी चुनौती मैं स्वीकार करूं, तो पहले तो अफवाह उड़ जाएगी कि सिंह गधे से लड़ा। यह बदनामी होगी। ऐसा कभी हुआ नहीं। यह हमारे कुल, वंश, परंपरा में नहीं हुआ कि गधे से लड़ें। लड़ना है गधे से... गधे को समाप्त कर दे सकते हैं, लड़ना क्या है? अगर गधा हारा तो उसका कोई अपमान नहीं है। हम जीते भी तो कोई सम्मान

नहीं। लोग कहेंगे, क्या जीते, गधे से जीते! और कहीं भूल-चूक से जीत गया गधा—गधे हैं इनका भरोसा क्या—तो हम सदा के लिए मारे गए। इसलिए मैं चुपचाप चला आया हूं। गधे से झंझट में पड़ना ठीक नहीं है।

छोटे से अगर तुम उलझोगे, जीते भी तो छोटे से जीते। और काश अगर हार गए, तो छोटे से हारे! दुश्मन जरा सोच कर चुनना। मित्र तो कोई भी चल जाएगा, शत्रु जरा सोच कर चुनना। शत्रु जरा बड़ा चुनना। क्योंकि चुनौती, संघर्षण तुम्हें अवसर देगा, तुम्हारे अपने आत्म-विकास का।

तो जो बाहर की चीजों से लड़ते रहते हैं, वे अगर जीत भी जाएं तो चीजों से ही जीतते हैं। सिकंदर हो कि तैमूरलंग हो, कि नादिरशाह हो कि नेपोलियन हो, फैला लें विस्तार सारे जगत पर अपना, तो भी वस्तुओं पर ही विस्तार फैलता है।

इसलिए इस देश में हमने उनको सम्मान दिया जिन्होंने अपने को जीता। सबको भी जिन्होंने जीता, उन्हें भी हमने वैसा आदर नहीं दिया; हमने आदर उन्हें दिया, जिन्होंने स्वयं को जीता। क्योंकि स्वयं को जीतने का एक ही उपाय है और वह है—काम-ऊर्जा से अतिक्रमण हो जाना; काम-ऊर्जा के पार हो जाना। काम-ऊर्जा के पार होने का अर्थ है : अपने जन्म से मुक्त हो जाना; अपने जीवन से मुक्त हो जाना; अपनी मृत्यु से मुक्त हो जाना।

काम-ऊर्जा ने तुम्हें जन्म दिया, और काम-उर्जा की उत्फुल्लता ही तुम्हारी जवानी है, तुम्हारा जीवन है। और जब काम की ऊर्जा थक जाएगी, और विसर्जित होने लगेगी—वही तुम्हारी मृत्यु होगी। तो तुम्हारे जीवन की सारी कथा, प्रथम से ले कर अंत तक काम की कथा है। अगर तुम इस काम के अंतर्गत ही बने रहे, तो तुम कभी मालिक की तरह न जीए, एक गुलाम की तरह जीए।

स्वयं का मालिक बनना हो और अगर चुनौती ही स्वीकार करनी हो किसी की, तो स्वयं में छिपी इस चुनौती को ही स्वीकार कर लेना उचित है। इसलिए धर्म-शास्त्र काम को वैरी-रूप कहते हैं। यह सिर्फ निंदा नहीं है, इसमें सम्मान भी छिपा है। वे यह कहते हैं कि अगर शत्रुता ही करनी हो तो काम से करना। क्योंकि कामेन विजितो ब्रह्मा! काम ने ब्रह्मा को भी हराया। कामेन विजितो हरः। काम ने महादेव को भी हराया।

तो अब अगर लड़ने योग्य कोई है तो काम ही है। जिससे देवता भी हार गए हों, उसको ही जीतने में मनुष्य के भीतर छिपा हुआ फूल खिलेगा। जिससे सब हार गए हों, उसको ही जीतने में तुम्हारे भीतर पहली दफे प्रभु का साम्राज्य निर्मित होगा।

भारत अकेला देश है, जहां हमने बुद्धपुरुषों के चरणों में देवताओं को झुकाया है। जब सिद्धार्थ गौतम बुद्धत्व को उपलब्ध हुए, तो कथा है कि ब्रह्मा, विष्णु, महेश, तीनों उनके चरणों में अपना नैवेद्य, अपनी पूजा चढ़ाने आए। जब महावीर परम ज्ञान को उपलब्ध हुए, तो देवताओं ने फूल बरसाए। लेकिन देवता क्यों बरसाते होंगे फूल एक मनुष्य के चरणों में? इसलिए कि यह मनुष्य उस सीमा के भी पार जा चुका, जिस सीमा के पार अभी देवता भी नहीं गए। अभी इंद्र भी अप्सराओं में उलझा है। अभी स्वर्ग में भी वही काम-व्यापार चल रहा है, जो पृथ्वी पर चल रहा है। थोड़ा व्यवस्थित चल रहा है; थोड़ा ढंग से चल रहा है; ज्यादा सुंदर स्त्रियां हैं, ज्यादा सुंदर देह है, ज्यादा लंबी आयु है, भोग की सब सुविधाएं, सामग्रियां हैं।

जो हमने स्वर्ग में देवताओं के लिए व्यवस्था की है, वही व्यवस्था विज्ञान आदमी के लिए पृथ्वी पर कर देने की कोशिश कर रहा है।

विज्ञान कोशिश कर रहा है कि स्वर्ग को जमीन पर घसीट लाए; लेकिन जमीन पर विज्ञान स्वर्ग ले आए, तो भी कोई फर्क नहीं पड़ता। तुम्हारी कामवासना को कितनी ही तृप्ति की सुविधा जुटा दी जाए, तृप्ति नहीं होगी। क्योंकि कामवासना का स्वभाव अतृप्ति है। जो मिल जाता है, उससे ही अतृप्ति हो जाती है। जो नहीं मिला, उसी में रस होता है। काम के इस स्वभाव को समझो—यही उसका बंधन है, यही उसका वैरी-रूप है।

जो मिल जाता है, वही व्यर्थ हो जाता है। जिस स्त्री को तुम चाहते थे, मिल गई; जिस पुरुष को तुमने चाहा, मिल गया—बस, तत्क्षण तुम किसी और की चाह में लग गए।[23]

ताजमहल में ध्यान

ताजमहल सूफी फकीरों की कल्पना है। बनवाया तो एक सम्राट ने, मगर जिन्होंने योजना दी, वे सूफी फकीर हैं। जिन्होंने निर्माण किया, वे भी सूफी फकीर हैं। इसलिए ताजमहल को अगर तुम पूर्णिमा की रात घड़ी-दो-घड़ी शांत बैठकर देखते रहो तो अपूर्व ध्यान लग जायेगा। सूफियों के हस्ताक्षर हैं उस पर। आकृति ऐसी है कि डुबा दे ध्यान में।

लाखों बुद्ध की प्रतिमायें बनीं, किसने बनाईं? यह दुकानदारों का काम नहीं है। यह तकनीशियनों का काम भी नहीं है। ऐसी प्रतिमायें बुद्ध की बनीं कि जिनके पास बैठ जाओ...पत्थर हैं, मगर पत्थर में इतना भर दिया, पत्थर में ऐसी आकृति दी, ऐसा रंग दिया, ऐसा रूप दिया, ऐसा भाव दिया, कि पत्थर के पास भी बैठ जाओ तो तुम्हारे भीतर कुछ थिर हो जाए।

चीन में एक मंदिर है—दस हजार बुद्धों का मंदिर। उसमें दस हजार बुद्ध की प्रतिमायें हैं। सदियों में बना। भिक्षु बनाते ही रहे, बनाते ही रहे, बनाते ही रहे। यह काम-ऊर्जा का ऊर्ध्वगमन है।

लेकिन इस देश में एक भ्रांति फैल गई कि संन्यासी को कुछ करना नहीं चाहिए, उसे कुछ निर्माण भी नहीं करना चाहिए। संन्यासी का तो कुल काम इतना है कि वह सेवा ले, लोगों से सेवा ले, खुद कुछ भी न करे। लोग उसके पैर दबायें बस इतनी ही उसकी कृपा बहुत है। ये संन्यासी कामवासना को न दबायेंगे तो क्या करेंगे? और जब कामवासना दबायेंगे तो आज नहीं कल फूटेगी, पीछे के दरवाजों से निकलेगी।[24]

कृष्ण की बांसुरी

जागो! और ध्यान केवल इतना ही करेगा कि थोड़ी देर को बाहर को बंद करेगा, ताकि भीतर के स्वर भी सुनाई पड़ने लगें।

सुना है तुमने कि कृष्ण की बांसुरी बजती है, तो फिर गोपियां अपने घरों में काम नहीं कर पातीं, उनके हाथ-पैर डगमगा जाते हैं, गगरी छूट जाती है, मथनी भूल जाती है, भागती हैं मदहोश। यह कथा तो केवल प्रतीक है। इंद्रियां प्रतीक हैं गोपियों की। इंद्रियां स्त्रैण हैं। और जिस दिन भीतर की बांसुरी बजने लगती है, सुनाई पड़ने लगती है—बांसुरी तो बज ही रही है, लेकिन जिस दिन तुम थोड़ा सा ध्यान उस तरफ लगाते हो और बांसुरी सुनाई पड़ती है—बस इंद्रियां फिर भूल जाती हैं अपनी मथनी, अपना दूध, अपनी गगरी, अपना काम, मदमस्त होकर भागने लगती हैं। वह अंतिम दशा है, जहां भीतर के कृष्ण की बांसुरी बज रही है, और सारी इंद्रियां उनके आस-पास नाचने लगीं, परिधि नाचने लगी केंद्र के पास। इसको हमने रास कहा है, जो कृष्ण नाच रहे हैं और गोपियां चारों तरफ नाच रही हैं।

तुम्हारी हालत उलटी है, गोपियां भाग रही हैं, तुम उनके पीछे भाग रहे हो। और ध्यान रखें, कोई गोपी उससे राजी नहीं होती, जो उसके पीछे भागता है। तुम भागे गोपी के पीछे कि गोपी गई किसी और के पीछे, कि तुम बेकार हुए। वह तुम्हारा भागना ही बता देता है कि तुम

अपने भी मालिक नहीं, दूसरे के मालिक होने का हक कहां से पाओगे! इंद्रियों के पीछे भागता हुआ आदमी, इंद्रियां भी समझ जाती हैं कि कैसे बेकार हो तुम! कुछ भी तुम्हारे पास नहीं! तुम क्षुद्र के लिए भाग रहे हो!

सचेत होओ। ध्यान तुम्हें सचेत करेगा। ध्यान तुम्हारी यात्रा का आयाम बदलेगा। और एक बार तुम्हें भीतर का स्वर सुनाई पड़ने लगे, क्रांति घटित हो गई। इंद्रियां अपनी जगह होंगी और स्वस्थ होंगी। उनका नाच भी चलता रहेगा, क्योंकि उनके नाच से कुछ बाधा नहीं है। लेकिन वे परिधि पर होंगी, अपने स्थान पर होंगी, तुम्हारे साथ चलेंगी, तुम्हारी छाया होंगी। और जिसने भीतर के इस राम को पा लिया, इस भीतर के केंद्र को पा लिया, उसे पाने को फिर कुछ शेष नहीं रह जाता। तभी संतोष फलित होता है, उसके पहले संतोष नहीं होगा।[25]

विष्णु सहस्रनाम

हिंदुओं के पास एक शास्त्र है, विष्णु सहस्रनाम। उस शास्त्र में सिर्फ उसके नाम ही नाम हैं, सहस्र नाम। उसमें कुछ और नहीं लिखा है। सिर्फ नाम ही नाम का शास्त्र है। मुसलमानों के अपने नाम हैं। असल में मुसलमानों की परंपरा यही है कि जो भी नाम मुसलमान किसी का रखते हैं, वे सभी नाम परमात्मा के नाम हैं। रहमान हो, रहीम हो, अब्दुल्लाह हो, कुछ भी हो, सभी नाम परमात्मा के हैं। हिंदुओं की भी परंपरा यह थी कि सभी नाम परमात्मा के ही रखे जाएं। तो राम, कृष्ण, हरि...।

अगर हम नामों का हिसाब लगाएं तो जितने लोग हैं उतने ही उसके नाम हैं। और फिर भी उपाय कायम है। हम चाहे जितने और नाम खोज लें। क्योंकि नाम हम देते हैं। उसका कोई नाम नहीं है। नाम हम देते हैं। नाम हमारे द्वारा दिया जाता है। तो हम कोई भी नाम गढ़ लें, वही नाम काम करेगा।[26]

शिवलिंग का प्रतीक

शिव की जगह-जगह पूजा हो रही है, लेकिन पूजा की बात नहीं है। शिवत्व उपलब्धि की बात है। वह जो शिवलिंग तुमने देखा है बाहर मंदिरों में, वृक्षों के नीचे, तुमने कभी ख्याल नहीं किया, उसका आकार ज्योति का आकार है। जैसे दीये की ज्योति का आकार होता है। शिवलिंग अंतर्ज्योति का प्रतीक है। जब तुम्हारे भीतर का दीया जलेगा तो ऐसी ही ज्योति प्रकट होती है, ऐसी ही शुभ्र! यही रूप होता है उसका। और ज्योति बढ़ती जाती है, बढ़ती जाती है। और धीरे-धीरे ज्योतिर्मय व्यक्ति के चारों तरफ एक आभामंडल होता है; उस आभामंडल की आकृति भी अंडाकार होती है।

रहस्यवादियों ने तो इस सत्य को सदियों पहले जान लिया था। लेकिन इसके लिए कोई वैज्ञानिक प्रमाण नहीं थे। लेकिन अभी रूस में एक बड़ा वैज्ञानिक प्रयोग चल रहा है—किरलियान फोटोग्राफी। मनुष्य के आसपास जो ऊर्जा का मंडल होता है, अब उसके चित्र लिये जा सकते हैं। इतनी सूक्ष्म फिल्में बनाई जा चुकी हैं, जिनसे न केवल तुम्हारी देह का चित्र बन जाता है, बल्कि देह के आसपास जो विद्युत प्रकट होती है, उसका भी चित्र बन जाता है। और किरलियान चकित हुआ है, क्योंकि जैसे-जैसे व्यक्ति शांत होकर बैठता है, वैसे-वैसे उसके आसपास का जो विद्युत मंडल है, उसकी आकृति अंडाकार हो जाती है। उसको तो शिवलिंग का कोई पता नहीं है, लेकिन उसकी आकृति अंडाकार हो जाती है। शांत व्यक्ति जब बैठता है ध्यान में तो उसके आसपास की ऊर्जा अंडाकार हो जाती है। अशांत व्यक्ति के आसपास की ऊर्जा अंडाकार नहीं होती, खंडित होती है, टुकड़े-टुकड़े होती है। उसमें कोई संतुलन नहीं होता। एक हिस्सा बड़ा, एक हिस्सा छोटा; कुरूप होती है।

शिवलिंग ध्यान का प्रतीक है। वह ध्यान की आखिरी गहरी अवस्था का प्रतीक है।[27]

खजुराहो के मंदिर और आध्यात्मिक सेक्स

तंत्र ने सेक्स को स्प्रिचुअल बनाने का दुनिया में सबसे पहला प्रयास किया था। खजुराहो में खड़े मंदिर, पुरी और कोणार्क के मंदिर सबूत हैं।

कभी आप खजुराहो गए हैं? कभी आपने जाकर खजुराहो की मूर्तियां देखीं।

तो आपको दो बातें अद्‌भुत अनुभव होंगी। पहली तो बात यह है कि नग्न मैथुन की प्रतिमाओं को देखकर भी आपको ऐसा नहीं लगेगा कि उन में ज़रा भी कुछ गंदा है, ज़रा भी कुछ अग्ली है। नग्न मैथुन की प्रतिमाओं को देखकर कहीं भी ऐसा नहीं लगेगा कि कुछ कुरूप है, कुछ बुरा है। बल्कि मैथुन की प्रतिमाओं को देखकर एक शांति, एक पवित्रता का अनुभव होगा जो बड़ी हैरानी की बात है। वे प्रतिमाएं आध्यात्मिक सेक्स को जिन लोगों ने अनुभव किया था, उन शिल्पियों से निर्मित करवाई गई हैं।

उन प्रतिमाओं के चेहरों पर...आप एक सेक्स से भरे हुए आदमी को देखें, उसकी आंखें देखें, उसका चेहरा देखें, वह घिनौना, घबरानेवाला, कुरूप प्रतीत होगा। उसकी आंखों से एक झलक मिलती हुई मालूम होगी, जो घबरानेवाली और डरानेवाली होगी। प्यारे से प्यारे आदमी को, अपने निकटतम प्यारे से प्यारे व्यक्ति को भी स्त्री जब सेक्स से भरा हुआ पास आता हुआ देखती है तो उसे दुश्मन दिखाई पड़ता है, मित्र नहीं दिखाई पड़ता। प्यारी से प्यारी स्त्री को अगर कोई पुरुष अपने निकट सेक्स से भरा हुआ आता हुआ दिखाई देगा तो उसे उसके भीतर नरक दिखाई पड़ेगा, स्वर्ग नहीं दिखाई पड़ सकता।

लेकिन खजुराहो की प्रतिमाओं को देखें तो उनके चेहरे को देखकर ऐसा लगता है, जैसे बुद्ध का चेहरा हो, महावीर का चेहरा हो, मैथुन की प्रतिमाओं और मैथुनरत जोड़े के चेहरे पर जो भाव हैं, वे समाधि के हैं, और सारी प्रतिमाओं को देख लें और पीछे एक हल्की-सी शांति की झलक छूट जाएगी और कुछ भी नहीं। और एक आश्चर्य आपको अनुभव होगा।

आप सोचते होंगे कि नंगी तस्वीरें और मूर्तियां देखकर आपके भीतर कामुकता पैदा होगी, तो मैं आपसे कहता हूं, फिर आप देर न करें और सीधे खजुराहो चले जाएं। खजुराहो पृथ्वी पर इस समय अनूठी चीज है।

लेकिन हमारे कई नीतिशास्त्री पुरुषोत्तमदास टंडन और उनके कुछ साथी इस सुझाव के थे कि खजुराहो के मंदिर पर मिट्टी छापकर दीवालें बंद कर देनी चाहिए, क्योंकि उनको देखने से वासना पैदा हो सकती है! मैं हैरान हो गया।

खजुराहो के मंदिर जिन्होंने बनाए थे, उनका ख्याल यह था कि इन प्रतिमाओं को अगर कोई बैठकर घंटे भर देखे तो वासना से शून्य हो जाएगा। वे प्रतिमाएं आब्जेक्ट्स फार मैडिटेशन रहीं हजारों वर्ष तक। वे प्रतिमाएं ध्यान के लिए आब्जेक्ट का काम करती रही हैं। जो लोग अति कामुक थे, उन्हें खजुराहो के मंदिर के पास भेजकर उन पर ध्यान करवाने के लिए कहा जाता था कि तुम ध्यान करो—इन प्रतिमाओं को देखो और इनमें लीन हो जाओ।

अगर मैथुन की प्रतिमा को कोई घंटे भर तक शांत बैठकर ध्यानमग्न होकर देखे तो उसके भीतर जो मैथुन करने का पागल भाव है, वह विलीन हो जाता है।

खजुराहो के मंदिर या कोणार्क और पुरी के मंदिर जैसे मंदिर सारे देश के गांव-गांव में होने चाहिए।

बाकी मंदिरों की कोई जरूरत नहीं है, वे बेवकूफी के सबूत हैं, उनमें कुछ नहीं है। उनमें न कोई वैज्ञानिकता है, न कोई अर्थ, न कोई प्रयोजन है। वे निपट गंवारी के सबूत हैं। लेकिन खजुराहो के मंदिर जरूर अर्थपूर्ण हैं।

जिस आदमी का भी मन सेक्स से बहुत भरा हो, वह जाकर इन पर ध्यान करे और वह हल्का लौटेगा शांत लोटेगा। तंत्रों ने जरूर सेक्स को आध्यात्मिक बनाने की कोशिश की थी, लेकिन इस मुल्क के नीतिशास्त्री और जो मारल प्रीचर्स हैं, उन दुष्टों ने उनकी बात को समाज तक नहीं पहुंचने दिया। वह मेरी बात भी नहीं पहुंचने देना चाहते।[28]

सदगुरु का अर्थ

सदगुरु इतना ही करता है, एक आईना सामने रख देता है।

पुरानी कथा है: एक सिंहनी छलांग लगाती थी। और छलांग के बीच में ही उसको बच्चा हो गया। वह तो छलांग लगाकर चली भी गई एक टीले से दूसरे टीले पर; बच्चा नीचे गिर गया। नीचे भेड़ों की एक कतार गुजरती थी। वह बच्चा भेड़ों में मिल गया। भेड़ों ने उसे पाला, पोसा; बड़ा हुआ। सिंह था तो सिंह ही हुआ, लेकिन अभ्यासवश अपने को भेड़ मानने लगा। अभ्यास तो भेड़ का हुआ। भेड़ों के साथ था। भेड़ों के बीच ही पाया पहले दिन से ही। अन्यथा तो कोई सवाल ही न था। भेड़ों का ही मिमियाना देखकर खुद भी मिमियाना सीख गया। भेड़ों जैसा ही घसर-पसर चलने लगा भीड़ में।

और सिंह तो अकेला चलता है। 'सिंहों के नहीं लेहड़े।' कोई सिंहों की भीड़ थोड़े होती है। भेड़ों की भीड़ होती है। भीड़ में तो वही चलते हैं, जो डरपोक हैं। भीड़ में चलते ही इसलिए हैं कि कायर हैं। डर लगता है, अगर मैं हिंदुओं की भीड़ से निकला तो क्या होगा; मुसलमानों की भीड़ से निकला तो क्या होगा? रहे आओ भीड़ में। कम से कम इतने लोग तो साथ हैं। बीस करोड़ हिंदू साथ हैं। हिम्मत रहती है।

संन्यासी वही है, जो भीड़ के बाहर निकलता है। संन्यासी सिंह है। 'सिंहों के नहीं लेहड़े।' इसलिए संन्यासी की कोई जात नहीं होती। कबीर ने कहा है, संतों की जात मत पूछना। जात होती ही नहीं संत की कोई। जात तो कायरों की होती। संत की क्या जात?

भेड़ों में गिरा, भेड़ों में बड़ा हुआ। भेड़ों की भाषा सीख ली। भेड़ों की भाषा यानी भय। जरा-सी घबड़ाहट हो जाये, भेड़ें कंप जायें तो वह भी कंपे। फिर एक दिन ऐसा हुआ कि एक सिंह ने भेड़ों पर हमला किया। वह सिंह तो देखकर चकित हो गया। वह तो हमला ही भूल गया, उसने जब भेड़ों के बीच में एक दूसरे सिंह को भागते देखा। और भेड़ें उसके साथ घसर-पसर जा रही हैं। वह सिंह तो भूल ही गया भेड़ों को। उसको तो यह समझ में ही नहीं आया कि यह चमत्कार क्या हो रहा है!

वह तो भागा। उसने भेड़ों की तो फिक्र छोड़ दी। बामुश्किल पकड़ पाया इस सिंह को। पकड़ा, तो सिंह मिमियाया, रोने लगा, गिड़गिड़ाने लगा। कहने लगा, छोड़ दो मुझे। मुझे जाने दो। मेरे सब संगी-साथी जा रहे हैं। उसने कहा, नालायक, सुन! ये तेरे संगी-साथी नहीं हैं। तेरा दिमाग फिर गया? तू पागल हो गया? पर वह तो सुने ही नहीं। तो भी उस बूढ़े सिंह ने उसे घसीटा, जबर्दस्ती उसे ले गया नदी के किनारे।

दोनों ने नदी में झांका। और उस बूढ़े सिंह ने कहा कि देख दर्पण में। देख नदी में। अपना चेहरा देख, मेरा चेहरा देख। पहचान! फिर कुछ करना न पड़ा। बड़े डरते-डरते... वह मजबूरी थी। अब यह मानता ही नहीं बूढ़ा सिंह। और ज्यादा झंझट करनी भी ठीक नहीं। उसने देखा।

देखा, पाया, हम दोनों तो एक जैसे हैं। तो मैं भेड़ नहीं हूं? एक क्षण में गर्जना हो गई। एक क्षण में ऐसी गर्जना उठी उसके भीतर से, जीवन भर की दबी हुई सिंह की गर्जना—सिंहनाद! पहाड़ कंप गये। बूढ़ा सिंह भी कंप गया। उसने कहा, अरे! इतने जोर से दहाड़ता है? उसने कहा कि जन्म से दहाड़ा ही नहीं। कैसे अभ्यास में पड़ गया! बड़ी कृपा तुम्हारी, जो मुझे जगा दिया।

सदगुरु का इतना ही अर्थ है कि तुम्हें पकड़ ले भेड़ों के झुंड से। तुम बहुत नाराज होओगे। तुम गिड़गिड़ाओगे। तुम कहोगे, यह क्या करते महाराज? छोड़ो मुझे, जाने दो। मैं हिंदू हूं, मैं मुसलमान हूं। मैं ईसाई हूं, मुझे चर्च जाना है—रविवार का दिन! आप कहां ले जाते हो? मुझे जाने दो।

मगर एक बार तुम सदगुरु के चक्कर में पड़ गये तो वह तुम्हें बिना नदी में झुकाये छोड़ेगा नहीं। और एक बार तुमने देख लिया कि जो बुद्ध में है, जो महावीर में है, जो सदगुरु में है, जो अष्टावक्र में है, कृष्ण में है, मोहम्मद में है, जीसस-जरथुस्त्र में है, वही तुममें है—गर्जना निकल जायेगी : 'अहं ब्रह्मास्मि।' मैं ब्रह्म हूं। गूंज उठेंगे पहाड़। कंप जायेंगे पहाड़।

तुम भेड़ नहीं हो। भीड़ में हो इसलिए भेड़ मालूम पड़ रहे हो। भीड़ से उठो। भीड़ से जगो। भीड़ ने तुम्हें खूब अभ्यास करवा दिया है। स्वभावतः भीड़ वही अभ्यास करवा सकती है, जो जानती है। भेड़ों का कसूर भी क्या? भेड़ों ने कुछ जानकर तो कुछ किया नहीं। जो जानती थीं वही सिंह के शावक को भी समझा दिया, करवा दिया।

जो तुम्हारे मां-बाप जानते थे वही तुम्हें सिखा दिया। न वे जानते थे, न तुम जान पा रहे हो। जो उनके मां-बाप जानते थे, उन्हें सिखा गये थे कि पढ़ते रहना तोते की तरह राम-राम। तो वे भी पढ़ते रहे। वे तुम्हें सिखा गये हैं कि देख, कभी राम-राम मत चूकना; जरूर पढ़ लेना। रोज सुबह उठकर पढ़ लेना; कि सूरज को नमस्कार कर लेना; कि कुंभ मेला भरे तो हो आना। तो करोड़ भेड़ें इकट्ठी...। भीड़ वही तो सिखा सकती है, जो जानती है। भीड़ का कसूर भी क्या?

थोड़ा सोचो। वह सिंह जो भेड़ों में खो गया था, पूछने लगता उस बूढ़े सिंह से कि मुझे भी सिंह होना है, रास्ता बताओ। और वह बता देता उसको रास्ता कि देख बेटा, सिर के बल खड़ा हुआ कर, शीर्षासन किया कर, इससे धीरे-धीरे सिंह हो जायेगा। या रोज बैठकर अभ्यास किया कर, सोचा कर कि मैं सिंह हूं, मैं सिंह हूं। ऐसे धीरे-धीरे सोचने से, अभ्यास करने से, चिंतन-मनन-निदिध्यासन से हो जायेगा।

तो बात चूक जाती। वह सिंह अगर बैठ-बैठकर अभ्यास करता रहता, आसान-व्यायाम इत्यादि करता, और बार-बार सोचता और शास्त्र पढ़ता और दोहराता कि मैं सिंह हूं, और हिम्मत बांधता, तो झूठ अभ्यास होता। सिंह होने की जरूरत नहीं है,

सिंह होने का बोध जगना चाहिए। अभ्यास नहीं, बोध।

धन्यो विज्ञानमात्रेण।

धन्य हैं वे, जो सुनकर जाग जाते हैं। जिन्होंने देखा चेहरा अपना दर्पण में और पहचाना।

मूढ़ो नाप्नोति तद्ब्रह्म यतो भवितुमिच्छति।

यह होने की आकांक्षा ही फिर न होने देगी। तुम जो हो—होना नहीं है, सिर्फ जागना है। इसलिए धार्मिक व्यक्ति मैं उसको नहीं कहता, जो धार्मिक होना चाहता है। पाखंडी हो जायेगा।

धार्मिक व्यक्ति मैं उसको कहता हूं जो उसे देख लेता है, जो है। जो होना चाहता है, यह बात ही गलत है। बिकमिंग, भवितुमिच्छति, कुछ होना, यह धार्मिक आदमी का लक्षण नहीं है; बीइंग, जो है, उसे जान लेना। होने की दौड़ संसार है और जो है, उसके प्रति जागना धर्म है।

मूढ़ो नाप्नोति तद्ब्रह्म यतो भवितुमिच्छति।

बूढ़ा सिंह जब उस युवा सिंह को नदी के तट पर ले गया तो उस युवा सिंह के मन में सिंह होने की कोई आकांक्षा भी न थी, कोई इच्छा भी न थी। वह तो बचना चाहता था। वह कहता था, बाबा मुझे छोड़ो। मुझे क्यों पकड़े हो? मैं भेड़ हूं। और मैं भेड़ रहना चाहता हूं। और मैं बड़े मजे में हूं। और मेरी कोई आकांक्षा इससे अन्यथा होने की नहीं है। मेरा संसार बड़े सुख से चल रहा है। आप यह क्या कर रहे हैं? मुझे कहां घसीटे ले जा रहे हो? मुझे मेरे परिवार में जाने दो।

उसकी कोई इच्छा न थी। वह कुछ होना भी न चाहता था। लेकिन जब अपने वास्तविक चेहरे को देखा झील के दर्पण में, या नदी के पानी में तो क्या करोगे? जब दिखाई पड़ जायेगा सत्य तो कैसे बचोगे? तो उदघोषणा हो गई—'अहं ब्रह्मास्मि।'[29]

उपदेश

महावीर ने कहा है, मैं उपदेश देता हूं, आदेश नहीं। दो फर्क समझ लो। व्याख्यान और उपदेश में फर्क है। एक, व्याख्यान में तुम चेष्टारत हो, तुम आग्रहपूर्वक कुछ थोपने के उपाय कर रहे हो किसी के ऊपर। व्याख्यान में चेष्टा है, श्रम है, थकान है। दूसरा राजी हो जाये तो प्रसन्नता है। दूसरा राजी न हो तो अप्रसन्नता है। व्याख्यान में सफलता है, असफलता है; सुख-दुख है। उपदेश में न कोई सफलता है, न कोई विफलता है। जो बात भीतर उमगी थी, वह कही गई। जो बात भीतर उठी थी, वह झरी। जो झरना भीतर फूटा, बहा। किसी ने पी लिया ठीक; किसी ने न पीया, उसकी मर्जी। वह जाने! उसका भाग्य!

उपदेश बड़ी नैसर्गिक प्रक्रिया है। इसलिए महावीर एक और भेद करते हैं, वे कहते हैं, मैं उपदेश देता हूं, आदेश नहीं। आदेश का मतलब होता है, जो मैं कहता हूं, ऐसा करो। उपदेश का यह अर्थ नहीं होता है कि जो मैं कहता हूं, ऐसा करो। उपदेश का अर्थ होता है, जो मुझे हुआ है, वह बांट रहा हूं। जंच जाये, कर लेना; न जंचे, फेंक देना। काम आ जाये ठीक; काम न आये, भूल जाना। आदेश नहीं है कि करना ही। ऐसी आज्ञा नहीं है उपदेश में कि करना ही। पक्षी गीत गाते हैं; तुम्हें सुनना हो सुन लिया। फूल खिले, तुम्हें देखना है देख लिया। रात चांद उगा, आदेश नहीं है कि देखो, सारी दुनिया देखो, खड़े हो जाओ सावधान और मेरी तरफ

देखो—नहीं, चांद खिला, चांद चला, चांद अठखेलियां करने लगा, आकाश में उसका विलास चला! कोई देख ले, धन्यभागी; न देखे, उसकी मौज। कोई भी न देखे पृथ्वी पर, तो भी चांद को इससे फर्क नहीं पड़ता। उपदेश निर्झर है।

तुम पूछते हो, 'उपदेश क्यों?'

तुम्हें उपदेश का पता ही नहीं कि उपदेश का अर्थ क्या होता है। शब्द को भी समझने की कोशिश करो, क्योंकि संस्कृत, प्राकृत, पाली, इनके जो शब्द हैं, वे साधारण शब्द नहीं हैं। ये भाषाएं ज्ञानियों की निर्झरनी से इस तरह भरी हैं कि इनके एक-एक शब्द में बड़ा अर्थ है। उपदेश का अर्थ क्या होता है—शाब्दिक अर्थ? देश का अर्थ होता है, 'स्पेस'। देश का अर्थ होता है, विस्तार, आयाम। उपदेश का अर्थ होता है, उस विस्तार के निकट होना। जो उपनिषद का अर्थ होता है...। उपनिषद का अर्थ होता है, जिसको घट गया है, उसके पास बैठ जाना। गुरु के पास होना—उपनिषद। उपवास का अर्थ होता है, वह जो भीतर बसा है, उसके पास हो जाना। वह जो तुम्हारे भीतर आत्मा है, उसके निकट आ जाने का नाम उपवास।

अनशन को उपवास मत समझना। भूखे मरने का नाम उपवास नहीं है। हां कभी-कभी ऐसा होता—आत्मा में इतना रस झरता है, तुम इतने भीतर ऐसे भरे-पूरे होते हो कि भोजन की याद नहीं आती; भोजन चूक जाता है। वह बात अलग है। उपवास हुआ। अनशन उपवास नहीं है, क्योंकि तुमने भोजन चेष्टा से न किया। तो भोजन की याद आती रही। यह कोई उपवास हुआ! इससे तो तुम भोजन कर लेते वही ज्यादा उपवास था। कम-से-कम दिन में दो बार कर लिया, निपट गये। अब दिन में हजार बार करना पड़ रहा है। याद आ रही है, फिर याद आ रही है, फिर याद आ रही है। उपवास का अर्थ है, शरीर भूल जाये, आत्मा के निकट हो गये। उपनिषद का अर्थ है, स्वयं को भूल जाओ, गुरु के निकट हो गये।

उपदेश का क्या अर्थ है? जिसके भीतर वह परम आकाश घटा है—कोई महावीर, कोई बुद्ध, कोई कृष्ण, कोई मुहम्मद, कोई अष्टावक्र, कोई क्राइस्ट—जिसके भीतर महाआकाश प्रगट हुआ है, उसके पास हो गये। उसके उस महाआकाश से झर रही हैं कुछ किरणें, उनको झरने दिया। उनको पीया, उनको आत्मसात किया। जैसे प्यासा जल पीता है, ऐसे पीया।

उपदेश सभी के लिए नहीं है। उन्हीं के लिए है, जो दीक्षित हैं। इधर मुझसे लोग पूछते हैं कि यहां इतनी बाधा क्यों डालते हैं लोगों के आने पर? यहां कोई व्याख्यान नहीं हो रहा है। यहां भीड़ की आकांक्षा नहीं है। यहां उन्हीं के लिए आने का उपाय है, जो सच में ही उस महाआकाश के निकट होना चाहते हैं जो मेरे भीतर घटा है। जो यहां मेरे आकाश के हिस्से बनना चाहते हैं, बस उनके लिए। यहां बाजार नहीं भर लेना है। यहां कुतूहल से भरे लोगों को नहीं इकट्ठा कर लेना है। जो ऐसे ही चले आये कि चलो देखें क्या है? जैसे सिनेमा देखने चले जाते हैं, वैसे यहां आ गये। उनके लिए नहीं है जगह यहां। उन पर हजार तरह का नियंत्रण है। यहां तो सिर्फ प्यासों के लिए...।

उपदेश का अर्थ होता है, जो मेरे भीतर महादेश प्रकट हुआ है, उसमें तुम भी भागीदार हो जाओ। इसलिए बोलता हूं। और तुम खयाल रखो, अगर ज्ञानी न बोले होते तो उपनिषद न होते, गीता न होती, अष्टावक्र की महागीता न होती, बाइबिल न होती, कुरान न होता, धम्मपद

न होता। जरा सोचो, अगर ज्ञानी न बोले होते, तुम कहां होते? तुम जंगलों में होते। तुम मनुष्य न होते। यह जो बोला गया है—यद्यपि तुमने सुना नहीं, सुन लेते तब तो तुम स्वर्ग में होते—यह जो बोला गया है, यह जो तुमने ऊपर-ऊपर से सुन लिया, वह भी तुम्हें बहुत दूर ले आया है। तुम्हारे अनजाने ले आया है। तुम्हें पता भी नहीं चला और ले आया है। काश, सुन लेते! उपदेश दिये तो गये हैं, तुमने लिये नहीं हैं। बिना तुम्हारे लिये भी तुम खिंच गये हो, बहुत दूर खिंच गये हो जंगलों से। पशुओं के बहुत पार आ गये हो। काश सुन लेते, तो तुम परमात्मा में प्रविष्ट हो जाते।

उपदेश देने तक मेरी क्षमता, लेना तो तुम्हारे हाथ में है। अब जो सज्जन पूछते हैं, उपदेश क्यों, असल में यह पूछ रहे हैं कि मैं लूं क्यों? क्योंकि मुझसे तुम्हारा क्या लेना-देना! मैं बोलूं, न बोलूं, इससे तुम्हारा क्या लेन-देन है! तुम हो कौन! मुझ पर किसी तरह का नियंत्रण और सीमा लगाने वाले तुम हो कौन? इतना ही तुम कर सकते हो, तुम न आओ। मैंने तुम्हें बुलाया भी नहीं। अपनी मर्जी से आ गये हो। तुम न होओगे और मुझे बोलना होगा, वृक्षों से बोल लूंगा, पहाड़ों से बोल लूंगा, पत्थरों से बोल लूंगा, सूने आकाश से बोल लूंगा। तुम मुझे बोलने से तो न रोक सकोगे।[30]

सत्संग

सत्संग को पूरब में बहुत मूल्य दिया गया है, पश्चिम की भाषाओं में सत्संग के लिए कोई ठीक-ठीक शब्द ही नहीं है। क्योंकि सत्संग का कोई मूल्य पश्चिम में समझा नहीं गया।

सत्संग का अर्थ इतना ही है: जिसने जान लिया हो, उसके पास बैठकर स्वाद संक्रामक हो जाता है। जिसने जान लिया हो, उसकी तरंगों में डूबकर, तुम्हारे भीतर की सोई हुई विस्मृत तरंगें सक्रिय होने लगती हैं, कंपन आने लगता है। सत्संग का इतना ही अर्थ है कि जो तुमसे आगे जा चुका हो, उसे आगे गया हुआ देखकर तुम्हारे भीतर चुनौती उठती है: तुम्हें भी जाना है। रुकना फिर मुश्किल हो जाता है।

सत्संग का अर्थ गुरु के वचन सुनने से उतना नहीं, जितनी गुरु की मौजूदगी पीने से है, जितना गुरु को अपने भीतर आने देने, जितना गुरु के साथ एक लय में बद्ध हो जाने से है।

गुरु एक विशिष्ट तरंग में जी रहा है। तुम जब गुरु के पास होते हो, तब उसकी तरंगें, तुम्हारे भीतर भी वैसी ही तरंगों को पैदा करती हैं। तुम भी थोड़ी देर को ही सही, किसी और

लोक में प्रवेश कर जाते हो, गेस्टाल्ट बदलता है। तुम्हारे देखने का ढांचा बदलता है। थोड़ी देर को तुम गुरु की आंखों से देखने लगते हो, गुरु के कान से सुनने लगते हो।[31]

केटेलिटिक एजेंट

भीड़ भेड़ है। सदगुरु तुम्हें भीड़ से मुक्त कराता है। सदगुरु तुम्हें समाज के पार ले जाता है। सदगुरु तुम्हें शाश्वत के साथ जोड़ता है। समाज तो सामयिक है, क्षणभंगुर है। रोज बदलता रहता है—आज कुछ, कल कुछ। नीति बदलती है इसकी, शैली बदलती है इसकी, ढंग-ढांचा बदलता है इसका, व्यवस्था रोज बदलती रहती है।

सदगुरु तुम्हें उससे जुड़ा देता है जो कभी नहीं बदलता, जो सदा जैसा था वैसा है, वैसा ही रहेगा। सदगुरु तुम्हें परमात्मा से मिलाता है। और परमात्मा ही तुम्हारा आत्यंतिक स्वभाव है। इसलिए हम सदगुरु को मनोवैज्ञानिक नहीं कहते। और मनोवैज्ञानिक सदगुरु नहीं है।

फिर यह भी खयाल रखना, मनोवैज्ञानिक के पास तुम जाते हो, जब तुम रुग्ण होते हो। सदगुरु के पास तुम तब जाते हो जब तुम सब भांति स्वस्थ होते हो और अचानक पाते हो, जीवन में कोई अर्थ नहीं। इस भेद को खयाल रखना।

मेरे पास लोग आ जाते हैं कभी, वे कहते हैं, हमारे सिर में दर्द है। मैं कहता हूं, डाक्टर के पास जाना चाहिए। कोई कहता है कि तबियत खराब रहती है। तो चिकित्सा करवानी चाहिए। मैं इसलिए यहां नहीं हूं कि तुम्हारी तबियत खराब रहती है, उसका मैं इंतजाम करूं। तो डाक्टर किसलिए हैं? जिसका काम वह करे।

तुम मेरे पास तब आओ जब सब ठीक हो और फिर भी तुम पाओ कि कुछ भी ठीक नहीं है। धन है, पद है, प्रतिष्ठा है, और हाथ में राख ही राख। सफलता मिली है और हृदय में कुछ भी नहीं। एक फूल नहीं खिला, एक गीत नहीं उमगा। कंठ सूखा का सूखा रह गया है। बाहर सब हरियाला है और भीतर सब मरुस्थल है। और एक भी मरूद्यान का पता नहीं है। जरा भी छाया नहीं है, धूप ही धूप है, तड़पन ही तड़पन।

जब तुम्हारे पास सब हो और तुम पाओ कि कुछ भी नहीं है तब खोजना सदगुरु को। जब तुम्हारी सफलता असफलता सिद्ध हो जाये तब खोजना सदगुरु को। जब तुम्हारा धन तुम्हारे भीतर की निर्धनता बता जाये तब खोजना सदगुरु को। जब तुम्हारी बुद्धिमानी बुद्धूपन सिद्ध हो जाये तब खोजना सदगुरु को। सदगुरु के पास जाना ही तब, जब यह जीवन व्यर्थ मालूम होने लगे। तो वह किसी और जीवन की तरफ तुम्हें ले चले। किसी नये आयाम की यात्रा कराये।

मनोवैज्ञानिक के पास तुम जाते हो तो तुम्हारा संबंध वही है जो तुम चिकित्सक के पास जाते हो। चिकित्सक तुम्हारा गुरु नहीं है। तुम्हारे पैर में चोट लग गई है, तुम डाक्टर के पास गये, उसने मलहम-पट्टी कर दी। डाक्टर तुम्हारा गुरु नहीं है। गुरु एक प्रेम का संबंध है। अपूर्व प्रेम का संबंध है। गुरु इस जगत में सबसे गहन प्रेम का संबंध है। उसने तुम्हारे पैर पर मलहम-पट्टी कर दी, तुमने उसकी फीस चुका दी, बात खतम हो गई। गुरु से जो नाता है वह हार्दिक है। तुम कुछ भी चुकाकर गुरु-ऋण चुका न पाओगे। जब तक कि तुम उस अवस्था में न आ जाओ, जहां तुम्हारे भीतर छिपा गुरु प्रगट हो जाये तब तक गुरु-ऋण नहीं चुकेगा।

तो गुरु का संबंध कुछ किसी और दिशा से है। तुम्हारे हृदय में एक उमंग उठती है। किसी के पास होकर तुम्हें झलक मिलती है परम सत्य की। कोई तुम्हारे लिए झरोखा बन जाता। किसी के पास रहकर तुम्हें संगीत सुनाई पड़ता शाश्वत का। तुम्हारे मन में बड़ा शोरगुल है लेकिन फिर भी किसी के पास क्षण भर को तुम्हारा मन ठहर जाता और शाश्वत को जगह मिलती। किसी के पास तुम्हें स्वर सुनाई पड़ने लगते हैं दूर के, पार के, तारों के पार से जो आते हैं। और किसी की मौजूदगी में तुम्हारे भीतर कुछ उठने लगता, कुछ सोया जागने लगता।

सदगुरु केटलिटिक एजेंट है। उसकी मौजूदगी में कुछ घटता है। सदगुरु कुछ करता नहीं है, मनोवैज्ञानिक कुछ करता है। मनोवैज्ञानिक तकनीशियन है। सदगुरु कुछ करता नहीं, उसकी मौजूदगी में कुछ होता है। सदगुरु करता तो है ही नहीं, क्योंकि कर्ता छोड़कर ही तो वह सदगुरु हुआ है। उसने प्रभु को कर्ता बना लिया है, खुद तो शून्य हो गया है, निमित्तमात्र। बांस की पोली बांसुरी हो गया है। अब सदगुरु कुछ करता नहीं लेकिन उसके पास महत घटता है, बहुत कुछ होता है।

सदगुरु को मनोवैज्ञानिक नहीं कहा जा सकता। पहली बात, सदगुरु वैज्ञानिक नहीं है। अगर सदगुरु कुछ है तो शायद शाश्वत का कवि है। शायद तुकबंदी न भी करता हो, शायद छंद में बांधता भी न हो कुछ, शायद शब्दों और व्याकरण का धनी भी न हो, शायद मात्राओं का उसे बोध भी न हो लेकिन फिर भी सदगुरु शाश्वत का कवि है।

इसलिए तो हमने सदगुरुओं को ऋषि कहा है। ऋषि का अर्थ होता है, कवि। उन्होंने जो भी कहा है वह खुद नहीं कहा है, परमात्मा उनसे बोला है। इसलिए तो हमने वेदों को अपौरुषेय कहा है। पुरुष के द्वारा निर्मित नहीं। इसलिए तो कहा है कि कुरान उतरी। मोहम्मद ने रची नहीं, उन पर उतरी; इलहाम हुआ। इसलिए तो जीसस कहते हैं कि मैं नहीं बोलता, मेरे भीतर प्रभु बोलता है। ये वचन मेरे नहीं हैं।

सदगुरु शाश्वत की बांसुरी है। और तुम उसके प्रेम में पड़ जाओ, गहन प्रेम में पड़ जाओ, तर्क इत्यादि छोड़कर उसके प्रेम में पड़ जाओ तो ही कुछ घटेगा।

भगवान और ईश्वर

'भगवान' शब्द बड़ा महत्वपूर्ण है। इसका अर्थ होता है: भाग्यवान। इसका अर्थ होता है: भाग्यशाली। तुम भगवान हो, इसका अर्थ तुम भाग्यशाली हो। भाग्य का अर्थ होता है: तुम्हारा भविष्य है। भाग्य का अर्थ होता है: तुम वहीं समाप्त नहीं जहां तुम हो; तुम्हारा भविष्य है।

एक पत्थर है, एक कंकड़ है—उसका कोई भविष्य नहीं। कंकड़ भगवान नहीं। वह कंकड़ ही रहेगा। उसी के पास एक बीज पड़ा है, बीज भगवान है; उसका भविष्य है। कंकड़ को, बीज को, दोनों को मिट्टी में डाल दो, थोड़े दिन बाद कंकड़ तो कंकड़ ही रहेगा, बीज उमग आयेगा, पौधा बन जायेगा। बीज का भविष्य है। जहां भविष्य है, वहीं भगवान छिपा है।

भाग्य का अर्थ होता है: तुम भविष्य के मालिक हो। अतीत पर तुम समाप्त नहीं हो गये हो। जो हुआ है, उस पर तुम चुक नहीं गये हो। अभी बहुत कुछ होने को है। यह मतलब होता है भगवान का। भगवान का अर्थ होता है: समाप्त मत समझ लेना; पूर्ण विराम नहीं आ गया है। अभी कथा आगे जारी रहेगी। सच तो यह है कि कथा कभी समाप्त नहीं होगी। भगवान का अर्थ है: तुम कुछ भी हो जाओ, सदा होने को शेष रहेगा। संभावना बनी ही रहेगी। बीज फूटता ही रहेगा। वृक्ष बड़ा होता ही रहेगा। फूल लगते ही रहेंगे। फूल पर फूल, फूल पर फूल लगते रहेंगे। कमल पर कमल खिलते चले जायेंगे—जिनका कोई अंत नहीं! अंतहीन है तुम्हारी संभावना। तुम्हारा भविष्य विस्तीर्ण है।

'भगवान' शब्द का अर्थ समझो। ईसाइयों और मुसलमानों के कारण भगवान शब्द का अर्थ बड़ा ओछा हो गया; उसका अर्थ हो गया: जिसने दुनिया को बनाया। निश्चित ही जनक ने दुनिया को नहीं बनाया है। तो अष्टावक्र का भगवान का यह अर्थ तो हो ही नहीं सकता है कि जिसने दुनिया को बनाया। भारत में भगवान के बड़े अनूठे अर्थ थे। उस शब्द की महिमा को समझो। उसका अर्थ होता है: जिसे चुकाया न जा सके; जिसकी संभावना को परिपूर्ण रूप से कभी वास्तविक न बनाया जा सके। क्योंकि जिस दिन संभावना पूरी की पूरी चुक गई। उस दिन बीज कंकड़ हो गया, फिर इसके बाद कुछ नहीं हो सकता है। जिसमें विकास और विकास सदा संभव है, वही भगवान है।

'तू भाग्यवान है।'

भविष्य है तेरा। विकास है तेरा। संभावना है तुझमें छिपी। तू बीज है, कंकड़ नहीं।

एक और शब्द है 'ईश्वर'। वह शब्द भी बड़ा अदभुत है। अंग्रेजी के शब्द गॉड में वह मजा नहीं है, वह खूबी नहीं है जो ईश्वर में या भगवान में है। अंग्रेजी का शब्द गॉड बहुत गरीब है। ईश्वर का अर्थ होता है: ऐश्वर्य है जिसका; आनंद है जिसका; सच्चिदानंद की संपदा है जिसकी। ऐश्वर्य से बनता है ईश्वर। जो महा ऐश्वर्य को लिए छिपा बैठा है तुम्हारे भीतर, कि

प्रगट होगा तो उसके साम्राज्य की कोई सीमा न होगी, उसका साम्राज्य विराट है—ऐसे तुम ईश्वर हो! ऐश्वर्य तुम्हारा स्वभाव है। भिखारी तुम बन गये—यह तुम्हारी भूल है। ऐश्वर्य तुम्हारा स्वभाव है। भिखमंगे तुम बन गये हो, क्योंकि अतीत से तुमने संबंध जोड़ लिया है; भगवान तुम हो जाओगे अगर भविष्य से संबंध जोड़ लो। सतत गतिमान, सतत प्रवाहमान जो है, वही भगवान है। अगर तुम बढ़ रहे हो तो भगवान है, अगर रुक गये तो तुम पत्थर हो गये।

लेकिन तुमने भगवान की पत्थर की मूर्तियां बना रखी हैं। पत्थर की भूल कर भगवान की मूर्ति मत बनाना, क्योंकि पत्थर में बहाव तो बिलकुल नहीं है। हिंदू बेहतर थे; नदी को पूज लेते थे, सूरज को पूज लेते थे—उसमें कहीं ज्यादा भगवत्ता है। झाड़ को पूज लेते थे, उसमें कहीं ज्यादा भगवत्ता है। तुम जरा फर्क समझना। झाड़ कम-से-कम बढ़ता तो है, गतिमान तो है। नदी बहती तो है, प्रवाहमान तो है। सूरज निकलता तो है, उगता तो है, बढ़ता तो है, वृद्धिमान तो है। तुमने बना ली संगमर्मर की मूर्ति; वह मुर्दा है, उसमें कहीं कोई गति नहीं है। तुमने कंकड़ों की मूर्तियां बना लीं; बीज की मूर्ति बनानी थी।

जब पश्चिम से पहली दफा लोग आये और उन्होंने हिंदुओं को देखा कि वृक्षों की पूजा कर रहे हैं, उन्होंने कहा कि अरे, बड़े अविकसित असभ्य! उन्हें समझ में नहीं आ सका। हिंदुओं को समझने के लिए बड़ी गहराई चाहिए, क्योंकि हिंदू हजारों साल से जीवन की आत्यंतिक गहराई में डुबकी लगाते रहे हैं।[33]

जय राम जी!

इस देश में पुरानी प्रथा है: किसी को, अजनबी को भी तुम गांव में से गुजरते हो तो अजनबी कहता है: 'जय राम जी!' मतलब समझे? पश्चिम में लोग कहते हैं, गुड मार्निंग! लेकिन यह उतना मधुर नहीं है। ठीक है, सुंदर सुबह है! बात मौसम की है, कुछ ज्यादा गहरी नहीं। प्रकृति के पार नहीं जाती। इस देश में हम कहते हैं: जय राम जी! हम कहते हैं: राम की जय हो! अजनबी को देख कर भी...। शहरों में तो अजनबी को कोई अब जय राम जी नहीं करता है। अब तो हम जय राम जी में भी हिसाब रखते हैं—किससे करनी और किससे नहीं करनी! जिससे मतलब हो, उससे करनी; जिससे मतलब न हो, उससे न करनी। जिससे कुछ लेना-देना हो उससे खूब करनी, दिन में दस-पांच बार करनी। जिससे कुछ न लेना-देना हो, या जिससे डर हो कि कहीं तुमसे कुछ न ले-ले, उससे तो बचना, जय राम जी भूल कर न करनी।

'जय राम जी' जैसा सरल मंत्र भी व्यावसायिक हो गया है। लेकिन देहात में, गांव में अब भी अजनबी भी गुजरे तो सारा गांव, जिसके पास से गुजरेगा कहेगा: 'जय राम जी! जय हो राम की!' वह तुमसे यह कह रहा है कि तुम अजनबी भला हो लेकिन तुम्हारा राम तो हमसे अजनबी नहीं। तुम ऊपर-ऊपर कितने ही भिन्न हो, हम राम को देखते हैं। वह जो कहने वाला है चाहे समझता भी न हो, लेकिन इस परंपरा के भीतर कुछ राज तो है। लोग प्रकाश को जलाते हैं और लोग हाथ जोड़ लेते हैं; दीया जलाया, हाथ जोड़ लेते हैं। हम सोचते हैं, गांव के गंवार हैं। शहर में भी आ जाए गांव का प्राणी, तुम बिजली की बत्ती जलाओ तो वह हाथ जोड़ता है। तो तुम हंसते हो। तुम सोचते हो: 'पागल! अरे यह बिजली की बत्ती है, इसमें अपने हाथ से जलाई-बुझाई, इसमें क्या हाथ जोड़ना है!' लेकिन वह यह कह रहा है: जहां प्रकाश है वहां परमात्मा है। पास है, प्रकाश जैसा पास है।[34]

गायत्री मंत्र

हिंदुओं का जो प्रसिद्ध गायत्री मंत्र है, इस संबंध में समझना होगा कि संस्कृत, अरबी जैसी पुरानी भाषाएं बड़ी काव्य-भाषाएं हैं। उनमें एक शब्द के अनेक अर्थ होते हैं। वे गणित की भाषाएं नहीं हैं। इसलिए तो उनमें इतना काव्य है। गणित की भाषा में एक बात का एक ही अर्थ होता है। दो अर्थ हों तो भ्रम पैदा होता है। इसलिए गणित की भाषा तो बिलकुल चलती है सीमा बांधकर। एक शब्द का एक ही अर्थ होना चाहिए। संस्कृत, अरबी में तो एक-एक के अनेक अर्थ होते हैं।

अब 'धी' इसका एक अर्थ तो बुद्धि होता है: पहली सीढ़ी। और धी से ही बनता है ध्यान—वह दूसरा अर्थ, वह दूसरी सीढ़ी। अब यह बड़ी अजीब बात है। इतनी तरल है संस्कृत भाषा। बुद्धि में भी थोड़ी सी धी है; ध्यान में बहुत ज्यादा। ध्यान शब्द भी 'धी' से ही बनता है, धी का ही विस्तार है। इसलिए गायत्री मंत्र को तुम कैसा समझोगे, यह तुम पर निर्भर है, उसका अर्थ कैसा करोगे।

यह रहा गायत्री मंत्र:

ॐ भू भुवः स्वः तत्सवितुर् देवस्य वरेण्यं भगोः धीमहिः याः न धियः प्र चोदयात्।

'वह परमात्मा सबका रक्षक है—ॐ! प्राणों से भी अधिक प्रिय है—भूः। दुखों को दूर करने वाला है—भुवः। और सुख रूप है—स्वः। सृष्टि का पैदा करनेवाला और चलानेवाला है, सर्वप्रेरक— तत्सवितुर्। और दिव्य गुणयुक्त परमात्मा के—देवस्य। उस प्रकाश, तेज,

ज्योति, झलक, प्राकट्य या अभिव्यक्ति का, जो हमें सर्वाधिक प्रिय है—वरेण्यं भगोः। धीमहिः—हम ध्यान करें।'

अब इसका तुम दो अर्थ कर सकते हो : धीमहिः—कि हम उसका विचार करें। यह छोटा अर्थ हुआ, खिड़कीवाला आकाश। धीमहिः—हम उसका ध्यान करें : यह बड़ा अर्थ हुआ। खिड़की के बाहर पूरा आकाश।

मैं तुमसे कहूंगा : पहले से शुरू करो, दूसरे पर जाओ। धीमहिः में दोनों हैं। धीमहिः तो एक लहर है। पहले शुरू होती है खिड़की के भीतर, क्योंकि तुम खिड़की के भीतर खड़े हो। इसलिए अगर तुम पंडितों से पूछोगे तो वे कहेंगे धीमहिः का अर्थ होता है विचार करें, चिंतन करें, सोचें। अगर तुम ध्यानी से पूछोगे तो वह कहेगा धीमहिः, अर्थ सीधा है : ध्यान करें। हम उसके साथ एकरूप हो जायें। अर्थात वह परमात्मा—याः, ध्यान लगाने की हमारी क्षमताओं को तीव्रता से प्रेरित करे—न धियाः प्र चोदयात्।

अब यह तुम पर निर्भर है। इसका तुम फिर वही अर्थ कर सकते हो—न धियाः प्र चोदयात्—वह हमारी बुद्धियों को प्रेरित करे। या तुम अर्थ कर सकते हो कि वह हमारी ध्यान की क्षमताओं को उकसाये। मैं तुमसे कहूंगा, दूसरे पर ध्यान रखना। पहला बड़ा संकीर्ण अर्थ है, पूरा अर्थ नहीं।

फिर ये जो वचन हैं गायत्री मंत्र जैसे, ये बड़े संगृहीत वचन हैं। इनके एक-एक शब्द में बड़े गहरे अर्थ भरे हैं। यह जो मैंने तुम्हें अर्थ किया यह शब्द के अनुसार। फिर इसका एक अर्थ होता है भाव के अनुसार। जो मस्तिष्क से सोचेगा, उसके लिए यह अर्थ कहा। जो हृदय से सोचेगा उसके लिए दूसरा अर्थ कहता हूं।

वह जो ज्ञान का पथिक है, उसके लिए यह अर्थ कहा। वह जो प्रेम का पथिक है, उसके लिए दूसरा अर्थ। वह भी इतना ही सच है। और यही तो संस्कृत की खूबी है। यही अरबी, लैटिन और ग्रीक की खूबी है। जैसे कि अर्थ बंधा हुआ नहीं है। ठोस नहीं, तरल है। सुनने वाले के साथ बदलेगा। सुनने वाले के अनुकूल हो जायेगा। जैसे तुम पानी ढालते, गिलास में ढाला तो गिलास के रूप का हो गया। लोटे में ढाला तो लोटे के रूप का हो गया। फर्श पर फैला दिया तो फर्श जैसा फैल गया। जैसे कोई रूप नहीं है, अरूप है, निराकार है।

अब तुम भाव का अर्थ समझो :

'मां की गोद में बालक की तरह मैं उस प्रभु की गोद में बैठा हूं—ॐ। मुझे उसका असीम वात्सल्य प्राप्त है—भूः। मैं पूर्ण निरापद हूं—भुवः। मेरे भीतर रिमझिम-रिमझिम सुख की वर्षा हो रही है। और मैं आनंद में गदगद हूं—स्वः। उसके रुचिर प्रकाश से, उसके नूर से मेरा रोम-रोम पुलकित है तथा सृष्टि के अनंत सौंदर्य से मैं परम मुग्ध हूं—तत्स् वितुर्, देवस्य। उदय होता हुआ सूर्य, रंग-बिरंगे फूल, टिमटिमाते तारे, रिमझिम-रिमझिम वर्षा, कलकलनादिनी नदियां, ऊंचे पर्वत, हिमाच्छादित शिखर, झरझर करते झरने, घने जंगल, उमड़ते-घुमड़ते बादल, अनंत लहराता सागर—धीमहिः। ये सब उसका विस्तार है। हम इसके ध्यान में डूबें। यह सब परमात्मा है। उमड़ते-घुमड़ते बादल, झरने, फूल, पत्ते, पक्षी, पशु—सब तरफ वही झांक रहा है। इस सब तरफ झांकते परमात्मा के ध्यान में हम डूबें; भाव

में हम डूबें। अपने जीवन की डोर मैंने उस प्रभु के हाथ में सौंप दी—याः न धियाः प्र चोदयात्। अब मैं सब तुम्हारे हाथ में सौंपता हूं, प्रभु। तुम जहां मुझे ले चलो मैं चलूंगा।

भक्त ऐसा अर्थ करेगा।

और मैं यह नहीं कह रहा हूं कि इनमें कोई भी एक अर्थ सच है और कोई दूसरा अर्थ गलत है। ये सभी अर्थ सच हैं। तुम्हारी सीढ़ी पर, तुम जहां हो वैसा अर्थ कर लेना। लेकिन एक खयाल रखना, उससे ऊपर के अर्थ को भूल मत जाना, क्योंकि वहां जाना है, बढ़ना है, यात्रा करनी है।[35]

यंत्र, मंत्र और तंत्र

मैंने कहा,
अक्षर से क्षर की यात्रा यंत्र
क्षर से अक्षर की यात्रा मंत्र
अक्षर से अक्षर की यात्रा तंत्र

देह है यंत्र। दो देहों के बीच जो संबंध होता है वह है यांत्रिक। सेक्स यांत्रिक है। कामवासना यांत्रिक है। दो मशीनों के बीच घटना घट रही है।

मन है मंत्र। मंत्र शब्द मन से ही बना है। जो मन का है वही मंत्र। जिससे मन में उतरा जाता है वही मंत्र। जो मन का मौलिक सूत्र है वही मंत्र। मन और मंत्र की मूल धातु एक ही है।

तो देह है यंत्र। देह से देह की यात्रा यांत्रिक—कामवासना, सेक्स।

मन है मंत्र। मन से मन की यात्रा मांत्रिक। जिसको तुम साधारणतः प्रेम कहते हो—दो मनों के बीच मिल जाना। दो मनों का मिलन। दो मनों के बीच एक संगीत की थिरकन। दो मनों के बीच एक नृत्य। देह से ऊपर है। देह है भौतिक, मंत्र है मानसिक, मनोवैज्ञानिक, सायकॉलॉजिकल।

और आत्मा है तंत्र। दो आकाशों का मिलन। अक्षर से अक्षर की यात्रा। जब दो आत्मायें मिलती हैं तो तंत्र—न देह, न मन। तंत्र ऊंचे से ऊंची घटना है। तंत्र परम घटना है।

तो इससे ऐसा समझो :

देह—यंत्र, सेक्सुअल, शारीरिक।

मन—मंत्र, सायकॉलॉजिकल, मानसिक।

आत्मा—तंत्र, कॉस्मिक, आध्यात्मिक।

ये तीन तल हैं तुम्हारे जीवन के। यंत्र का तल, मंत्र का तल, तंत्र का तल। इन तीनों को ठीक से पहचानो। और तुम्हारे हर काम तीन में बंटे हैं।

कोई व्यक्ति भोजन करता यंत्रवत। न उसे स्वाद का पता है, न वह भोजन करते वक्त भोजन कर रहा है; डाल रहा है किसी तरह। हिसाब लगा रहा है दूकान का, ग्राहकों से बात कर रहा है, हिसाब-किताब, बही-खाते कर रहा है भीतर, इधर भोजन डाले जा रहा है। यह भोजन हुआ यांत्रिक। तो भोजन भी यंत्रवत हो गया।

फिर कोई व्यक्ति बड़े मनोभाव से...किसी ने बड़े प्रेम से भोजन बनाया है। तुम्हारी मां ने बड़े प्रेम से भोजन बनाया है, कि तुम्हारी पत्नी दिन भर तुम्हारी प्रतीक्षा की है, ऐसा अपमान तो न करो उसका! इतने भाव से बनाये गये भोजन का ऐसा तिरस्कार तो न करो कि तुम खाते-बही कर रहे हो, कि तुम भीतर-भीतर गणित बिठा रहे हो, कि तुम यहां हो ही नहीं।

कोई मन से भोजन करता है तो भोजन भी मांत्रिक हो जाता है। तब सब हटा दिया। कहीं और नहीं, यहीं है। बड़े मनोभावपूर्वक, बड़ी तल्लीनता से, बड़े ध्यानपूर्वक, बड़ी अभिरुचि से, स्वाद से, सम्मान से।

और कोई ऐसा भी भोजन करता जो आध्यात्मिक। उपनिषद कहते हैं, अन्नं ब्रह्म—अन्न ब्रह्म है। यह ऋषियों ने भोजन भी आध्यात्मिक ढंग से किया होगा—तांत्रिक। क्योंकि भोजन भी वही है। हम उसी को तो पचाते हैं। हम भोजन में उसी का तो स्वाद लेते हैं। भोजन में वही तो हमारे भीतर जाकर जीवन का नवसंचार करता, नये रस से भरता, पुनरुज्जीवित करता। जो मुर्दा कोष्ठ हैं उन्हें बाहर फेंक देता, नये जीवित कोष्ठ निर्मित कर देता। तो परमात्मा भोजन से भीतर आता है—तांत्रिक।

ऐसे तुम समझो प्रत्येक क्रिया तीन तल पर है। कोई आदमी रास्ते पर घूमने गया और हजार-हजार विचारों में उलझा—यांत्रिक। कोई रास्ते पर घूम रहा, विचारों में उलझा हुआ नहीं। सुबह की हवा उसे छूती, संवेदनशील, सुबह का सूरज अपनी किरणें बरसाता, पक्षी गुनगुनाते। वह इन सबको सुन रहा मंत्रमुग्ध। मस्ती में जा रहा—मांत्रिक। और फिर कोई ऐसे भी जा सकता है कि हर हवा का झोंका परमात्मा का झोंका मालूम पड़े। और हर किरण उसकी ही किरण मालूम पड़े। और हर पक्षी की गुनगुनाहट उसके ही वेदों का उच्चार, उसके ही कुरान का अवतरण—तो तांत्रिक।

तुम अपने जीवन की प्रत्येक क्रिया को तीन में बांट सकते हो। ध्यान रखना, यंत्र में ही मत मर जाना। अधिक लोग यंत्र की तरह ही जीते, यंत्र की तरह ही मर जाते। बहुत थोड़े-से धन्यभागी मांत्रिक हो पाते हैं—कवि, संगीतज्ञ, नर्तक। बहुत थोड़े-से लोग! और वे भी बहुत थोड़े-से क्षणों में, चौबीस घंटे नहीं। चौबीस घंटे तो वे भी यांत्रिक होते हैं। कभी-कभी किसी क्षण में, किसी पुलक में, जरा-सा द्वार खुलता, जरा-सा झरोखा खुलता और उस तरफ का जगत झांकता; उस आयाम का प्रवेश होता। क्षण भर को एक कविता लहर जाती, फिर द्वार बंद हो जाते हैं।

फिर बहुत विरले लोग हैं—कृष्ण और बुद्ध और अष्टावक्र—बहुत विरले लोग हैं, करोड़ों में कभी एक होता, जो तांत्रिक रूप से जीता। जिसका प्रतिपल दो आकाशों का मिलन

है—प्रतिपल! सोते, जागते, उठते, बैठते जो भी उसके जीवन में हो रहा है, उसमें अंतर और बाहर मिल रहे हैं, परमात्मा और प्रकृति मिल रही है, संसार और निर्वाण मिल रहा है। परम मिलन घट रहा है। परम उत्सव हो रहा है। रसो वै सः। वैसी ही अवस्था में किसी ने कहा है, परमात्मा रसरूप है। महोत्सव हो रहा है।

तो तुम अपनी प्रत्येक क्रिया को यांत्रिक से तांत्रिक तक पहुंचाना। मंत्र बीच का द्वार है। इसलिए मंत्रों का इतना उपयोग धर्मों में हुआ है। वह तो प्रतीकात्मक है। अगर तुम पूरी बात को समझो तो मंत्र सेतु है। मंत्र का मतलब केवल इतना ही नहीं होता कि तुम बैठे राम-राम-राम दोहरा रहे हो तो मंत्र हो गया। वह बड़ा छोटा अर्थ है, बड़ा एक आंशिक अर्थ है। जो मैं तुमसे कह रहा हूं, यह अर्थ है मांत्रिक का कि तुम मन से जीने लगे। तुम्हारा जीवन मनःपूर्वक हो गया। तुम्हारे जीवन में मनन उतरा तो तुम मांत्रिक।[36]

अर्थ, काम, धर्म, मोक्ष

हिंदुओं ने चार पुरुषार्थ कहे हैं : अर्थ, काम, धर्म, मोक्ष। काम है साधारण आदमी की वासना, और अर्थ है उसे भरने का उपाय। धन की हम आकांक्षा इसलिए करते हैं कि हमारी कोई कामनाएं हैं, जिन्हें पूरा बिना धन के न किया जा सकेगा। अगर धन है, तो सुंदर स्त्री उपलब्ध हो सकती है। निर्धन को तो बचा-खुचा, जो शेष रह जाता है, वही उपलब्ध होता है। अगर धन है तो तुम जो चाहते हो, वह तुम्हारे हाथ में हो सकता है। अगर निर्धन हो तो चाहते रहो, चाहने से कुछ भी नहीं होता। धन चाह को यथार्थ बनने में सहयोगी होता है।

इसलिए एक बहुत मजे की बात है, तुम धनी से ज्यादा अतृप्त आदमी कहीं भी न पाओगे। निर्धन को तो आशा रहती है, धनी की आशा भी मर जाती है। निर्धन को आशा रहती है—आज नहीं कल धन हाथ में होगा, तो कर लेंगे जो भी करना है—धन के पीछे दौड़ता रहता है। धनी के पास धन है; जो करना है, करने की सुविधा है। लेकिन करने में कुछ अर्थ नहीं मालूम होता। इसलिए धनी व्यक्ति अनिवार्यरूपेण अशांत, अतृप्त हो जाता है।

तुम गरीब आदमी को पागल होते न देखोगे, अमीर आदमी को पागल होते देखोगे। अमीर मुल्कों में ज्यादा पागलपन घटता है। गरीब मुल्कों में मनोवैज्ञानिक अभी है ही नहीं, अभी मनोविश्लेषक है ही नहीं। बंबई में शायद एकाध कोई या पूना में एकाध कोई मनोविश्लेषक हो। लेकिन इस साठ करोड़ के मुल्क में तुम कहीं मनोविश्लेषक को न पाओगे; उसकी कोई जरूरत

भी नहीं है। लेकिन न्यूयार्क में वह फैलता जा रहा है। उसकी संख्या उतनी ही होती जा रही है, जितनी कि शरीर के चिकित्सकों की है। संभावना तो यह है कि इस सदी के पूरे होते-होते, मन के चिकित्सकों की संख्या ज्यादा होगी शरीर के चिकित्सकों से। क्योंकि शरीर के लिए तो सारी सुविधाएं पश्चिम में मिलती जा रही हैं। और जितनी शरीर की सुविधाएं मिलती हैं, उतना मन पागल होता जा रहा है।

मेरे देखे, अगर गरीब आदमी धार्मिक हो तो यह चमत्कार है। और अगर आदमी अमीर हो और धार्मिक न हो, तो यह भी चमत्कार है। गरीब आदमी धार्मिक हो तो अपवाद-स्वरूप है। क्योंकि गरीब आदमी को अभी मन से मुक्त होने का मौका कहां मिला? अभी तो मन की पीड़ा भी उसने नहीं जानी। अभी तो आशा टूटी नहीं है। इसलिए गरीब आदमी जब कभी धार्मिक हो जाए, तो अपवाद-स्वरूप है। धार्मिक आदमी अगर अमीर है तो बिलकुल स्वाभाविक है, ऐसा होना ही चाहिए था। अमीर आदमी को धार्मिक होना ही चाहिए; क्योंकि अब इस जगत में कुछ है, इसकी आशा समाप्त हो गई। उसके पास सब है। कोई एंड्रू कारनेगी, कोई रॉकफेलर, सब है उनके पास। जो खरीदना हो, सब खरीदा जा सकता है। जितनी मात्रा में खरीदना हो, खरीदा जा सकता है। जो खरीदा जा सकता है, खरीदने की क्षमता उससे ज्यादा है उनके पास। अब क्या करें?

तो अगर धार्मिक आदमी अमीर हो, तो साधारण बात है, होना ही चाहिए; गरीब हो, तो असाधारण घटना है। और अगर अमीर धार्मिक आदमी न हो, तो बड़ी असाधारण घटना है, ऐसा होना नहीं चाहिए। इसके दो ही अर्थ हो सकते हैं: या तो वह बुद्धू है, मूढ़ है, और या फिर अभी ठीक से धनी नहीं हुआ। ठीक से धनी हो और बुद्धि पास हो, तो धार्मिक होने के सिवाय कोई उपाय नहीं। गरीब आदमी को धार्मिक होना हो तो बड़ी प्रखर प्रतिभा चाहिए। अमीर आदमी को अगर धार्मिक होने से बचना हो तो बड़ी प्रखर मूढ़ता चाहिए।

भारत जब धनी था तो धार्मिक था। स्वर्ण-युग था भारत का बुद्ध-महावीर के समय में। शिखर पर था भारत दुनिया में, सोने की चिड़िया था! सारी दुनिया भारत की तरफ देखती थी, सारा धन जैसे यहां इकट्ठा था। उन घड़ियों में हमने जो शिखर छुए धर्म के, फिर नहीं छू सके हम, फिर सपना हो गया सब।

गरीब आदमी धार्मिक दिखाई भला पड़े, हो नहीं सकता। क्योंकि गरीब आदमी का अभी भी भरोसा अर्थ में है। अभी तो कामना ही पकड़े हुए है। अभी तो जीवन की छोटी-मोटी जरूरतें पूरी नहीं हुई; धर्म तो जीवन की बड़ी आखिरी जरूरत है। कहते हैं, 'भूखे भजन न होय गोपाला!' वह जो भूखा आदमी है, कैसे भजन करे? उसके भजन में भी भूख की छाया होगी। उसके भजन में भी भूख होगी। वह भजन भी करेगा तो रोटी ही मांगेगा। उसके भजन में परमात्मा की मांग नहीं हो सकती। जब जीवन की छोटी जरूरतें पूरी हो जाती हैं, शरीर, मन की दौड़ के लिए सब उपाय हो जाते हैं, तब अचानक पता चलता है कि यहां तो पाने योग्य कुछ भी नहीं है। तो कहीं और है पाने योग्य, उसकी खोज शुरू होती है।

धर्म की यात्रा तभी शुरू होती है, जब अर्थ और काम की यात्रा व्यर्थ हो जाती है।

तो दो यात्राएं हैं इस जगत में, एक है—अर्थ, काम। अर्थ है साधन; काम है साध्य। फिर

दूसरी यात्रा है—धर्म, मोक्ष। धर्म है साधन; मोक्ष है साध्य। तो साधारणतः, ऐसा समझा गया है कि जिस आदमी को मोक्ष पाना हो, उसे धर्म कमाना चाहिए। जैसे, जिस व्यक्ति को कामना तृप्त करनी हो, उसे धन कमाना चाहिए। क्योंकि धन के बिना कैसे तुम कामना तृप्त करोगे? जिसको काम का जगत पकड़े हो, उसे अर्थ कमाना चाहिए। और जिस व्यक्ति को यह बात व्यर्थ हो गई, अब उसे मुक्त होना है, परम मुक्ति का स्वाद लेना है—उसे धर्म कमाना चाहिए। यह साधारण धर्म की व्यवस्था है।

अष्टावक्र बड़ी क्रांतिकारी बात कह रहे हैं। वे कह रहे हैं: जिस व्यक्ति को वस्तुतः मोक्ष पाना हो, उसे धर्म से भी मुक्त हो जाना चाहिए। क्यों? क्योंकि मोक्ष को कामना नहीं बनाया जा सकता। मोक्ष का स्वभाव ऐसा है कि तुम उसकी चाह नहीं कर सकते। जिसकी भी तुमने चाह की, वह मोक्ष नहीं रह गया। तुम्हारी चाह अगर पीछे खड़ी है, तो तुम जो भी चाहोगे, वह संसार हो गया। मोक्ष का कोई साधन नहीं है। धर्म भी मोक्ष का साधन नहीं है।[37]

मातृत्व और स्त्रैण रहस्य

स्त्री जन्म-जन्म तक अपने प्रेमी की प्रतीक्षा कर सकती है; पुरुष नहीं कर सकता। पुरुष प्रतीक्षा जानता ही नहीं है। पुरुष के मन की जो व्यवस्था है, उसमें प्रतीक्षा नहीं है। उसमें अभी और यहीं, इंसटैंट सब चाहिए। इंसटैंट काफी भी, इंसटैंट सेक्स भी। अभी! इसलिए पुरुष ने विवाह ईजाद किया। क्योंकि विवाह के बिना इंसटैंट सेक्स, अभी, संभव नहीं है। पुरुष प्रतीक्षा बिलकुल नहीं कर सकता। आतुर है, व्यग्र है, तनावग्रस्त है। लेकिन स्त्री प्रतीक्षा कर सकती है, अनंत प्रतीक्षा कर सकती है।

इसलिए जब इस मुल्क में हिंदुओं ने पुरुषों को विधुर रखने की व्यवस्था नहीं की और स्त्रियों को विधवा रखने की व्यवस्था की, तो यह सिर्फ स्त्रियों पर ज्यादती ही नहीं थी, यह स्त्रियों की प्रतीक्षा के तत्व की समझ भी इसमें थी। एक स्त्री अपने प्रेमी के लिए पूरे जन्म, अगले जन्म तक के लिए प्रतीक्षा कर सकती है। यह भरोसा किया जा सकता है। लेकिन पुरुष पर यह भरोसा नहीं किया जा सकता।

इसलिए भारत ने अगर स्त्रियों को विधवा रखने की व्यवस्था दी और पुरुषों को नहीं दी, तो सिर्फ इसलिए नहीं कि यह व्यवस्था पुरुष के पक्ष में थी। जहां तक मैं समझ पाता हूं, यह पुरुष का बहुत बड़ा अपमान था, यह स्त्री का गहनतम सम्मान था। क्योंकि इस बात की सूचना थी कि हम स्त्री पर भरोसा कर सकते हैं कि वह प्रतीक्षा कर सकती है। लेकिन पुरुष पर भरोसा

नहीं किया जा सकता है। पुरुष पर भरोसा नहीं किया जा सकता, इसलिए विधुर को रखने के लिए आग्रह नहीं रहा। कोई रहना चाहे, वह उसकी मर्जी! लेकिन स्त्री पर आग्रह था।

और आग्रह इसलिए था कि उसकी प्रतीक्षा में ही उसका वह जो स्त्रैण तत्व है, वह ज्यादा प्रकट होगा। उसे जितना अवसर मिले निष्क्रिय प्रतीक्षा का, उसके भीतर की गहराइयां उतनी ही गहन और गहरी हो जाती हैं। और उसके आंतरिक रहस्य मधुर और सुगंधित हो जाते हैं।

असल में, विधवा अगर सच में विधवा हो, तो उसके सौंदर्य में बहुत बढ़ती हो जाती है। क्योंकि प्रतीक्षा उसके स्त्रैण रहस्य को गहन कर देती है। कुंवारी लड़की में जो रहस्य होता है, वह प्रतीक्षा का है। इसलिए सारी दुनिया में जो समझदार कौमें थीं, उन्होंने तय किया कि कुंवारी लड़की से ही विवाह करना। क्योंकि सच तो यह है कि जो लड़की कुंवारी नहीं है, उससे विवाह करने का मतलब है कि आपको स्त्री के रहस्य को जानने का मौका ही नहीं मिलेगा। वह रहस्य पहले ही खंडित हो चुका। वह स्त्री छिछली हो गई। उसने प्रतीक्षा ही नहीं की है इतनी, जितनी प्रतीक्षा पर वह भीतर का पूरा का पूरा रहस्यमय फूल खिलता है।

इसलिए जिन समाजों ने स्त्री के कुंवारे रहने पर और विवाह पर जोर दिया, उन्होंने पुरुष के कुंवारेपन की बहुत फिक्र नहीं की है। उसका कारण है कि पुरुष के कुंवारेपन या न कुंवारेपन से कोई फर्क नहीं पड़ता है। लेकिन स्त्री के कुंवारेपन से फर्क पड़ता है। कुंवारी स्त्री में एक सौंदर्य है जो विवाह के बाद उसमें खो जाता है।

वह सौंदर्य उसमें फिर से जन्मता है, जब वह मां बनना शुरू होती है। क्योंकि अब वह एक और बड़े रहस्य के द्वार पर, और एक और बड़ी प्रतीक्षा के द्वार पर खड़ी हो जाती है। उसे गर्भवती देख कर पति चिंतित हो सकता है। और पति चिंतित होते हैं। और उनकी चिंता स्वाभाविक है। क्योंकि उनके लिए प्रतीक्षा नहीं, केवल एक और इकोनॉमिक, एक आर्थिक उपद्रव उनके ऊपर आने को है। लेकिन मां मधुर हो जाती है। असल में, मां का गर्भ जैसे बढ़ने लगता है, उसकी आंखों की गहराई बढ़ने लगती है; उसके शरीर में नए कोमल तत्वों का आविर्भाव होता है। गर्भिणी स्त्री का सौंदर्य स्त्रैण रहस्य से बहुत भारी हो जाता है। यह क्या होगा रहस्य?

यह पैसिविटी इज़ दि सीक्रेट। अब मां बनने के लिए कुछ उसे करना तो पड़ता नहीं। बेटा उसके पेट में बड़ा होने लगता है; उसे सिर्फ प्रतीक्षा करनी होती है। उसे कुछ भी नहीं करना होता। असल में, उसे सब करना छोड़ देना होता है; सिर्फ प्रतीक्षा ही करनी होती है। जैसे-जैसे उसके बेटे का या उसकी बेटी का, उसके गर्भ का विकास होने लगता है, वैसे-वैसे सब काम उसे छोड़ देना पड़ता है। वह सिर्फ प्रतीक्षा में रह जाती है, वह सिर्फ स्वप्न देखने लगती है। इसलिए अगर सारा काम स्त्री छोड़ दे बच्चे के जन्म के करीब, तो वह वे स्वप्न देख सकती है, जो उसके बच्चे के भविष्य की सूचनाएं होंगे। इसलिए महावीर या बुद्ध की मां के स्वप्न बड़े मूल्यवान हो गए। महावीर या बुद्ध के संबंध में कहा जाता है कि जब वे पैदा हुए, तो उनकी मां ने स्वप्न देखे। वे स्वप्न रोज मां के सामने प्रकट होते गए। उन स्वप्नों में बुद्ध या महावीर के जीवन की सारी रूप-रेखा प्रकट हो गई।

अगर मां सच में ही मां हो और आने वाले भविष्य में जो जन्म लेने वाला प्राण है उससे, उसके साथ पूरी पैसिविटी में हो, तो वह अपने बच्चे की जन्मकुंडली खुद ही लिख जा सकती

है। किसी पुरोहित, किसी पंडित को दिखाने की जरूरत नहीं है। और मां जिसकी जन्मकुंडली न लिख सके, उसकी कोई पुरोहित और पंडित न लिख सकेगा। क्योंकि इतना तादात्म्य, इतना एकात्म फिर कभी किसी दूसरे से नहीं होता है। पति से भी नहीं होता है इतना तादात्म्य पत्नी का, जितना अपने बेटे से होता है। बेटा उसका ही एक्सटेंशन है, उसका ही फैलाव है।

लेकिन मां बनने के लिए कुछ भी करना नहीं पड़ता; पिता बनने के लिए बहुत कुछ करना पड़ता है। मां बनने के लिए कुछ भी नहीं करना होता। मां बनने के लिए केवल मौन प्रतीक्षा करनी होती है। इस मौन प्रतीक्षा में दो चीजों का जन्म होता है: एक तो बेटे का जन्म होता है और एक मां का भी जन्म होता है।

इसलिए पूरब के मुल्क, जिन्होंने फेमिनिन मिस्ट्री को समझा, उन्होंने स्त्री को जो चरम आदर दिया है, वह मां का, पत्नी का नहीं। यह बहुत हैरानी की बात है।

मुझसे लोग पूछते थे कि आप संन्यासियों को स्वामी कहते हैं, लेकिन संन्यासिनियों को मां क्यों कहते हैं, जब कि अभी उनका विवाह भी नहीं हुआ? उनका बच्चा भी नहीं हुआ?

असल में, मां का संबंध स्त्री की चरम गरिमा से है। वह अपनी चरम गरिमा पर सिर्फ मां के क्षण में होती है। उसका जो पीक एक्सपीरिएंस है, वह पत्नी होना नहीं है, प्रेयसी होना नहीं है—प्रेयसी और पत्नी होना केवल चढ़ाई की शुरुआत है—उसका जो पीक एक्सपीरिएंस है, जो शिखर-अनुभव है, वह उसका मां होना है।

इसलिए जिन समाजों में भी स्त्रियों ने तय कर लिया है कि पत्नी होना उनका शिखर है, उन समाजों में स्त्रियां बहुत दुखी हो जाएंगी; क्योंकि वह उनका शिखर है नहीं। यद्यपि पुरुष राजी है कि वे पत्नी होने को ही अपना शिखर समझें। क्योंकि पुरुष को पति होने पर शिखर उपलब्ध हो जाता है। पिता होने पर उसे शिखर उपलब्ध नहीं होता। उसे प्रेमी होने पर शिखर उपलब्ध हो जाता है। लेकिन स्त्री को उपलब्ध नहीं होता।

स्त्री का यह जो मातृत्व का राज है, इसे लाओत्से कहता है, यह अंधेरे जैसा है।

इसमें और बहुत सी बातें खयाल में लेने जैसी हैं। जब पुरुष पैदा होता है, जब एक बच्चा पैदा होता है, लड़का पैदा होता है, तो उसके पास अभी सेक्स हारमोन होते नहीं, बाद में पैदा होने शुरू होते हैं। उसका वीर्य बाद में निर्मित होना शुरू होता है। लेकिन यह जान कर आप हैरान होंगे कि जब लड़की पैदा होती है, तो वह अपने सब अंडे साथ लेकर पैदा होती है। उसके जीवन भर में जितने अंडे प्रति माह उसके मासिक धर्म में निकलेंगे, उतने अंडे वह लेकर ही पैदा होती है। स्त्री पूरी पैदा होती है। उसके पास पूरा कोश होता है उसके एग्स का। फिर उनमें से एक-एक अंडा समय पर बाहर आने लगेगा। लेकिन वह सब अंडे लेकर आती है। पुरुष अधूरा पैदा होता है।

और अधूरे पैदा होने की वजह से लड़के बेचैन होते हैं और लड़कियां शांत होती हैं। एक अनइजीनेस लड़के में जन्म से होती है। लड़की में एक एटईजनेस जन्म से होती है। लड़की के शरीर का, उसके व्यक्तित्व का जो सौंदर्य है, वह उसकी शांति से बहुत ज्यादा संबंधित है। अगर लड़की को बेचैन करना हो, तो उपाय करने पड़ते हैं। और लड़के को अगर शांत करना हो, तो उपाय करने पड़ते हैं; अशांत होना स्वाभाविक है।

बायोलॉजिस्ट कहते हैं कि उसका कारण है कि स्त्री जिस अंडे से बनती है, उसमें जो अणु होते हैं, वे एक्स-एक्स होते हैं। दोनों एक से होते हैं। और पुरुष जिस क्रोमोसोम से बनता है, उसमें एक्स-वाई होता है; उसमें एक एक्स होता है, एक वाई होता है; वे समान नहीं होते। स्त्री में जो तत्व होते हैं, वे एक्स-एक्स होते हैं, दोनों समान होते हैं। इसलिए स्त्री सुडौल होती है, पुरुष सुडौल नहीं हो पाता। स्त्री के शरीर में जो कर्व्स का सौंदर्य है, वह उसके एक्स-एक्स दोनों संतुलित अंडों के कारण है। और पुरुष के शरीर में वैसा संतुलन नहीं हो सकता, क्योंकि एक्स-वाई, उसके एक और दूसरे में समानता नहीं है। स्त्री के व्यक्तित्व को बनाने वाले अड़तालीस अणु हैं; वे पूरे हैं चौबीस-चौबीस। पुरुष को बनाने वाले सैंतालीस हैं। और बायोलॉजिस्ट कहते हैं कि वह जो एक अणु की कमी है, वही पुरुष को जीवन भर दौड़ाती है—इस दुकान से उस दुकान, जमीन से चांद—दौड़ाती रहती है। वह जो एक कम है, उसकी खोज है। वह पूरा होना चाहता है।[38]

दाढ़ी-मूंछ मुक्त बुद्धपुरुष

> जब कोई पुरुष भी पूरी तरह शांत होता है, तो स्त्रैण हो जाता है। हो ही जाएगा। हो जाएगा इसलिए कि इतना शांत हो जाएगा कि वह जो पुरुष की अनिवार्य बेचैनी थी, वह जो अनिवार्य अशांति थी, अनिवार्य तनाव था, वह जो टेंशन था पुरुष के अस्तित्व का, वह खो जाएगा।

यही वजह है कि हमने भारत में प्रतीकात्मक रूप से कृष्ण की, बुद्ध की, महावीर की दाढ़ी-मूंछ नहीं बनाई। ऐसा नहीं कि नहीं थी; थी। लेकिन नहीं बनाई; क्योंकि वह सांकेतिक नहीं रह गई। सांकेतिक नहीं रह गई। वह बुद्ध के भीतर की खबर नहीं देती, इसलिए उसे हटा दिया। सिर्फ एक मूर्ति पर बुद्ध की दाढ़ी है, इसलिए लोग उस मूर्ति को कहते हैं वह झूठ है, वह ठीक नहीं है। क्योंकि किसी मूर्ति पर दाढ़ी नहीं है। महावीर की एक मूर्ति पर मूंछ है, तो लोग कहते हैं कि वह कुछ किसी जादूगर ने उन पर मूंछ उगा दी है। तो उस पूरे मंदिर का नाम मुछाला महावीर है, मूंछ वाले महावीर। क्योंकि महावीर तो मूंछ वाले थे नहीं।

लेकिन महावीर में मूंछ न हो, बुद्ध में मूंछ न हो, कभी एकाध दफा ऐसी घटना घट सकती है; क्योंकि कुछ पुरुष होते हैं, जिनमें हारमोन्स की कमी की वजह से दाढ़ी-मूंछ नहीं होती। लेकिन जैनों के चौबीस तीर्थंकर और किसी को दाढ़ी न हो, जरा कठिन है! इतना बड़ा संयोग मुश्किल है।

लेकिन वह प्रतीकात्मक है। वह इस बात की खबर है कि हमने यह स्वीकार कर लिया था कि यह व्यक्ति अब स्त्रैण रहस्य में प्रवेश कर गया, दि फेमिनिन मिस्ट्री में।

इसलिए मैं एक दूसरा प्रतीक आपसे कहूं। हमने बुद्ध, राम, कृष्ण या महावीर के बुढ़ापे के कोई भी चित्र नहीं बनाए हैं। सब चित्र युवा हैं।

यह बात एकदम झूठ है। क्योंकि महावीर अस्सी वर्ष के होकर मरते हैं; बुद्ध अस्सी वर्ष के होकर मरते हैं; राम भी बूढ़े होते हैं, कृष्ण भी बूढ़े होते हैं। लेकिन चित्र हमारे पास युवा हैं। कोई बूढ़ा चित्र हमारे पास नहीं है। वह जानकर; वह प्रतीकात्मक है।

असल में, जो व्यक्ति इतना लीन हो गया अस्तित्व के साथ, हम मानते हैं, अब वह सदा ही यंग और फ्रेश, ताजा और युवा बना रहेगा। भीतर उसके युवा होने का सतत सूत्र मिल गया। अब वह अविच्छिन्न रूप से, अखंड रूप से अपनी शक्ति में ठहरा रहेगा।[39]

सत्याग्रह

बुद्ध से लोग जाकर पूछते हैं कि ईश्वर है? बुद्ध चुप रह जाते हैं। बुद्ध से किसी ने एक दिन सुबह आकर पूछा, आपको ज्ञान हुआ? बुद्ध चुप रह गये। उस आदमी ने कहा, आप साफ-साफ कह दें। हुआ हो तो हां कह दें; न हुआ हो तो ना कह दें। उलझन में क्यों डालते हैं?

बुद्ध फिर भी चुप रहे। वह आदमी चला गया। वह यही सोच कर गया कि हुआ नहीं है, तो कहने की हिम्मत नहीं है। उसने बुद्ध के शिष्यों को कहा कि अभी कुछ हुआ नहीं ज्ञान इत्यादि, क्योंकि मैं पूछ कर आ रहा हूं। अगर हुआ होता तो कहते कि हुआ है। शिष्य हंसने लगे। उन्होंने कहा, तुम पागल हो। हुआ है इसीलिए चुप रह गये। कहने को क्या है?

और तब एक बड़ा उपद्रव संसार में खड़ा होता है। तुम उन्हीं की सुनते हो जो दावेदार हैं। जो जितने जोर से दावा करता है, उसकी ही तुम मान लेते हो। और परम ज्ञान की अवस्था में कोई दावा नहीं होता—कोई दावा नहीं है। परम ज्ञानी के पास तो तुम तभी टिक पाओगे जब तुम गैर-दावेदार को समझने में सफल और कुशल हो जाओगे। परम ज्ञानी के पास तो तुम तभी टिक पाओगे जब ज्ञानी तुमसे कहे कि मैं अज्ञानी हूं और तो भी तुम समझने में सफल रहो। ज्ञानी तुमसे कभी न कहे कि मैं जानता हूं, तो भी तुम उसकी सन्निधि के लिए आतुर रहो—तो ही तुम किसी ज्ञानी का सत्संग पा पाओगे। अन्यथा तुम किसी धोखेधड़ी में पड़ जाओगे; किसी दावेदार की उलझन में आ जाओगे।

दावेदार बहुत हैं। जिनकी उपलब्धि है, वे बहुत थोड़े हैं। और तुम्हारे पास एक ही उपाय है जानने का: 'कौन जोर से चिल्ला रहा है। कौन पीट रहा टेबल को जोर से?' जो जितने जोर से चिल्लाता है, तुम कहते हो जरूर...अगर हुआ न होता तो इतने जोर से कैसे चिल्लाता?

जिसको हो जाता है, वह चिल्लाता ही नहीं। निवेदन करता है, दावा नहीं करता। उसके प्राणों में प्रार्थना होती है, आग्रह नहीं होता।

इसलिए मैं निरंतर कहता हूं कि 'सत्याग्रह' शब्द अच्छा नहीं है। सत्य का कोई आग्रह होता ही नहीं। सब आग्रह असत्य के होते हैं। इसलिए तो महावीर जैसे परम ज्ञानी ने स्यादवाद को जन्म दिया। स्यादवाद का अर्थ होता है, अनाग्रह। तुम पूछो उनसे ईश्वर है? वे कहते हैं: 'स्यात्। हो, न हो।' स्यात्! यह तो अज्ञानी की भाषा मालूम पड़ती है। यही तो महावीर के विरोधियों ने उन पर आरोप लगाया है कि यह तो अज्ञानी की भाषा हो गयी। तुमको पक्का पता नहीं! तुम कहते हो: 'स्यात्। शायद।' अरे पता हो तो हां कह दो, न पता हो तो ना कह दो। यह 'शायद' क्या बात हुई? या तो ईश्वर है या नहीं है।

महावीर कहते हैं कि शायद है, शायद नहीं है।

मेरा निश्चय तुम्हारा निश्चय कैसे हो सकता है? मैंने जाना, यह तुम्हारा जानना कैसे

बनेगा? और मैंने जाना कि नहीं जाना, यह तुम कैसे जानोगे? मेरा दावा ही कुल भरोसे का कारण हो सकता है? लेकिन दावा...दावा सत्य का कोई होता ही नहीं।

लेकिन तुम सत्य को खोजना नहीं चाहते। तुम मुफ्त चाहते हो। तुम श्रम नहीं उठाना चाहते। तुम कहते हो, कोई कह दे तो झंझट मिटे। कोई पक्का कह दे, प्रमाण दे दे, तो हम इस खोजबीन के उलझाव से बच जायें। ये पहाड़ी रास्ते और यह दूर की यात्रा और यह हमसे हो नहीं सकता। आप होकर आ गये हैं, आप बता दें कि मानसरोवर कैसा है? सुंदर है, ठीक है! हमें आप पर श्रद्धा है। हम श्रद्धालु हैं।

यह जगत श्रद्धालुओं से भरा हुआ है। इन झूठे श्रद्धालुओं के कारण जगत में धर्म नहीं है। कोई हिंदू बन कर बैठ गया है, कोई मुसलमान, कोई जैन, कोई बौद्ध, कोई ईसाई; सब श्रद्धालु बने बैठे हैं। मंदिर, मस्जिद, गिरजाघर, सब झूठों से भरे हैं। इनमें से कोई जाना नहीं चाहता। ईसाई कहते हैं, बस, जीसस ने कह दिया तो ठीक। अब कोई झूठ थोड़े ही कहेंगे! जैन कहते हैं, महावीर ने कह दिया तो बस हो गयी बात।

तुम क्या कर रहे हो? अपने को धोखा दे रहे हो।

परम ज्ञानी का तो कोई दावा नहीं है। परम ज्ञानी का तो आमंत्रण है। आग्रह नहीं है, अनाग्रह। परम ज्ञानी तो कहता है: 'देखो मुझे, आओ मेरे पास। चखो मुझे, स्वाद लो मेरा। और यात्रा को तत्पर हो जाओ।' परम ज्ञानी की मौजूदगी यात्रा पर भेजेगी तुम्हें, निश्चय नहीं दे देगी—उस यात्रा पर भेजेगी जहां अंतिम निर्णय में, अंतिम निष्कर्ष में निश्चय होगा। निश्चय तुम्हारे भीतर जन्मेगा।[40]

समर्पण का विज्ञान

संपूर्ण प्राणी अन्न से उत्पन्न होते हैं और अन्न की उत्पत्ति वृष्टि से होती है।
और वृष्टि यज्ञ से होती है। और यह यज्ञ कर्मों से उत्पन्न होने वाला है।

इस सूत्र को समझने के लिए कुछ और बातें भी भूमिका के रूप में समझनी जरूरी हैं। पूर्व और पश्चिम के दृष्टिकोण में एक बुनियादी फर्क है। और चूंकि आज सारी दुनिया ही पश्चिम के दृष्टिकोण से प्रभावित है—पूर्व भी—इसलिए इस सूत्र को समझना बहुत कठिन हो गया है।

पूर्व ने सदा ही प्रकृति को और मनुष्य को दुश्मन की तरह नहीं लिया, मित्र की तरह लिया।

प्रकृति को हमने कहा मां, पृथ्वी को हमने कहा माता, आकाश को हमने कहा पिता। यह सिर्फ काव्य नहीं है, यह एक दृष्टि है, जिसमें हम जीवन को समग्रीभूत एक परिवार मानते हैं, इस सारे विश्व को एक परिवार मानते हैं। इसलिए हमने कभी प्रकृति को जीतने की भाषा नहीं सोची। कांकरिंग दि नेचर! पश्चिम में प्रकृति और आदमी के बीच बुनियादी शत्रुता की दृष्टि है। इसलिए वे कहते हैं, जीतना है प्रकृति को। अब मां को कोई जीतता नहीं! लेकिन पश्चिम में प्रकृति और जीवन और जगत और मनुष्य के बीच एक शत्रुता का भाव है—जीतना है, लड़ना है, हराना है।

बर्ट्रेंड रसेल की एक किताब है, कांक्वेस्ट आफ नेचर। पश्चिम का कोई दार्शनिक लिख सकता है, प्रकृति की विजय। लेकिन कोई कणाद, कोई कपिल, कोई महावीर, कोई बुद्ध, कोई कृष्ण, पूर्व का कोई भी दार्शनिक नहीं कह सकता, प्रकृति की विजय। क्योंकि हम प्रकृति के ही तो हिस्से हैं, अंश हैं। उसकी विजय हम कैसे करेंगे? वह विजय वैसा ही पागलपन है, जैसे मेरा हाथ सोचे, शरीर की विजय कर ले। पागलपन है। मेरा हाथ शरीर की विजय कैसे करेगा? मेरा हाथ मेरे शरीर का एक हिस्सा है। मेरा हाथ मेरा शरीर ही है। हाथ लड़ेगा किससे? जीतेगा किससे? जीतने की भाषा ही खतरनाक है।

लेकिन पश्चिम कांफ्लिक्ट, द्वंद्व की भाषा में सोचता है। वह सोचता है, प्रकृति और हम दुश्मन हैं। यह बड़े आश्चर्य की बात है। और इसलिए पश्चिम में अगर बेटा बाप का दुश्मन हुआ जा रहा है, तो ठीक कोरोलरी है। उसका परिणाम होने वाला है। क्योंकि प्रकृति मां है अगर, और आदमी उसका दुश्मन है, तो अपनी मां से दोस्ती कितने दिन चलेगी? उस मां से भी दुश्मनी हो ही जाने वाली है।

इस सूत्र के लिए मैं यह क्यों कह रहा हूं कि यह समझ लेना जरूरी है? यह समझ लेना इसलिए जरूरी है कि जब लोग अत्यंत सरल भाव से भरते हैं और जीवन को और अपने को तोड़कर नहीं देखते—कोई गल्फ, कोई खाई नहीं देखते—तो फिर उस स्थिति में सब कुछ परिवर्तित होता है और ढंग से।

जैसे कृष्ण कहते हैं, अन्न से बनता है मनुष्य। अन्न से बनता है मनुष्य। हम कहेंगे, अन्न से? बड़ी मैटीरियलिस्ट, बड़ी भौतिकवादी बात कहते हैं कृष्ण। और कृष्ण जैसे आध्यात्मिक व्यक्ति से ऐसी बात! फिर वह पश्चिम का दृष्टिकोण दिक्कत देता है। असल में पश्चिम कहता है कि यह सब पदार्थ है। पूर्व तो कहता ही नहीं कि पदार्थ कुछ है। पूर्व तो कहता है, सभी परमात्मा है। अन्न भी। अन्न भी पदार्थ नहीं है, वह भी जीवंत परमात्मा है।

इसलिए कृष्ण जब कहते हैं, अन्न से निर्मित होता है मनुष्य, तो कोई इस भूल में न पड़े कि वे वही कह रहे हैं जैसा कि भौतिकवादी कहता है कि बस खाना-पीना, इसी से निर्मित होता है; मिट्टी, पदार्थ, तत्व, इन्हीं से निर्मित होता है। वे यह नहीं कह रहे हैं। यहां मामला बिलकुल उलटा है। यहां वे यह कह रहे हैं कि अन्न से निर्मित होता है मनुष्य; और जब अन्न से मनुष्य निर्मित होता है, तो अन्न भी जीवंत है, जीवन है। अन्न भी पदार्थ नहीं है। और अन्न आता है वृष्टि से। वह आता है वर्षा से। वर्षा न हो, तो अन्न न हो। यहां वे जोड़ रहे हैं, जीवन और प्रकृति को गहरे में।

वे कहते हैं, अन्न आता है वर्षा से। और वर्षा कहां से आती है? अब वर्षा कहां से आती

है? कृष्ण कहते हैं, यज्ञ से। वैज्ञानिक कहेगा, बेकार की बात कर रहे हैं! वर्षा और यज्ञ से? पागल हैं! वैज्ञानिक कहेगा, वर्षा! वर्षा यज्ञ से नहीं आती, वर्षा बादलों से आती है। लेकिन कृष्ण पूछना चाहेंगे कि बादल कहां से आते हैं? विज्ञान उत्तर देता चला जाएगा, समुद्र से आता है, नदी से आता है। लेकिन अंततः सवाल यह है कि क्या मनुष्य में और आकाश में चलने वाले बादलों के बीच कोई आत्मिक संबंध है या नहीं है?

कृष्ण जब कहते हैं कि वर्षा आती है यज्ञ से, तो वे यह कह रहे हैं कि वर्षा और हमारे बीच भी संबंध है। वर्षा हमारे लिए आती है; हमारी कामनाओं, हमारी आकांक्षाओं, हमारी भूख, हमारी प्यास को पूरा करने आती है। वे यह कह रहे हैं कि हमारी प्रार्थनाएं सुनकर आती है। समझने की बात सिर्फ इतनी है कि प्रकृति और मनुष्य के बीच कोई लेन-देन है, कोई कम्यूनिकेशन है या नहीं है? पश्चिम कहता है, कोई कम्यूनिकेशन नहीं है; प्रकृति बिलकुल अंधी है; उसे मनुष्य से कोई मतलब नहीं है। लेकिन ऐसा दिखाई नहीं पड़ता। वैज्ञानिक खोजों से भी दिखाई नहीं पड़ता। दो-चार उदाहरण मैं देना चाहूंगा, ताकि खयाल में बात आ सके।

शायद आपको पता न हो, जब भी युद्ध होते हैं, जब भी युद्ध होते हैं, तो युद्ध के बाद बच्चे जो पैदा होते हैं, उनमें पुरुष बच्चों की संख्या एकदम से बढ़ जाती है और स्त्री बच्चों की संख्या कम हो जाती है। बड़ी हैरानी की बात है। अब वैज्ञानिक मुश्किल में पड़ा है दो युद्धों के बाद। क्योंकि कोई अर्थ समझ में नहीं आता। युद्ध से क्या मतलब कि पुरुष ज्यादा पैदा हों कि स्त्रियां ज्यादा पैदा हों! युद्ध से क्या संबंध! लेकिन युद्ध के बाद...और आमतौर से सौ लड़कियां पैदा होती हैं, तो एक सौ सोलह लड़के पैदा होते हैं। और पंद्रह साल के होते-होते सौ लड़कियां रह जाती हैं और सौ लड़के रह जाते हैं, सोलह लड़के मर जाते हैं। लड़के का शरीर, स्त्री के शरीर से रेजिस्टेंस में कमजोर है। इसलिए लड़कियां सोलह कम पैदा होती हैं; लड़के सोलह ज्यादा पैदा होते हैं; क्योंकि विवाह की उम्र आते-आते तक बराबर संख्या रह जानी चाहिए। अगर बराबर लड़के-लड़कियां पैदा हों, तो लड़के कम पड़ जाएंगे। लेकिन युद्ध के बाद अनुपात बहुत हैरानी का हो जाता है, अनुपात एकदम बढ़ जाता है। पुरुष बहुत बड़ी संख्या में पैदा होते हैं। क्योंकि युद्ध पुरुषों को मार डालता है।

अगर प्रकृति और मनुष्य के बीच कोई बहुत आंतरिक संबंध नहीं है, तो यह घटना नहीं घटनी चाहिए। अगर आंतरिक संबंध नहीं है, तो इसकी भी कोई जरूरत नहीं है कि कितनी लड़कियां पैदा हों और कितने लड़के पैदा हों! कितने ही हों। कभी ऐसा भी हो सकता है कि किसी जमाने में पुरुष इतने ज्यादा हो जाएं कि स्त्रियां बहुत कम पड़ जाएं। कभी ऐसा हो सकता है कि स्त्रियां बहुत ज्यादा हो जाएं और पुरुष कम पड़ जाएं। लेकिन ऐसा कभी नहीं होता। जरूर स्त्री और पुरुष के पैदा होने के पीछे प्रकृति कोई हार्मनी बनाए रखती है, कोई व्यवस्था बनाए रखती है। जीवन और हम जुड़े हैं, गहरे में जुड़े हैं।

अभी एक नई साइंस है, इकोलाजी; अभी नई विकसित होती है। आज नहीं कल इकोलाजी जब बहुत विकसित हो जाएगी, तो कृष्ण का वचन पूरी तरह समझ में आ सकेगा। यह इकोलाजी नया विज्ञान है, जो पश्चिम में विकसित हो रहा है; क्योंकि वहां मुश्किल खड़ी हो गई, क्योंकि उन्होंने सारी की सारी प्रकृति को अस्तव्यस्त कर दिया है।

पिछली बार तिब्बत में एक गांव में ऐसा हुआ कि डी.डी.टी. छिड़का गया। तिब्बत के ग्रामीण, उन्होंने बहुत कहा कि मत छिड़किए, मच्छड़ चलते हैं, कोई हर्जा नहीं; हमारे साथी हैं। और हम भी हैं, वे भी हैं। और हम सदा से साथ रह रहे हैं। ऐसी कोई ज्यादा अड़चन भी नहीं है। लेकिन एक्सपर्ट तो मान नहीं सकता! तो उसने डी.डी.टी. छिड़ककर सारे मच्छड़ मार डाले। गांव के बूढ़े प्रधान ने, लामा ने कहा भी कि भई, मच्छड़ तो मर जाएंगे, वह तो ठीक है। लेकिन मच्छड़ों के साथ, उनके मरने के साथ कोई और दिक्कत तो हमें खड़ी नहीं हो जाएगी? क्योंकि वे सदा से थे और हमारे जीवन के हिस्से थे; उनके गिरने से कहीं और ईंटें तो नहीं गिर जाएंगी? लेकिन उन्होंने कहा, क्या पागलपन की बातें करते हैं!

लेकिन हुआ यही। मच्छड़ तो मरे सो मरे, बिल्लियां भी मर गईं। वह डी.डी.टी. में बिल्लियां मर गईं। बिल्लियां मर गईं, तो चूहे बढ़ गए। चूहे बढ़ गए तो मलेरिया तो गांव के बाहर हुआ, प्लेग गांव के भीतर आ गई। गांव के प्रधान लामा ने कहा कि अब बड़ी मुश्किल में हमको डाल दिया! मलेरिया फिर भी ठीक था, यह प्लेग और मुसीबत है। और फिर मलेरिया से तो हम लड़ ही लेते थे, अब यह प्लेग हमारे लिए बिलकुल नई घटना है। अब इसके लिए हम क्या करें?

तो उन्होंने कहा, ठहरो; एक्सपर्ट्स ने कहा, ठहरो, हम दूसरा पाउडर लाते हैं, जिससे हम चूहों को मार डालेंगे। लेकिन उस बूढ़े ने कहा, अब हम तुम्हारी न मानेंगे। क्योंकि पहले ही हमने तुमसे पूछा था कि मच्छड़ मर जाएं, तो कोई और दिक्कत तो न आएगी! लेकिन तुमने कहा, कोई दिक्कत न आएगी। अब हम तुमसे पूछते हैं कि अगर चूहे मर जाएं और प्लेग गांव के बाहर हो, कोई महाप्लेग गांव के भीतर आ जाए, तो जिम्मेदार कौन होगा? और अब हम तुम पर भरोसा नहीं कर सकते।

उस एक्सपर्ट ने कहा, फिर तुम क्या करोगे? तो उस बूढ़े आदमी ने कहा, हम पुरानी व्यवस्था फिर से निर्मित कर देंगे। कैसे करोगे? तो उसने आस-पास के गांवों से बिल्लियां उधार बुलवाईं और गांव में छोड़ीं। बिल्लियां आईं, चूहे कम हुए, मच्छड़ वापस लौट आए।

इकोलाजी का मतलब है, जिंदगी एक परिवार है, उस परिवार में सब चीजें जुड़ी हैं; सब संयुक्त है, एक ज्वाइंट फैमिली है। सड़क के किनारे पड़ा हुआ पत्थर भी आपकी जिंदगी का हिस्सा है। अब सारी दुनिया में हमने वृक्ष काट डाले। जब हमने वृक्ष काट डाले, तब हमको पता चला कि हम मुश्किल में पड़ गए। क्योंकि वृक्ष कट गए, तो बादल अब वर्षा नहीं करते। लेकिन हमें पहले पता नहीं था कि वृक्ष काटने से बादल वर्षा नहीं करेंगे। हमने कहा, क्या करना है! जमीन साफ करो। लेकिन वे वृक्ष बादलों को निमंत्रित करते थे। अब वे वृक्ष निमंत्रण नहीं भेजते बादलों को। अब बादल चले जाते हैं, उनको कोई रोकता नहीं।

अभी हमने जब चांद पर पहली दफा अपना अंतरिक्ष यान भेजा, तो हमें पता नहीं कि हमने क्या-क्या किया है। वह पता चलने में शायद पचास वर्ष लगेंगे। क्योंकि पृथ्वी के दो सौ मील के बाद, जहां हवा समाप्त होती है, वहां एक बड़ी पर्त—अनेक-अनेक गैसेस की बनी हुई पर्त, जो सदा से पृथ्वी को घेरे हुए है—उसकी एक मोटी पर्त, एक दीवार की तरह मोटी पर्त पूरी पृथ्वी को घेरे हुए है। उस पर्त के कारण सूरज की वही किरणें पृथ्वी तक आ पाती हैं, जो जीवन

के लिए हितकर हैं। और वे किरणें बाहर रह जाती हैं, जो हितकर नहीं हैं। लेकिन अब वैज्ञानिकों को पता चला है कि जितने हमने अंतरिक्ष यान भेजे हैं, जहां-जहां से हमने भेजे हैं, वहां-वहां विंडोज पैदा हो गई हैं। जहां-जहां से वह पर्त तोड़कर यान गया है, वहां खिड़कियां पैदा हो गई हैं। उन खिड़कियों से सूरज की वे किरणें भी भीतर आने लगीं, जो कि जीवन के लिए अत्यंत खतरनाक हैं।

कृष्ण यह कह रहे हैं इस छोटे-से सूत्र में कि जीवन एक संयुक्त घटना है। आकाश में बादल भी चलता है, तो वह भी हमारे प्राणों की धड़कन से जुड़ा है। सूरज भी चलता है, तो वह भी हमारे हृदय के किसी हिस्से से संयुक्त है। अभी सूरज ठंडा हो जाए, तो हम यहीं सब ठंडे हो जाएंगे। दस करोड़ मील दूर है सूरज। हमको पता ही नहीं चलेगा कि कब ठंडा हो गया। क्योंकि वहां से कोई अखबार भी नहीं निकलता! वहां से कोई सूचना भी नहीं आएगी। पर हमको यह भी पता नहीं चलेगा कि वह ठंडा हो गया, क्योंकि उसके ठंडे होने के ठीक आठ मिनट बाद हम भी ठंडे हो जाएंगे। ठीक आठ मिनट बाद। आठ मिनट बाद—इसलिए इतनी देर लगेगी—कि आठ मिनट तक उसकी पुरानी किरणें हमारे काम आती रहेंगी, जो चल चुकी हैं उसके ठंडे होने के पहले। आठ मिनट बाद हम ठंडे हो जाएंगे।

इससे उलटा भी सच है। अगर सूरज से हम जुड़े हैं और अगर सूरज के बिना हम ठंडे हो जाएंगे, तब दूसरी बात आपसे कहता हूं—जो इस मुल्क ने अकेले हिम्मत की है कहने की—वह यह है कि अगर हम भी ठंडे हो जाएं, तो सूरज भी कुछ गवां देगा। अब यह जरा कठिन पड़ता है समझना। लेकिन यह भी समझ में आ सकेगा। अगर जीवन इंटररिलेटेड है, अगर पति के मरने से पत्नी में कुछ कम हो जाता है, तो पत्नी के मरने से पति में भी कुछ कम होगा। अगर सूरज के मिटने से पृथ्वी ठंडी हो जाती है, तो पृथ्वी के ठंडे होने से सूरज में भी कुछ टूटेगा और बिखरेगा। जीवन संयुक्त है, जुड़ा हुआ है।

तो जब कृष्ण कहते हैं, अन्न से बनता है मनुष्य, तो वे यह कह रहे हैं कि पदार्थ और चेतना में कोई बुनियादी भेद नहीं है, दोनों एक ही चीज हैं। पदार्थ से ही बनती है आत्मा। इसका मतलब सिर्फ इतना है कि पदार्थ भी पदार्थ नहीं है। वह भी छिपी हुई, लेटेंट आत्मा है। वह भी गुप्त आत्मा है। आप अन्न खाते हैं, वह खून बनता है, हड्डियां बनता है, चेतना बनता है, होश बनता है, बुद्धि बनता है। निश्चित ही जो अन्न बनता है, वह उसमें छिपा है। वह भी जीवन है। कहना चाहिए, वह भी बिल्ट इन जीवन है उसके भीतर, जो आपमें आकर फैल जाता और खिल जाता है।

अन्न आता है वर्षा से, वर्षा आती है यज्ञ से। क्यों? यज्ञ का यहां क्या अर्थ है?

यहां कृष्ण यह कह रहे हैं कि जब मनुष्य अच्छे काम करता है और जब मनुष्य परमात्मा पर समर्पित होकर जीता है, तो परमात्मा उसकी फिक्र करता है सब तरफ से। पूरी प्रकृति उसकी चिंता करती है सब तरफ से। बादल वर्षा डालते हैं, वृक्ष फलों से भर जाते हैं, नदियां बहती हैं, सूरज चमकता है, जीवन में एक मौज और एक खुशी और एक रंग और एक सुगंध होती है। और जब आदमी बुरा होना शुरू होता है और आदमी जब अहंकार से भरता है और आदमी कहने लगता है, मैं ही सब कुछ हूं, कोई परमात्मा नहीं, तब जीवन सब तरफ से विकृत होना शुरू हो जाता है।

यज्ञ का अर्थ है, परमात्मा को समर्पित लोग, परमात्मा को समर्पित कर्मी जीवन को ऐसा सामंजस्य, ऐसी हार्मनी देते हैं कि सारी प्रकृति उनके लिए अपना सब कुछ लुटाने को तैयार हो जाती है। अब इसको भी मैं एक छोटा-सा उदाहरण देकर आपके खयाल में लाना चाहूं, तो आए, शायद आ जाए।

आक्सफोर्ड युनिवर्सिटी में एक छोटी-सी प्रयोगशाला है, डिलाबार। वहां वे कुछ बहुत गहरे प्रयोग कर रहे हैं। उसमें से एक प्रयोग मैं आपको याद दिलाना चाहता हूं। वह प्रयोग है कि उन्होंने दो क्यारियों में बीज बोए। एक-से बीज, एक-सी खाद, एक-सी क्यारी, एक-सा सूरज का रुख। लेकिन एक क्यारी के ऊपर उन्होंने पॉप म्यूजिक बजाया। पॉप म्यूजिक, जो आज सारी दुनिया की नई जेनरेशन का संगीत है। संगीत कम है, विसंगीत ज्यादा है। लेकिन उसका नाम तो संगीत ही है। तो पॉप म्यूजिक बजाया रोज एक घंटे। और दूसरी क्यारी पर क्लासिकल, शास्त्रीय संगीत बजाया— बिथोवन, मोझर्ट, वेजनर—इनका संगीत बजाया। शास्त्रीय संगीत, जो कि सही अर्थों में स्वरों का संगम और सामंजस्य है। बड़ी हैरानी का अनुभव हुआ। और यह प्रयोग वैज्ञानिकों के द्वारा किया गया।

जिस क्यारी पर पॉप म्यूजिक बजाया गया, उस क्यारी के बीजों ने फूटने से इनकार कर दिया। और जिस क्यारी पर शास्त्रीय संगीत बजाया गया, उसके बीज जल्दी फूट गए, समय के पहले। बामुश्किल पॉप वाली क्यारी के बीज टूटे भी, तो उनमें जो अंकुर आए, अर्द्धमृत, पहले से ही मरे हुए। उनमें फूल तो लग ही नहीं सके। और शास्त्रीय संगीत वाली क्यारी पर, जैसे फूल साधारणतः उन बीजों से आने चाहिए थे, उससे डेढ़ गुने बड़े फूल आए और डेढ़ गुने ज्यादा बड़ी संख्या में आए।

अब डिलाबार लेबोरेटरी के वैज्ञानिकों का कहना है कि संगीत की जो तरंगें पैदा हुईं, उन्होंने अंतर पैदा किया है। क्या संगीत से जब तरंगें पैदा होती हैं, तो आदमियों के कर्मों से तरंगें पैदा नहीं होती हैं? और अगर संगीत से तरंगें पैदा होती हैं, तो क्या आदमी की चेतना, चित्त की अवस्थाओं से तरंगें पैदा नहीं होती हैं? क्या अहंकार से भरा हुआ आदमी अपने चारों तरफ विसंगीत नहीं फैलाता है? क्या अहंकार से शून्य, विनम्र आदमी अपने चारों ओर शास्त्रीय संगीत को नहीं फैलाता है?

कृष्ण जब कह रहे हैं, यज्ञ से होती है वर्षा, तो वे यह कह रहे हैं कि जब निरहंकारी लोग इस पृथ्वी पर जीते हैं, तो सारा जीवन उनके लिए सब कुछ करने के लिए तैयार हो जाता है। बादल भी वर्षा करते हैं, पौधे भी अन्न से भर जाते हैं, अन्न भी प्राण को लेकर आता है। और जब व्यक्ति गलत तरंगें अपने चारों ओर फैलाने लगते हैं...।

और यह भी मैं आपको कहना चाहूं कि आप कहेंगे कि संगीत से व्यक्ति की तरंगों का क्या संबंध? व्यक्ति से कोई तरंगें उठती हैं? तो आपमें से बहुतों को निरंतर अनुभव हुआ होगा कि जब आप किसी एक व्यक्ति के पास जाते हैं, तो अचानक रिपल्सिव मालूम होता है कि हट जाएं; जैसे कि कोई चीज आपको धक्का देती है। किसी के पास जाते हैं, तो लगता है कि आलिंगन भर लें, कोई जैसे पास बुलाता है; कोई चीज खींचती है, अट्रैक्ट करती है।

लेकिन ये तो खैर मनोभाव हैं, हो सकता है, कल्पना हो। फ्रांस के एक वैज्ञानिक ने एक

यंत्र विकसित किया है, जो यंत्र बताता है कि व्यक्ति से जो तरंगें निकल रही हैं, वे रिपल्सिव हैं या अट्रैक्टिव हैं। उस यंत्र के पास, जैसे आप वजन तौलने की मशीन पर खड़े होते हैं और कांटा घूमकर बताता है, ऐसा ही उस मशीन के सामने खड़े हो जाते हैं और कांटा घूमकर बताना शुरू कर देता है कि इस व्यक्ति से जो किरणें निकल रही हैं, वे लोगों को दूर हटाने वाली होंगी कि पास खींचने वाली होंगी।

आज नहीं कल, जब हम मनुष्य के जीवन में और थोड़ी गहराई से समझ पाएंगे, तो हमें इन सत्यों का पता चलेगा। और अगर आज वर्षा खो गई है, और आज अगर अन्न खो गया है, और आज अगर सब कुछ खो गया है, और सब दुर्दिन और दुख से भर गया है, तो उसका कुल कारण इतना ही नहीं है, कुल कारण इतना ही नहीं है कि संख्या बढ़ गई है; उसका कुल कारण इतना ही नहीं है कि पृथ्वी की पैदा करने की क्षमता कम हो गई है; उसका कुल कारण इतना ही नहीं है कि हम वैज्ञानिक खाद नहीं डाल पा रहे हैं। नहीं, उसके और गहरे कारण भी हैं। मनुष्य से जो तरंगें निकलती थीं और सारी प्रकृति से उन तरंगों का जो तालमेल था, वह टूट गया है; जो इनर हार्मनी थी, वह टूट गई है। मनुष्य ने अपने हाथ से ही सब तालमेल तोड़ डाला है। वह अकेला खड़ा हो गया है दुश्मन की तरह। न बादलों से कोई दोस्ती है, न नदियों से कोई प्रेम है।

वे लोग आज हमें पागल ही मालूम पड़ते हैं, जो किसी नदी को नमस्कार करते हैं। पागल हैं; नदी को और नमस्कार कर रहे हैं! ऐसे तो पागलपन लगता ही है कि नदी को नमस्कार कर रहे हैं। लेकिन जिन लोगों ने पहली बार नदी को नमस्कार किया था, उनके भाव का आपको कुछ खयाल है? जिन्होंने पहली बार नदी के चरणों में सिर रखा था, उनके भाव का कुछ खयाल है? जरूर उन्होंने नदी से एक मैत्री, एक हार्मनी का अनुभव किया था। जो पहाड़ों पर चढ़कर नमस्कार करने गए थे, उनके भाव का कोई खयाल है? लेकिन आज की दुनिया में भाव सिर्फ बिना भाव की चीज है; उसका कोई भाव नहीं रह गया है, उसका कोई मूल्य ही नहीं है। उसका कोई मूल्य हीं नहीं है। भावपूर्ण होना मूर्खतापूर्ण होना हो गया है। इससे बड़ी हालांकि मूर्खता नहीं हो सकती है।

यह जो कृष्ण कह रहे हैं, यज्ञपूर्ण कर्मों से, यज्ञपूर्ण प्रार्थनाओं से...। तो मैं यह नहीं कह रहा हूं कि आप आग जलाकर, उसमें गेहूं डालकर वर्षा कर लेंगे। यह मैं नहीं कह रहा हूं। आग जलाकर, गेहूं डालकर आप वर्षा कर लेंगे, यह मैं नहीं कह रहा हूं। मैं उससे कहीं ज्यादा गहरी बात कह रहा हूं। मैं आपसे यह कह रहा हूं कि यह तभी संभव हो पाएगा, जब प्रकृति और मनुष्य दुश्मन की तरह नहीं, मित्रों की तरह, प्रेमियों की तरह, एक ही चीज के हिस्से की तरह जीते हैं। तब हमारा पूरा जीवन यज्ञ हो जाता है। और उस क्षण में अगर हम आग जलाकर भी बादलों से बात करते हैं, तो उसका कोई अर्थ होता है। आज नहीं हो सकता। उस दिन जब इतने भाव से भरकर अगर हम यज्ञ की वेदी बनाते हैं और उसके चारों तरफ नाचकर बादलों से प्रार्थना करते हैं...। लेकिन आज नहीं हो सकता।

मैंने सुना है, एक गांव में बहुत दिनों से वर्षा नहीं हुई है। गांव के बाहर यज्ञ हो रहा है। सारे गांव के लोग प्रार्थना करने जा रहे हैं। एक छोटा बच्चा छाता लगाकर निकल आया घर

से, बगल में छाता दबाकर। लोगों ने, बड़े-बूढ़ों ने कहा, पागल! छाता घर फेंककर आ। वर्षा तो हो नहीं रही है दो साल से, छाते का क्या करेगा? तो उसने कहा कि आप सब लोग यज्ञ में जा रहे हैं, मैंने सोचा कि आपको भरोसा होगा कि आपकी प्रार्थना सुनी जाएगी। इसलिए मैं छाता लेकर चल रहा हूं।

आपको ही भरोसा नहीं है, तो जलाओ आग, डालो गेहूं उसमें। और जो पास में है, वह और खराब करो। उससे कुछ होने वाला नहीं है।

वह एक छोटा बच्चा भर उस गांव में यज्ञ करने का अधिकारी था; बाकी सब पूरा गांव अधिकारी नहीं था। और यह बच्चा अगर सच में ही...। लेकिन घर के बड़े-बूढ़ों ने डांटा-डपटा और छाता रखवा दिया कि रख छाता, पागल कहीं का। कोई छीन ले, छुड़ा ले, भीड़-भाड़ में टूट जाए। पानी दो साल से नहीं गिर रहा है। गिर गया ऐसे पानी! यह एक ही बच्चा यज्ञ का अधिकारी हो सकता था। और यह एक बच्चा भी अगर पूरे प्राणों से प्रार्थना करे, तो बादल भी आ सकते हैं। क्योंकि हम सब जुड़े हैं। हम इतने अलग नहीं हैं, जितने बादल और हम दिखाई पड़ते हैं।

इस जगत में कुछ भी अलग-अलग नहीं है, सब संयुक्त है। इस जगत में दूर से दूर का तारा भी मेरे हाथों से जुड़ा है। दूर से दूर का तारा भी आपके हाथों से जुड़ा है। अनंत-अनंत दूरी पर जो है, वह भी मेरे शब्दों की ध्वनि से प्रतिध्वनित होता है। अनंत दूरी पर जो है, वह भी मेरे हृदय की झंकार से झंकृत होता है, मेरा हृदय भी उसकी झंकार से झंकृत होता है। जीवन एक इकोलाजी है, एक परिवार है। इस बात को खयाल में रखें, तो कृष्ण का वह सूत्र समझ में आ सकता है।[41]

बाबा अलाउद्दीन : अमि तो किछु नाई

और इस सदी में जो लोग नाद-सुर की गहराई में गये हैं, उनमें बाबा अलाउद्दीन का और कोई मुकाबला नहीं है। बाबा अलाउद्दीन तो कहीं से भी नाद में उतर जाते थे। कोई वीणा ही नहीं चाहिए, कोई सितार ही नहीं चाहिए; लोहे के दो टुकड़े पड़े मिल जाएं, उन्हीं को बजा देंगे और उन्हीं से अद्‌भुत संगीत का जन्म हो जाएगा! चम्मच से थाली को बजाने लगेंगे और मंत्र-मुग्ध कर देंगे। एक बार जिसे स्वाद आ गया, एक बार जिसे उसका बोध आ गया, वह उसे कहीं से भी पुकार ले सकता है। लेकिन जितनी गहराई बढ़ी उतना ही यह भी अनुभव बढ़ा कि पार पाया न जा सकेगा। मैं मिट जाऊंगा लेकिन पार पाया न जा सकेगा।

हेरत हेरत हे सखी रह्या कबीर हिराइ
बुंद समानी समुंद में सो कत हेरी जाइ।
हेरत हेरत हे सखी रह्या कबीर हिराइ
समुंद समाना बुंद में सो कत हेरी जाइ।

ऐसा अपूर्व उनका अनुभव हुआ होगा। इसी अपूर्व अनुभव के कारण कहते हैं : सब माटी होए गैलो...सब प्रयत्न, प्रयास, अभ्यास, सब मिट्टी हो गया। जीवन-भर चेष्टा की, सब मिट्टी हो गयी। मनुष्य की चेष्टा मिट्टी हो ही जाती है। मनुष्य के किये कुछ हुआ है, कि होगा? होता है उसके किये। हम नाहक ही बीच में अपने अहंकार को भर लेते हैं।

अलाउद्दीन ठीक कहते हैं :

सब माटी होए गैलो,
अमि तो किछु नाई।

अब मैं कुछ भी नहीं हूं। खो गये, मिट गये। सब मिट्टी हो गया प्रयास। और जब प्रयास मिट्टी हो जाता है तो अहंकार को बनने की कोई जगह नहीं रह जाती, खड़े होने को कोई स्थान नहीं रह जाता, सहारा नहीं रह जाता, कोई टेका नहीं रह जाता। जब तुम्हारे सारे प्रयास मिट्टी हो जाएंगे, जब तुम पाओगे कि तुम्हारे सारे प्रयास व्यर्थ हैं, तो तुम कैसे कह सकोगे कि मैं हूं ? 'मैं' को कैसे निर्मित करोगे ? 'मैं' के लिये प्रयास की ईंटें चाहिए, तो 'मैं' का भवन बनता है, बड़ा भवन बनता है। हालांकि भवन होता है सिर्फ ताश के पत्तों का; हवा के ज़रा-से झोंके में गिर जाता है, देर नहीं लगती। मौत आती है और देर नहीं लगती, पत्ते बिखर जाते हैं, महल

भूमिसात हो जाते हैं। पत्तों के महल ही नहीं बिखर जाते, पत्थरों के महल भी बिखर जाते हैं। यहां सभी कुछ मिट्टी हो जाता है।

अलाउद्दीन का वचन महत्त्वपूर्ण है। संगीत से उन्होंने परमात्मा को जाना, संगीत से उन्हें परमात्मा की झलक मिली। संगीत में ही उन्हें सदगुरु मिला।

सब माटी होए गैलो,
अमि तो किछु नाई,
नाद-सुन को पार न पायो।

सीधे-सादे आदमी थे। पर बड़ी चेष्टा की, जीवन-भर चेष्टा की। नाद-सुर में सब कुछ समर्पित किया था। और पार नहीं मिला। और यही धन्यता है। पार मिल जाता तो उसका अर्थ थाः नाद-सुर को जाना ही नहीं, नाद-सुर के नाम पर खेल-खिलौने सीखे; नाद-सुर के नाम पर आदमी के ही बनाये हुए वाद्य-यंत्रों में उलझे रहे; नाद-सुर न जाना।

जिसका पार मिल जाए, जानना वह आदमी की ही बनावट है। जिसका पार न मिले, समझना कि प्रभु से जुड़े, प्रभु के निकट आए। अपार को ही तलाशो, अनंत को ही तलाशो। और तलाश के लिये तुम्हें कोई कृत्य नहीं करना है—तुम्हें मिटना है, तुम्हें नाकुछ होना है। तुम शून्य हो जाओ तो पूर्ण आज उतरने को राजी है।[42]

भारत की संत-परंपरा और गोरख

गोरख एक शृंखला की पहली कड़ी हैं। उनसे एक नये प्रकार के धर्म का जन्म हुआ, आविर्भाव हुआ। गोरख के बिना न तो कबीर हो सकते हैं, न नानक हो सकते हैं, न दादू, न वाजिद, न फरीद, न मीरा—गोरख के बिना ये कोई भी न हो सकेंगे। इन सबके मौलिक आधार गोरख में हैं। फिर मंदिर बहुत ऊंचा उठा। मंदिर पर बड़े स्वर्ण-कलश चढ़े...। लेकिन नींव का पत्थर नींव का पत्थर है। और स्वर्ण-कलश दूर से दिखाई पड़ते हैं, लेकिन नींव के पत्थर से ज्यादा मूल्यवान नहीं हो सकते। और नींव के पत्थर किसी को दिखाई भी नहीं पड़ते, मगर उन्हीं पत्थरों पर टिकी होती है सारी व्यवस्था, सारी भित्तियां, सारे शिखर...। शिखरों की पूजा होती है, बुनियाद के पत्थरों को तो लोग भूल ही जाते हैं। ऐसे ही गोरख भी भूल गये हैं।

लेकिन भारत की सारी संत-परंपरा गोरख की ऋणी है। जैसे पतंजलि के बिना भारत में योग की कोई संभावना न रह जायेगी; जैसे बुद्ध के बिना ध्यान की आधारशिला उखड़ जायेगी; जैसे कृष्ण के बिना प्रेम की अभिव्यक्ति को मार्ग न मिलेगा—ऐसे गोरख के बिना उस परम सत्य को पाने के लिये विधियों की जो तलाश शुरू हुई, साधना की जो व्यवस्था बनी, वह न बन सकेगी। गोरख ने जितना आविष्कार किया मनुष्य के भीतर अंतर-खोज के लिये, उतना शायद किसी ने भी नहीं किया है। उन्होंने इतनी विधियां दीं कि अगर विधियों के हिसाब से सोचा जाये तो गोरख सबसे बड़े आविष्कारक हैं। इतने द्वार तोड़े मनुष्य के अंतरतम में जाने के लिये, इतने द्वार तोड़े कि लोग द्वारों में उलझ गये।

इसलिए हमारे पास एक शब्द चल पड़ा है—गोरख को तो लोग भूल गये—गोरखधंधा शब्द चल पड़ा है। उन्होंने इतनी विधियां दीं कि लोग उलझ गये कि कौन-सी ठीक, कौन-सी गलत, कौन-सी करें, कौन-सी छोड़ें...? उन्होंने इतने मार्ग दिये कि लोग किंकर्तव्यविमूढ़ हो गये, इसलिए गोरखधंधा शब्द बन गया। अब कोई किसी चीज में उलझा हो तो हम कहते हैं, क्या गोरखधंधे में उलझे हो!

गोरख के पास अपूर्व व्यक्तित्व था, जैसे आइंस्टीन के पास व्यक्तित्व था। जगत के सत्य को खोजने के लिये जो पैने से पैने उपाय अलबर्ट आइंस्टीन दे गया, उसके पहले किसी ने भी नहीं दिये थे। हां, अब उनका विकास हो सकेगा, अब उन पर और धार रखी जा सकेगी। मगर जो प्रथम काम था वह आइंस्टीन ने किया है। जो पीछे आयेंगे वे नंबर दो होंगे। वे अब प्रथम नहीं हो सकते। राह पहली तो आइंस्टीन ने तोड़ी, अब इस राह को पक्का करनेवाले, मजबूत करनेवाले, मील के पत्थर लगानेवाले, सुंदर बनानेवाले, सुगम बनानेवाले बहुत लोग आयेंगे। मगर आइंस्टीन की जगह अब कोई भी नहीं ले सकता। ऐसी ही घटना अंतरजगत में गोरख के साथ घटी।

लेकिन गोरख को लोग भूल क्यों गये? मील के पत्थर याद रह जाते हैं, राह तोड़नेवाले भूल जाते हैं। राह को सजानेवाले याद रह जाते हैं, राह को पहली बार तोड़नेवाले भूल जाते हैं। भूल जाते हैं इसलिए कि जो पीछे आते हैं उनको सुविधा होती है संवारने की। जो पहले आता है, वह तो अनगढ़ होता है, कच्चा होता है। गोरख जैसे खदान से निकले हीरे हैं। अगर गोरख और कबीर बैठे हों तो तुम कबीर से प्रभावित होओगे, गोरख से नहीं। क्योंकि गोरख तो खदान से निकले हीरे हैं; और कबीर—जिन पर जौहरियों ने खूब मेहनत की, जिन पर खूब छैनी चली है, जिनको खूब निखार दिया गया है!

कबीर और गोरख साथ बैठे हों, तुम गोरख को शायद पहचानो ही न; क्योंकि गोरख तो अभी गोलकोंडा की खदान से निकले कोहिनूर हीरे हैं। कबीर पर बड़ी धार रखी जा चुकी, जौहरी मेहनत कर चुके।...कबीर तुम्हें पहचान में आ जायेंगे।

इसलिये गोरख का नाम भूल गया है। बुनियाद के पत्थर भूल जाते हैं!

गोरख के वचन सुनकर तुम चौंकोगे। थोड़ी धार रखनी पड़ेगी; अनगढ़ हैं। वही धार रखने का काम मैं यहां कर रहा हूं। जरा तुम्हें पहचान आने लगेगी, तुम चमत्कृत होओगे। जो भी सार्थक है, गोरख ने कह दिया है। जो भी मूल्यवान है, कह दिया है।[43]

अतुलनीय कबीर

कबीर! संत तो हजारों हुए हैं, पर कबीर ऐसे हैं जैसे पूर्णिमा का चांद—अतुलनीय, अद्वितीय! जैसे अंधेरे में कोई अचानक दीया जला दे, ऐसा यह नाम है। जैसे मरुस्थल में कोई अचानक मरूद्यान प्रकट हो जाए, ऐसे अद्‌भुत और प्यारे उनके गीत हैं!

मैं कबीर के शब्दों का अर्थ नहीं करूंगा। शब्द तो सीधे-सादे हैं। कबीर को तो पुनरुज्जीवित करना होगा। व्याख्या नहीं हो सकती उनकी, उन्हें पुनरुज्जीवन दिया जा सकता है। उन्हें अवसर दिया जा सकता है कि वे मुझसे बोल सकें। तुम ऐसे ही सुनना जैसे यह कोई व्याख्या नहीं है; जैसे बीसवीं सदी की भाषा में, पुनर्जन्म है। जैसे कबीर का फिर आगमन है। और बुद्धि से मत सुनना। कबीर का कोई नाता बुद्धि से नहीं। कबीर तो दीवाने हैं। और दीवाने ही केवल उन्हें समझ पाए और दीवाने ही केवल समझ पा सकते हैं। कबीर मस्तिष्क से नहीं बोलते हैं। यह तो हृदय की वीणा की अनुगूंज है। और तुम्हारे हृदय के तार भी छू जाएं, तुम भी बज उठो, तो ही कबीर समझे जा सकते हैं।

यह कोई शास्त्रीय, बौद्धिक आयोजन नहीं है। कबीर को पीना होता है, चुस्की-चुस्की।

जैसे कोई शराब पीए! और डूबना होता है, भूलना होता है अपने को, मदमस्त होना होता है। भाषा पर अटकोगे, चूकोगे; भाव पर जाओगे तो पहुंच जाओगे। भाषा तो कबीर की टूटी-फूटी है। बे-पढ़े-लिखे थे। लेकिन भाव अनूठे हैं, कि उपनिषद फीके पड़ें, कि गीता, कुरान और बाइबिल भी साथ खड़े होने की हिम्मत न जुटा पाएं। भाव पर जाओगे तो...।

भाषा पर अटकोगे तो कबीर साधारण मालूम होंगे। कबीर ने कहा भी—लिखा-लिखी की है नहीं, देखा-देखी बात। नहीं पढ़ कर कह रहे हैं। देखा है आंखों से। जो नहीं देखा जा सकता उसे देखा है, और जो नहीं कहा जा सकता उसे कहने की कोशिश की है। बहुत श्रद्धा से ही कबीर समझे जा सकते हैं। शंकराचार्य को समझना हो, श्रद्धा की ऐसी कोई जरूरत नहीं। शंकराचार्य का तर्क प्रबल है। नागार्जुन को समझना हो, श्रद्धा की क्या आवश्यकता! उनके प्रमाण, उनके विचार, उनके विचार की अदभुत तर्कसरणी—वह प्रभावित करेगी। कबीर के पास न तर्क है, न विचार है, न दर्शनशास्त्र है। शास्त्र से कबीर का क्या लेना-देना!

कहा कबीर ने—'मसि कागद छुओ नहीं।'

कभी छुआ ही नहीं जीवन में कागज, स्याही से कोई नाता ही नहीं बनाया। सीधी-सीधी अनुभूति है; अंगार है, राख नहीं। राख को तो तुम सम्हाल कर रख सकते हो। अंगार को सम्हालना हो तो श्रद्धा चाहिए, तो ही पी सकोगे यह आग। कबीर आग हैं। और एक घूंट भी पी लो तो तुम्हारे भीतर भी—अग्नि भभक उठे—सोयी अग्नि जन्मों-जन्मों की। तुम भी दीए बनो। तुम्हारे भीतर भी सूरज ऊगे। और ऐसा हो, तो ही समझना कि कबीर को समझा, ऐसा न हो तो समझना कि कबीर के शब्द पकड़े, शब्दों की व्याख्या की, शब्दों के अर्थ जाने; पर वह सब ऊपर-ऊपर का काम है। जैसे कोई जमीन को इंच दो इंच खोदे और सोचे कि कुआं हो गया। गहरा खोदना होगा। कंकड़-पत्थर आएंगे। कूड़ा-कचरा आएगा। मिट्टी हटानी होगी। धीरे-धीरे जलस्रोत के निकट पहुंचोगे।[44]

कबीर और कमाल

कबीर के जीवन में ऐसा उल्लेख है, कि रोज उनके घर भजन करने लोग इकट्ठे होते थे। कबीर तो सहज समाधि में थे, बालवत थे। जब लोग इकट्ठे हो जाते और भोजन का समय होता तो वे उनसे कहते: 'चलो भोजन करके जाना! अब कहां जाते हो, भोजन कर जाओ!'

पति तो ऐसा कहे, लेकिन पत्नी बड़ी मुश्किल में पड़ गई। अब यह कहां से रोज-रोज

भोजन लाओ! इतना भोजन! कबीर तो गरीब आदमी थे, कपड़ा बुन कर बेच लेते थे जो थोड़ा-बहुत, वह भी जो भजन इत्यादि से समय बच जाता कभी तो बुन लेते—उसी में काम चलाना था। तो पत्नी ने कहा कि मैं तो न कह सकूंगी, क्योंकि मैं कैसे कहूं कि घर में कुछ भी नहीं है, मैं कैसे खिलाऊं, कहां से लाऊं! उधारी बढ़ती जाती है। बेटे को कहा—कमाल को—कि तू अपने बाप को समझा कि अब यह कहना बंद कर दो, हमारे पास सुविधा नहीं है। लोग भजन करें, जायें, तो जाने दो, उनको रोको मत। हाथ पकड़-पकड़ कर रोकते हो कि बैठो, भोजन करके जाना, कहां जाते हो! लोग जाना भी चाहते हैं, क्योंकि लोगों को पता है कि घर में भोजन की सुविधा नहीं है।

तो कमाल ने कबीर से कहा, एक दफा कहा, दो दफा कहा, तीन दफा कहा, चौथी दफा कमाल नाराज हो गया। कमाल भी कमाल का ही बेटा था। उसने कहा: अब बंद करते हो कि नहीं? क्या हम चोरी करने लगें? उधारी चढ़ गई सिर पर, चुकती नहीं। अब तो एक ही उपाय बचा है। अगर तुमने यह जारी रखा तो हम चोरी करने लगेंगे।

कबीर तो खिल गये जैसे कमल खिल जाये। कबीर ने कहा: अरे पागल तो पहले क्यों न सोचा! इतने दिन खुद परेशान, तू परेशान, तेरी मां परेशान! और इतने दिन मुझे भी परेशान कर रहे हो! तो पहले क्यों न सोचा?

कमाल तो चौंका। उसने कहा: हद हो गई! इसका क्या अर्थ हुआ! क्या चोरी के लिए भी स्वीकृति! लेकिन कमाल भी कमाल था। उसने कहा: 'तो ठीक। तो आज चोरी करने जायेंगे। लेकिन आपको मेरे साथ चलना पड़ेगा।' उसने सोचा कि यह मजाक ही होगी; जब बात मुद्दे की आयेगी और चोरी करने की बात उठेगी तो शायद इनकार कर जायेंगे। लेकिन कबीर ने कहा: 'हां-हां, चलूंगा।'

कमाल भी कमाल ही था! रात आ गया उठ कर आधी रात, कहा कि चलो। अभी भी सोचता था कि आखिरी वक्त में वे नट जायेंगे कि चोरी और कबीर! बात कुछ मेल खाती नहीं। लेकिन कबीर उठ गये, हाथ-मुंह धोकर चल पड़े। कहने लगे: 'कहां चलना है, चल।' मगर कमाल भी कमाल ही था। उसने जाकर सेंध लगा दी एक मकान में। उसने कहा, हो सकता है अब रुक जायें। वह भी आखिरी दम तक देखना चाहता था कि मामला कहां तक जाता है। सेंध भी खुद गई। उसने कहा: 'तो मैं अंदर चला जाऊं?' कबीर ने कहा: 'अब इधर आये किसलिए! तो पागल, आधी रात नींद वैसे ही खराब की! तो जल्दी कर, क्योंकि ब्रह्म-मुहूर्त हुआ जाता है और थोड़ी देर में भजन करने वाले लोग आते होंगे!'

बड़ी अनूठी कहानी है। अनूठी, क्योंकि उसके फिर मुकाबले में कोई कहानी पूरे संत-साहित्य में नहीं है। तो कमाल भीतर चला गया। कमाल भी कमाल ही था। उसने कहा कि ठीक है; शायद जब मैं ले आऊंगा धन तब वे इनकार कर देंगे। वह भी आखिरी दम तक देख लेना चाहता था। बाप का ही बेटा था। कबीर का ही बेटा था। कहा कि तुम अगर आखिरी दम तक कस रहे हो तो मैं भी...। वह ले आया खींच कर अशर्फियों से भरी एक बोरी। बोरी बाहर निकाल रहा था, तभी कबीर ने कहा कि 'सुन, घर के लोगों को जगा दिया कि नहीं, बता दिया कि नहीं?' तो उसने कहा: 'क्या मतलब?' कहा: 'घर के लोगों को बता तो दे भाई कम से

कम। सुबह भटकेंगे, यहां-वहां खोजेंगे, उनको पता तो होना चाहिए, कौन ले गया! शोरगुल कर दे!' तो कमाल तो कमाल ही था, उसने शोरगुल कर दिया। और जब कबीर कह रहे हैं तो कर दो शोरगुल! शोरगुल कर दिया तो पकड़ लिया गया। सेंध में से निकल रहा था, घर के लोगों ने पीछे से पैर पकड़ लिए। तो उसने पूछा कबीर से : 'अब क्या करना? लोगों ने पैर पकड़ लिए हैं।' तो कबीर ने कहा : 'पकड़े रहने दे पैर। पैर का करना भी क्या है! सिर मैं तेरा लिए जाता हूं।' कहते हैं सिर काट लिया, सिर ले गये। घर के लोगों ने पीछे खींच लिया कमाल को। बिना सिर का था तो पहचानना मुश्किल हो गया कि कौन है, क्या है। लेकिन कुछ रंग-ढंग से लगता था कि अपूर्व व्यक्ति है! गंध कुछ ऐसी थी, हाथ-पैर का सौंदर्य ऐसा था, शरीर का अनुपात ऐसा था, कोमलता ऐसी थी, प्रसाद ऐसा था! बिना सिर के भी था तो भी!

किसी ने कहा कि हमें तो ऐसा लगता है कि कबीर का बेटा कमाल है, तो इसे बाहर खंभे पर लटका दें, पहचान हो जायेगी। क्योंकि थोड़ी ही देर में कबीर की मंडली निकलेगी भजन करते, कोई न कोई पहचान लेगा। तो उन्होंने खंभे पर लटका दिया बाहर। थोड़ी देर बाद मंडली निकली कबीर की भजन करते। पकड़े गये, क्योंकि कमाल का शरीर वहां लटका था। रोज की आदत, पुरानी आदत, ऐसी जल्दी तो छूटती नहीं—जब लोगों को भजन करते देखा तो वह ताली बजाने लगा! वह जो लाश लटकी थी, वह ताली बजाने लगी।

कहानी तो कहानी ही है; सच होनी चाहिए, ऐसा नहीं है। लेकिन बड़ी प्रतीकात्मक है कि कबीर चोरी को भी राजी हो गये; बेटे का सिर काटने को भी राजी हो गये; न चोरी से डरे, न हिंसा से डरे। ऐसा हुआ है, ऐसा मैं कह नहीं रहा; लेकिन ऐसा भी हो तो भी आश्चर्य नहीं है। क्योंकि हमारे जो द्वंद्व हैं—चोरी बुरी और अचोरी अच्छी, और हिंसा बुरी और अहिंसा अच्छी—ये हमारे चंचल चित्त की लहरों से उठी हुई धारणायें हैं। हेयोपादेय! यह अच्छा, यह बुरा; यह शुभ, यह अशुभ! कहीं तो कोई एक दशा होगी, न जहां कुछ शुभ रह जाता, न अशुभ। कहीं तो कोई एक दशा होगी निर्द्वंद्व! कहीं तो एक सरलपन होगा, जहां भेद नहीं रह जाता! कहीं तो कोई एक स्थान होना चाहिए, एक स्थिति होनी चाहिए—जहां सब द्वंद्व खो जाते हैं, द्वैत लीन हो जाता है, अद्वैत का जन्म होता है! उसी अद्वैत की बात है।[45]

कबीर और वेश्या

ऐसा हुआ, कबीर के जीवन में एक अनूठा उल्लेख है। कबीर की ख्याति फैलने लगी—फैलनी ही चाहिए थी, ऐसे कमल कभी-कभी खिलते हैं। अपूर्व कमल खिला था। सुगंध पहुंचने लगी लोगों तक। लेकिन अड़चन थी। कबीर का अस्तित्व परंपरागत तो नहीं था—कभी किसी ज्ञानी का नहीं रहा। परंपरा मुर्दों की होती है, जिंदा आदमियों की नहीं होती। तो यह भी पक्का नहीं था—कबीर हिंदू हैं कि मुसलमान हैं। मेरे संबंध में पक्का है? कि हिंदू हूं कि मुसलमान हूं? पक्का हो ही नहीं सकता।

असल में ऐसा व्यक्ति न तो हिंदू होता है, न मुसलमान होता है। फिर जुलाहे का काम करते थे। और ब्राह्मणों को बड़ी बेचैनी थी काशी के। क्योंकि लोग इस जुलाहे की तरफ जाने लगे। ब्राह्मणों के दरबार खाली होने लगे और लोग इस जुलाहे की तरफ जाने लगे। और यह बात तो बड़ी बेचैनी की थी। परंपरागत धंधा, प्रतिष्ठा, मान-मर्यादा, न्यस्त स्वार्थ! तो ब्राह्मणों ने तरकीब सोची, कुछ उपाय करना पड़ेगा। और जब भी ब्राह्मणों को कोई तरकीब सूझती है तो दो ही तरह की सूझ सकती है। क्योंकि दो ही तरह से परंपरा बंधी है। या तो कबीर के आचरण पर कुछ धब्बा पड़ जाए, तो एक उपाय है। आचरण पर धब्बा डालने की दो ही व्यवस्थाएं हैं—या तो किसी स्त्री को उलझा दो और या धन-पैसे में उलझा दो। बस दो चीजों में से कुछ हो जाए तो काम हो जाए।

लेकिन धन-पैसे से भी उतनी कठिनाई पैदा नहीं होती, जितनी इस देश में स्त्री से हो सकती है। क्योंकि इस देश का पूरा मन काम-दमन से भरा हुआ है। इस देश का मन स्त्री के प्रति स्वस्थ नहीं है। अत्यंत अस्वस्थ, रुग्ण और बीमार है। तो एक वेश्या को पैसे देकर तैयार कर लिया कि जब कबीर सांझ को बेचने आएं अपना कपड़ा बाजार में तो तू हाथ पकड़ लेना।

वेश्या को तो पैसे मिले थे, कोई अड़चन न थी, उसको तो पैसे से प्रयोजन था; जब कबीर सांझ को अपने कपड़े बेचकर लौटने लगे तो उसने भरे बाजार में काशी के उनका हाथ पकड़ लिया। और उनसे लिपटकर रोने लगी और कहने लगी, क्यों बगुला भगत, मुझे अकेली छोड़कर तुम कहां चले आए? मेरे पास न तो पेट भरने को अन्न है, न तन ढंकने को वस्त्र और तुम्हारे जैसे ढोंगी की सर्वत्र पूजा हो रही है। और वह तो धाड़ मार-मार कर रोने लगी। और भीड़ इकट्ठी हो गयी। भीड़ तो तैयार ही थी—वह ब्राह्मण तो तैयार ही थे। पत्थर फेंकने लगे, कबीर को गालियां दी जाने लगीं।

लेकिन वेश्या भी बहुत चौंकी और ब्राह्मण भी बहुत चौंके, कबीर ने कहा तो अच्छा किया, तू आ गयी, इतनी देर क्यों राह देखी? अरे पागल, जब मैं जिंदा हूं? तब तो वह जरा वेश्या घबड़ायी कि यह आदमी क्या कह रहा है? क्योंकि वह तो सब बना-बनाया था। यह तो बात

ऐसे ही करने की थी और कबीर ने तो हाथ पकड़ लिया उसका कि अब आ ही गयी है तो अब साथ ही रहेंगे। अब वह घबड़ायी कि इस बूढ़े से और कहां झंझट हो गयी! अब वह इधर-उधर देखने लगी।

तो ब्राह्मणों ने जिन्होंने उसे जमाया था, वे भी भीड़ में सरक गये कि यह, यह सोचा ही नहीं था, यह बात भी हो सकती है! और कबीर ने कहा, अब आ ही गयी तो घर चल! भाड़ में जाए यह पूजा-प्रतिष्ठा, अरे तुझे छोड़कर ऐसी पूजा-प्रतिष्ठा में क्या रखा है! तू इतने दिन कहां रही! वह औरत तो सोचने लगी अब करना क्या है? इसके चंगुल से कैसे निकलना है? और वह तो उसका हाथ पकड़कर ले चले। अब वह इंकार भी न कर सके।

वह तो ले गये उसे घर अपने झोपड़े पर, उसके पैर दबाने लगे। उसने कहा कि महाराज, क्या कर रहे? अब मुझे और लज्जित मत करो। मुझे क्षमा करो, मुझे जाने दो। मैं कहां चक्कर में पड़ गयी! उन्होंने कहा, अब किसी कारण से चक्कर में पड़ी, लेकिन तू मुसीबत में तो रही ही होगी, नहीं तो चार पैसे के लिए कोई ऐसी झंझट करता है! अब तू फिकिर छोड़। खाना बना कर उसको खिलाने बैठ गये! वह खा रही और रो रही। वह उनके पैरों पर गिर पड़ी कि मुझे क्षमा कर दो, मुझसे बड़ी भूल हो गयी, मुझसे भूल ऐसी हो गयी कि अब आत्महत्या करूं तो भी शायद यह न धुलेगी। अब यह जिंदगी भर मेरी छाती में कांटे की तरह गड़ी रहेगी। चार पैसे के लिए मैंने क्या किया!

मगर ब्राह्मण चुप नहीं बैठे। उन्होंने देखा कि यह घर ले गया इसको, वेश्या को, तो वे तो राजा के पास भागे चले गये। उन्होंने जाकर काशी-नरेश को कहा कि हद हो गयी, आप भी जाते हैं इस ढोंगी के पास, वह एक वेश्या को घर लेकर बैठ गया है। बुलावा भेजा। कबीर अकेले नहीं आए, उसको साथ ही लेकर आए। वह कहे भी कि मुझे जाने दें, मुझे कहीं जाना नहीं है, अब वह और घबड़ाए कि अब यह सम्राट के सामने ले चला। तो कबीर ने कहा, तू फिकर क्यों करती है। जनम-जनम के बिछड़े मिल गये। वह अपनी ही लगाए जा रहे।

सम्राट के दरबार में भी उसको अंदर ले गये। वहां तो वह स्त्री घबड़ा गयी। और जब सम्राट ने देखा कि वह वेश्या का हाथ पकड़े चले आ रहे हैं, तो वह भी थोड़ा घबड़ाए। उसने कहा कि आप यह क्या कर रहे हैं और किस तरह अपनी प्रतिष्ठा और यश को नष्ट कर रहे हैं! उन्होंने कहा, खाक करें प्रतिष्ठा-यश! इसके पहले कि वह कुछ बोलें, वह स्त्री चिल्लायी कि क्षमा करना, पहले मुझे बोलने दो। मेरी कुछ समझ में ही नहीं आ रहा है, मैं सिर्फ पैसे के पीछे यह उपद्रव किये हूं और पैर पर कबीर के गिर पड़ी और सम्राट से उसने कहा कि मुझे किसी तरह छुटकारा दिला दो। मुझे ब्राह्मणों ने उलझा दिया है।

सम्राट कबीर से पूछे कि तुम कैसे पागल हो! कबीर ने कहा, अब और क्या करने का इसमें उपाय था! और मुझे तो कुछ फर्क नहीं पड़ता। मैं तो कर्ता नहीं हूं। तो यह खेल भी देखा। द्रष्टा तो द्रष्टा ही रहेगा। भोक्ता होने का कोई उपाय नहीं। यह तो मौका था मेरी परीक्षा का कि क्या मैं चौथे में रह सकता हूं? और मैं चौथे में ही रहा। और रत्ती भर चौथे से नहीं डिगा। यह एक स्वप्न है, इस तल पर मेरा होना नहीं है। यह जो चौथा तल है, उस चौथे तल के लिए अष्टावक्र कहते हैं—

सुप्तोऽपि न सुषुप्तौ।

सोए तो भी ज्ञानी सोया नहीं, एक दीया जलता, एक दीया अहर्निश जलता, अखंड जलता।

स्वप्नेऽपि शयितो न च।

देखे स्वप्न, तो भी जानता कि मैं देखनेवाला हूं, देखा गया नहीं।

जागरेऽपि न जागर्ति।

जागकर भी जागा हुआ नहीं होता, क्योंकि वह तो महारूप से जागा हुआ है। महाजागृति को उपलब्ध है, इस क्षुद्र जागृति से अब कुछ लेना-देना नहीं है। यह धोखा तो अंधों के लिए है। यह धोखा तो उनके लिए है जो जागे हुए नहीं हैं, उनको लगता है यह जागृति है। जो जाग गये उनको किसी इतने बड़े शब्द का पता चलता कि यह जागृति तो नींद ही मालूम होती है।[46]

रैदास : आकाश में ध्रुवतारा

भारत का आकाश संतों के सितारों से भरा है। अनंत-अनंत सितारे हैं, यद्यपि ज्योति सबकी एक है। संत रैदास उन सब सितारों में ध्रुवतारा हैं—इसलिए कि शूद्र के घर में पैदा होकर भी काशी के पंडितों को भी मजबूर कर दिया स्वीकार करने को। महावीर का उल्लेख नहीं किया ब्राह्मणों ने अपने शास्त्रों में। बुद्ध की जड़ें काट डालीं, बुद्ध के विचार को उखाड़ फेंका। लेकिन रैदास में कुछ बात है कि रैदास को नहीं उखाड़ सके और रैदास को स्वीकार भी करना पड़ा।

ब्राह्मणों के द्वारा लिखी गई संतों की स्मृतियों में रैदास सदा स्मरण किए गए। चमार के घर में पैदा होकर भी ब्राह्मणों ने स्वीकार किया—वह भी काशी के ब्राह्मणों ने! बात कुछ अनेरी है, अनूठी है।

रैदास में कुछ रस है, कुछ सुगंध है—जो मदहोश कर दे। रैदास से बहती है कोई शराब, कि जिसने पी वही डोला। और रैदास अड्डा जमा कर बैठ गए थे काशी में, जहां कि सबसे कम संभावना है; जहां का पंडित पाषाण हो चुका है। सदियों का पांडित्य व्यक्तियों के हृदयों को मार डालता है, उनकी आत्मा को जड़ कर देता है। रैदास वहां खिले, फूले। रैदास ने वहां हजारों भक्तों को इकट्ठा कर लिया। और छोटे-मोटे भक्त नहीं, मीरा जैसी अनुभूति को उपलब्ध महिला ने भी रैदास को गुरु माना! मीरा ने कहा है: गुरु मिल्या रैदास जी! कि मुझे गुरु मिल गए रैदास। भटकती फिरती थी; बहुतों में तलाशा था, लेकिन रैदास को देखा कि झुक गई। चमार के सामने राजरानी झुके तो बात कुछ रही होगी। यह कमल कुछ अनूठा रहा होगा! बिना झुके न रहा जा सका होगा।

रैदास कबीर के गुरुभाई हैं। रैदास और कबीर दोनों एक ही संत के शिष्य हैं! रामानंद गंगोत्री हैं जिनसे कबीर और रैदास की धाराएं बही हैं। रैदास के गुरु है रामानंद जैसे अदभुत व्यक्ति; और रैदास की शिष्या है मीरा जैसी अदभुत नारी! इन दोनों के बीच में रैदास की चमक अनूठी है।

रामानंद को लोग भूल ही गए होते अगर रैदास और कबीर न होते। रैदास और कबीर के कारण रामानंद याद किए जाते हैं।

जैसे फल से वृक्ष पहचाने जाते हैं वैसे शिष्यों से गुरु पहचाने जाते हैं। रैदास का अगर एक भी वचन न बचता और सिर्फ मीरा का यह कथन बचता, गुरु मिल्या रैदास जी, तो काफी था। क्योंकि जिसको मीरा गुरु कहे, वह कुछ ऐसे-वैसे को गुरु न कह देगी। जब तक परमात्मा बिलकुल साकार न हुआ हो तब तक मीरा किसी को गुरु न कह देगी। कबीर को भी मीरा ने गुरु नहीं कहा है, रैदास को गुरु कहा।

इसलिए रैदास को मैं कहता हूं, वे भारत के संतों से भरे आकाश में ध्रुवतारा हैं।[47]

मीरा सेतु है

मीरा प्रेम का रुबाब लेकर बजाती है। बड़ा रस है इनमें। आंसू भी बहुत है। प्रेम भी बहुत है। आनंद भी बहुत है। सबका अदभुत समन्वय है। क्योंकि भक्त आनंद से भी रोता है, क्योंकि जितना मिला वह भी क्या कम है! भक्त विरह में भी रोता है, क्योंकि जो मिला उससे और मिलने की प्यास जग गई है। भक्त धन्यवाद में भी रोता है, क्योंकि जितना मिला है वह भी मेरी पात्रता से ज्यादा है। और भक्त अभीप्सा में भी रोता है कि जब इतना दिया है तो अब और मत तरसाओ, और भी दो!

तो इन आंसुओं में तुम आनंद के आंसू भी पाओगे, विरह के आंसू भी पाओगे, अनुग्रह के आंसू भी पाओगे, अभीप्सा के आंसू भी पाओगे। इन आंसुओं में बड़े स्वाद हैं। और मीरा से सुंदर आंसू तुम कहां पाओगे! ये भजन ही नहीं हैं, ये गीत ही नहीं हैं—इनमें मीरा ने अपना हृदय ढाला है। अगर तुम सावधानी से प्रवेश करोगे इन शब्दों में, तो तुम मीरा को जीवित पाओगे। और जहां मीरा को जीवित पा लिया, वहां से कृष्ण बहुत दूर नहीं हैं। जहां भक्त है, वहां भगवान है। भक्त को समझ लिया तो भगवान के संबंध में श्रद्धा उत्पन्न होती है। भगवान तो दिखाई पड़ता नहीं—अदृश्य है। भक्त दृश्य है।

कृष्ण को जानना हो, मीरा को सेतु बनाओ। और मीरा से अपूर्व सेतु तुम कहीं पा न

सकोगे। क्योंकि भक्त तो पुरुष हुए हैं। लेकिन पुरुष अंततः पुरुष है। उसके प्रेम में भी थोड़ी परुषता होती है। रोता भी है तो झिझक कर रोता है—शरमाता-शरमाता। नाचता भी है तो संकोच से। पुकारता भी है परमात्मा को तो चारों तरफ देख लेता है, कोई सुनता तो न होगा! यह स्वाभाविक है। स्त्री-हृदय जब पुकारता है तो निस्संकोच पुकारता है। पुकार स्वाभाविक है। स्त्री-हृदय जब पुकारता है तो निस्संकोच पुकारता है। पुकार स्वाभाविक है वहां। स्त्री-हृदय जब रोता है तो उसे संकोच नहीं होता। आंसू सहज हैं, स्व-स्फूर्त हैं।

ये भजन मीरा ने बैठ कर नहीं लिखे हैं, जैसे कवि लिखते हैं। ये नाचते-नाचते पैदा हुए हैं। इनमें अभी भी उसके घूंघर की झंकार है। ये अभी भी ताजा है। ये कभी बासे नहीं पड़ेंगे।

मैं तुमसे कहना चाहता हूं: जीवन-शैली इनमें छिपी पड़ी है। हां, थोड़ा श्रम करना होगा। थोड़े पर्दे उठाने पड़ेंगे। घूंघट में है राज। घूंघट देख कर ही मत लौट जाना। घूंघट के भीतर अपूर्व रहस्य छिपा हुआ है। लेकिन जो घूंघट उठाएगा, उस को ही रहस्य मिलेगा।

भक्ति को समझना हो तो मस्ती शर्त है। डूबे हुए आओ। रस-विभोर आओ। नाचते हुए आओ। गीत तुम्हें घेरे रहे तो ही तुम मीरा से संबंध जोड़ पाओगे। सोचते हुए मत आओ। सोचे कि मीरा से दूर छिटक जाओगे। मस्ती में संबंध बनेगा। डगमगाते हुए आओ।

यह मयकदा है। यह मीरा का जो मंदिर है, मधुशाला है। यह पंडित का मंदिर नहीं है—यह मस्तों का मंदिर है।

नाचते हुए आओ। अहोभाव से भरे हुए आओ। प्रफुल्लता से आओ। प्रसाद से आओ। तो मीरा से संबंध जुड़ने में जरा भी देर नहीं लगेगी। इधर तुम्हारा हृदय नाचता हुआ हो, तो उधर तो मीरा नाच ही रही है। और तुम भी नाचो, तो ही मीरा से मिल सकोगे। नाचते क्षण में ही मिल सकोगे। तुम बुद्धिमान बने खड़े रहे तो तुम्हारे बीच और मीरा के बीच जमीन-आसमान का अंतर होगा। उस अंतर को काटना संभव नहीं है।

तुम्हारे चारों तरफ अस्तित्व नाचता हुआ हो और तुम्हारे प्राणों से गीत उठते हों। ऐसी कला हो तो मीरा को समझ सकोगे।[48]

लालनाथ कुंभनाथ : गुरु द्वारा जन्म

श्री लालनाथ के जीवन में बड़ी अनूठी घटना से शहनाई बजी। संतों के जीवन बड़े रहस्य में शुरू होते हैं। जैसे दूर हिमालय से गंगोत्री से गंगा बहती है! छिपी है घाटियों में, पहाड़ों में, शिखरों में। वैसे ही संतों के जीवन की गंगा भी, बड़ी रहस्यपूर्ण गंगोत्रियों से शुरू होती है। आकस्मिक, अकस्मात, अचानक—जैसे अंधेरे में दीया जले, कि तत्क्षण रोशनी हो जाये! धीमी-धीमी नहीं होती संतों के जीवन की यात्रा शुरू। शनैः शनैः नहीं। संत छलांग लेते हैं।

जो छलांग लेते हैं, वही जान पाते हैं। जो इंच-इंच सम्हल कर चलते हैं, उनके सम्हलने में ही डूब जाते हैं। मंजिल उन्हें कभी मिलती नहीं। मंजिल दीवानों के लिए है। मंजिल के हकदार दीवाने हैं। मंजिल के दावेदार दीवाने हैं।

'लाल' दीवानों में दीवाने हैं। उनके जीवन की यात्रा, उनके संतत्व की गंगा बड़े अनूठे ढंग से शुरू हुई। और तो कुछ दूसरा परिचय नहीं है, न देने की कोई जरूरत है; हो तो भी देने की कोई जरूरत नहीं है। कहां पैदा हुए, किस गांव में, किस ठांव में, किस घर-द्वार में, किन मां-बाप से—वे सब बातें गौण हैं और व्यर्थ है। संतत्व कैसे पैदा हुआ, बुद्धत्व कैसे पैदा हुआ? राजस्थान में जन्मे इस गरीब युवक के जीवन में अचानक दीया कैसे जला; अमावस कैसे एक दिन पूर्णिमा हो गयी—बस वही परिचय है। वही असली परिचय है। न तो संत की जात पूछना, न पांत पूछना। पूछना ही मत व्यर्थ की बातें। पता-ठिकाना मत पूछना। उसका पता तो एक है—राम। उसका ठिकाना तो एक है—राम। उसका जन्म भी वही, उसकी मृत्यु भी वही। उसके जीवन का सारा उदघोष वही है।

लेकिन संतत्व की किरण कैसे उतरी, पहली किरण कैसे उतरी? फिर सूरज तो चला आता है। किरण के पीछे-पीछे चला आता है। मगर पहली किरण का उतरना जरूर समझने योग्य है। क्योंकि उसकी पहली किरण की तुम तलाश में हो।

और तुम्हारे पास से भी कहीं ऐसा न हो कि किरण आये और गुजर जाये और तुम पकड़ भी न पाओ; किरण आये और नाचती गुजर जाये और तुम्हें उसके पगों में बंधे घूंघर सुनाई न पड़ें; किरण आये और शहनाई बजाये और तुम बहरे रह जाओ; किरण आये और तुम आंख बंद किये बैठे रहो!

...और किरण सदा अकस्मात आती है, अनायास आती है। किरण हमेशा अतिथि है, बिना तिथि बताये आती है। न कोई खबर देती है, न कोई पूर्व-आगमन की सूचना देती है। कब द्वार पर दस्तक दे देगा परमात्मा, कोई भी नहीं जानता। उसकी कोई भविष्यवाणी नहीं हो सकती। सिर्फ इस जगत में एक चीज़ की भविष्यवाणी नहीं हो सकती, वह है परमात्मा और तुम्हारा

मिलन। और सब तो कार्य-कारण में बंधा है, इसलिए उसकी भविष्यवाणी हो सकती है। सिर्फ परमात्मा प्रसाद है, कार्य-कारण के पार है; इसलिए उसकी कोई भविष्यवाणी नहीं हो सकती।

किसी ने सोचा भी न होगा कि लाल के जीवन में ऐसे परमात्मा का पदार्पण होगा। लाल गौना कराकर घर लौटते थे। संगी-साथी, बैंड-बाजे, रंग-रौनक, उत्सव की घड़ी थी। रास्ते में लिखमादेसर गांव पड़ा। वहां पर एक अनूठे संत थे कुंभनाथ—परमहंस थे। न कोई धर्म की चिंता, न कोई पंथ की, न कोई परंपरा की। धार्मिक थे, मगर किसी धर्म से बंधे हुए न थे। लुटाते थे दोनों हाथ, जो दिया था परमात्मा ने। और जो लुटाता है, उसे परमात्मा और-और दिये जाता है। यह संपदा ऐसी है कि चुकती नहीं। रोको तो नष्ट हो जाती है। लुटाते रहो, तो बढ़ती चली जाती है।

लौटते थे गौना कराकर, रास्ते में गांव पड़ा । सोचा कि दर्शन करते चलें। ऐसे संत के गांव से गुजर रहे हैं, जिसकी सुगंध दूर-दूर तक पहुंचने लगी थी। और निश्चित उस सुगंध के साथ लपटें भी थीं। यह सुगंध फूलों की सुगंध नहीं है—लपटों की सुगंध है, ज्वाला की सुगंध है! संतत्व के साथ ही साथ क्रांति की आग भी जलती है। दूर-दूर तक कुंभनाथ की सुवास भी पहुंच रही थी। जो सुवास पहचान सकते थे, उन्हें सुवास मिल रही थी। जो सुवास नहीं पहचान सकते थे, परंपरा से बंधे हुए रूढ़िग्रस्त लोग थे, उन्हें बेचैनी हो रही थी। उनके पास आग पहुंच रही थी। सोचा, दर्शन करते चलें। और ऐसे संत का आशीर्वाद ले लेना उचित है। जीवन का प्रारंभ हो रहा है, विवाह हो रहा है, नयी दुनिया में प्रवेश हो रहा है, कौन न संत के आशीष लेने चला जाये। पता नहीं था क्या आशीष मिलेगा। जब तुम संत के पास जाते हो तो अपने हिसाब से जाते हो। अपनी आकांक्षा, अपनी अभिलाषा...। लेकिन संत जब आशीष देता है तो तुम्हारी अभिलाषाओं के हिसाब से नहीं देता, न तुम्हारी आकांक्षाओं की पूर्ति करता है। संत तो वही देता है जो दे सकता है। कूड़ा-करकट नहीं देता, हीरे देता है। कंकड़-पत्थर नहीं देता,जवाहरात देता है।

लाल को अब तक अपने 'लाल' होने का पता ही कहां था! अब तक अपने भीतर के हीरे की कोई पहचान न थी। किसी ने चौंकाया भी न था, किसी ने जगाया भी न था, किसी ने पुकारा भी न था, चुनौती भी न दी थी। सोये-सोये जिंदगी गयी थी, और अब सोने का एक और बड़ा आयोजन हुआ जा रहा था। नींद की पूरी व्यवस्था हुई जा रही थी। मूर्च्छा, जिंदगी की आपाधापी अब पूरी तरह पकड़ने को थी। गये थे आशीष लेने, स्वाभाविक—विवाह हो रहा है, नये जीवन का प्रारंभ है। इससे शुभ क्या होगा और कि किसी संत के आशीष की छाया मिले !

लेकिन वहां गये तो कुछ और ही हाल पाया। कुंभनाथ जीवित समाधि लेने की तैयारी कर रहे थे। गड्ढा खोदा जा चुका था। बस प्रवेश की तैयारी थी। अंतिम विदा-वेला...उन्होंने प्रसाद बांटा। सबको प्रसाद बांट चुके। लाल को भी प्रसाद मिला। और फिर समाधि में उतरने के पहले, बड़ी अनूठी बात कुंभनाथ ने कही। जोर से पुकारा, चारों तरफ देखा और जोर से पुकारा और कहा—'और है कोई लेनेहारा'?

प्रसाद तो बांट चुके थे। सभी ने ले लिया था। लाल भी ले चुके थे प्रसाद। अब यह किसी और ही प्रसाद की बात थी जो दिखाई नहीं पड़ता। जो लेने-देने में नहीं आता; जो हस्तांतरित नहीं होता। मगर फिर भी छलांगें लेता है, एक हृदय से दूसरे हृदय में उतर जाता है। हाथों-हाथ

तो नहीं जाता, आत्माओं से आत्माओं में जाता है। खड़े होकर उस गड्ढे पर, जिसमें जल्दी ही वे डूब जाने को हैं सदा को, उस मिट्टी में जिसमें मिल जाने को हैं—पुकारा जोर से : 'और है कोई लेनेहारा'? लोग तो इधर-उधर देखने लगे। सबको प्रसाद मिल चुका था। कोई बचा भी न था। और प्रसाद भी न बचा था। न तो कोई लेनेवाला बचा था। न प्रसाद बचा था। यह किस प्रसाद की बात हो रही है?

हो गये होंगे विक्षिप्त, सोचा होगा लोगों ने। होंगे ही विक्षिप्त, नहीं तो कोई जीवित समाधि लेता है? आदमी जीने के लिए कितने आयोजन करता है! मरता रहे तो भी जीता है। सड़ता रहे तो भी जीता है। कीड़े पड़ जायें शरीर में तो भी जीता है। कैंसर पकड़े, क्षयरोग हो, लूला हो, लंगड़ा हो, कोढ़ी हो, नालियों में पड़ा रहे—तो भी जीता है, तो भी जीना चाहता है, ऐसी जीवेषणा है! यह होगा ही आदमी विक्षिप्त। अपने हाथ से कब्र खोदी है, अपनी कब्र खोदी है, अपनी कब्र में समाने को जा रहा है। जरूर अब इसका मस्तिष्क बिलकुल खराब हो गया है।

प्रसाद बंट चुका, सभी को प्रसाद मिल चुका। न प्रसाद है पास, न कोई लेने वाला है अब और। और तब यह आदमी चिल्ला रहा है कि 'और है कोई लेनेहारा'!

लोग तो एक-दूसरे की तरफ देखने लगे, लेकिन लाल पहुंच गये। हाथ भिखारी की तरह फैलाकर बैठ गये सामने। आंखों से आंसुओं की धार...। कुछ घटा! कुछ वैसा घटा, जैसा बुद्ध और महाकाश्यप के बीच घटा था, कि बुद्ध लेकर फूल आये थे सुबह और बैठ गये थे फूल को देखते, देखते, देखते, देखते...। लोग थक गये। लोग प्रवचन सुनने आये थे। और ऐसा बुद्ध ने कभी भी न किया था कि हाथ में फूल लेकर बैठ गये और उसी को देखते रहे और लोगों को भूल ही गये। खैर दो-चार मिनट बीते तो ठीक था, घड़ी बीतने लगी, घंटा बीतने लगा। लोग बेचैन होने लगे, उद्विग्न होने लगे। यह कब तक चलेगी बात? यह समय बहुत लंबा मालूम होने लगा। यह बुद्ध को आज क्या हो गया है!

और तब महाकाश्यप हंसा था। जोर से हंसा था। खिलखिला कर हंसा था। और बुद्ध ने आंखें उठाई थीं और महाकाश्यप को कहा था कि आ, मेरे पास आ। तेरी मुझे तलाश थी। जिसकी मुझे तलाश थी, वह मिल गया। यह फूल ले। जो मैं शब्दों से दे सकता था वह मैंने दूसरों को दे दिया है; जो शब्दों से नहीं दिया जा सकता वह मैं तुझे देता हूं।

जैसा महाकाश्यप और बुद्ध के बीच कुछ घटा था...जो देखनेवालों को दिखाई नहीं पड़ा था कि क्या बुद्ध ने दिया, क्या महाकाश्यप ने लिया? सदियां बीत गयी हैं अब, पच्चीस सौ वर्ष बीत गये हैं, बुद्ध को प्रेम करनेवाले अब भी पूछते हैं, अब भी विचार करते हैं कि कौन-सा हस्तांतरण हुआ था? फूल दिया था, वह तो दिखाई पड़ा था। मगर बुद्ध ने कहा : जो मैं नहीं दे सकता शब्दों से, वह तुझे देता हूं। वह क्या है? शब्दों के पार, शास्त्रों के पार, न कहा जा सके जो, अनिर्वचनीय है जो, अव्याख्य है जो—वह क्या है? बुद्ध ने क्या दिया था महाकाश्यप को?

लेकिन कम से कम बुद्ध ने फूल तो दिया था। कुंभनाथ और लाल के बीच तो फूल भी नहीं दिया-लिया गया। कुछ दिया ही लिया नहीं गया। लेकिन प्रसाद बरसा। शहनाई बजी। धूप खो गयी, प्राण शीतल हुए। संगीत जन्मा। लाल तो रूपांतरित हो गये—उस झुकने में ही

रूपांतरित हो गये। लाल को पहली दफा अपने भीतर का लाल दिखाई पड़ा। पहली बार अपने भीतर के खजाने का अनुभव हुआ। जैसे इस सत्पुरुष की मौजूदगी में, इसकी रोशनी में अंधेरा टूटा, अपनी पहचान हुई, आत्म-परिचय हुआ! झुक गये चरणों में। मरते-मरते कुंभनाथ एक दिया जला गये, एक ज्योति जला गये—एक मशाल! जाते-जाते पूछते हैं: 'और है कोई लेनेहारा?' मिल गया एक लेनेहारा। थे बहुत लोग। सैकड़ों लोग मौजूद थे। मगर एक ने पुकार सुनी। एक ने हाथ फैलाये। एक ने झोली फैलायी। एक झुकने को राजी हुआ। तो जो झुका, वह भर गया। एक मिटने को राजी हुआ; तो जो मिटा, वह जनम गया।

लाल की जिंदगी बदल गयी। या यूं कहो, लाल का पहली दफा जन्म हुआ, जिंदगी मिली। अब तक जैसे एक नींद थी; नींद भी क्या, दुःस्वप्न! फूल खिले। कोयल बोली। अमावस मिटी, पूर्णिमा आयी। अमृत बरसा। मृत्यु गयी। गया वह सब, जिसे कल तक महत्त्वपूर्ण समझा था। और कल तक जिसकी कोई खबर न ली थी, उस तरफ आंख गयी। उसकी पहचान हुई। अमृत से संबंध जुड़ा। एकदम जैसे भभक उठे। ज्योतिर्मय हो गये! हजारों लोगों ने यह चमत्कार देखा था। जब उठे तो दूसरा ही व्यक्ति था; जब हाथ फैलाने बैठे थे तो कोई और ही व्यक्ति था। जो बैठा था, एक साधारण-सा युवक था, जो अभी विवाह करवाकर लौट रहा है। संगी-साथी हैं, बैंड-बाजा हैं, बारात है...। तब उठे तो उन आंखों में कोई गहराई थी, जिसे मापने का कोई उपाय नहीं। उस चेहरे पर कुछ आभा थी, जो इस लोक की नहीं है।

मित्रों को तो बहुत हैरानी हुई। ईर्ष्या भी हुई होगी। चोट भी लगी। मित्रों ने ताने भी कसे। मित्रों ने कहा कि तब फिर विवाह ही क्यों किया? जब यही करना था तो दो दिन पहले कर लेते। जब संन्यस्त होना था, तो दो दिन पहले हो लेते। जब यह गैरिक रंग में रंगना था तो दो दिन पहले क्या बिगड़ा? विवाह क्यों किया?

जवाब था: 'बेहड़ा लिखिया न टलै दीया अंट बुलाय।' लाल ने कहा: विधाता ने जो लिख दिया था, वह कैसे टल सकता था? फेरे लिखना हो चुका था, सो फेरे हुए। फेरे बदे थे, सो फेरे हुए। जो होना था, सो हुआ। यह भी होना था। फेरों के बाद ही होना था, सो बाद में हुआ!

लेकिन जब वास्तविक क्रांति घटती है तो उसके दूरगामी परिणाम होते हैं। नववधू लाल में हुए रूपांतरण को देखकर स्वयं भी रूपांतरित हो गयी। लाल भी डूब गये ध्यान में, नयी-नयी विवाहित युवती भी डूब गयी ध्यान में। भूल गये दोनों संसार। गुरु जाते-जाते एक अपूर्व व्यक्ति को जन्म दे गये।[49]

बुल्लाशाह के शिष्य गुलाल

गुलाल शिष्य थे बुल्लाशाह के। यह तो कोई बात खास नहीं; बुल्लाशाह के बहुत शिष्य थे। और हजारों सद्‌गुरु हुए हैं और उनके लाखों शिष्य हुए हैं, इसमें कुछ अभूतपूर्व नहीं। अभूतपूर्व ऐसा है कि गुलाल एक छोटे-मोटे जमींदार थे और उनका एक चरवाहा था—बुलाकीराम। लेकिन बुलाकीराम बड़ा मस्त आदमी था, उसकी चाल ही कुछ और थी! उसकी आंखों में खुमार था। उसके उठने-बैठने में एक मस्ती थी। कहीं रखता था पैर, कहीं पड़ते थे। और सदा मगन रहता था। कुछ था नहीं उसके पास मगन होने को—चरवाहा था, बस दो जून रोटी मिल जाती थी, उतना ही काफी था। सुबह से निकल जाता खेत में काम करने, जो भी काम हो, रात थका-मांदा लौटता; लेकिन कभी किसी ने उसे अपने आनंद को खोते नहीं देखा। एक आनंद की आभा उसे घेरे रहती थी। उसके बाबत खबरें आती थीं—गुलाल के पास, मालिक के पास—कि यह चरवाहा कुछ ज्यादा काम करता नहीं, क्योंकि हमने इसे खेत में नाचते देखा, काम यह क्या खाक करेगा! तुम भेजते हो गाएं चराने, गाएं एक तरफ चरती रहती हैं, यह झाड़ पर बैठकर बांसुरी बजाता है। हां, बांसुरी गजब की बजाता है, यह सच है, मगर बांसुरी बजाने से और गाय चराने से क्या लेना-देना है? तुम तो भेजते हो कि खेत पर यह काम करे और हमने इसे खेत में काम करते तो कभी नहीं देखा, झाड़ के नीचे आंख बंद करके बैठे जरूर देखा है। यह भी सच है कि जब यह झाड़ के नीचे आंख बंद करके बैठता है तो इसके पास से गुजर जाने में भी सुख की लहर छू जाती है; मगर उससे खेत पर काम करने का क्या संबंध है!

बहुत शिकायतें आने लगीं। और गुलाल मालिक थे। मालिक का दंभ और अहंकार। तो कभी उन्होंने बुलाकीराम को गौर से तो देखा नहीं। फुर्सत भी न थी; और भी नौकर होंगे, और भी चाकर होंगे। और नौकर-चाकरों को कोई गौर से देखता है! नौकर-चाकरों को कोई आदमी भी मानता है! तुम अपने कमरे में बैठे हो, अखबार पढ़ रहे हो, नौकर आकर गुजर जाता है, तुम ध्यान भी देते हो? नौकर से तुमने कभी नमस्कार भी की है? नौकर की गिनती तुम आदमी में थोड़े ही करते हो। नौकर से कभी तुमने कहा है आओ बैठो, कि दो क्षण बात करें? यह तो तुम्हारे अहंकार के बिल्कुल विपरीत होगा।

खबरें आती थीं, मगर गुलाल ने कभी ध्यान दिया नहीं था। उस दिन खबर आयी सुबह-ही-सुबह कि तुमने भेजा है नौकर को कि खेत में बुआई शुरू करे, समय बीता जाता है बुआई का, मगर बैल हल को लिए एक तरफ खड़े हैं और बुलाकीराम झाड़ के नीचे आंख बंद किए डोल रहा है।

एक सीमा होती है! मालिक सुनते-सुनते थक गया था। कहा: मैं आज जाता हूं और देखता हूं। जाकर देखा तो बात सच थी। बैल हल को लिए खड़े थे एक किनारे—कोई हांकने वाला ही नहीं था—और बुलाकीराम वृक्ष के नीचे आंख बंद किए डोल रहे थे। मालिक को क्रोध आया। देखा—यह हरामखोर, काहिल, आलसी...! लोग ठीक कहते हैं। उसके पीछे पहुंचे और जाकर जोर से एक लात उसे मार दी। बुलाकीराम लात खाकर गिर पड़ा। आंखें खोलीं। प्रेम के और आनंद के अश्रु बह रहे थे। बोला अपने मालिक से : मेरे मालिक! किन शब्दों में धन्यवाद दूं? कैसे आभार करूं? क्योंकि जब आपने लात मारी तब मैं ध्यान कर रहा था। जरा-सी बाधा रह गयी थी मेरे ध्यान में। आपकी लात ने वह बाधा मिटा दी। जरा-सी बाधा, जिससे मैं नहीं छूट पा रहा था। जब भी ध्यान में मैं मस्त हो जाता हूं तो यही बाधा मुझे घेर लेती है, यही मेरी आखिरी अड़चन थी। गजब कर दिया मालिक आपने भी! मेरी बाधा यह है कि जब भी मैं मस्त हो जाता हूं ध्यान में, तो गरीब आदमी हूं, साधु-संतों को भोजन करवाने के लिए निमंत्रण करना चाहता हूं, लेकिन है ही नहीं भोजन जो करवाऊं, तो बस ध्यान में जब मस्त होता हूं तो मानसी-भंडारा करता हूं। मन ही मन मैं सारे साधु-संतों को बुला लाता हूं कि आ जाओ, सब आ जाओ, दूर-दूर देश से आ जाओ! और पंक्तियों पर पंक्तियां साधुओं की बैठी थीं और क्या-क्या भोजन बनाए थे, मालिक! परोस रहा था और मस्त हो रहा था! इतने साधु-संत आए थे! एक से एक महिमा वाले! और तभी आपने मार दी लात। बस दही परोसने को रह गया था; आपकी लात लगी, हाथ से हांडी छूट गयी; हांडी फूट गयी, दही बिखर गया। मगर गजब कर दिया मालिक, मैंने कभी सोचा भी न था कि आपको ऐसी कला आती है! हांडी क्या फूटी, मानसी-भंडारा विलुप्त हो गया, साधु-संत नदारद हो गए—कल्पना ही थी सब, कल्पना का ही जाल था—और अचानक मैं उस जाल से जग गया, बस साक्षी मात्र रह गया।

आंख से आंसू बह रहे हैं आनंद के और प्रेम के, शरीर रोमांचित है हर्षोन्माद से—एक प्रकाश झर रहा है। बुलाकीराम की यह दशा पहली बार गुलाल ने देखी। बुलाकीराम ही नहीं जागा साक्षी में, अपनी आंधी में गुलाल को भी उड़ा ले गया। आंख से जैसे एक पर्दा उठ गया। पहली दफा देखा कि यह कोई चरवाहा नहीं; मैं कहां-कहां, किन-किन दरवाजों पर सद्‌गुरुओं

को खोजता फिरा और सद्‌गुरु मेरे घर मौजूद था! मेरी गायों को चरा रहा था, मेरे खेतों को सम्हाल रहा था! गिर पड़े पैरों में। बुलाकीराम, बुलाकीराम न रहे—बुल्लाशाह हो गए। पहली दफा गुलाल ने उन्हें संबोधित किया : बुल्ला साहिब!, मेरे मालिक, मेरे प्रभु! साहब का अर्थ : प्रभु। कहां थे नौकर, कहां हो गए शाह! शाहों के शाह!

कहते हैं बहुत फकीर हुए हैं, लेकिन बुल्लाशाह का कोई मुकाबला नहीं। और यह घटना बड़ी अनूठी है। अनूठी इसलिए है कि युगपत घटी। सद्‌गुरु और शिष्य का जन्म एक साथ हुआ। सद्‌गुरु का जन्म भी उसी वक्त हुआ, उसी सुबह; क्योंकि वह जो आखिरी अड़चन थी, वह मिटी। इसलिए भी अद्‌भुत है कि वह आखिरी अड़चन शिष्य के द्वारा मिटी। हालांकि गुलाल ने कुछ जानकर नहीं मिटायी थी, आकस्मिक था, मगर निमित्त तो बने! शिष्य ने सद्‌गुरु की आखिरी अड़चन मिटायी। इधर गुरु का जन्म हुआ, इधर गुरु का आविर्भाव हुआ, उधर शिष्य के जीवन में क्रांति हो गयी। बुल्लाशाह को कंधे पर लेकर लौटे गुलाल। वह जो लात मारी थी न, जीवन भर पश्चात्ताप किया, जीवन भर पैर दबाते रहे।

बुल्लाशाह कहते : मेरे पैर दुखते नहीं, क्यों दबाते हो? वे कहते : वह जो लात मारी थी...! तीस-चालीस साल बुल्लाशाह जिंदा रहे, गुलाल पैर दबाते रहे। एक क्षण को साथ नहीं छोड़ा। आखिरी क्षण में भी बुल्लाशाह के मरते वक्त गुलाल पैर दबा रहे थे। बुल्लाशाह ने कहा : अब तो बंद कर रे, पागल! पर गुलाल ने कहा कि कैसे बंद करूं? वह जो लात मारी थी!

गुरु को लात मारी! बुल्लाशाह लाख समझाते कि तेरी लात से ही तो मैं जागा, मैं अनुगृहीत हूं, तू नाहक पश्चात्ताप मत कर। लेकिन गुलाल कहते : वह आपकी तरफ होगी बात। मेरी तरफ तो पश्चात्ताप जारी रहेगा।

लेकिन एक साथ ऐसी घटना पहले कभी नहीं घटी थी कि सद्‌गुरु हुआ और शिष्य जन्मा—एक साथ, युगपत! एक क्षण में यह घटना घटी। यह आग दोनों तरफ एक साथ लगी और दोनों को जोड़ गयी।[50]

तीरंदाज स्त्री का मार्गदर्शन

सरहा महाराष्ट्र के विदर्भ प्रांत में पैदा हुआ। सम्राट महापाल के दरबार में एक विद्वान ब्राह्मण था। सरहा उस ब्राह्मण का पुत्र था। सम्राट अपनी पुत्री का विवाह सरहा के साथ करने को तैयार था। लेकिन सरहा संन्यास लेना चाहता था। वह श्रीकीर्ति नामक बौद्ध भिक्षु का शिष्य बना।

श्रीकीर्ति ने सबसे पहली बात जो सरहा से कही वह थी : 'सारा पांडित्य छोड़ दो। वेदों को

भूल जाओ।'

वर्ष बीतते चले गए और सरहा बहुत बड़ा ध्यानी बन गया। एक बार ध्यान में बैठे-बैठे उसने एक दृश्य देखा कि बाजार में एक स्त्री है जो उसकी असली गुरु बनने वाली है। श्रीकीर्ति ने उसे मार्ग दिखा दिया था लेकिन असली मार्गदर्शन एक स्त्री से होने वाला था।

सरहा ने श्रीकीर्ति से कहा, 'आपने मेरी तख्ती साफ कर दी, अब मेरे काम का शेष आधा हिस्सा करने के लिए मैं तैयार हूं।' कीर्ति हंस पड़ा और उसने अपने आशीष सरहा को दिए।

जैसी स्त्री सरहा ने ध्यान में देखी थी, ठीक वैसी ही स्त्री उसे बाजार में दिखाई दी। वह तीर बना रही थी। वह तीरंदाज थी, निम्न जाति की थी। सरहा जैसा उच्च वर्ण ब्राह्मण जो राज-दरबार में रहा हो, एक तीरंदाज स्त्री के पास जाए वह गहरा प्रतीक है। जो विद्वान है उसे प्राणवान के पास जाना ही चाहिए। जो नकली है उसे असली के पास जाना चाहिए।

सरहा ने उस स्त्री को देखा—युवा स्त्री थी, जीवंत, जीवन से लहलहाती हुई। तीर को छील रही थी और उसमें पूरी तरह डूबी हुई थी। उसकी शख्सियत में सरहा को कुछ असाधारण बात महसूस हुई। वह अपने काम में बिलकुल खो गई थी।

सरहा ने ध्यान से देखाः जैसे ही तीर बन गया, वह स्त्री एक आंख बंद करके दूसरी आंख खोल रही थी और दूसरी आंख किसी अदृश्य लक्ष्य को देख रही थी।

...और कुछ घट गया। कुछ तार जुड़ गया। उस क्षण में वह जो कर रही थी उसका आध्यात्मिक संकेत सरहा के खयाल में आ गया। वह न तो दाएं देख रही थी, न बाएं। सरहा ने कितनी ही बार इसके बारे में सुना था, पढ़ा था, उस पर सोचा था, दूसरों के साथ तर्क किया था कि मध्य में होना ही सम्यक है। अब पहली बार उसने इसे वास्तव में घटते देखा था। और वह स्त्री इस कृत्य में इस तरह डूब गई थी, उस कृत्य में इतनी समग्र थी।

यह भी बुद्ध की देशना है—किसी कृत्य में समग्र होने का अर्थ है, उस कृत्य से मुक्त हो जाना। समग्र होओ, और तुम मुक्त हो जाओगे।

उस स्त्री का सौंदर्य, उसकी दीप्ति इसलिए थी क्योंकि वह उस काम में पूर्णता से लीन हो गई थी। पहली बार उसकी समझ में आया कि ध्यान क्या होता है। ध्यान ऐसा नहीं है कि तुम खास समय बैठो और मंत्र जाप करो, या कि चर्च और मंदिर और मस्जिद जाओ। ध्यान रोज की जिंदगी में ही होता है। छोटी-छोटी चीजों को भी तुम इतनी समग्रता से करो कि हर कृत्य में तुम्हारी गहराई प्रकट हो। सरहा ने उसे अनुभव किया—इतनी तीव्रता से कि उसे लगभग छू सकता था।

उस तीरंदाज स्त्री के मार्गदर्शन में सरहा तांत्रिक बना। गुरु और शिष्य आत्मा के मीत होते हैं। सरहा को उसकी आत्मा का मीत मिल गया। उनके बीच अपरिसीम प्रेम था, गहन प्रेम था जो कि धरती पर कम ही घटता है। उसने सरहा को तंत्र की शिक्षा दी।

सर्वप्रथम सरहा को सभी वेदों और शास्त्रों को त्यागना पड़ा, ज्ञान को तिलांजलि देनी पड़ी। अब उसने ध्यान भी छोड़ दिया। अब गीत गाना ही उसके लिए ध्यान था। नाचना ही ध्यान था। उत्सव उसकी जीवन-शैली थी।

सरहा और वह तीरंदाज स्त्री एक मरघट पर रहने लगे। मरघट पर रहना और उत्सव मनाना। जहां मौत के सिवाय और कुछ भी नहीं है, अगर तुम वहां मस्ती से जी सको तो तुम्हें वस्तुतः आनंद का स्रोत मिल गया।

सरहा के अंतस में क्रीड़ा प्रविष्ट हो गई। और उसके माध्यम से सत्य धर्म का जन्म हुआ।[51]

एकनाथ और शंकर की पिंडी

सुना है मैंने, एक आदमी था महाराष्ट्र में। घोर नास्तिक था। साधु-संतों के पास जाता, तो साधु-संत बड़ी मुश्किल में पड़ जाते। क्योंकि यह दुर्भाग्य की घटना है कि नास्तिक भी हमारे तथाकथित साधु-संतों से ज्यादा समझदार होते हैं।

साधु-संत मुश्किल में पड़ जाते। उस नास्तिक को जवाब देते उनसे न बन पड़ता। वह जो भी पूछता, उन साधु-संतों को बेचैन कर जाता। साधु-संत होना चाहिए ऐसा कि जिसे कोई बेचैन न कर जाए; बल्कि बेचैनी से भरा कोई पास आए, तो चैन लेकर जा सके। लेकिन वह नास्तिक बहुत-से साधु-संतों के लिए तकलीफ और परेशानी का कारण बन गया था। बड़े-बड़े साधुओं के पास जाकर भी उसने पाया कि उसके प्रश्नों का उत्तर नहीं है।

तब एक साधु ने उससे कहा कि तू इधर-उधर मत भटक। तेरे लायक सिर्फ एक ही आदमी है, एकनाथ नाम का। तू उसके पास चला जा। अगर उससे उत्तर मिल जाए, तो ठीक। नहीं तो फिर परमात्मा से ही उत्तर लेना। फिर बीच में दूसरा आदमी काम नहीं पड़ेगा। उस आदमी ने कहा, लेकिन परमात्मा तो है ही नहीं! तो उस साधु ने कहा, फिर एकनाथ आखिरी आदमी है। उत्तर मिल जाए, ठीक; न मिले, तो तू जान।

बहुत आशा से भरा हुआ वह नास्तिक एकनाथ के पास पहुंचा। सुबह थी। कोई सुबह के आठ, साढ़े आठ, नौ बज रहे थे। धूप घनी थी, सूरज ऊपर निकल आया था। गांव में पूछता हुआ गया, तो लोगों ने कहा कि एकनाथ के बाबत पूछते हो! नदी के किनारे मंदिरों में देखना,

अभी कहीं सोता होगा! उसके मन में थोड़ी-सी चिंता हुई। साधु तो ब्रह्ममुहूर्त में उठ आते हैं। नौ बज रहे हैं; कहीं सोता होगा!

गया जब मंदिर में, तो देखकर और मुश्किल में पड़ गया। क्योंकि एकनाथ शंकर के मंदिर में सोए हैं, पैर दोनों शंकर की पिंडी से टिके हैं; आराम कर रहे हैं! सोचा कि नास्तिक हूं मैं, मगर इतना महानास्तिक मैं भी नहीं हूं। शंकर को पैर लगाते मेरी भी छाती कंप जाएगी। कहीं हो ही अगर! कहता हूं कि नहीं है। लेकिन पक्का भरोसा नहीं है, नहीं होने का। कहीं हो ही अगर? और पैर लग जाए, तो कोई झंझट खड़ी हो जाए। किसके पास मुझे भेज दिया! लेकिन जब अब आ ही गया हूं, तो इससे दो बात कर ही लेनी चाहिए। वैसे बेकार है। यह मुझसे भी गया-बीता मालूम पड़ता है!

और जो आदमी शंकर की पिंडी पर पैर रखकर सो रहा है, उसको उठाने की हिम्मत न हो सकी। पता नहीं नाराज हो, क्या करे! ऐसे आदमी का भरोसा नहीं। बैठकर प्रतीक्षा की। कोई दस बजे एकनाथ उठे।

उस आदमी ने कहा कि महाराज, आया था पूछने कुछ ज्ञान; अब तो कोई जरूरत न रही पूछने की। क्योंकि आप मुझसे भी आगे गए हुए मालूम पड़ते हैं! पूछने कुछ और आया था, अभी पहले तो मैं यह पूछना चाहता हूं, यह कोई उठने का समय है? साधु-संत ब्रह्ममुहूर्त में उठते हैं!

एकनाथ ने कहा कि ब्रह्ममुहूर्त ही है। असल में जब साधु-संत उठते हैं, तभी ब्रह्ममुहूर्त! न हम अपनी तरफ से सोते हैं, न अपनी तरफ से उठते हैं। जब वह सो जाता है, सो जाता है; जब वह उठता है, तब उठ जाता है। तो हमने तो एक ही जाना कि जब नींद खुल गई ब्रह्म की, तो ब्रह्ममुहूर्त है! हम अपनी तरफ से सोते भी नहीं, अपनी तरफ से जागते भी नहीं। ब्रह्म को जब सोना है, सो जाता है; ब्रह्म को जब जगना है, जग जाता है। यह ब्रह्ममुहूर्त है, क्योंकि ब्रह्म उठ रहे हैं!

उसने कहा, गजब की बात कह रहे हैं आप भी। और मुश्किल में डाल दिया। हम तो पूछने आए थे, ब्रह्म है या नहीं? अब हम और मुश्किल में पड़ गए! क्योंकि आप तो कह रहे हैं, आप ही ब्रह्म हैं! एकनाथ ने कहा कि यह ही नहीं कह रहा हूं कि मैं ही ब्रह्म हूं, यह भी कह रहा हूं कि तू भी ब्रह्म है। फर्क इतना ही है कि तुझे अपने होने का पता नहीं, मुझे अपने होने का पता है।

उसने कहा, छोड़िए इस बात को। यह भी आपसे पूछ लूं कृपा करके कि शंकर की पिंडी पर पैर रखकर सोना कौन-सा तुक है! एकनाथ कहने लगे, मैंने सब जगह पैर रखकर देखा, शंकर को ही पाया। कहीं भी पैर रखूं, फर्क क्या पड़ता है! जहां भी पैर रखूं, वही है। शंकर की पिंडी पर रखूं, तो वही है, अगर ऐसा होता, तो एक बात थी। जहां भी पैर रखूं, वही है। तो फिर मैंने फिक्र छोड़ दी।

उस आदमी ने कहा, तो मैं जाऊं! क्योंकि अभी हम भी इस हालत पर नहीं पहुंचे कि शंकर की पिंडी पर पैर रख सकें! हम तो कुछ ज्ञान लेने आए थे। आस्तिक होने आए थे। आप महानास्तिक मालूम पड़ते हो। एकनाथ ने कहा, अब इतनी धूप चढ़ गई, जाओगे कहां। भोजन बनाता हूं, भोजन कर लो, फिर जाना।

और एकनाथ गांव में जाकर आटा मांग लाए। फिर उन्होंने बाटियां बनाईं। और जब वे

बाटियां बनाकर रख रहे थे, तो एक कुत्ता आकर एक बाटी लेकर भाग गया। तो एकनाथ हंडी लेकर घी की उसके पीछे भागे।

उस आदमी ने समझा कि यह दुष्ट, कुत्ते से भी बाटी छुड़ाकर लाएगा। अजीब संन्यासी मिल गया! ले गया कुत्ता एक बाटी, तो ले जाने दो।

यह भी उसके पीछे दौड़ा कि देखें, यह करता क्या है? एक मील दौड़ते-दौड़ते एकनाथ बामुश्किल उस कुत्ते को पकड़ पाए और पकड़कर कहा कि राम, हजार दफे समझाया कि बिना घी की बाटी हमको पसंद नहीं है खानी; तुमको भी नहीं होगी। नाहक एक मील दौड़वाते हो। हम घी लगाकर थोड़ी देर में रखते; फिर उठाकर ले जा सकते थे! छुड़ाकर बाटी, घी की हंडी में डालकर—कुत्ते के मुंह की जूठी बाटी वापस डालकर—घी में पूरा सराबोर करके मुंह में लगा दी और कहा कि आइंदा खयाल रखना, नहीं तो हड्डी-पसली तोड़ देंगे। न इस राम को पसंद है, न उस राम को पसंद है! जब हम बाटी में घी लगा लें, तभी ले जाया करें। नाहक एक मील दौड़वाया!

उस आदमी ने सोचा कि बड़े मजे का आदमी है! शंकर की पिंडी पर पैर रखकर सोता है, कुत्ते को राम कहता है!

अगर ठीक से समझें, तो यह भजन चल रहा है। ये दोनों ही भजन के रूप हैं। अगर प्रभु सब जगह है, ऐसा स्मरण आ जाए, तो शंकर की पिंडी को अलग कैसे करिएगा! और अगर सब जगह प्रभु है, तो कुत्ते को बिना घी की बाटी कैसे खाने दीजिएगा!

ये दोनों विरोधी बातें नहीं हैं, ये एक ही प्रभु के भजन में लीन चित्त के दो रूप हैं। और संगतिपूर्ण हैं; इनमें कोई विरोध नहीं है। असल में जो शंकर की पिंडी पर पैर रख सकता है, वही कुत्ते को राम कह सकता है। और जो कुत्ते को राम कह सकता है, वही शंकर की पिंडी पर पैर रख सकता है। यह शंकर की पिंडी पर पैर रखने का साहस, सामर्थ्य, उसी का है, जो कुत्ते के सामने सिर झुका सके। और कुत्ते के सामने सिर झुकाने की, समर्पण की स्थिति उसी में हो सकती है, जो शंकर की पिंडी पर पैर रख सके।[52]

नचिकेता और यम

सुनी है हम सबने कथा, बहुत प्यारी और मधुर है। नचिकेता अपने पिता के पास बैठा है। पिता ने किया है बड़ा यज्ञ। ब्राह्मणों को दान कर रहे हैं वे। पिता ने नचिकेता से कहा है, मैं अपना सब दान कर दूंगा। छोटा बच्चा है, और छोटे बच्चों से कभी-कभी

जो सवाल उठते हैं, वे बड़े गहरे और आत्यंतिक होते हैं। वह बैठा हुआ है पास में, जब ब्राह्मणों को दान दिया जा रहा है। और नचिकेता का पिता पुरानी बूढ़ी गाएं दे रहा है, जिनसे दूध मिलने को नहीं। इस तरह की चीजें दे रहा है, जिनकी अब कोई जरूरत नहीं रही। तो नचिकेता बार-बार पूछता है कि मैं भी तो आपका हूं न, तो मुझे कब दान देंगे? मुझे किसे दान देंगे? क्योंकि कहा आपने कि मैं अपना सब कुछ दे डालूंगा। मैं भी तुम्हारा बेटा हूं न!

पिता को क्रोध आ जाता है। वह क्रोध में कहता है कि तुझे भी दे दूंगा; घबड़ा मत। लेकिन तुझे मृत्यु को, यम को दे दूंगा।

नचिकेता, मानकर कि यम को दान कर दिया गया, यम के द्वार पर पहुंच जाता है। लेकिन यम घर के बाहर है। तो वह तीन दिन भूखा बैठा रहता है, फिर यम आते हैं। उसका तीन दिन भूखा बैठा रहना, उस छोटे-से बच्चे का, और इतनी सरलता से मृत्यु के द्वार पर स्वयं आ जाना! क्योंकि यम का अनुभव तो यही है कि वह जिसके द्वार पर जाता है, वही घर छोड़कर भागता है। यम के द्वार पर आने वाला यह पहला ही व्यक्ति है, जो खुद खोजबीन करके आया। और फिर यह देखकर कि यम घर पर नहीं है, भूखा-प्यासा बैठा है। तो यम कहते हैं कि तू कुछ मांग ले, तू वरदान ले ले। मैं तुझ पर प्रसन्न हुआ हूं। मैं तुझे हाथी-घोड़े, धन-दौलत, सुंदर स्त्रियां, राज्य—सब तुझे दूंगा।

नचिकेता कहता है, लेकिन जो धन आप देंगे, उससे मुझे तृप्ति मिल पाएगी, ऐसी, जो कभी नष्ट न हो? वह यम उदास होकर कहता है, ऐसी तो कोई तृप्ति धन से कभी नहीं मिलती, जो समाप्त न हो। वे जो स्त्रियां आप मुझे देंगे, उनका सौंदर्य सदा ठहरेगा? यम कहता है कि कुछ भी इस जगत में सदा ठहरने वाला नहीं है। वह जो आप मुझे लंबी उम्र देंगे, क्या उसके बाद फिर आप मुझे लेने न आएंगे? तो यम कहता है, यह तो असंभव है। कितनी ही हो लंबी उम्र, अंत में तो मैं आऊंगा ही। वह जो बड़ा राज्य आप मुझे देंगे, क्या उसे पाकर मैं वह पा लूंगा, ऋषियों ने जो कहा है कि जिसे पा लेने से सब पा लिया जाता है? यम कहता है, उससे तो कुछ भी नहीं मिलेगा, क्योंकि बड़े-बड़े सम्राट वह सब पा चुके हैं और फिर भी दीन-हीन मरे हैं। तो नचिकेता कहता है, ये चीजें फिर मैं न लूंगा। मुझे तो इतना ही बता दें कि मृत्यु का राज क्या है, ताकि मैं अमृत को जान सकूं।

नचिकेता को बहुत समझाता है यम। यम बहुत बुद्धिमान है। मृत्यु से ज्यादा बुद्धिमान शायद ही कोई हो। अनंत उसका अनुभव है जीवन का। हर आदमी की नासमझी का भी मृत्यु को जितना पता है, उतना किसी और को नहीं होगा। क्योंकि जिंदगी भर दौड़-धूप करके हम जो इकट्ठा करते हैं, मृत्यु उसे बिखेर जाती है। और एक बार नहीं, हजार बार हमारा इकट्ठा किया हुआ मौत बिखेर देती है। हम फिर दुबारा मौका पाकर, फिर वही इकट्ठा करना शुरू कर देते हैं।

आदमी की नासमझी का जितना पता मौत को होगा, उतना किसी और को नहीं है। इतने लोगों की नासमझी से गुजरकर मौत समझदार हो गई हो, तो आश्चर्य नहीं। लेकिन यह बच्चा बहुत अडिग है। वह कहता है कि मुझे तो वही बता दें, जिससे अमृत को जान लूं। मृत्यु को समझा दें मुझे। और आप तो मृत्यु को जानते ही हैं, आप मृत्यु के देव हैं। आप नहीं बताएंगे, तो मुझे कौन बताएगा!

बुद्धिमान होगा नचिकेता, कृष्ण के अर्थों में। हम बुद्धिमान नहीं हो सकते; हम अल्पबुद्धि हैं। खयाल रखें, कृष्ण कह रहे हैं, अल्पबुद्धि; बुद्धिहीन भी नहीं कह रहे हैं। बुद्धिहीन भी नहीं कह रहे हैं, अल्पबुद्धि।

अगर मनुष्य बिलकुल बुद्धिहीन हो, तब तो कोई संभावना नहीं रह जाती। बुद्धि तो है; बहुत छोटी है। बड़ी हो सकती है, विकसित हो सकती है। जो बीज की तरह है, वह वृक्ष की तरह हो सकती है। जो आज बहुत छोटी है, वह कल विराट बन सकती है।

अशोक युद्ध पर गया था। अल्पबुद्धि आदमी नहीं था। कलिंग के युद्ध पर लड़ा। एक लाख आदमी मारे गए। अशोक के पहले भी सम्राट लड़े हैं, बाद में भी लड़ते रहे हैं, सदा लड़ते रहेंगे। लेकिन जो अशोक को दिखाई पड़ा, वह पहले के सम्राटों को भी कभी दिखाई नहीं पड़ा, बाद के सम्राटों को भी कभी दिखाई नहीं पड़ा।

अशोक कलिंग के युद्ध से वापस लौटा, जीतकर लौटा था, लेकिन उदास लौटा।

जीतकर दुनिया में बहुत कम लोग हैं, जो उदास लौटते हैं। जीतकर तो आदमी प्रसन्न होकर लौटता है, अल्पबुद्धि का लक्षण है वह। जब कोई जीतकर प्रसन्न होकर लौटे, तो समझना कि वह अल्पबुद्धि है। और जब कोई हारकर प्रसन्न लौट आए, तो समझना कि वह अल्पबुद्धि नहीं है। जीतकर कोई उदास लौटे, तो समझना कि वह अल्पबुद्धि नहीं है। और जीतकर कोई हंसता हुआ लौटे, तो समझना कि वह अल्पबुद्धि है।

अशोक उदास लौट आया। उसे नाम ही उसके माता-पिता ने अशोक इसलिए दिया था कि वह कभी उदास नहीं होता था; सदा प्रफुल्लित था, चियरफुल था। उसे नाम ही इसलिए दिया था कि वह सदा आनंदित और प्रफुल्लित रहता था। लेकिन इतने बड़े राज्य को जीतकर लौटा है, कलिंग की विजय करके लौटा है, और उदास लौट आया है! चिंता फैल गई है। उसके मित्रों ने पूछा, इतने उदास हो जीतकर! हार जाते तो क्या होता? स्वभावतः, अल्पबुद्धि के लिए यह सवाल उठा होगा। जीतकर इतने उदास हो, हार जाते तो क्या होता!

अशोक ने कहा, युद्ध अब असंभव है, एक अनुभव काफी सिद्ध हुआ। अब नहीं युद्ध कर सकूंगा, अब नहीं जीतने जा सकूंगा। क्योंकि कितनी कामना की थी कि कलिंग को जीत लूंगा, तो इतना आनंद मिलेगा। लेकिन कलिंग हाथ में आ गया, आनंद तो हाथ में नहीं आया। हालांकि मेरा मन फिर धोखा दे रहा है कि अभी और भी जीतने को जगह पड़ी है, उनको भी जीत लो। लेकिन इस मन की अब दुबारा नहीं मानूंगा। मानकर देख लिया एक बार; एक लाख आदमियों की लाशें बिछा दीं। सिर्फ खून बहा; हाथ में खून के दाग लगे। करुण चीत्कारें सुनाई पड़ीं; रोना; और न मालूम कितने घरों के दीए बुझ गए। और इस मन ने मुझे कहा था, आनंद मिलेगा; वह मैं भीतर खोज रहा हूं, वह मुझे कहीं मिला नहीं। लाखों लोग मर गए, लाखों परिवार उजड़ गए, और जिस सुख के लिए इस मन ने मुझे कहा था, उसकी रेखा भी मुझे दिखाई नहीं पड़ती। युद्ध समाप्त हो गया; मेरे लिए अब कोई युद्ध नहीं है।

और उसी दिन से अशोक ने भिक्षु की तरह रहना शुरू कर दिया। उसने कहा कि जब युद्ध मेरे लिए नहीं है, तो अब सम्राट होने का कोई अर्थ नहीं रहा। वह तो युद्ध के साथ जुड़ा हुआ भाव था—सम्राट होने का।

एच.जी.वेल्स ने विश्व इतिहास में लिखा है कि दुनिया में बहुत सम्राट हुए, लेकिन अशोक जैसा चमकता हुआ तारा विश्व के इतिहास में दूसरा नहीं है। कारण है उसका। महाबुद्धि है। और उसके महाबुद्धि होने की बात क्या है? राज क्या है? राज यह है कि युद्ध के एक अनुभव ने उसे मन का पूरा रहस्य समझा दिया।

आपने कितनी बार क्रोध किया है, लेकिन क्रोध का रहस्य आप समझ पाए? कितनी बार कामवासना में उतरे हैं, कामवासना का रहस्य समझ पाए? कितनी बार प्रेम किया है, प्रेम का रहस्य समझ पाए? कितनी बार घृणा की है, घृणा का रहस्य समझ पाए?

नहीं, रोज वही करते रहे हैं, लेकिन हाथ में कोई भी निष्पत्ति, कोई भी कनक्लूजन नहीं है। हाथ खाली का खाली है, और कल आप फिर बच्चे जैसा ही व्यवहार करेंगे। अल्पबुद्धि है चित्त।[53]

धर्म के मार्ग पर धैर्य

जो व्यक्ति धर्म के मार्ग पर गया है, उसने अनंत की फसल काटनी चाही है। उतना ही धैर्य भी चाहिए। धैर्य का अर्थ यह है कि तुम अपेक्षा मत करना। धैर्य का अर्थ यह है, कब होगा यह मत पूछना। जब होगा, उसकी मर्जी। जब हो जाएगा तब स्वीकार है।

अनंत काल व्यतीत हो जाएगा तो भी तुम यह मत कहना कि मैं इतनी देर से प्रतीक्षा कर रहा हूं, अभी तक नहीं हुआ!

एक बड़ी पुरानी हिंदू कहानी मुझे बहुत प्रीतिकर रही है कि नारद स्वर्ग जा रहे हैं। और उन्होंने एक बूढ़े संन्यासी को पूछा, कुछ खबर-वबर तो नहीं पूछनी है? तो उस बूढ़े संन्यासी ने कहा कि परमात्मा से मिलना हो तो जरा पूछ लेना कि कितनी देर और है? क्योंकि मैं तीन जन्मों से साधना कर रहा हूं।

वह बड़ा पुराना तपस्वी था। नारद ने कहा, जरूर पूछ लूंगा।

उसके ही पास एक दूसरे वृक्ष के नीचे एक जवान युवक बैठा हुआ अपना एकतारा बजा रहा था। गीत गा रहा था। नारद ने सिर्फ मजाक में उससे पूछा कि क्यों भाई, तुम्हें भी तो कोई बात नहीं पुछवानी है भगवान से? मैं जा रहा हूं स्वर्ग। वह अपना गीत ही गाता रहा। उसने नारद की तरफ आंख उठा कर भी न देखा। नारद ने उसको हिलाया तो उसने कहा कि नहीं, उसकी कृपा अपरंपार है। जो चाहिए वह मुझे हमेशा मिला ही हुआ है। कुछ पूछना नहीं है। मेरी तरफ से उसे कोई तकलीफ मत देना। मेरी बात ही मत उठाना, मैं राजी हूं। और सभी मिला हुआ है। बन सके तो मेरी तरफ से धन्यवाद दे देना।

नारद वापस लौटे। उस बूढ़े संन्यासी को जाकर कहा कि क्षमा करना भाई! मैंने पूछा था वह। उन्होंने कहा कि वह बूढ़ा संन्यासी जिस वृक्ष के नीचे बैठा है, उसमें जितने पत्ते हैं, उतने ही जन्म अभी और लगेंगे। बूढ़ा तो बहुत नाराज हो गया। वह जो पोथी पढ़ रहा था फेंक दी, माला तोड़ दी, गुस्से में चिल्लाया कि हद हो गयी! अन्याय है। यह कैसा न्याय? तीन जन्म से तप कर रहा हूं, कष्ट पा रहा हूं, उपवास कर रहा हूं, अभी और इतने? यह नहीं हो सकता।

उस युवक के पास भी जाकर नारद ने कहा कि मैंने पूछा था, तुमने नहीं चाहा था फिर भी मैंने पूछा था। उन्होंने कहा कि वह जिस वृक्ष के नीचे बैठा है, उसमें जितने पत्ते हैं—वह युवक तत्क्षण उठा, अपना एकतारा लेकर नाचने लगा और उसने कहा, गजब हो गया। मेरी इतनी पात्रता कहां? इतने जल्दी? जमीन पर कितने वृक्ष हैं! उन वृक्षों में कितने पत्ते हैं! सिर्फ इस वृक्ष के पत्ते? इतने ही जन्मों में हो जाएगा? यह तो बहुत जल्दी हो गया, यह मेरी पात्रता से मुझे ज्यादा देना है। इसको मैं कैसे झेल पाऊंगा? इस अनुग्रह को मैं कैसे प्रकट कर पाऊंगा?

वह नाचने लगा खुशी में। और कहानी कहती है, वह उसी तरह नाचते-नाचते समाधि को उपलब्ध हो गया। उसका शरीर छूट गया। जो अनंत जन्मों में होने को था, वह उसी क्षण हो गया। जिसकी इतनी प्रतीक्षा हो, उसी क्षण हो ही जाएगा।[54]

वाचस्पति और भामति

एक बहुत अदभुत घटना मैं आपसे कहता हूं।

वाचस्पति मिश्र का विवाह हुआ। पिता ने आग्रह किया, वाचस्पति की कुछ समझ में न आया; इसलिए उन्होंने हां भर दी। सोचा, पिता जो कहते होंगे, ठीक ही कहते होंगे।

वाचस्पति लगा था परमात्मा की खोज में। उसे कुछ और समझ में ही न आता था। कोई कुछ भी बोले, वह परमात्मा की ही बात समझता था। पिता ने वाचस्पति को पूछा, विवाह करोगे? उसने कहा, हां।

उसने शायद सुना होगा, परमात्मा से मिलोगे? जैसा कि हम सब के साथ होता है। जो धन की खोज में लगा है, उससे कहो, धर्म खोजोगे? वह समझता है, शायद कह रहे हैं, धन खोजोगे? उसने कहा, हां। हमारी जो भीतर खोज होती है, वही हम सुन पाते हैं। वाचस्पति ने शायद सुना; हां भर दी।

फिर जब घोड़े पर बैठ कर ले जाया जाने लगा, तब उसने पूछा, कहां ले जा रहे हैं? उसके पिता ने कहा, पागल, तूने हां भरा था। विवाह करने चल रहे हैं। तो फिर उसने न करना उचित

न समझा; क्योंकि जब हां भर दी थी और बिना जाने भर दी थी, तो परमात्मा की मर्जी होगी।

वह विवाह करके लौट आया। लेकिन पत्नी घर में आ गई, और वाचस्पति को खयाल ही न रहा। रहता भी क्या! न उसने विवाह किया था, न हां भरी थी। वह अपने काम में ही लगा रहा। वह ब्रह्मसूत्र पर एक टीका लिखता था। वह बारह वर्ष में टीका पूरी हुई। बारह वर्ष तक उसकी पत्नी रोज सांझ दीया जला जाती, रोज सुबह उसके पैरों के पास फूल रख जाती, दोपहर उसकी थाली सरका देती। जब वह भोजन कर लेता, तो चुपचाप पीछे से थाली हटा ले जाती। बारह वर्ष तक उसकी पत्नी का वाचस्पति को पता नहीं चला कि वह है। पत्नी ने कोई उपाय नहीं किया कि पता चल जाए; बल्कि सब उपाय किए कि कहीं भूल-चूक से पता न चल जाए, क्योंकि उनके काम में बाधा न पड़े।

बारह वर्ष जिस पूर्णिमा की रात वाचस्पति का काम आधी रात पूरा हुआ और वाचस्पति उठने लगे, तो उनकी पत्नी ने दीया उठाया—उनको राह दिखाने के लिए उनके बिस्तर तक। पहली दफा बारह वर्ष में, कथा कहती है, वाचस्पति ने अपनी पत्नी का हाथ देखा। क्योंकि बारह वर्ष में पहली दफा काम समाप्त हुआ था। अब मन बंधा नहीं था किसी काम से। हाथ देखा, चूड़ियां देखीं, चूड़ियों की आवाज सुनी। लौट कर पीछे देखा और कहा, स्त्री, इस आधी रात अकेले में तू कौन है? कहां से आई? द्वार मकान के बंद हैं, कहां पहुंचना है तुझे, मैं पहुंचा दूं!

उसकी पत्नी ने कहा, आप शायद भूल गए होंगे, बहुत काम था। बारह वर्ष आप काम में थे। याद आपको रहे, संभव भी नहीं है। बारह वर्ष पहले, खयाल अगर आपको आता हो, तो आप मुझे पत्नी की तरह घर ले आए थे। तब से मैं यहीं हूं।

वाचस्पति रोने लगा। उसने कहा, यह तो बहुत देर हो गई। क्योंकि मैंने तो प्रतिज्ञा कर रखी है कि जिस दिन यह ग्रंथ पूरा हो जाएगा, उसी दिन घर का त्याग कर दूंगा। तो यह तो मेरे जाने का वक्त हो गया। भोर होने के करीब है; तो मैं जा रहा हूं। पागल, तूने पहले क्यों न कहा? थोड़ा भी तू इशारा कर सकती थी। लेकिन अब बहुत देर हो गई।

वाचस्पति की आंखों में आंसू देख कर पत्नी ने उसके चरणों में सिर रखा और उसने कहा, जो भी मुझे मिल सकता था, वह इन आंसुओं में मिल गया। अब मुझे कुछ और चाहिए भी नहीं है। आप निश्चिंत जाएं। और मैं क्या पा सकती थी इससे ज्यादा कि वाचस्पति की आंख में मेरे लिए आंसू हैं! बस, बहुत मुझे मिल गया है।

वाचस्पति ने अपने ब्रह्मसूत्र की टीका का नाम भामति रखा है। भामति का कोई संबंध टीका से नहीं है। ब्रह्मसूत्र से कोई लेना-देना नहीं है। यह उसकी पत्नी का नाम है। यह कह कर कि अब मैं कुछ और तेरे लिए नहीं कर सकता, लेकिन मुझे चाहे लोग भूल जाएं, तुझे न भूलें, इसलिए भामति नाम देता हूं अपने ग्रंथ को। वाचस्पति को बहुत लोग भूल गए हैं; भामति को भूलना मुश्किल है। भामति लोग पढ़ते हैं। अदभुत टीका है ब्रह्मसूत्र की। वैसी दूसरी टीका नहीं है। उस पर नाम भामति है।

फेमिनिन मिस्ट्री इस स्त्री के पास होगी। और मैं मानता हूं कि उस क्षण में इसने वाचस्पति को जितना पा लिया होगा, उतना हजार वर्ष भी चेष्टा करके कोई स्त्री किसी पुरुष को नहीं पा सकती। उस क्षण में, उस क्षण में वाचस्पति जिस भांति एक हो गया होगा इस स्त्री के हृदय से,

वैसा कोई पुरुष को कोई स्त्री कभी नहीं पा सकती। क्योंकि फेमिनिन मिस्ट्री, वह जो रहस्य है, वह अनुपस्थित होने का है।

छुआ क्या प्राण को वाचस्पति के? कि बारह वर्ष! और उस स्त्री ने पता भी न चलने दिया कि मैं यहीं हूं। और वह रोज दीया उठाती रही और भोजन कराती रही। और वाचस्पति ने कहा, तो रोज जो थाली खींच लेता था, वह तू ही है? और रोज सुबह जो फूल रख जाता था, वह कौन है? और जिसने रोज दीया जलाया, वह तू ही थी? पर तेरा हाथ मुझे दिखाई नहीं पड़ा!

भामति ने कहा, मेरा हाथ दिखाई पड़ जाता, तो मेरे प्रेम में कमी साबित होती। मैं प्रतीक्षा कर सकती हूं।

तो जरूरी नहीं कि कोई स्त्री स्त्रैण रहस्य को उपलब्ध ही हो। यह तो लाओत्से ने नाम दिया, क्योंकि यह नाम सूचक है और समझा सकता है। पुरुष भी हो सकता है। असल में, अस्तित्व के साथ तादात्म्य उन्हीं का होता है, जो इस भांति प्रार्थनापूर्ण प्रतीक्षा को उपलब्ध होते हैं।

'इस स्त्रैण रहस्यमयी का द्वार स्वर्ग और पृथ्वी का मूल स्रोत है।'

चाहे पदार्थ का हो जन्म और चाहे चेतना का, और चाहे पृथ्वी जन्मे और चाहे स्वर्ग, इस अस्तित्व की गहराई में जो रहस्य छिपा हुआ है, उससे ही सबका जन्म होता है। इसलिए मैंने कहा, जिन्होंने परमात्मा को मदर, मां की तरह देखा, दुर्गा या अंबा की तरह देखा, उनकी समझ परमात्मा को पिता की तरह देखने से ज्यादा गहरी है। अगर परमात्मा कहीं भी है, तो वह स्त्रैण होगा। क्योंकि इतने बड़े जगत को जन्म देने की क्षमता पुरुष में नहीं है। इतने विराट चांद-तारे जिससे पैदा होते हों, उसके पास गर्भ चाहिए। बिना गर्भ के यह संभव नहीं है।[55]

द्रौपदी और महाभारत

एक छोटे-से मजाक से महाभारत पैदा हुआ। एक छोटे-से व्यंग्य से द्रौपदी के, महाभारत पैदा हुआ। छोटा-सा व्यंग्य द्रौपदी का ही, दुर्योधन के मन में तीर की तरह चुभ गया और द्रौपदी नग्न की गई। द्रौपदी नग्न की गई; हुई नहीं—यह दूसरी बात है। द्रौपदी पूरी तरह नग्न की गई; हुई नहीं—यह बिलकुल दूसरी बात है। करने वालों ने कोई कोर-कसर न छोड़ी थी। करने वालों ने सारी ताकत लगा दी थी। लेकिन फल आया नहीं, किए हुए के अनुकूल नहीं आया फल—यह दूसरी बात है।

असल में, जो द्रौपदी को नग्न करना चाहते थे, उन्होंने क्या रख छोड़ा था! उनकी तरफ से कोई कोर-कसर न थी। लेकिन हम सभी कर्म करने वालों को, अज्ञात भी बीच में उतर आता

है, इसका कभी कोई पता नहीं है। वह जो कृष्ण की कथा है, वह अज्ञात के उतरने की कथा है। अज्ञात के भी हाथ हैं, जो हमें दिखाई नहीं पड़ते।

हम ही नहीं हैं इस पृथ्वी पर। मैं अकेला नहीं हूं। मेरी अकेली आकांक्षा नहीं है, अनंत आकांक्षाएं हैं। और अनंत की भी आकांक्षा है। और उन सब के गणित पर अंततः तय होगा कि क्या हुआ। अकेला दुर्योधन ही नहीं है नग्न करने में, द्रौपदी भी तो है जो नग्न की जा रही है। द्रौपदी की भी तो चेतना है, द्रौपदी का भी तो अस्तित्व है। और अन्याय होगा यह कि द्रौपदी वस्तु की तरह प्रयोग की जाए। उसके पास भी चेतना है और व्यक्ति है; उसके पास भी संकल्प है। साधारण स्त्री नहीं है द्रौपदी।

सच तो यह है कि द्रौपदी के मुकाबले की स्त्री पूरे विश्व के इतिहास में दूसरी नहीं है। कठिन लगेगी बात। क्योंकि याद आती है सीता की, याद आती है सावित्री की। और भी बहुत यादें हैं। फिर भी मैं कहता हूं, द्रौपदी का कोई मुकाबला ही नहीं है। द्रौपदी बहुत ही अद्वितीय है। उसमें सीता की मिठास तो है ही, उसमें क्लियोपेट्रा का नमक भी है। उसमें क्लियोपेट्रा का सौंदर्य तो है ही, उसमें गार्गी का तर्क भी है। असल में पूरे महाभारत की धुरी द्रौपदी है। वह सारा युद्ध उसके आस-पास हुआ है।

लेकिन चूंकि पुरुष कथाएं लिखते हैं, इसलिए कथाओं में पुरुष-पात्र बहुत उभरकर दिखाई पड़ते हैं। असल में दुनिया की कोई महाकथा स्त्री की धुरी के बिना नहीं चलती। सब महाकथाएं स्त्री की धुरी पर घटित होती हैं। वह बड़ी रामायण सीता की धुरी पर घटित हुई है; उसमें केंद्र में सीता है। राम और रावण तो ट्राएंगल के दो छोर हैं; धुरी पर सीता है।

ये कौरव और पांडव और यह सारा पूरा महाभारत और यह सारा युद्ध द्रौपदी की धुरी पर घटा है। उस युग की और सारे युगों की सुंदरतम स्त्री है वह। नहीं, आश्चर्य नहीं है कि दुर्योधन ने भी उसे चाहा हो। असल में, उस युग में कौन पुरुष होगा जिसने उसे न चाहा हो! उसका अस्तित्व उसके प्रति चाह पैदा करने वाला था। दुर्योधन ने भी उसे चाहा है और फिर वह चली गई अर्जुन के हाथ।

और यह भी बड़े मजे की बात है कि द्रौपदी को पांच भाइयों में बांटना पड़ा। कहानी बड़ी सरल है, उतनी सरल घटना नहीं हो सकती। कहानी तो इतनी ही सरल है कि अर्जुन ने आकर बाहर से कहा कि मां देखो, हम क्या ले आए हैं! और मां ने कहा, जो भी ले आए हो, वह पांचों भाई बांट लो। लेकिन इतनी सरल घटना हो नहीं सकती। क्योंकि जब बाद में मां को भी तो पता चला होगा कि यह मामला वस्तु का नहीं, स्त्री का है। यह कैसे बांटी जा सकती है! तो कौन-सी कठिनाई थी कि कुंती कह देती कि भूल हुई। मुझे क्या पता कि तुम पत्नी ले आए हो!

नहीं, लेकिन मैं जानता हूं कि जो संघर्ष दुर्योधन और अर्जुन के बीच होता, वह संघर्ष पांच भाइयों के बीच भी हो सकता था। द्रौपदी ऐसी थी; वे पांच भाई भी कट-मर सकते थे उसके लिए। उसे बांट देना ही सुगमतम राजनीति थी। वह घर भी कट सकता था। वह महायुद्ध, जो पीछे कौरवों-पांडवों में हुआ, वह पांडवों-पांडवों में भी हो सकता था।

इसलिए कहानी मेरे लिए उतनी सरल नहीं है। कहानी बहुत प्रतीकात्मक है और गहरी है। वह यह खबर देती है कि स्त्री वह ऐसी थी कि पांच भाई भी लड़ जाते। इतनी गुणी थी,

साधारण नहीं थी, असाधारण थी। उसको नग्न करना आसान बात नहीं थी, आग से खेलना था। तो अकेला दुर्योधन नहीं है कि नग्न कर ले। द्रौपदी भी है।

और ध्यान रहे, बहुत बातें हैं इसमें, जो खयाल में ले लेने जैसी हैं। जब तक कोई स्त्री स्वयं नग्न न होना चाहे, तब तक इस जगत में कोई पुरुष किसी स्त्री को नग्न नहीं कर सकता है, नहीं कर पाता है। वस्त्र उतार भी ले, तो भी नग्न नहीं कर सकता है। नग्न होना बड़ी घटना है वस्त्र उतरने से, निर्वस्त्र होने से नग्न होना बहुत भिन्न घटना है। निर्वस्त्र करना बहुत कठिन बात नहीं है, कोई भी कर सकता है, लेकिन नग्न करना बहुत दूसरी बात है। नग्न तो कोई स्त्री तभी होती है, जब वह किसी के प्रति खुलती है स्वयं। अन्यथा नहीं होती; वह ढंकी ही रह जाती है। उसके वस्त्र छीने जा सकते हैं, लेकिन वस्त्र छीनना स्त्री को नग्न करना नहीं है। यह भी।

और यह भी कि द्रौपदी जैसी स्त्री को नहीं पा सका दुर्योधन। उसके व्यंग्य तीखे पड़ गए उसके मन पर। बड़ा हारा हुआ है। हारे हुए व्यक्ति—जैसे कि क्रोध में आई हुई बिल्लियां खंभे नोचने लगती हैं—वैसा करने लगते हैं। और स्त्री के सामने जब भी पुरुष हारता है—और इससे बड़ी हार पुरुष को कभी नहीं होती। पुरुष पुरुष से लड़ ले, हार-जीत होती है। लेकिन पुरुष जब स्त्री से हारता है किसी भी क्षण में, तो इससे बड़ी कोई हार नहीं होती।

तो दुर्योधन उस दिन उसे नग्न करने का जितना आयोजन करके बैठा है, वह सारा आयोजन भी हारे हुए पुरुष-मन का है। और उस तरफ जो स्त्री खड़ी है हंसने वाली, वह कोई साधारण स्त्री नहीं है। उसका भी अपना संकल्प है, अपना विल है। उसकी भी अपनी सामर्थ्य है; उसकी भी अपनी श्रद्धा है; उसका भी अपना होना है। उसकी उस श्रद्धा में, वह जो कथा है, वह कथा तो काव्य है कि कृष्ण उसकी साड़ी को बढ़ाए चले जाते हैं। लेकिन मतलब सिर्फ इतना है कि जिसके पास अपना संकल्प है, उसे परमात्मा का सारा संकल्प तत्काल उपलब्ध हो जाता है। तो अगर परमात्मा के हाथ उसे मिल जाते हैं, तो कोई आश्चर्य नहीं।

तो मैंने कहा, और मैं फिर से कहता हूं, द्रौपदी नग्न की गई, लेकिन हुई नहीं। नग्न करना बहुत आसान है, उसका हो जाना बहुत और बात है। बीच में अज्ञात विधि आ गई, बीच में अज्ञात कारण आ गए। दुर्योधन ने जो चाहा, वह हुआ नहीं। कर्म का अधिकार था, फल का अधिकार नहीं था।

यह द्रौपदी बहुत अनूठी है। यह पूरा युद्ध हो गया। भीष्म पड़े हैं शय्या पर—बाणों की शय्या पर—और कृष्ण कहते हैं पांडवों को कि पूछ लो धर्म का राज! और वह द्रौपदी हंसती है। उसकी हंसी पूरे महाभारत पर छाई है। वह हंसती है कि इनसे पूछते हैं धर्म का रहस्य! जब मैं नग्न की जा रही थी, तब ये सिर झुकाए बैठे थे। उसका व्यंग्य गहरा है। वह स्त्री बहुत असाधारण है।

काश! हिंदुस्तान की स्त्रियों ने सीता को आदर्श न बनाकर द्रौपदी को आदर्श बनाया होता, तो हिंदुस्तान की स्त्री की शान और होती।

लेकिन नहीं, द्रौपदी खो गई है। उसका कोई पता नहीं है। खो गई। एक तो पांच पतियों की पत्नी है, इसलिए मन को पीड़ा होती है। लेकिन एक पति की पत्नी होना भी कितना मुश्किल है, उसका पता नहीं है। और जो पांच पतियों को निभा सकी है, वह साधारण स्त्री नहीं है,

असाधारण है, सुपर ह्यूमन है। सीता भी अतिमानवीय है, लेकिन टू ह्यूमन के अर्थों में। और द्रौपदी भी अतिमानवीय है, लेकिन सुपर ह्यूमन के अर्थों में।

पूरे भारत के इतिहास में द्रौपदी को सिर्फ एक आदमी ने प्रशंसा दी है। और एक ऐसे आदमी ने जो बिलकुल अनपेक्षित है। पूरे भारत के इतिहास में डाक्टर राम मनोहर लोहिया को छोड़कर किसी आदमी ने द्रौपदी को सम्मान नहीं दिया है, हैरानी की बात है। मेरा तो लोहिया से प्रेम इस बात से हो गया कि पांच हजार साल के इतिहास में एक आदमी, जो द्रौपदी को सीता के ऊपर रखने को तैयार है।[56]

फकीर हरिदास

अकबर ने एक दिन तानसेन को कहा, तम्हारे संगीत को सुनता हूं, तो मन में ऐसा खयाल उठता है कि तुम जैसा बजाने वाला शायद ही पृथ्वी पर हो! आगे भी कभी होगा, यह भी भरोसा नहीं आता। क्योंकि इससे ऊंचाई और क्या हो सकेगी, इसकी धारणा भी नहीं बनती है। तुम शिखर हो। लेकिन कल रात जब तुम्हें विदा किया था, सोने गया था, तो मुझे खयाल आया, हो सकता है, तुमने भी किसी से सीखा हो, कोई तुम्हारा गुरु हो। तो मैं आज तुमसे पूछता हूं कि तुम्हारा कोई गुरु है? तुमने किसी से सीखा है?

तो तानसेन ने कहा, मैं कुछ भी नहीं हूं गुरु के सामने; जिससे सीखा है, उसके चरणों की धूल भी नहीं हूं। इसलिए वह खयाल मन से छोड़ दें। शिखर? भूमि पर भी नहीं हूं। लेकिन आपने मुझे ही जाना है, इसलिए आपको शिखर मालूम पड़ता हूं। ऊंट जब पहाड़ के करीब आता है, तब उसे पता चलता है, अन्यथा वह पहाड़ होता ही है। पर, तानसेन ने कहा कि मैं गुरु के चरणों में बैठा हूं; मैं कुछ भी नहीं हूं। कभी उनके चरणों में बैठने की योग्यता भी हो जाए, तो समझूंगा बहुत कुछ पा लिया।

तो अकबर ने कहा, तुम्हारे गुरु जीवित हों तो तत्क्षण, अभी और आज उन्हें ले आओ, मैं सुनना चाहूंगा। पर तानसेन ने कहा, यही कठिनाई है। जीवित वे हैं, लेकिन उन्हें लाया नहीं जा सकता।

अकबर ने कहा, जो भी भेंट करनी हो, तैयारी है। जो भी! जो भी इच्छा हो, देंगे। तुम जो कहो, वही देंगे। तानसेन ने कहा, वही कठिनाई है, क्योंकि उन्हें कुछ लेने को राजी नहीं किया जा सकता। क्योंकि वह कुछ लेने का प्रश्न ही नहीं है। अकबर ने कहा, कुछ लेने का प्रश्न नहीं है! तो क्या उपाय किया जाए? तानसेन ने कहा, कोई उपाय नहीं, आपको ही चलना पड़े। तो उन्होंने कहा, मैं अभी चलने को तैयार हूं। तानसेन ने कहा, अभी चलने से तो कोई सार नहीं

है। क्योंकि कहने से वे बजाएंगे, ऐसा नहीं है। जब वे बजाते हैं, तब कोई सुन ले, बात और है। तो मैं पता लगाता हूं कि वे कब बजाते हैं। तब हम चलेंगे।

पता चला—हरिदास फकीर उसके गुरु थे, यमुना के किनारे रहते थे—पता चला, रात तीन बजे उठकर वे बजाते हैं, नाचते हैं। तो शायद ही दुनिया के किसी अकबर की हैसियत के सम्राट ने तीन बजे रात चोरी से किसी संगीतज्ञ को सुना हो। अकबर और तानसेन चोरी से झोपड़ी के बाहर ठंडी रात में छिपकर बैठे रहे। पूरे समय अकबर की आंखों से आंसू बहते रहे। एक शब्द बोला नहीं।

संगीत बंद हुआ। वापस होने लगे। सुबह फूटने लगी। राह में भी तानसेन से अकबर बोला नहीं। महल के द्वार पर तानसेन से इतना ही कहा, अब तक सोचता था कि तुम जैसा कोई भी नहीं बजा सकता। अब सोचता हूं कि तुम हो कहां! लेकिन क्या बात है? तुम अपने गुरु जैसा क्यों नहीं बजा सकते हो?

तानसेन ने कहा, बात तो बहुत साफ है। मैं कुछ पाने के लिए बजाता हूं, और मेरे गुरु ने कुछ पा लिया है, इसलिए बजाते हैं। मेरे बजाने के आगे कुछ लक्ष्य है, जो मुझे मिले, उसमें मेरे प्राण हैं। इसलिए बजाने में मेरे प्राण पूरे कभी नहीं हो सकते। बजाने में मैं सदा अधूरा हूं, अंश हूं। अगर बिना बजाए भी मुझे वह मिल जाए जो बजाने से मिलता है, तो बजाने को फेंककर उसे पा लूंगा। बजाना मेरे लिए साधन है, साध्य नहीं है। साध्य कहीं और है—भविष्य में, धन में, यश में, प्रतिष्ठा में—साध्य कहीं और है, संगीत सिर्फ साधन है। साधन कभी आत्मा नहीं बन पाती; साध्य में ही आत्मा अटकी होती है। अगर साध्य बिना साधन के मिल जाए, तो साधन को छोड़ दूं अभी। लेकिन नहीं मिलता साधन के बिना, इसलिए साधन को खींचता हूं। लेकिन दृष्टि और प्राण और आकांक्षा और सब घूमता है साध्य के निकट। लेकिन जिनको आप सुनकर आ रहे हैं, संगीत उनके लिए कुछ पाने का साधन नहीं है। आगे कुछ भी नहीं है, जिसे पाने को वे बजा रहे हैं। बल्कि पीछे कुछ है, जिससे उनका संगीत फूट रहा है और बज रहा है। कुछ पा लिया है, कुछ भर गया है, वह बह रहा है। कोई अनुभूति, कोई सत्य, कोई परमात्मा प्राणों में भर गया है। अब वह बह रहा है, ओवर फ्लोइंग है।

अकबर बार-बार पूछने लगा, किसलिए? किसलिए?

स्वभावतः हम भी पूछते हैं, किसलिए? पर तानसेन ने कहा, नदियां किसलिए बह रही हैं? फूल किसलिए खिल रहे हैं? सूर्य किसलिए निकल रहा है?

'किसलिए' मनुष्य की बुद्धि ने पैदा किया है। सारा जगत ओवर फ्लोइंग है, आदमी को छोड़कर। सारा जगत आगे के लिए नहीं जी रहा है, सारा जगत भीतर से जी रहा है। फूल खिल रहा है, खिलने में ही आनंद है। सूर्य निकल रहा है, निकलने में ही आनंद है। हवाएं बह रही हैं, बहने में ही आनंद है। आकाश है, होने में ही आनंद है। आनंद आगे नहीं, अभी है, यहीं है।[57]

हृदयचोर हरि

हरि शब्द बड़ा प्यारा है। उसका अर्थ होता है, चोर। जो हर ले, जो चुरा ले। जो तुम्हारे हृदय को चुरा ले जाए। हिंदुओं जैसे अदभुत लोग दुनिया में नहीं हैं। दुनिया में बहुत भगवान के नाम लोगों ने दिए हैं, लेकिन हरि! बस हिंदुओं की कला है। बात भी ठीक है, प्रेम एक तरह की चोरी ही तो है। तुम्हारे हृदय को बिलकुल चुरा ही तो लेगा। एक दिन तुम पाओगे कि तुम तो रह गए, हृदय गया। जहां हृदय हुआ करता था, हरि वहां विराजे हैं! सब पर कब्जा करके बैठ गए, सब हर लिया। हरण कर लिया तो हरि। कुछ भी न छोड़ेंगे। तुम्हारा सब आत्मलीन कर लेंगे। रत्ती-रत्ती पी जाएंगे, कुछ भी न छोड़ेंगे।

एक सूफी फकीर के घर में रात चोर घुसे। तो सूफी फकीर पड़ा था अपने कंबल पर—एक ही कंबल था—वह देखता रहा कि बेचारे बड़ी मेहनत कर रहे हैं और पाएंगे क्या? काफी मेहनत कर ली उन्होंने, कुछ थोड़ा-बहुत जो कुछ टूटे-फूटे बर्तन कुछ इत्यादि थे, वे उन्होंने इकट्ठे कर लिए। बांध कर जो कुछ मिला वे चलने लगे तो फकीर भी उनके साथ हो लिया। वे बोले, आप कैसे चल रहे हैं, आप कहां जा रहे हैं? अब वे थोड़े डरे भी कि यह आदमी क्यों साथ चल पड़ा। उसने कहा, भई, अब तुम सभी ले चले तो हमने सोचा हम भी चलें। अब हमको कहां छोड़े जा रहे हो? अरे, जैसे यहां पड़े थे वहां पड़े रहेंगे, तुम्हारा कुछ हर्जा तो नहीं है। उन्होंने तत्क्षण उसका सामान रख दिया कि बाबा, तुम अपना सामान ले जाओ; सामान में कुछ है ही नहीं और उपद्रव तुम्हारा कौन सिर पर लेगा!

जब हरि तुम्हें चुरा कर ले जाता है तो कुछ भी नहीं छोड़ता, तुम्हें भी ले जाता है। और तुम्हारे पास और है भी क्या जो चुराया जा सके। तो जब हरि तुम्हारा हृदय ले जाने लगे तो इस सूफी फकीर की याद रखना, साथ हो लेना कि बाबा, हमको भी ले चलो! तुम सामान तो ले चले बाकी, विचार ले चले, भाव ले चले, यह सब ठीक है, अब हमको भी ले चलो। अब हम यहां क्या करेंगे? मगर हरि ले ही जाता है पूरा का पूरा। जब वह चुराता है तो पूरा ही चुराता है। वह कुछ छोड़ता ही नहीं।[58]

आगे, और आगे!

एक पुरानी सूफी कथा है। एक फकीर जंगल में ध्यान करता और एक लकड़हारा रोज लकड़ियां काटता। फकीर को दया आई। बूढ़ा लकड़हारा, हो गया होगा सत्तर वर्ष का। अब भी लकड़ियां काटता। हड्डी-हड्डी! देह दुर्बल, कमर झुक गई। अब भी लकड़ियां ढोता। एक दिन उसने कहा कि सुन पागल, लकड़ियां ही जिंदगी भर काटता रहा, जरा आगे जा! तो उस लकड़हारे ने कहा: 'आगे क्या होगा? जंगल ही जंगल है। मैं बूढ़ा हुआ, ज्यादा चल भी नहीं सकता। इतनी ही दूर आना मुश्किल होता है, आगे क्या करूंगा?' उस फकीर ने कहा: 'तू मेरी मान, आगे जा। वहां एक खदान है। लकड़ियां तू सात दिन में जितनी काटता है उतना उस खदान से एक दिन में मिल जाएगा।'

वह आगे गया। तांबे की एक खदान थी। तो वह जितना तांबा ला सकता था, रोज बेच देता। सात दिन के लिए काफी हो जाता। वह मस्त हो गया। फिर सात दिन तो वह आता ही नहीं। बस एक दिन आ जाता हर सप्ताह में। उस फकीर ने कहा कि सुन, रुक मत, और जरा आगे जा, एक और खदान है। उसने कहा: 'करना क्या?' उसने कहा: 'वहां अगर जाएगा तो महीने भर में एक ही बार ले आएगा, पर्याप्त होगा। चांदी की खदान है।' फकीर की बात माननी पड़ी। मन तो हुआ कि क्या फायदा, कौन पंचायत करे! क्या लेना-देना! मजे से गुजर रही है। इतना ही क्या कम है! जिंदगी भर से हफ्ते में सात दिन लकड़ियां काटता था, तब कहीं रोटी जुट पाती थी। अब बड़े मजे हो गए हैं। सात दिन में एक दिन हो आता हूं, सात दिन मजा ही मजा है, विश्राम ही विश्राम है। खूब सुख मिल रहा है।

फकीर से उसने कहा: अब और मत उलझाओ। फकीर ने कहा: 'तेरी मरजी, मगर तू एक दफे तो जा।' उत्सुकता जगी तो गया। मिल गई चांदी की खदान। तो महीने भर में एक ही दफे आने लगा। फकीर ने कहा कि देख, तुझे अक्ल अपने से नहीं आती। जरा और आगे जा, सोने की खदान है। एक दफे ले आएगा, साल भर के लिए काफी है।

उसने कहा कि अब कहां उलझाते हो, इस बुढ़ापे में कहां झंझट...। मगर फकीर पर भरोसा भी आने लगा कि बात तो अब तक दो बार सही ठीक-ठीक निकली, ठीक ही कहता होगा। साल भर में एक बार! मैं जिंदगी ऐसे ही गंवाया। जरा आगे मैं खुद क्यों न गया? यह जंगल सदा मेरा था, यहां सदा मैं आया, बस यहीं से लकड़ियां काट कर ही लौट गया, बाहर-बाहर आया और लौट गया। कभी मैंने सोचा ही न कि जंगल में और संपदाएं भी हो सकती हैं!

तो वह गया। सोने की खदान मिल गई। फिर तो साल में एकाध बार कभी दिखाई पड़े। उसे फकीर ने कहा: देख, अब तू बहुत बूढ़ा हुआ जा रहा है, जरा और आगे जा। मूरख! अपने से क्यों नहीं जाता?

उसने कहा : अब और क्या हो सकता है? सोना तो आखिरी बात है।

फकीर ने कहा : कोई भी चीज आखिरी नहीं। जरा और आगे जा।

वह गया, हीरों की खदान मिल गई। वह तो एक ही बार ले आया तो जन्म भर के लिए काफी हो गया। फिर तो उसका पता ही न चले। तो फकीर एक दिन उसके घर पहुंचा और बोला कि तू पागल है? दिखाई नहीं पड़ता?

उसने कहा : अब करना क्या है? अपने लिए ही काफी नहीं, बच्चों के लिए भी काफी हो गया, एक दफा ले आए।

उसने कहा : जरा और आगे जा।

उसने कहा : अब क्या हो सकता है हीरों के आगे?

उसने कहा : हीरों के आगे मैं हूं। तू आ तो!

वह गया, तो हीरों के आगे फकीर बैठा था—परम शांत! अपूर्व उसकी शांति थी। भूल गया लकड़हारा। उसके चरणों में झुका तो उठा ही नहीं। घड़ियां बीज गईं। ऐसी शांति, ऐसा आनंद उसने कभी जाना न था। एक जलधार बह रही थी। फकीर चिल्लाया कि पागल, फिर रुक गया? और थोड़ा आगे जा!

उसने पूछा : लेकिन अब और क्या हो सकता है? इससे ज्यादा आनंद तो कभी मिला नहीं।

तो उसने कहा : और आगे जा, आगे परमात्मा है।

गुरु के चरणों में सुख है। संसार से तौलो तो अपूर्व, परमात्मा से तौलो तो कुछ भी नहीं। परमात्मा के पहले नहीं रुकना है।[59]

बाऊल संगीत

बाऊल अशिक्षित लोग हैं, इसलिए वे इतने पवित्र हैं। वे बहुत सुसंस्कृत लोग नहीं हैं, संसार के तौर-तरीकों में पले हुए नहीं हैं। शायद इसीलिए उनमें एक तरह की निर्दोषता है। वे धरती के पूत हैं—अशिक्षित, दरिद्र, विनम्र लेकिन बड़े प्रामाणिक। उनके भीतर एक संगीत है। वे इतने अद्वितीय हैं कि उन्हें बाउल सुर कहते हैं।

बाऊल संगीत की अपनी एक विशिष्ट धुन है, एक विशिष्ट स्वाद और अपनी निजता लिए हुए एक ऐसी विशिष्ट गंध है, जिसे सुनते ही तुम उसे तुरंत पहचान लोगे। उसका अपरिष्कृत, असुसंस्कृत और जंगलीपन का अंदाज ही उसकी अपनी पहचान है। जैसे कि सागर को कहीं से भी चखो, उसका स्वाद प्रत्येक स्थान पर नमकीन ही होगा, उसी प्रकार इनके गीतों को सुनकर तुरंत ऐसा लगता है कि वह प्रेम के एक प्रगाढ़ अनुभव और एक विशिष्ट जीवन के दृष्टिकोण से उद्‌भूत हुए हैं। और यह गीत कभी लिपिबद्ध नहीं किए गए। बाऊल इन्हें सदियों से गाते आ रहे हैं। प्रत्येक बाऊल गायक उनमें से कुछ अलग करके और कुछ नया जोड़ कर अपना नया गीत बना लेता है या उन पुराने गीतों को ही दोहराए जाता है, जो इसने अपने गुरु से सीखे थे, लेकिन उन गीतों का अंदाज इतना स्पष्ट होता है, कि आप उस रस से कभी वंचित नहीं रह सकते, जो बाऊल-गीत को सुनकर प्राप्त होता है।

पहला गीत इस प्रकार है—

प्रेम के स्वाद उसकी गंध को, और प्रेमी के हृदय की भाषा को
केवल कोई रसज्ञ पारखी ही समझ सकता है।
जैसे नींबू का स्वाद, उसके गूदे में ही निहित रहता है
और विशेषज्ञ भी यह जानते हैं
कि उसे पाने का कोई आसान रास्ता नहीं है
क्योंकि मधु तो कमलकोष में बंद रहता है
और केवल मधुमक्खी ही जानती है कि उसे कैसे चखा जाए।
गोबर में रहने वाले गुबरैले
शहद का स्वाद क्या जानें?
जानने का राज तो बस समर्पण है।

पहली बात तो यह कि केवल प्रेम करके ही प्रेम को जाना जा सकता है। केवल बौद्धिक बहस से इसे नहीं समझा जा सकता। अगर तुम सिद्धांत रूप से इसे समझना चाहो तो वह बोधगम्य नहीं हो सकता। अतः बाऊल लोगों का पहला सूत्र है कि कुछ चीजें ऐसी हैं जिनके साथ जुड़े बगैर, उन्हें किए बगैर उन्हें नहीं जाना जा सकता।

बाऊलों का जो पहला दृष्टिकोण है, वह यह है कि अस्तित्वगत बातें, अस्तित्वगत तरीकों से ही जानी जा सकती हैं। प्रेम केवल प्रेम करके ही जाना जा सकता है।

बाऊल कहते हैं—

तुम्हारे मंदिर में बैठे परमात्मा ने उसे एक बंजर
मरुभूमि बना दिया है।
तुम शंख फूंककर या घंटे बजाते हुए भले ही प्रसन्न हो लो
लेकिन वह मार्ग
जो तुम्हें पहुंचा सकता था
मंदिर व मस्जिदों ने रुद्ध कर दिया है।
हे प्रभु! मैं सुन रहा हूं
कि तुम मुझे बुला रहे हो
लेकिन मैं आ नहीं सकता
क्योंकि सदगुरुओं और धर्माचार्यों ने मेरा मार्ग रोक रखा है।

बाऊल लोग बहुत साहसी व्यक्ति हैं। वे कहते हैं : केवल कोई पारखी ही प्रेम की गंध का अनुभव कर सकता है। प्रेम के कई रंग हैं। प्रेम के कई आयाम और सूक्ष्म भेद हैं। प्रेम में केवल एक बात नहीं। प्रेम बहुत समृद्ध है, बहुत उर्वर है। उसकी कई पर्तें और कई पहलू हैं। वह तो एक हीरे की तरह है, जिसके कई पहलू, कई पक्ष हैं। और हर पहलू की चमक उसे और मूल्यवान बनाती है।

केवल एक पारखी, एक रस-मर्मज्ञ जिसने कई तरह से प्रेम किया हो, जो खतरों में साहस से जूझा हो, केवल वही प्रेम की गंध का अनुभव कर सकता है।[60]

संत का संस्पर्श

बुद्ध ने कहा है कि मैं अपने पिछले जन्म में एक बुद्ध पुरुष के पास गया था। तब मैं अज्ञानी था। उस बुद्ध पुरुष का नाम था विरोचन। मैं बिलकुल अज्ञानी था। और जब मैंने जाकर विरोचन के पैर छुए, मैं उठ भी न पाया, और मैं चकित रह गया और मैं रोक भी न पाया, मैं अवाक रह गया, मैं हतप्रभ हो गया, क्योंकि मैंने देखा, विरोचन मेरे चरण छू रहे हैं!

मैंने उनसे कहा, यह आप क्या करते हैं? मेरे चरण छूकर आप मुझे और पाप में डालते हैं।

मैं बहुत गया-बीता हूं; मुझसे बुरा आदमी नहीं है। मैं बिलकुल अंधेरे में हूं। मैं आपके चरण छुऊं, यह समझ में आता है। आप मेरे चरण किसलिए छूते हैं?

विरोचन ने कहा, मुझे पता नहीं कि तुम कौन हो, मुझे तो सिर्फ उसी का पता है जो तुम हो सकते हो। एक दिन तुम बुद्ध पुरुष हो जाओगे। मैं उसके लिए ही तुम्हारे चरण छूता हूं।[61]

हाथी और खरगोश

और बुद्ध के समय दीक्षा ने जो शान देखी दुनिया में, वह फिर पृथ्वी पर दुबारा नहीं हो सकी। बुद्ध और महावीर के वक्त बिहार ने जो स्वर्णयुग देखा संन्यास का, वह पृथ्वी पर फिर कभी नहीं हुआ। उसके पहले भी कभी नहीं हुआ था।

अदभुत दिन रहे होंगे। बुद्ध चलते थे, तो पचास हजार संन्यासी बुद्ध के साथ चलते थे। जिस गांव में बुद्ध ठहर जाते थे, उस गांव की हवाओं का रुख बदल जाता था! पचास हजार संन्यासी जिस गांव में ठहर जाएं, उस गांव में बुरे कर्म होने बंद हो जाते थे, कठिन हो जाते थे, मुश्किल हो जाते थे। इतने शुभ धारणाओं से भरे हुए लोग!

कथाएं कहती हैं कि बुद्ध जहां से निकल जाएं, वहां चोरियां बंद हो जातीं, वहां हत्याएं कम हो जातीं। आज तो कथा लगती है बात, लेकिन मैं कहता हूं कि ऐसा हो जाता है। क्योंकि हत्याएं करता कौन है? आदमी करता है। आदमी है क्या सिवाय विचारों के जोड़ के! और बुद्ध जैसी कौंध बिजली की पास से गुजर जाए, तो आप वही के वही रह सकते हैं जो थे? आप नहीं रह सकते हैं वही के वही। इतनी बिजली कौंध जाए अंधेरे में, तो फिर आप वही नहीं रह जाते, जो आप थे।

थोड़ी भी झलक मिल जाती है रास्ते की, तो आदमी सम्हलकर चलता है। अंधेरी रात है अमावस की, और बिजली चमक गई एक क्षण को, फिर घुप्प अंधेरा हो गया, तो भी फिर आप उतनी ही भूल-चूक से नहीं चलते, जितना पहले चल रहे थे। अंधेरा फिर उतना ही है, लेकिन एक झलक मिल गई मार्ग की।

बुद्ध जैसा आदमी पास से गुजरे, तो बिजली कौंध जाती है। और जिस गांव में पचास हजार भिक्षु और संन्यासी...। महावीर के साथ भी पचास हजार भिक्षु और संन्यासी चलते। और दोनों करीब-करीब समसामयिक थे। पूरा बिहार संन्यास से भर गया। उसको नाम ही बिहार इसलिए मिल गया। बिहार का मतलब है, भिक्षुओं का विहार-पथ। जहां संन्यासी गुजरते हैं, ऐसी जगह। जहां संन्यासी गुजरते हैं, ऐसे रास्ते। जहां संन्यासी विचरते हैं, ऐसा स्थान। इसलिए तो उसका नाम बिहार हो गया।

बुद्ध एक गांव में ठहरे हैं। उस गांव के सम्राट के बेटे ने आकर दीक्षा ली। उस सम्राट के लड़के से कभी किसी ने न सोचा था कि वह दीक्षा लेगा। लंपट था, निरा लंपट था। बुद्ध के भिक्षु भी चकित हुए। बुद्ध के भिक्षुओं ने कहा, इस निरा लंपट ने दीक्षा ले ली? इस आदमी से कोई आशा नहीं करता था। यह हत्या कर सकता है, मान सकते हैं। यह डाका डाल सकता है, मान सकते हैं। यह किसी की स्त्री को उठाकर ले जा सकता है, मान सकते हैं। यह संन्यास लेगा, यह कोई सपना नहीं देख सकता था! इसने ऐसा क्यों किया? बुद्ध से लोग पूछने लगे।

बुद्ध ने कहा, मैं तुम्हें इसके पुराने जन्म की कथा कहूं। एक छोटी-सी घटना ने आज के इसके संन्यास को निर्मित किया है—छोटी-सी घटना ने। उन्होंने पूछा, कौन-सी है वह कथा? तो बुद्ध ने कहा...।

और बुद्ध और महावीर ने उस साइंस का विकास किया पृथ्वी पर, जिससे लोगों के दूसरे जन्मों में झांका जा सकता है; किताब की तरह पढ़ा जा सकता है।

तो बुद्ध ने कहा कि यह व्यक्ति पिछले जन्म में हाथी था, आदमी नहीं था। और तब पहली दफा लोगों को खयाल आया कि इसकी चाल-ढाल देखकर कई दफा हमें ऐसा लगता था कि जैसे हाथी की चाल चलता है। अभी भी, इस जन्म में भी उसकी चाल-ढाल, उसका ढंग एक शानदार हाथी का, मदमस्त हाथी का ढंग था।

बुद्ध ने कहा, यह हाथी था पिछले जन्म में। और जिस जंगल में रहता था, हाथियों का राजा था। तो जंगल में आग लगी। गर्मी के दिन थे, भयंकर आग लगी आधी रात को। सारे जंगल के पशु-पक्षी भागने लगे, यह भी भागा। यह एक वृक्ष के नीचे विश्राम करने को एक क्षण को रुका। भागने के लिए एक पैर ऊपर उठाया, तभी एक छोटा-सा खरगोश वृक्ष के पीछे से निकला और इसके पैर के नीचे की जमीन पर आकर बैठ गया। एक ही पैर ऊपर उठा, हाथी ने नीचे देखा, और उसे लगा कि अगर मैं पैर नीचे रखूं, तो यह खरगोश मर जाएगा। यह हाथी खड़ा-खड़ा आग में जलकर मर गया। बस, उस जीवन में इसने इतना-सा ही एक महत्वपूर्ण काम किया था, उसका फल आज इसका संन्यास है।

रात वह राजकुमार सोया। जहां पचास हजार भिक्षु सोए हों, वहां अड़चन और कठिनाई स्वाभाविक है। फिर वह बहुत पीछे से दीक्षा लिया था, उससे बुजुर्ग संन्यासी थे। जो बहुत बुजुर्ग थे, वे भवन के भीतर सोए। जो और कम बुजुर्ग थे, वे भवन के बाहर सोए। जो और कम बुजुर्ग थे, वे रास्ते पर सोए। जो और कम बुजुर्ग थे, वे और मैदान में सोए। उसको तो बिलकुल आखिर में, जो गली राजपथ से जोड़ती थी बुद्ध के विहार तक, उसमें सोने को मिला। रात भर! कोई भिक्षु गुजरा, उसकी नींद टूट गई। कोई कुत्ता भौंका, उसकी नींद टूट गई। कोई मच्छर काटा, उसकी नींद टूट गई। रातभर वह परेशान रहा। उसने सोचा कि सुबह मैं इस दीक्षा का त्याग करूं। यह कोई अपने काम की बात नहीं।

सुबह वह बुद्ध के पास जाकर, हाथ जोड़कर खड़ा हुआ। बुद्ध ने कहा, मालूम है मुझे कि तुम किसलिए आए हो। उसने कहा कि आपको नहीं मालूम होगा कि मैं किसलिए आया हूं। मैं कोई साधना की पद्धति पूछने नहीं आया। क्योंकि कल मैंने दीक्षा ली, आज मुझे साधना की पद्धति पूछनी थी; उसके लिए मैं नहीं आया। बुद्ध ने कहा, वह मैं तुझसे कुछ नहीं पूछता। मुझे

मालूम है, तू किसलिए आया। सिर्फ मैं तुझे इतनी याद दिलाना चाहता हूं कि हाथी होकर भी तूने जितना धैर्य दिखाया, क्या आदमी होकर उतना धैर्य न दिखा सकेगा?

उस आदमी की आंखें बंद हो गईं। उसको कुछ समझ में न आया कि हाथी होकर इतना धैर्य दिखाया! यह बुद्ध क्या कहते हैं, पागल जैसी बात! उसकी आंख बंद हो गई।

लेकिन बुद्ध का यह कहना, जैसे उसके भीतर स्मृति का एक द्वार खुल गया। आंख उसकी बंद हो गई। उसने देखा कि वह एक हाथी है। एक घने जंगल में आग लगी है। एक वृक्ष के नीचे वह खड़ा है। एक खरगोश उसके पैर के नीचे आकर बैठ गया। इस डर से वह भागा नहीं कि मेरा पैर नीचे पड़े, तो खरगोश मर जाए। और जब मैं भागकर बचना चाहता हूं, तो जैसा मैं बचना चाहता हूं, वैसा ही खरगोश भी बचना चाहता है। और खरगोश यह सोचकर मेरे पैर के नीचे बैठा है कि शरण मिल गई। तो इस भोले से खरगोश को धोखा देकर भागना उचित नहीं। तो मैं जल गया।

उसने आंख खोली, उसने कहा कि माफ कर देना, भूल हो गई। रात और भी कोई कठिन जगह हो सोने की, तो मुझे दे देना। अब मैं याद रख सकूंगा। उतना छोटा-सा, उतना छोटा-सा काम, क्या मेरे जीवन में इतनी बड़ी घटना बन सकता है?

सब छोटे बीज बड़े वृक्ष हो जाते हैं। चाहे वे बुरे बीज हों, चाहे वे भले बीज हों, सब बड़े वृक्ष हो जाते हैं—सब बड़े वृक्ष हो जाते हैं।

हमें चूंकि कोई पता नहीं होता कि जीवन किस प्रक्रिया से चलता है, इसलिए कठिनाई होती है। हमें कोई पता नहीं होता कि किस प्रक्रिया से चलता है।[62]

बोधिवृक्ष

तुमने बूढ़े वृक्षों को देखा है?

हजार साल पुराना वृक्ष। मृत्यु करीब आ रही है, लेकिन सौंदर्य में रत्तीभर कमी नहीं होती। और बढ़ गया होता है। उसके नीचे अब हजारों लोग छाया में बैठ सकते हैं। सौंदर्य में कोई फर्क नहीं पड़ता। सौंदर्य और गहन हो गया होता है। बूढ़े वृक्ष के पास बैठने का मजा ही और है। वह जवान वृक्ष के पास बैठने से नहीं मिलेगा। अभी जवान को कोई अनुभव नहीं है। बूढ़े वृक्ष ने न मालूम कितने मौसम देखे। कितनी वर्षाएं, कितनी सर्दियां, कितनी धूप, कितने लोग ठहरे और गए, कितना संसार बहा, कितनी हवाएं गुजरीं, कितने बादल गुजरे, कितने सूरज आए और गए, कितने चांदों से मिलन हुआ, कितनी अंधेरी

गतें—वह सब लिखा है। वह सब उसमें भरा है। बूढ़े वृक्ष के पास बैठना इतिहास के पास बैठना है। बड़ी गहरी परंपरा उसमें से बही है।

बौद्धों ने, जिस वृक्ष के नीचे बुद्ध को ज्ञान हुआ, उसे बचाने की अब तक कोशिश की है। वह इसीलिए कि उसके नीचे एक परम घटना घटी है। वह वृक्ष उस अनुभव से अभी आपूरित है। वह वृक्ष अभी भी उस स्पंदन से स्पंदित है। वह जो महोत्सव उसके नीचे हुआ था, वह जो बुद्ध परम ज्ञान को उपलब्ध हुए थे, वह जो प्रकाश बुद्ध में जला था, उस प्रकाश की कुछ किरणें अभी भी उसे याद हैं। और अगर तुम बोधिवृक्ष के पास शांत होकर बैठ जाओ, तो तुम अचानक पाओगे ऐसी शांति, जो तुम्हें कहीं भी न मिली थी। क्योंकि तुम अकेले ही शांत नहीं हो रहे हो। उस वृक्ष ने एक अपरिसीम शांति जानी है। वह अपने अनुभव में तुम्हें भागीदार बनाएगा।

बूढ़े वृक्ष सुंदर हो जाते हैं। बूढ़े सिंह में और ही सौंदर्य होता है, जो जवान में नहीं होता। जवान में एक [illegible] होती है, जल्दबाजी होती है, अधैर्य होता है, वासना होती है। बूढ़े में सब शांत हो गया होता है। लेकिन आदमी कुरूप हो जाता है। क्योंकि आदमी थक जाता है। वृक्ष परमात्मा के खिलाफ नहीं लड़ रहे हैं। उन्होंने पाल खोल रखे हैं। जहां उसकी हवा ले जाए, वे वहीं जाने को राजी हैं। तुम उसके खिलाफ लड़ रहे हो। आदमी अकेला उसके खिलाफ लड़ता है। इसलिए थकता है, टूटता है, जराजीर्ण होता है। अगर जीवन एक संघर्ष है तो यह होगा ही।[63]

भूरिबाई

सूफियों की एक किताब है, जो बिलकुल कोरी है। उस जैसी बढ़िया कोई किताब नहीं। उस किताब में कुछ लिखा नहीं है। कोई सात सौ-आठ सौ साल पुरानी किताब है। एक गुरु से दूसरे गुरु को दी जाती रही। एक गुरु ने एक शिष्य को दे दी, फिर वह अपने शिष्य को दे गया, हाथ-हाथ चलती रही है। अभी भी सुरक्षित है। अभी भी सात सौ साल के बाद शिष्य उसे पढ़ते हैं खोल कर। उसमें कुछ लिखा नहीं है। वह कोरे कागज हैं। उस किताब को सूफी छापना चाहते थे, कोई पब्लिशर छापने को राजी नहीं। फिर किसी ने हिम्मत की और छापा। लेकिन उसने भी जब छापा उसको तो कोई बीस-पच्चीस पन्ने भूमिका के लिखवा लिए। ...खराब हो [illegible] इतिहास दे दिया कि किसने शुरू की यह किताब, फिर किसके हाथ में रही, फिर किसके हाथ में गई। मगर उससे सब खराब हो गया। वह किताब कोरी ही होनी चाहिए। मगर कौन राजी होगा कोरी किताब छापने को! लोग कहेंगे, कुछ हो भी तो छापने को तो छापें। इसमें तो कुछ है नहीं।

राजस्थान में एक महिला है: भूरिबाई! अदभुत महिला है! जब भी मैं राजस्थान जाता था, वह जरूर मुझे मिलने आती थी। बहुत थोड़ी-सी महिलाएं भारत में होंगी, जो उस कोटि की हैं। बिलकुल देहाती है, उसे कुछ पता भी नहीं; मगर सब पता है। वह मुझसे कहने लगी कि 'बापजी, आप मेरे गांव आना! मैंने एक किताब लिखी है, उसका उदघाटन करना।'

मैंने कहा, 'तू किसी और को धोखा देना। तेरी किताब मैं समझ गया, उसमें क्या होगा। तू उसे यहीं ले आना, मैं यहीं उदघाटन कर दूंगा।'

तो वह ले आई एक दफा, सिर पर रख कर लाई, बड़ी सुंदर पेटी में सजा कर लाई! उसके भक्त... उसके भक्त हैं! वह महिला है योग्य! उसके भक्त साथ में आए। उसकी किताब का मैंने उदघाटन कर दिया। कुछ भी नहीं, एक छोटी-सी पुस्तिका थी अंदर, खाली! कुछ उसमें लिखा नहीं था। वह लिखना-पढ़ना जानती भी नहीं।

जब पहली दफा मेरे शिविर में आई तो जो उसके साथ आए थे, भक्त, वे तो सब ध्यान करने लगे, वह उठ कर अपनी कोठरी में चली गई। उसके भक्तों ने जाकर कहा कि हम आए ही यहां इसलिए हैं कि ध्यान करें, आपने ध्यान नहीं किया? वह कहने लगी कि तुम बापजी से पूछ लेना। वे मेरे पास आए। उन्होंने कहा, यह मामला क्या है? भूरिबाई कहती है, बापजी से पूछ लेना।

'बापजी' मुझे कहना नहीं चाहिए, क्योंकि वह होगी सत्तर-अस्सी साल की। मैंने कहा, वह ठीक कहती है। क्योंकि जो मैंने कहा था वही उसने किया। मैंने कहा था, कुछ न करो, शांत साक्षी हो जाओ!

वे उसके पास गए। उन्होंने कहा, उन्होंने तो ऐसा कहा। वह कहने लगी कि ठीक कहा। वहां तो बड़ी भीड़-भाड़ थी, उपद्रव था। कई लोग कुछ-कुछ कर रहे थे। मैं इस कोठरी में आकर बैठ गई, मैंने कुछ न किया, बड़ा ध्यान लगा।

फिर वह अपने गांव वापिस गई तो गांव के लोगों ने पूछा कि वहां से क्या लाई, तो उसने अपनी कोठरी पर 'चुप' लिखवा दिया। उसने कहा कि इतना ही समझी मैं तो, वे कहे तो बहुत-सी बातें, लेकिन मेरी बुद्धि में ज्यादा नहीं समाता, मैं तो गैर-पढ़ी लिखी हूं; 'चुप'—इतना ही मेरी समझ में आया। वह अपनी कोठरी पर लिखवा रखा है कि इतना उनकी बातों में से मैं समझ पाई। कहते तो वे बहुत कुछ हैं, इतना मैं पकड़ पाई। वही मैं तुमको कह सकती हूं।

वह जो कोरा कागज है, वह कहता है 'चुप'। वह जो कोरा कागज है, वही कुरान है, वही धम्मपद, वही अष्टावक्र की संहिता है। उस कोरे कागज के लिए ही सारे शास्त्रों ने चेष्टा की है कि तुम्हारी समझ में कोरा कागज पढ़ना आ जाए। शून्य को समझाने के लिए शब्दों का सहारा लिया है; लेकिन शब्दों को समझाने के लिए नहीं—शून्य को समझाने के लिए। मौन में ले जाने के लिए भाषा का प्रयोजन है।

तुम साक्षी बनो! तुम कोरे भीतर शून्य के साक्षी बनो! वहीं निर्वाण घटित होता है, समाधि घटित होती है![64]

अनलिखे को पढ़ो

अगर तुम कोरे कागज को पढ़ना सीख लो तो तुम परमात्मा को समझ पाओगे।

ऐसा हुआ, महाराष्ट्र में ही हुआ। तीन संत हुए। एकनाथ हुए, निवृत्तिनाथ हुए और एक फकीर औरत हुई, मुक्ताबाई। एकनाथ ने पत्र लिखा निवृत्तिनाथ को। लेकिन पत्र कोरा कागज था। उसमें कुछ लिखा नहीं था। बस, खाली कागज संदेशवाहक के हाथ भेजा था। निवृत्तिनाथ के हाथ में कागज गया, उन्होंने बड़े रस से पढ़ा। लिखा उसमें कुछ भी नहीं था। पर बड़े गौर से पढ़ा। और पढ़ कर फिर मुक्ताबाई को दिया कि तुम भी पढ़ो। फिर मुक्ताबाई ने भी उसे बड़े गौर से पढ़ा। और फिर दोनों आनंदभाव से प्रसन्न हुए। और संदेशवाहक को कहा कि हमारा पत्र ले जाओ उत्तर में। और वही कोरा कागज वापस दे दिया।

संदेशवाहक बड़ी मुश्किल में पड़ा। पहले जब लाया था, तब तो उसे पता नहीं था कि कागज कोरा है। लिफाफे में बंद था। अब तो उसने देख लिया था कि उसमें कुछ लिखा नहीं। उसने कहा, महाराज, इसके पहले कि मैं जाऊं, एक छोटी सी जिज्ञासा मेरी भी पूरी कर दें। लिखा कुछ भी नहीं है, तो पढ़ा कैसे? और न केवल आपने पढ़ा, मुक्ताबाई ने भी पढ़ा। और आप दोनों प्रसन्न भी हुए। और इतने गौर से पढ़ा कि जरूर कुछ पढ़ा! मुझे भी लगा। क्या पढ़ा? और फिर यही कागज आप वापस भेज रहे हैं बिना कुछ लिखे!

निवृत्तिनाथ ने कहा कि एकनाथ ने खबर भेजी है कि अगर 'उसे' पढ़ना है, तो खाली कागज पर पढ़ना पड़ेगा। और भरे कागज पर तुम जो भी पढ़ोगे वह 'वह' नहीं है। हम राजी हैं। हम समझ गए बात। यही उत्तर है हमारा कि हम समझ गए। हम राजी हैं। बात बिलकुल ठीक है।

किताबें तो लिखी हुई हैं, परमात्मा अनलिखा है। किताबें कैसे उसे कहेंगी? अनलिखे को पढ़ना सीखना हो तो वेद पढ़ो, गुरुग्रंथ पढ़ो, कुरान पढ़ो, लिखे हिस्से को छोड़ देना। गैर-लिखे हिस्से को पढ़ लेना। लिखे हिस्से को छोड़ देना, गैर-लिखे को सम्हाल लेना। पंक्तियों के बीच में, शब्दों के बीच में जहां-जहां खाली जगह हो, उसको पढ़ लेना। उसको गुन लेना।

अगर तुमने लिखे को पढ़ा तो तुम पंडित हो जाओगे, अगर तुमने अनलिखे को पढ़ा तो ज्ञानी हो जाओगे। अगर लिखे को याद कर लिया तो तुम्हारे पास बड़ी सूचनाएं इकट्ठी हो जाएंगी, और अगर अनलिखे को याद कर लिया तो तुम छोटे बच्चे की तरह सरल हो जाओगे। और अनलिखे से द्वार है।[65]

चार्वाक

ईश्वर भी निश्चित ही चार्वाक और अष्टावक्र दोनों का जोड़ है। चार्वाक को मैं धर्म-विरोधी नहीं मानता। चार्वाक को मैं धर्म की सीढ़ी मानता हूं। सभी नास्तिकता को मैं आस्तिकता की सीढ़ी मानता हूं। तुमने धर्मों के बीच समन्वय करने की बातें तो सुनी होंगी—हिंदू और मुसलमान एक; ईसाई और बौद्ध एक। इस तरह की बात तो बहुत चलती है। लेकिन असली समन्वय अगर कहीं करना है तो वह है नास्तिक और आस्तिक के बीच।

यह भी कोई समन्वय है—हिंदू और मुसलमान एक! ये तो बातें एक ही कह रहे हैं, इनमें समन्वय क्या खाक करना? इनके शब्द अलग होंगे, इससे क्या फर्क पड़ता है?

मैं एक आदमी को जानता था, उसका नाम रामप्रसाद था। वह मुसलमान हो गया, उसका नाम खुदाबक्श हो गया। वह मेरे पास आया। मैंने कहा: 'पागल! इसका मतलब वही होता है—रामप्रसाद। खुदाबक्श होकर कुछ हुआ नहीं। खुदा यानी राम; बक्श यानी प्रसाद।' वह कहने लगा: 'यह मुझे कुछ खयाल न आया।'

भाषा के फर्क हैं, इनमें क्या समन्वय कर रहे हो? असली समन्वय अगर कहीं करना है तो नास्तिक और आस्तिक के बीच; पदार्थ और परमात्मा के बीच; चार्वाक और अष्टावक्र के बीच। मैं तुमसे उसी असली समन्वय की बात कर रहा हूं। जिस दिन नास्तिकता मंदिर की सीढ़ी बन जाती है, उस दिन समन्वय हुआ। उस दिन तुमने जीवन को इकट्ठा करके देखा, उस दिन द्वैत मिटा।

मैं तुमसे परम अद्वैत की बात कर रहा हूं। शंकर ने भी तुमसे इतने परम अद्वैत की बात नहीं की, वे भी चार्वाक के विरोधी हैं। इसका मतलब क्या होता है? इसका मतलब होता है: आखिर चार्वाक भी है तो परमात्मा का हिस्सा ही। तुम कहते हो सभी में परमात्मा है; फिर चार्वाक में नहीं है? फिर चार्वाक से जो बोला, वह परमात्मा नहीं बोला? फिर चार्वाक का खंडन कर रहे हो—क्या कह रहे हो? क्या कर रहे हो? अगर वास्तविक अद्वैत है तो तुम कहोगे: चार्वाक की वाणी में भी प्रभु बोला। यही मैं तुमसे कहता हूं। और वाणी उसकी मधुर है, इसलिए चार्वाक नाम पड़ा। चार्वाक का अर्थ होता है: मधुर वाणी वाला। उसका दूसरा नाम है: लोकायत। लोकायत का अर्थ होता है: जो लोक को प्रिय है; जो अनेक को प्रिय है। लाख तुम कहो ऊपर से कुछ, कोई जैन है, कोई बौद्ध है, कोई हिंदू है, कोई मुसलमान—यह सब ऊपरी बकवास है; भीतर गौर से देखो, चार्वाक को पाओगे। और तुम अगर इन धार्मिकों के स्वर्ग की तलाश करो तो तुम पाओगे कि सब स्वर्ग की जो योजनाएं हैं चार्वाक ने ही बनाई होंगी। स्वर्ग में जो आनंद और रस की धारें बह रही हैं, वे चार्वाक की ही धारणाएं हैं।

सुखं जीवेत! चार्वाक कहता है: सुख से जीयो। इतना मैं जरूर कहूंगा कि चार्वाक सीढ़ी है। और जिस ढंग से चार्वाक कहता है, उस ढंग से सुख से कोई जी नहीं सकता। क्योंकि चार्वाक ने

ध्यान का कोई सूत्र नहीं दिया। चार्वाक सिर्फ भोग है, योग का कोई सूत्र नहीं है; अधूरा है। उतना ही अधूरा है जितने अधूरे योगी हैं। उनमें योग तो है लेकिन भोग का सूत्र नहीं है। इस जगत में कोई भी पूरे को स्वीकार करने की हिम्मत करता नहीं मालूम पड़ता—आधे-आधे को। मैं दोनों को स्वीकार करता हूं। और मैं कहता हूं: चार्वाक का उपयोग करो और चार्वाक के उपयोग से ही तुम एक दिन अष्टावक्र के उपयोग में समर्थ हो पाओगे।

जीवन के सुख को भोगो। उस सुख में तुम पाओगे, दुख ही दुख है। जैसे-जैसे भोगोगे वैसे-वैसे सुख का स्वाद बदलने लगेगा और दुख की प्रतीति होने लगेगी। और जब एक दिन सारे जीवन के सभी सुख दुख-रूप हो जाएंगे, उस दिन तुम जागने के लिए तत्पर हो जाओगे। उस दिन कौन तुम्हें रोक सकेगा? उस दिन तुम जाग ही जाओगे। कोई रोक नहीं रहा है। रुके इसलिए हो कि लगता है शायद थोड़ा सुख और हो, थोड़ा और सो लें। कौन जाने...। एक पन्ना और उलट लें संसार का। इस कोने से और झांक लें! इस स्त्री से और मिल लें! उस शराब को और पी लें! कौन जाने कहीं सुख छिपा हो, सब तरफ तलाश लें!

मैं कहता भी नहीं कि तुम बीच से भागो। बीच से भागे, पहुंच न पाओगे, क्योंकि मन खींचता रहेगा। मन बार-बार कहता रहेगा। ध्यान करने बैठ जाओगे, लेकिन मन में प्रतिमा उठती रहेगी उसकी, जिसे तुम पीछे छोड़ आए हो। मन कहता रहेगा: 'क्या कर रहे हो मूर्ख बने यहां बैठे? पता नहीं सुख वहां होता। तुम देख तो लेते, एक दफा खोज तो लेते!'

इसलिए मैं कहता हूं: संसार को जान ही लो, उघाड़ ही लो! जैसे कोई प्याज को छीलता चला जाए—तुम बीच में मत रुकना, छील ही डालना पूरा। हाथ में फिर कुछ भी नहीं लगता। हां, अगर पूरा न छीला तो प्याज बाकी रहती है। तब यह डर मन में बना रह सकता है, भय मन में बना रह सकता है: 'हो सकता है कोहिनूर छुपा ही हो!' तुम छील ही डालो। तुम सब छिलके उतार दो। जब शून्य हाथ में लगे, छिलके ही छिलके गिर जाएं—संसार प्याज़ जैसा है, छिलके ही छिलके हैं, भीतर कुछ भी नहीं। छिलके के भीतर छिलका है, भीतर कुछ भी नहीं। जब भीतर कुछ भी नहीं पकड़ में आ जाएगा, फिर तुम्हें रोकने को कुछ भी न बचा।

चार्वाक की किताब पूरी पढ़ ही लो, क्योंकि कुरान, गीता और बाइबिल उसीके बाद शुरू होते हैं। चार्वाक पूर्वार्ध है, अष्टावक्र उत्तरार्ध।[66]

भारत: द्वंद्व के पार

इसे खयाल में लेना, सारी दुनिया में—भारत को छोड़कर—जीवन की व्यवस्था को द्वंद्व में ही बांटा गया है, स्वर्ग-नर्क। भारत एक और नया शब्द रखता है, मोक्ष। सुख-दुख, भारत एक तीसरा शब्द लाता है, आनंद। दुर्जन-सज्जन, भारत एक नया शब्द लाता है, जीवनमुक्त। साधु-असाधु, भारत एक नयां शब्द लाता है, संत। इनका फर्क समझ लेना। साधु का अर्थ संत नहीं होता। साधु का अर्थ है, जो असाधु के विपरीत। और संत का अर्थ होता है, जहां साधु-असाधु दोनों के पार हो गया। स्वर्ग का अर्थ होता है, नर्क के विपरीत, मगर नर्क से बंधा। स्वर्ग से नर्क में गिरने की सुविधा है। गिरेगा ही, कोई भी। इसलिए पुराने शास्त्र भी यही कहते हैं जब स्वर्ग में पुण्य चुक जाता है तो आदमी को गिरना पड़ता है। अप्रतिष्ठा हो जाती है स्वर्ग से।

स्वर्ग और नर्क अलग-अलग नहीं हैं। विपरीत हैं, जुड़े हैं। मोक्ष, वहां से फिर गिरने का कोई उपाय नहीं। वहां से फिर अप्रतिष्ठा नहीं होती। और जहां से अप्रतिष्ठा हो ही न सकती हो, वहीं शोभा है। जहां से अप्रतिष्ठा हो सकती हो, वहां कैसी शोभा! जहां से गिरना हो सकता हो, वहां पहुंचने का क्या अर्थ!

इसलिए सारी दुनिया के धर्म द्वंद्व के पार नहीं गये हैं। ईसाइयत, इस्लाम, यहूदी धर्म स्वर्ग और नर्क की बात करते हैं, लेकिन मोक्ष की कोई धारणा नहीं है। पदार्थ और परमात्मा की बात करते हैं, लेकिन ब्रह्म की कोई धारणा नहीं है। भारत की खोज अनूठी है। जहां-जहां द्वंद्व है, भारत वहां एक तीसरी बात का भी उपयोग करता है। क्योंकि भारत कहता है, द्वंद्व के पार एक तीसरी दशा है। जहां न आदमी सज्जन है, न दुर्जन, वहां संतत्व, वहां जीवनमुक्ति। जहां न बुरा, न भला, वहां जीवनमुक्ति। बुरे और भले तो एक ही सिक्के के दो पहलू हैं। जहां पूरा सिक्का ही छोड़ दिया, वहीं सरलता।[67]

सिक्ख होना

गुरु के पास जाने का तो एक ही राज है कि तुम अपने को छोड़ कर जाना। फिर वह जो कह रहा है, सही है। फिर तुम्हें निर्णय करने को कुछ बचा नहीं। और तब तुम उसकी सिखावन सुन पाओगे। क्योंकि ऐसे समग्र हृदय से ही सिखावन सुनी जा सकती है। और तभी तुम सिक्ख हो पाओगे। जिसने सिखावन सुनी वह सिक्ख हुआ।

सिक्ख शब्द बड़ा प्यारा है। वह संस्कृत के शिष्य से बना है। जो सीखने को तैयार है वह सिक्ख। जो सिखावन सुनने को तैयार है वह सिक्ख। जो अभी अपनी ही अकड़ से जी रहा है, जो अभी सीखने को तैयार नहीं, वह सिक्ख नहीं है। तुम वस्त्र पहन सकते हो सिक्ख के, उससे कुछ हल नहीं होता। तुम ढंग बना सकते हो सिक्ख का, उससे कुछ हल नहीं होता। क्योंकि सिक्ख होना एक हार्दिक घटना है।

कहते हैं नानक—

मति बिच रतन जवाहर माणिक, जे इक गुरु की सिख सुणी।

और हजार बातें सुनने से भी कुछ नहीं होगा। एक ही सुन लेने से सब हो जाता है। और तुम कितना सुन चुके हो, फिर भी कुछ नहीं होता। कितना पढ़ चुके हो, फिर भी कुछ नहीं होता। कारण साफ है। तुमने सुना ही नहीं, जहां से सुनना चाहिए था।

गुरु की सिखावन तो हृदय से सुनी जा सकती है। कबीर ने कहा है, जो सिर को काट कर जमीन पर धर दे, चले हमारे साथ। किस सिर की बात कर रहे हैं? इस सिर को काटने से कुछ नहीं होगा।

बोधिधर्म एक बौद्ध फकीर हुआ। वह चीन गया। वह बड़ा अनूठा आदमी था। वह दीवाल की तरफ मुंह कर के बैठता था, लोगों की तरफ पीठ। वह कहता था, जब कोई शिष्य आएगा तो उस तरफ मुंह कर लूंगा। तुमसे क्या बात करनी? और तुमसे बात करनी या दीवाल से बात करनी बराबर है।

फिर एक आदमी आया, हुईनेंग। वह पीछे खड़ा रहा चौबीस घंटे तक। और उसने कहा कि

बोधिधर्म! इस तरफ सिर करो। बोधिधर्म चुप रहा। तो उसने अपना हाथ काट कर बोधिधर्म को भेंट किया। और उसने कहा कि अगर देर की तो सिर काट दूंगा। बोधिधर्म ने कहा, इस सिर को काटने से कुछ भी न होगा। अगर उस सिर को काटने की तैयारी हो...। हुईनेंग ने कहा कि सब तैयारी करके आया हूं। जो कहो, वह करने की तैयारी है।

नौ साल में पहली दफा बोधिधर्म ने किसी व्यक्ति की तरफ चेहरा किया। हुईनेंग उसका उत्तराधिकारी हुआ। लेकिन उसने पहले पूछा कि इस सिर को काटने से कुछ भी न होगा, उस सिर को...!

कौन सा वह सिर है? वह जो भीतर अस्मिता है, अहंकार है। मैं हूं और मैं निर्णायक हूं—तो तुम शिष्य न हो सकोगे, तो तुम सिखावन न सीख सकोगे।

'और गुरु की जो एक सिखावन सुन लेता है, उसकी मति माणिक जैसी हो जाती है।'

उसकी चेतना एक स्वच्छता को, पारदर्शिता को उपलब्ध हो जाती है। वह आर-पार देखने लगता है। विचार वहां हट जाते हैं, क्योंकि हृदय में कोई विचार नहीं है। बुद्धि वहां से बहुत दूर पड़ जाती है। सब धुआं बुद्धि का वहां से हट जाता है। एक स्वच्छता, एक ताजगी! और वही ताजगी स्नान है गंगा का।[68]

आदेश और उपदेश

जैन शास्त्रों में एक बड़ी अदभुत बात है। वे कहते हैं, तीर्थंकर उपदेश देते हैं, आदेश नहीं। उपदेश और आदेश का यही फर्क है। उपदेश का मतलब यह है: कह दिया, मानना हो मानो; न मानना हो न मानो; बता दिया, चलना हो चलो; न चलना हो न चलो। आदेश का मतलब है: चलना पड़ेगा। पूछा ही क्यों था अगर नहीं चलना था? आदेश का अर्थ है: लो कसम, व्रत लो! उपदेश का अर्थ है: जो मेरे भीतर झलका तुम्हें देख कर, वह कह दिया; इसको तुम जीवन का बंधन मत बना लेना। इस पर चल सको, चलना; न चल सको, फिक्र मत करना, चिंता मत बना लेना। यह तुम्हारे ऊपर बोझ न हो जाए। सब आदेश बोझ हो जाते हैं; क्योंकि आदेश पत्थर की तरह हैं। उपदेश फूलों की तरह हैं, वे बोझ नहीं होते।

नानक एक गांव में आकर ठहरे। तो गांव बड़े फकीरों का गांव था, बड़े संत थे वहां; सूफियों की बस्ती थी। तो सूफियों का जो प्रधान था उसने एक कटोरे में दूध भर कर भेजा। कटोरा पूरा भरा था। नानक बैठे थे गांव के बाहर एक कुएं के पाट पर। मरदाना और बाला गीत

गा रहे थे। नानक सुबह के ध्यान में थे। कटोरा भर कर दूध आया तो बाला और मरदाना ने समझा कि फकीर ने स्वागत के लिए दूध भेजा है—सुबह के नाश्ते के लिए।

लेकिन नानक ने पास की झाड़ी से एक फूल तोड़ा, दूध के कटोरे में रख दिया। दूध तो एक बूंद भी नहीं समा सकता था उस कटोरे में, वह पूरा भरा था; लेकिन फूल ऊपर तिर गया। छोटा सा फूल झाड़ी का, जंगली झाड़ी का फूल, ऊपर तिर गया। कहा, कटोरा वापस ले जाओ। मरदाना और बाला ने कहा, यह आपने क्या किया? यह तो नाश्ते के लिए दूध आया था। और हम कुछ समझे नहीं। उन्होंने कहा, रुको, सांझ तक समझोगे।

क्योंकि सांझ को वह फकीर नानक के चरणों में आ गया। उसने चरण छुए और कहा कि स्वागत है आपका! तब मरदाना और बाला, नानक के शिष्य कहने लगे, हमें अब अर्थ खोल कर कहें! तो नानक ने कहा, इस फकीर ने भेजा था दूध का कटोरा पूरा भर कर कि अब यहां और फकीरों की जरूरत नहीं है, बस्ती पूरी भरी है। यहां वैसे ही काफी गुरु हैं; और गुरु की कोई जरूरत नहीं है। शिष्यों की तलाश है, गुरु तो ज्यादा हैं। और अब आप और आ गए, इससे और उपद्रव होगा, कुछ सार नहीं होने वाला। आप कहीं और जाएं। तो मैंने फूल रख कर उस पर भेज दिया कि मैं तो एक फूल की भांति हूं, कोई जगह न भरूंगा, तुम्हारी कटोरी पर तिर जाऊंगा।

आदेश पत्थर की भांति है; उपदेश फूल की भांति है। उपदेश जब तुम्हें कोई संत देता है तो वह तुम्हें भरता नहीं, तुम्हारे ऊपर फूल की तरह तिर जाता है। उसकी सुगंध का अनुसरण तुम कर सको तो तुम्हारा जीवन भी वैसा फूल जैसा हो जाएगा। न कर सको तो संत तुम्हारे ऊपर बोझ नहीं है। आदेश बोझ है।[69]

नानक के गीत

नानक उस परमात्मा की स्तुति में ऐसे बोलते हैं, जैसे एक मदहोश आदमी बोले। वे किसी पंडित के वचन नहीं हैं; वरन उसके वचन हैं, जो प्रभु की शराब में पूरी तरह डूब गया है। इसीलिए वे दोहराते चले जाते हैं। मस्ती में बोले गए वचन हैं। जैसे शराबी बोल रहा हो रास्ते के किनारे खड़े होकर—बोले चला जाता है। एक ही बात को बहुत बार कहे चला जाता है। ऐसी ही किसी गहरी शराब में डूब कर वे बोल रहे हैं।

बाबर नानक के समय भारत आया। उसके सिपाहियों ने नानक को भी संदिग्ध समझ कर कैद कर लिया। लेकिन धीरे-धीरे बाबर तक खबर पहुंचने लगी कि यह कैदी कुछ अनूठा है। और इस कैदी के आस-पास एक हवा है, जो साधारण मनुष्यों की नहीं। और एक मस्ती है कि

यह कैदी कारागृह में भी गाता रहता है। और यह खबर बाबर को लगी कि यह कुछ ऐसा आदमी है कि इसे कैद किया नहीं जा सकता। इसकी स्वतंत्रता भीतरी है।

तो कहते हैं, उसने संदेश भेजा नानक को कि तुम मुझसे मिलने आओ। नानक ने कहा कि मिलने तो तुम्हें ही आना पड़े। क्योंकि नानक वहां है, जहां से अब मिलने जाने का कोई सवाल नहीं।

बाबर खुद मिलने कारागृह में आया। नानक से बहुत प्रभावित हुआ। नानक को साथ ले गया अपने महल में। और उसने बहुमूल्य से बहुमूल्य शराब नानक को पीने के लिए निमंत्रित किया। नानक हंसे; और उन्होंने एक गीत गाया। जिस गीत का अर्थ है कि मैं परमात्मा की शराब पी चुका। अब इस शराब से मुझे नशा न चढ़ेगा। आखिरी नशा चढ़ गया है। अच्छा हो बाबर कि तुम ही मेरी शराब पीयो, बजाय अपनी शराब पिलाने के।

ये गीत शराबी के गीत हैं। इसलिए नानक कहे चले जाते हैं। या तो एक छोटे बच्चे की तरह, या एक शराबी की तरह। वे गुनगान करते हैं। उसमें बहुत हिसाब नहीं है। और न ही इन वचनों को, साजा-संवारा गया है। ये अनगढ़ पत्थरों की तरह हैं।

एक कवि लिखता है, तो सुधारता है। हेर-फेर करता है। जमाता है। व्याकरण की चिंता करता है। लय की, पद की, छंद की फिक्र करता है। मात्राओं का हिसाब रखता है। बहुत बदलाहट करता है। रवींद्रनाथ की हैसियत का महाकवि भी! अगर रवींद्रनाथ की डायरियां देखें, तो कटी-पिटी हैं। एक-एक लाइन को काट-काट कर फिर से लिखा है, बदला है, फिर जमाया है।

ये वचन न तो बदले गए हैं और न जमाए गए हैं। ये तो वैसे ही हैं, जैसे नानक ने कहे थे। ये तो बोले गए हैं। इनमें कुछ हिसाब नहीं है; न भाषा का, न मात्रा का, न पद का, न छंद का। अगर इनमें कोई छंद है, तो भीतरी आत्मा का है। और अगर इनमें कोई व्याकरण है, तो वह मनुष्य की नहीं, परमात्मा की है। और इनमें अगर कोई लय मालूम पड़ती है, तो वह लय भीतर के नशे की है। वह काव्य की नहीं है। इसलिए तो नानक कहे जाते हैं। जब भी उनसे कोई पूछता, तो वे गाकर ही जवाब देते थे। उनसे कोई सवाल पूछता और वे कहते, सुनिए। और मर्दाना अपना साज छेड़ देता और वे गीत गाना शुरू कर देते।

इस बात को याद रखना। अगर इस बात को याद न रखा तो ऐसा लगेगा, क्या नानक पुनरुक्ति किए चले जाते हैं? कि उसके गुण अपार, कि उसका मूल्य अपार। फिर वे कहे ही चले जाते हैं।

ना! ये मस्ती में गुनगुनाए गए शब्द हैं। ये किसी दूसरे से कहे गए नहीं हैं। ये अपनी ही मस्ती में, अपने ही भीतर गुनगुनाए गए हैं। दूसरे ने सुन लिया है, यह दूसरी बात है। यह खयाल में रहेगा तो बहुत अर्थ प्रकट होने शुरू होंगे।[70]

भीतर की बादशाहत

कमाने योग्य तो एक ही बात है : वह, जो तुम्हारे भीतर छिपा बैठा है। वही है परम धन, वही है परम पद। उसे नहीं पाया तो समझना, तुम भिखमंगे रहे और भिखमंगे मरे। फिर तुम कितनी ही बड़ी कुर्सियों पर चढ़ जाओ; तुम कितनी ही सीढ़ियां चढ़ जाओ, और तुम कितने ही धन के ढेर लगा लो, और तुम सारी पृथ्वी के मालिक हो जाओ, अगर तुम अपने मालिक नहीं हो तो तुम दीन हो, तुम दरिद्र हो। और अगर तुम अपने मालिक हो और तुम्हारे पास कुछ भी न हो तो भी तुम्हारी समृद्धि अपूर्व है; तुम सम्राट हो।

स्वामी राम अपने को बादशाह कहते थे। था तो नहीं उनके पास कुछ भी। बोलते थे तो भी वे अपने को राम बादशाह ही कहते थे। कि आज सुबह राम बादशाह घूमने गया तो वृक्ष झुक-झुककर सलाम बजाने लगे। आज रात राम बादशाह जा रहा था तो चांद-तारे परिक्रमा करने लगे।

इस देश में तो ऐसी बात चलती है। इस देश में कोई इसमें अड़चन नहीं लेता; हम इसके आदी हैं। लेकिन जब वे अमरीका गये तो लोगों को यह बात न जंची। लोगों ने कहा, आप कह क्या रहे हैं? क्योंकि अमरीका में तो यह पागलपन का लक्षण हो जाये। चांद-तारे और आपका चक्कर लगाने लगे? और वृक्ष झुक-झुककर सलाम बजाने लगे? होश में हैं? और आप अपने को राम बादशाह कहते हैं, और दो लंगोटी आपके पास हैं।

और राम बादशाह ने कहा, इसीलिए तो कहता हूं कि मैं बादशाह हूं, क्योंकि मेरे पास ऐसा कुछ भी नहीं है, जो छीना जा सके। और मेरे पास ऐसा कुछ भी नहीं है जो मौत मेरे हाथों से छुड़ा लेगी। मेरी मालकियत ऐसी है कि मौत भी हार जायेगी। और मेरी मालकियत ऐसी है कि कोई छीन न सकेगा। इसलिए तो बादशाह कहता हूं अपने को। मेरी हंसी देखो, मेरी आंखों में झांको। मेरी बादशाहत भीतरी है। मेरी बादशाहत वही है जिसको जीसस ने किंगडम आफ गाड : प्रभु का राज्य कहा है। मेरी आंखों में आंखें डालो और देखो, मेरी बादशाहत भीतर है। मैंने अपने को पा लिया है इसलिए कहता हूं कि मैं बादशाह हूं। और तुम सब गरीब हो, दीन-दरिद्र हो। होंगे करोड़ों रुपये तुम्हारे पास, धन-वैभव होगा, फिर भी मैं तुमसे कहता हूं, तुम दीन-दरिद्र हो।[71]

सिद्ध कौन? अभंग

सिद्ध कौन?

जो असंग
वह अभंग

जो अकेला है, जो इतना अकेला है कि अब अकेलापन भी न बचा, उसी को कहते असंग। और जो असंग है, वह अभंग है। उसका अब खंडन नहीं हो सकता है। उसके अब टुकड़े नहीं हो सकते हैं। मैं, तू, यह, वह, सब टुकड़े समाप्त हो गये।

जो असंग
वह अभंग

और ऐसी अभंग दशा को सिद्ध कहा है।

महाराष्ट्र में सिद्धों के वचन, बहुत से वचन अभंग कहलाते हैं। वे इसीलिए अभंग कहलाते हैं। वे एक ऐसी चित्त की दशा से पैदा हुए हैं जहां कोई विभाजन नहीं रहा। अंग्रेजी में जो शब्द है इनडिवीजुअल, वह ठीक शब्द है अभंग के लिए। इनडिवीजुअल का अर्थ होता है, जिसके विभाजन न हो सकें। अविभाज्य जो है, खंड न हो सकें। जिसके खंड हो जाएं, वह भीड़, वह अभी व्यक्ति नहीं। सिद्धि की जो परमदशा है, वह अभंग होने की दशा है। अद्वय, दो नहीं बचे, इतना भी खंड नहीं रहा कि दो बचें। अनेक की तो बात ही छोड़ दो, दो भी नहीं बचे।

अपना
अपने में बो
अंतः जग
बाहर सो

सिद्ध की यह दशा है।

अपना
अपने में बो

अब कोई दूसरा तो है नहीं।

अपना
अपने में बो

खुद ही बीज है, खुद ही खेत है, खुद ही किसान है, खुद ही फसल है, खुद ही काटेगा। बस अपना ही अपना बचा।

अपना
अपने में बो
अंतः जग
बाहर सो

और जो भीतर है, वही अब बाहर है। जो बाहर है, वही भीतर है। बाहर भीतर भी गया। अभंग। अब न कुछ बाहर है, न भीतर है।[72]

अक्षर शब्दयोग

अक्षर शब्द को समझना बड़ा कीमती है। संस्कृत और भारतीय भाषाओं में हम क ख ग को, वर्णमाला को अक्षर कहते हैं। अल्फाबेट को हम अक्षर कहते हैं। लेकिन अक्षर शब्द का तो अर्थ होता है, जो मिटाया न जा सके। तुम्हारा क ख ग तुम लिखो, वह तो मिटाया जा सकता है। तो वह तो अक्षर नहीं है, क्षर है। तख्ते पर तुमने लिखा क ख ग, पोंछ दो, मिट गया। लिखा था, उसके पहले नहीं था, पोंछ दिया, फिर नहीं हो गया। वह तो क्षर है, अक्षर नहीं है। और हम अल्फाबेट को अक्षर कहते हैं। उसके पीछे कारण है। क्योंकि हम कहते हैं, असली जो है, न तो वह लिखा जा सकता है और न पोंछा जा सकता है। तुम जो लिखते हो वह तो सिर्फ प्रतिध्वनि है।

ऐसा समझो कि आकाश में चांद है और झील में उसका प्रतिबिंब बन रहा है। तुम झील को हिला दो तो झील का चांद फौरन टुकड़े-टुकड़े हो जाता है। वह तो क्षर है। लेकिन तुम ऐसा आकाश में हाथ हिलाओ, उससे कोई आकाश का चांद टुकड़े-टुकड़े नहीं हो जाएगा। वह अक्षर है।

हमारी जो भाषा है वह तो परमात्मा की भाषा का केवल प्रतिफलन है। जो हम बोर्ड पर लिखते हैं, किताब में लिखते हैं, वह तो प्रतिफलन है, रिफ्लेक्शन है। वह तो मिट जाएगा। लेकिन जिससे वह आ रहा है, वह अक्षर है। तुम जो बोल रहे हो, वह तो क्षर है, लेकिन तुम्हारे भीतर जो बोल रहा है, वह अक्षर है।

तो नानक कहते हैं, अक्षर ही उसका नाम है। तो उसको न तो लिखा जा सकता है और न मिटाया जा सकता है। उस अक्षर के अतिरिक्त सब आदमी की ईजादें हैं। वह अक्षर क्या है?

उस अक्षर की जो हमारे पास निकटतम प्रतिध्वनि है, वही ओंकार है। इसलिए नानक का यह पूरा का पूरा दर्शन एक भित्ति पर टिका है, एक ओंकार सतनाम। बस! इन तीन शब्दों को तुम समझ लो, तो जपुजी पूरा समझ में आ गया। पूरे नानक ही समझ में आ गए। वह सारसूत्र है। अक्षर यानी ओंकार। क्योंकि वही एक ध्वनि है जो बिना लिखे गूंज रही है। जो कभी नहीं मिटेगी। वह अस्तित्व का ही संगीत है। उसके मिटने का कोई उपाय नहीं। जब सब खो जाएगा, तब भी वह गूंजता रहता है।

बाइबिल में कहा है—और सभी शास्त्रों में उसकी झलक आने ही वाली है—कि सबसे पहले शब्द था, लोगोस। जिसको पश्चिम ने लोगोस कहा है, शब्द कहा है, वही ओंकार है। सबसे पहले शब्द था, फिर सब उससे हुआ। और जब सब खो जाएगा तब भी शब्द होगा। सब उसी में लीन हो जाएगा।

भारत में शब्दयोग की प्रक्रियाएं हैं, जिनमें सिर्फ शब्द को ही साधना होता है। और शब्द का अर्थ है, अपने को तो निःशब्द करना होता है। ताकि जो मैं बोल रहा हूं वह तो चुप हो जाए, और जब मेरा बोलना चुप हो जाता है तब जो सुनायी पड़ता है, वह परमात्मा की वाणी है। वह उसका उदघोष है। वह उसका उच्चार है।[73]

सुखांत कहानियां

मैंने सुना है, महाराष्ट्र के एक अपूर्व संत हुए एकनाथ। एक आदमी उनके पास बार-बार आता था। खोजी था। कहता कि प्रभु, कुछ ज्ञान दें। हजार बार उसे समझा चुके थे मगर वह कुछ उसकी समझ में न आता था। वह फिर आ जाता था कि प्रभु, कुछ ज्ञान दें। जीवन निष्पाप कैसे हो?

एक दिन सुबह-सुबह आया, एकनाथ से कहने लगा, आप कुछ तो समझायें कि जीवन निष्पाप कैसे हो? उन्होंने कहा, मैं तुझे रोज समझाता, तेरी समझ में नहीं आता तो मैं क्या करूं?

वह आदमी कहने लगा कि आप कैसे निष्पाप हुए यह बता दो, तो उसी रास्ते मैं भी चलूं।

एकनाथ ने कहा कि ठहर, अचानक मेरी नजर तेरे हाथ पर पड़ गई, तेरी उम्र की रेखा कट गई है। यह बात तो पीछे हो लेगी। उसकी तो कुछ जल्दी भी नहीं है। यह तो तू जनम भर से कर रहा है। मगर यह मैं तुझे बता दूं, कहीं भूल न जाऊं, सात दिन में तू मर जायेगा। तेरी उम्र की रेखा कट गई है।

अब जब एकनाथ किसी को कहें कि सात दिन में तू मर जायेगा तो अविश्वास करना तो मुश्किल है। और सब बातों पर चाहे अविश्वास कर लिया हो, मगर इस पर तो कौन अविश्वास करे? एकनाथ जैसा निस्पृह व्यक्ति कहेगा तो ठीक ही कहेगा। वह तो आदमी घबड़ा गया। उसके तो हाथ-पैर कंप गये। वह तो उठकर खड़ा हो गया। एकनाथ ने कहा, अरे कहां चले? बैठो। तुम्हारा प्रश्न तो अभी उत्तर दिया ही नहीं कि मैं कैसे निष्पाप हुआ। उसने कहा, महाराज, अब तुम समझो निष्पाप कैसे हुए। इधर मौत आ रही है, सत्संग की किसको पड़ी है? अब कभी फुरसत मिली तो आयेंगे फिर। एकनाथ ने हाथ पकड़ा कि भागे कहां जाते हो? वह बोला कि छोड़ो भी जी! इधर बाल-बच्चों को देखूं, इंतजाम करूं। सात दिन! कहते हो कि सात दिन में मर जाऊंगा।

वह तो भागा। अभी आया था तो अकड़ से भरा था। उसके पैर की चाल देखने जैसी थी। अब गया तो कंपने लगा। उन्हीं सीढ़ियों से उतरा मंदिर की लेकिन सहारा लेकर उतरा। घर गया तो बिस्तर से लग गया। घर के लोगों ने पूछा, हुआ क्या? समझाया-बुझाया कि ऐसे कहीं कोई मौत आती है? लेकिन उसने कहा कि वह पक्का है। मौत आ रही है। ऐसा इंतजाम कर लो, ऐसा इंतजाम कर लो, सब करके वह अपने बिस्तर पर पड़ा रहा। खाना-पीना छूट गया। मरते आदमी को क्या खाना-पीना! तीन दिन में तो वह बिलकुल निढाल होकर पड़ गया। मौत निश्चित आने लगी। घर भर के लोग भी उदास होकर बैठे उसकी खाट के पास।

सातवें दिन जब सूरज ढलने के करीब था और वह बिलकुल मौत की प्रतीक्षा कर रहा था, मौत तो नहीं, एकनाथ आ पहुंचे अपना। दरवाजा खटखटाया। एकनाथ को देखकर नमस्कार करने तक की आवाज उससे नहीं निकल सकी। हाथ नहीं जोड़ सका, इतना कमजोर हो गया। एकनाथ ने कहा, अरे भाई इतनी क्या बात है? बड़ी मुश्किल से उसने कहा कि अब और क्या? मौत आ रही है। एकनाथ ने कहा, एक प्रश्न पूछने आया हूं। सात दिन में कुछ पाप किया? पाप करने का कोई विचार आया? उसने कहा, हद हो गई मजाक की। मौत सामने खड़ी हो तो पाप करने की सुविधा कहां? मौत सामने खड़ी हो तो पाप का खयाल कैसे उठे?

एकनाथ ने कहा, उठ, तेरी मौत अभी आई नहीं। रेखा तेरी काफी लंबी है। यह तो मैंने तेरे को सिर्फ तेरा उत्तर...तेरे प्रश्न का जवाब दिया है। और तो तू समझता ही नहीं था। तेरे तो सिर पर खूब जोर से डंडा मारें तो ही शायद तेरी समझ आये। अब तेरी समझ में आया कि हम निष्पाप कैसे हैं? मौत सामने खड़ी है।

जहां जीवन क्षण-क्षण बीता जाता हो, जहां समय चुकता जाता हो, वहां कैसा पाप? जहां मौत सब छीन लेगी वहां कैसा इकट्ठा करना? जहां मौत सब पोंछ देगी वहां कैसे सपने संजोने? जहां मौत आकर सब नष्ट कर देगी वहां क्या बनाना? लेकिन एकनाथ ने उससे कहा

कि तुझे लाख समझाया, तेरी समझ में न आया। यही समझाता था सब, लेकिन जब तक तुझे जोर से चोट न मारी गई तब तक तेरी बुद्धि में प्रविष्ट न हुआ।

और कहानी का मुझे आगे पता नहीं क्या हुआ। जहां तक मैं समझता हूं, वह आदमी उठकर बैठ गया होगा और उसने कहा होगा, छोड़ो! अगर अभी मरना नहीं है तो महाराज, तुम अपने घर जाओ, हमें अपना संसार देखने दो। कहानी का मुझे आगे पता नहीं, कहानी आगे लिखी नहीं है। शायद इसीलिए नहीं लिखी है। क्योंकि मौत की चोट में अगर थोड़ी-सी उसको समझ भी आई होगी तो मौत की चोट के हटते ही समझ भी हट गई होगी। वह चोट भी तो जबरदस्ती हो गई न! आयोजित हो गई। मौत उसे थोड़े ही दिखाई पड़ी है, मान ली है। मानने में घबड़ा गया। अब जब फिर पता चला होगा कि अभी जिंदगी काफी बची है तो वह कहा होगा कि महाराज, आयेंगे फुरसत से, सत्संग करेंगे, लेकिन अभी और काम हैं। सात दिन के काम भी इकट्ठे हो गये हैं, वे भी निपटाने हैं।

और उस आदमी ने शायद एकनाथ को कभी क्षमा न किया होगा कि इस आदमी ने भी खूब मजाक की। ऐसी भी मजाक की जाती है महाराज? संतपुरुष होकर और ऐसी मजाक करते हैं? शायद उसने एकनाथ का सत्संग भी छोड़ दिया होगा कि फिर यह आदमी कुछ भरोसे का नहीं। फिर किसी दिन कुछ ऐसी उल्टी-सीधी बात कह दे और झंझट खड़ी कर दे।

आगे लिखा नहीं गया है। नहीं लिखे जाने का मतलब साफ है। नहीं तो हिंदुस्तान में जब कहानियां लिखी जाती हैं तो पूरी लिखी जाती हैं। हिंदुस्तानी ढंग कहानी का यह है कि फिर वह आया होगा, महाराज के चरणों में गिर पड़ा, उसने संन्यास ले लिया और उसने कहा कि अब बस मैं बदल गया। मगर यह लिखा नहीं है, तो यह हुआ नहीं है। यहां तो ऐसा है, न भी होता हो तो भी अंत ऐसा ही होता है। सुखांत होती हैं हिंदुस्तान की कहानियां। उसमें दुखांत कभी नहीं होता। सब अंत में सब ठीक हो जाता है। दुर्जन सज्जन बन जाते, संसारी मोक्षगामी हो जाते। सब अंत में ठीक हो जाता है। मरते-मरते तक हम कहानी को ठीक कर लेते हैं।

कहानियां हैं कि मर रहा है कोई, उसके लड़के का नाम नारायण है। उसने कभी जिंदगी भर भगवान का नाम नहीं लिया। मरते वक्त वह बुलाया, 'नारायण, नारायण।' अपने बेटे को बुला रहा है, ऊपर के नारायण धोखे में आ गये। वह मर गया नारायण कहते-कहते; उसको मोक्ष मिला।

अब जिन्होंने ये कहानियां गढ़ी हैं, बड़े बेईमान लोग रहे होंगे। तुम ईश्वर को धोखा देते ऐसे? और ईश्वर धोखा खाता! तो ईश्वर तुमसे गया-बीता हो गया। वह अपने बेटे को बुला रहा है, ऊपर के नारायण समझे, मुझे बुला रहा है। सोचा कि चलो बेचारा जिंदगी भर नहीं बुलाया, अब तो बुला लिया। ऐसे आखिर में हमने कहानी ठीक कर दी। जमा दी सब बात, सब ठीक-ठीक हो गया। जिंदगी भर के पाप...दो बार उसने नारायण को बुला दिया, वह भी अपने बेटे को बुला रहा है। शायद लोग अपने बेटों के नाम इसलिए भगवान के रखते हैं: नारायण, विष्णु, कृष्ण, राम, खुदाबक्श। इस तरह के नाम रख लेते हैं कि चलो, इसी बहाने। मरते वक्त खुदाबक्श को ही बुला रहे हैं, उसी वक्त खुदा ने सुन लिया और मुक्ति हो गई।[74]

बिना ताल जहं कंवल फुलाने

कमल पूरब में बहुत गहरा प्रतीक है। और कमल का फूल है भी बहुत रहस्यपूर्ण। बाहर जो कमल का फूल है वो भी रहस्यपूर्ण है। तो भीतर का कमल का तुम अंदाज नहीं लगा सकते। बाहर के कमल की कुछ खूबियां समझ लो, क्योंकि बाहर के कमल में भी भीतर के कमल की थोड़ी-सी झलक है।

बाहर के कमल की पहली तो खूबी यह है कि वह मिट्टी से, गंदी मिट्टी से पैदा होता है—और उस जैसा पवित्र फूल नहीं है! कूड़ा-करकट, कचरा, कीचड़—उससे कमल पैदा होता है; लेकिन कमल जैसी पवित्र पंखुरी तुम कहीं भी न पा सकोगे। कमल जैसी कोमल, ताजी... और कीचड़ से पैदा होता है! तो कमल बड़े से बड़ा रूपांतरण है। कीचड़ से कमल—बड़े से बड़ी क्रांति है। तो तुम अपनी कीचड़ से परेशान मत होना। माना कि कीचड़ है, बहुत कीचड़ है—उस पर तुम ध्यान भी मत देना। भीतर कमल भी खिल रहे हैं उस कीचड़ में। तुम ध्यान कमल पर देना। चोरी है, बेईमानी है, झूठ है, फरेब है, ईर्ष्या है, द्वेष है, घृणा है, माया, मोह-मत्सर है—बहुत कीचड़ है। लेकिन कीचड़ है तो कमल भी होगा। तुम जरा भीतर ध्यान देना—बाहर कीचड़, भीतर कमल। और कीचड़ को मिटाने में मत लगना। क्योंकि उसी कीचड़ से कमल को पोषण मिल रहा है। कीचड़ के दुश्मन भी मत हो जाना; तुम तो कमल की तलाश करना। और जिस दिन तुम कमल को पहचान लोगे उस दिन कीचड़ को भी धन्यवाद दोगे। उस दिन तुम कहोगे, इस शरीर का भी मैं अनुगृहीत हूं, क्योंकि इसके बिना यह कमल कैसे खिलता! अगर तुम कीचड़ ही कीचड़ होते तो किसको यह खयाल उठता कि कीचड़ को बदलें; किसको यह खयाल उठता कि रूपांतरण करें; किसको यह खयाल आता कि क्रांति करें; किसको यह खयाल आता कि शुभ, सत्य, सुंदरम् की यात्रा करें? यह खयाल कमल का है।

तुम भीतर ध्यान दो, और तुम्हें वहां कमल खिलते दिखाई पड़ेंगे।

तो पहली तो खूबी है कमल की कि गंदी से गंदी कीचड़ से शुद्धतम, पवित्रतम पंखुड़ियां उभरती

हैं। और अगर कीचड़ में कमल छिपा है, तो माया में ब्रह्म छिपा है; शरीर में आत्मा छिपा है। दूसरी कमल की खूबी है कि रहता है पानी में, लेकिन पानी छूता नहीं; रहता है पानी में लेकिन अस्पर्शित। यही तो साधक की यात्रा है : रहे संसार में, और अस्पर्शित! पानी तो चारों तरफ है, लेकिन कमल ऊपर उठ जाता है पानी के। कीचड़, पानी सबको पीछे छोड़ देता है; भाग नहीं जाता, रहता वहीं है—ऊपर उठ जाता है। और फिर वर्षा का पानी भी गिरे, ओस का पानी भी गिरे, कमल को छूता नहीं। बूंद आती है और जाती है—सरक जाती है।

कमल के पास बैठकर कभी कमल से सरकती बूंद को देखना, उस पर ध्यान करना। एक बूंद गिरती है, छूती भी नहीं, दूर ही दूर बन रहती है। इतने पास होकर भी! कमल की पंखुड़ी पर होती है। फिर भी कहीं कोई स्पर्श नहीं होता। बूंद ऐसी लगती है जैसे पानी की नहीं है, मोती है। क्योंकि अगर स्पर्श होता तो बिखर जाती, फैल जाती। स्पर्श होता नहीं, बूंद ही रह जाती है। और जैसे ही वजन होता है, वैसे ही अपने-आप गिर जाती है। कमल अछूता रह जाता है। कमल अलग रह जाता है। कमल प्रविष्ट ही नहीं होता। बूंद अपने ही भार से गिर जाती है।

संसार अपने ही भार से गिर जायेगा। तुम परेशान मत होओ। क्रोध अपने ही भार से गिर जायेगा, तुम परेशान मत होओ। लोभ अपने ही भार से गिर जायेगा! तुम परेशान मत होओ। गिराने की कोई चेष्टा भी मत करो। तुम कमलवत् हो जाओ! बस तुम कमल जैसे हो जाओ! छूने न दो चीजों को। क्रोध आये दूसरी बार अब, तो तुम भीतर अपने को अस्पर्शित रखो, बाहर नाटक करो क्रोध का; क्योंकि शायद जरूरत है जिन्दगी में, क्रोध के नाटक के बिना जिन्दगी को चलाना मुश्किल है। कभी उसका उपयोग भी है। करो क्रोध—नाटक की तरह, अभिनेता की तरह—और भीतर अछूते बने रहो।

ये दो खूबियां कमल की हैं। ये दोनों खूबियां भीतर के कमल की भी हैं। फर्क एक है कि 'बिना ताल जहं कंवल फुलाने।' वहां कोई ताल नहीं है—और कमल खिलता है। क्योंकि ताल में जो कमल खिलेगा वह मुरझायेगा; आज नहीं कल, समाप्त होगा। बिना ताल के जो खिलेगा, अकारण जो खिलेगा, वह सदा रहेगा।[75]

जीवंत संक्रमण

बुद्ध ने जो कहा है, कृष्ण ने जो कहा है, लाओत्से ने जो कहा है, महावीर ने जो कहा है, उस कहे हुए को हम संगृहीत कर लेते हैं। लेकिन जो नहीं कहा है, उसको तो संग्रह करने का कोई उपाय नहीं है। और जो नहीं कहा है, या नहीं कह कर ही जो कहा है,

चुप रह कर जो बताया है, मौजूद होकर, किसी के पास होकर जो बताया है, सन्निधि में जो, उपस्थिति में जिसकी प्रतीति हुई है, जो एक से दूसरे में प्रवेश कर गया है एक जीवंत धारा की तरह, उसका तो संग्रह नहीं हो पाता।

इसलिए हजारों वर्षों तक ऋषियों ने कोशिश की कि ग्रंथ लिखे न जाएं। हजारों वर्षों तक इस बात की आग्रहपूर्ण चेष्टा रही कि कुछ भी लिखा न जाए। क्योंकि लिखे हुए में वह तो छूट जाएगा जिसे कहने के लिए यह सब कहा था, यद्यपि इसमें वह कहा नहीं जा सका है। वे खाली, रिक्त स्थान तो छूट ही जाएंगे। और वही थे असली। इसलिए सैकड़ों वर्षों तक, बल्कि हजारों वर्षों तक...। वेद लिखे गए कोई पांच हजार वर्ष पहले। लेकिन लिखे जाने के पहले कम से कम नब्बे हजार वर्ष तक वे अस्तित्व में थे—कम से कम! लिखे तो गए हैं पांच ही हजार वर्ष पहले, लेकिन कम से कम नब्बे हजार—कम से कम कह रहा हूं, इससे ज्यादा की संभावना है, यह न्यूनतम बता रहा हूं आपको—कम से कम नब्बे हजार वर्ष तक वे अस्तित्व में थे। और जो वेद जैसे विचार को जन्म दे सकते थे, वे लिखने की कला न खोज पाते हों, यह नासमझी की बात है। जो वेद जैसे विचार को जन्म दे सकते हों, वे भाषा न बना पाते हों, लिपि न बना पाते हों, यह पागलपन की बात है।

नब्बे हजार वर्ष तक वेद क्यों नहीं लिखे गए?

आग्रह था कि न लिखे जाएं, न लिखे जाएं। एक व्यक्ति दूसरे व्यक्ति को सीधा ही संक्रमित करता रहे, डायरेक्ट ट्रांसफर हो। क्योंकि वह व्यक्ति शब्द भी दे सकेगा और वह शून्य मौजूदगी भी दे सकेगा! किताब फिर शून्य मौजूदगी नहीं दे सकेगी। किताब तो जड़ हो जाएगी। और किताब उनके भी हाथ लग जाएगी, जो कुछ भी नहीं जानते हैं। किताब को बचाना मुश्किल है। किताब अज्ञानी के हाथ में भी लग सकती है। और किताब अज्ञानी के हाथ में लग जाए तो अज्ञानी को इतनी जल्दी ज्ञानी होने का भ्रम पैदा होता है जिसका कोई हिसाब नहीं। अज्ञानी होना बुरा नहीं है, अज्ञान में ज्ञानी का भ्रम पैदा हो जाना बहुत खतरनाक है। क्योंकि फिर ज्ञान के द्वार ही बंद हो गए।

हजारों-हजारों साल तक, सदियों तक आग्रह किया गया कि कुछ लिखा न जाए। जो जानता हो, वह उसे दे दे जो जानने के योग्य हो गया हो। जब तक जानने के योग्य न हो, तब तक शब्द का उपयोग करे; और जब जानने के योग्य हो जाए, तो निःशब्द संभाषण करे, मौन में कह दे। और जब तक कोई मौन को समझने के योग्य न हो जाए, तब तक जाहिर उसके सामने रखा जाए कि अभी उसे कुछ भी नहीं कहा गया है। अभी सिर्फ बाहरी बातें की गई हैं। अभी असली बात नहीं कही गई। तब तक उसे रोका जाए, ताकि उसे ज्ञानी होने का भ्रम न पैदा हो जाए।

जिस दिन से किताबें लिखी गईं, उस दिन से ज्ञानी कम और ज्ञान ज्यादा मालूम होने लगा। फिर जिस दिन से किताबें छापी गईं, उस दिन से तो बात ही सब समाप्त हो गई। क्योंकि लिखी हुई किताब भी बहुत सीमित लोगों तक पहुंच सकती थी; छपी हुई किताब का तो कोई पहुंचने की बाधा न रही। और जो भी महत्वपूर्ण था, वह क्रमशः—क्योंकि वह तो व्यक्ति के द्वारा सीधा ही संक्रमण हो सकता था—वह खोता चला गया।[76]

राम और स्वर्णमृग

राम की कथा में तुमने देखा? स्वर्णमृग के पीछे दौड़ गये। कथा मधुर है। कोई भी जानता है कि मृग सोने के होते नहीं। कल्पना ही होगी। धोखा ही होगा। सपना ही होगा। भ्रांति ही होगी। फिर भी राम स्वर्णमृग को खोजने चले गये। ऐसे गये स्वर्णमृग को खोजने, जो नहीं था उसे खोजने गये, सीता को गंवा बैठे।

यह कथा मधुर है, अर्थपूर्ण है। ऐसे ही प्रत्येक व्यक्ति के भीतर का राम स्वर्णमृगों को खोजने चला गया है। और ऐसे ही प्रत्येक व्यक्ति के भीतर के राम ने अपनी सीता को गंवा दिया, अपने स्वभाव को गंवा दिया। जो अपना था वह गंवा दिया। उसके पीछे चले गये हैं, जो नहीं है; जो सिर्फ दिखाई पड़ता है। जिस दिन तुम्हें दिखाई पड़ जायेगा कि स्वर्णमृग वास्तविक नहीं है, धोखा है, भ्रमजाल है, उसी क्षण तुम लौट आओगे। उसी क्षण अपने में ठहर जाओगे।

पश्यन् ब्रह्मैव आस्ते।

उसी क्षण तुम अपने में खड़े हो जाओगे। थिर! स्वस्थ! अब तुम कहीं नहीं जाते। अब तुम जानते हो। ऐसा नहीं है कि स्वर्णमृग अब दिखाई न पड़ेंगे; अब भी दिखाई पड़ेंगे। सुबह की धूप में उनका स्वर्ण चमकेगा। उनका बुलावा अब भी आता रहेगा लेकिन अब तुम जानते हो, एक बात निश्चित हो गई कि संसार कल्पना मात्र है।[77]

एकांत में आत्मबोध

साधक के लिए विशेष ध्यान में ले लेने जैसी बात है कि प्रभु का ध्यान अंतर-गुफा में किया जाता है, हृदय की गुफा में। नकल में हम कितनी ही गुफाएं बाहर बना लें पत्थरों को खोदकर, उनसे हल नहीं होता। पत्थर बहुत कमजोर है। हृदय को खोदना पत्थर से भी जटिल चीज को तोड़ना है; ज्यादा कठिन है। हीरे की छेनियां भी टूट जाएंगी।

हृदय में गुफा है। सबके भीतर एक अंतर-आकाश है।

एक आंग्ल-भारतीय विचारक आबरी मेनन ने एक छोटी-सी किताब लिखी है। उसके पिता

तो भारतीय थे, उसकी मां अंग्रेज थी। आबरी मेनन ने एक छोटी-सी किताब लिखी है, दि स्पेस आफ दि इनर हार्ट, अंतर-हृदय का आकाश। किताब बहुत मधुर संस्मरण से शुरू की है।

वेटिकन के पोप से मिलने गया था मेनन; तो वेटिकन के पोप के चरणों में सिर झुकाकर आशीर्वाद लेने को झुका। तभी वेटिकन के पोप ने अपने साथ खड़े हुए महासचिव को पूछा, किस जाति का व्यक्ति है यह, कौन है? किस जाति का व्यक्ति है यह, कौन है? साथ खड़े हुए सेक्रेटरी ने वेटिकन के पोप को कहा, अंग्रेज है, आंग्ल है। वेटिकन के पोप ने मेनन के चेहरे पर हाथ फेरा और कहा, नहीं। इसके चेहरे का ढंग भारतीय है।

झुका हुआ मेनन अपने मन में सोचने लगा, सच में मैं कौन हूं? उसको एक सवाल उठा कि मैं भारतीय हूं या अंग्रेज हूं? लेकिन अंग्रेज होना और भारतीय होना चमड़ी से ज्यादा गहरी बात नहीं है। भीतर मैं कौन हूं? चमड़ी तो मेरी दोनों की है। अंग्रेज की भी है थोड़ी चमड़ी मेरे पास और एक भारतीय की भी चमड़ी है थोड़ी मेरे पास। खून भी मेरे पास भारतीय का है और अंग्रेज का भी है। फिर मैं कौन हूं? क्या यही चमड़ी और खून का जोड़ मैं हूं? या मैं कुछ और भी हूं? वह झुका हुआ मेनन नीचे सोचने लगा।

उठकर खड़ा हुआ, वेटिकन के पोप ने फिर पूछा कि कहो, कौन हो तुम? तो उसके मन में हुआ कि वेटिकन के पोप के संबंध में कहा जाता है कि वह इनफालिबल है, वह कभी भूल नहीं करता। ईसाई मानते हैं कि उनका जो बड़ा पुरोहित है, वह कभी भूल नहीं करता। मधुर मान्यता है। मेनन को खयाल आया कि अगर मैं कहूं कि आंग्ल-भारतीय हूं, आधा भारतीय आधा अंग्रेज हूं, तो कहीं पोप को दुख न हो। वह यह न सोचे कि मैंने उसे फालिबल सिद्ध किया, मैंने कहा कि वह भी गलती कर सकता है। तो मेनन ने कहा कि हां, आप ठीक कहते हैं महानुभाव! मैं भारतीय हूं।

पोप बहुत खुश हुआ। मेनन ने अपनी किताब में लिखा है कि इसलिए नहीं खुश हुआ कि मैं भारतीय था और भारतीय से मिलकर उसे खुशी हुई। इसलिए भी खुश नहीं हुआ कि मैं कोई खास आदमी था और मुझसे मिलकर खुशी हुई। खुश इसलिए हुआ कि पोप इनफालिबल है, उससे कभी भूल नहीं होती।

पर मेनन ने लिखा है कि मेरे चित्त में एक चक्कर चल पड़ा उस दिन से कि मैं कौन हूं? क्या मैं यह हड्डी और मांस और चमड़ी का जोड़ मैं हूं? मैं कौन हूं? अगर सच में यह पोप मेरी आंखों में झांककर कहता और कहता कि ठीक है, मैं समझ गया; तुम्हारा शरीर तो भारतीय है या अंग्रेज, पर तुम कौन हो? क्या तुम शरीर ही हो? तो वह बड़ी खोज में लग गया कि मैं कहां पाऊं कि मैं कौन हूं?

उसने बहुत खोजा, बहुत खोजा, और आखिर में हम सोच भी नहीं सकते कि उसे अपना उत्तर छांदोग्य उपनिषद से मिला। छांदोग्य उपनिषद पढ़ते वक्त उसे यह शब्द सुनाई पड़ा, खयाल आया, हृदय की गुफा, दि इनर स्पेस आफ दि हार्ट, वह अंतर-हृदय का आकाश। उसने कहा कि अगर मैं कोई भी हूं, तो मेरे हृदय की गुफा में ही भीतर प्रवेश करूं तो जान पाऊंगा, अन्यथा नहीं जान पाऊंगा।

फिर उसने एक कमरे में अपने को बंद कर लिया महीनों के लिए। रोटी सरका जाता कोई

समय पर, वह रोटी खा लेता। पानी सरका जाता, वह पानी पी लेता। और वह आंख बंद करके बस एक ही चिंतन में लग गया, एक ही ध्यान में कि मैं कौन हूं?

शरीर मैं नहीं हूं। उसने एक महीने तक इसका ही निरंतर ध्यान किया कि शरीर मैं नहीं हूं, शरीर मैं नहीं हूं। एक महीने तक इस एक शब्द के सिवा उसने कोई उपयोग न किया कि शरीर मैं नहीं हूं। सोते-जागते, उठते-बैठते, होश में, बेहोशी में, जानता रहा, दोहराता रहा, समझता रहा, स्मरण करता रहा—शरीर मैं नहीं हूं। एक महीने के बाद उसने आंख खोलकर अपने शरीर को देखा और पाया कि निश्चित ही शरीर मैं नहीं हूं। एक यात्रा का पड़ाव पूरा हो गया।

और उसने लिखा है कि जिस दिन मैंने पाया कि मैं शरीर नहीं हूं, फिर मैंने आंख बंद की और मैंने कहा कि अब मैं जानने चलूं कि मैं कौन हूं! एक बात तो पूरी हुई कि क्या मैं नहीं हूं। अब मैं जानूं कि मैं कौन हूं!

और जब मैंने भीतर झांका, तो मुझे छांदोग्य की बात समझ में आई कि भीतर एक अंतर-गुफा है हृदय की, जहां मैं हूं, जो मैं हूं। और जैसे-जैसे उस अंतर-गुफा में मैंने प्रवेश किया, तो मैंने पाया, आश्चर्य! इतना बड़ा आकाश भी नहीं है, जितनी बड़ी वह अंतर-गुफा है। और जैसे-जैसे मैं उसमें भीतर गया, वैसे-वैसे एक रहस्य उदघाटित हुआ कि जैसे-जैसे चला भीतर, वैसे-वैसे मैं मिटता गया। खाली, शून्य ही रह गया। एकांत ही रह गया। सिर्फ एकांत, मैं भी न रहा। मेरी मौजूदगी भी तो एकांत में बाधा है।

अगर आप भी बच रहे, तो भी एकांत नहीं है। एक क्षण ऐसा आता है, जब आप भी नहीं हैं; सिर्फ चैतन्य रह जाता है, आप भी नहीं होते हैं। आपको पता भी नहीं होता कि मैं भी हूं, सिर्फ होना रह जाता है। उस शुद्ध होने में एकांत है। उस एकांत में प्रभु को ध्याया जाता है। ध्याया क्या जाता है, उस एकांत में प्रभु को जान ही लिया जाता है। उस एकांत में प्रभु से मिलन ही हो जाता है।[78]

तपस्वी का उपवास

मैंने सुना है, कृष्ण के गांव के बाहर एक तपस्वी का आगमन हुआ। कृष्ण के परिवार की महिलाओं ने कहा कि हम जाएं और तपस्वी को भोजन पहुंचा दें। लेकिन वर्षा और नदी तीव्र पूर पर और तपस्वी पार। उन स्त्रियों ने कहा, हम जाएं तो जरूर, लेकिन नाव लगती नहीं, नदी कैसे पार करेंगे? खतरनाक है पूर, तपस्वी भूखा और उस पार वृक्ष के नीचे बैठा है। भोजन पहुंचाना जरूरी है। क्या सूत्र, कोई तरकीब है? कृष्ण ने कहा, नदी से

कहना, अगर तपस्वी जीवनभर का उपवासा हो, तो नदी राह दे दे। भरोसा तो न हुआ, पर कृष्ण कहते थे, तो उन्होंने कहा, एक कोशिश कर लेनी चाहिए।

जाकर नदी से कहा कि नदी, राह दे दे, अगर तपस्वी उस पार जीवनभर का उपवासा हो। भरोसा तो न हुआ, लेकिन जब नदी ने राह दे दी, तो कोई उपाय न रहा! स्त्रियां पार हुईं। बहुत भोजन बनाकर ले गई थीं। सोचती थीं कि एक व्यक्ति के लिए इतने भोजन की तो जरूरत भी नहीं, लेकिन फिर भी कृष्ण के घर से भोजन आता हो, तो थोड़ा-बहुत ले जाना अशोभन था, बहुत ले गई थीं, सौ-पचास लोग भोजन कर सकें। लेकिन चकित हुईं, भरोसा तो न आया, वह एक तपस्वी ही पूरा भोजन कर गया।

फिर लौटीं। नदी ने तो रास्ता बंद कर दिया था, नदी तो फिर बही चली जा रही थी। तब वे बहुत घबड़ाईं कि अब तो गए! क्योंकि अब वह सूत्र तो काम करेगा नहीं कि तपस्वी जीवनभर का उपवासा हो...। लौटकर तपस्वी से कहा, आप ही कुछ बताएं। हम तो बहुत मुश्किल में पड़ गए। हम तो नदी से यही कहकर आए थे कि तपस्वी जीवनभर का उपवासा हो, तो मार्ग दे दे। नदी ने मार्ग दे दिया। तपस्वी ने कहा, वही सूत्र फिर कह देना। पर उन्होंने कहा, अब! भरोसा तो पहले भी न आया था, अब तो कैसे आएगा? तपस्वी ने कहा, जाओ नदी से कहना, तपस्वी जीवनभर का उपवासा हो, तो राह दे दे।

अब तो भरोसा करना एकदम ही मुश्किल था। लेकिन कोई रास्ता न था, नदी के पार जाना था जरूर। नदी से कहा कि नदी राह दे दे, अगर तपस्वी जीवनभर का उपवासा हो। और नदी ने राह दे दी! भरोसा तो न आया। नदी पार की। कृष्ण से जाकर कहा कि बहुत मुश्किल है! पहले तो हम तुमसे ही आकर पूछने वाले थे कि अदभुत मंत्र दिया! काम कैसे किया? लेकिन छोड़ो उस बात को अब। लौटते में और भी बड़ा चमत्कार हुआ है। पूरा भोजन कर गया तुम्हारा तपस्वी और नदी ने फिर भी राह दी है और हमने यही कहा कि उपवासा हो जीवनभर का...।

कृष्ण ने कहा, तपस्वी जीवनभर का उपवासा ही है, तुम्हारे भोजन करने से कुछ बहुत फर्क नहीं पड़ता। पर वे सब पूछने लगीं कि राज क्या है इसका? अब हमें नदी में उतनी उत्सुकता नहीं है। अब हमारी उत्सुकता तपस्वी में है। राज क्या है? उससे भी बड़ी घटना, नदी से भी बड़ी घटना तो यह है कि आप भी कहते हैं।

तो कृष्ण ने कहा, जब वह भोजन कर रहा था, तब भी वह जानता था, मैं भोजन नहीं कर रहा हूं; वह साक्षी ही था। भोजन डाला जा रहा है, वह पीछे खड़ा देख रहा है। जब वह भूखा था, तब भी साक्षी था; जब भोजन लिया गया, तब भी साक्षी है। उसका साक्षी होने का स्वर जीवनभर से सधा है। उसको अब तक डगमगाया नहीं जा सका। उसने आज तक कुछ भी नहीं किया है; उसने आज तक कुछ भी नहीं भोगा है; जो भी हुआ है, वह देखता रहा है। वह द्रष्टा ही है। और जो व्यक्ति साक्षी के भाव को उपलब्ध हो जाता है, इंद्रियां उसके वश में हो जाती हैं।[79]

परम स्वीकार

विवेकानंद के घर में खाना-पीना नहीं था। बाप मर गये। मां भूखी, खुद भूखे। तो रामकृष्ण ने कहा: 'तू ऐसा कर जाकर प्रभु को क्यों नहीं कह देता? जा मंदिर में, तेरी जरूर सुनेंगे। मुझे पक्का भरोसा है। तू जा और कह। जो मांगेगा, मिल जायेगा।'

विवेकानंद भीतर गये। आधा घंटा बाद आंसुओं से भरे मग्न भाव से डोलते जैसे नशा किया हो, बाहर आये। रामकृष्ण ने कहा: 'मांगा?' विवेकानंद ने कहा: 'क्या?' रामकृष्ण ने कहा: 'तुझे भेजा था कि मांग ले जो तुझे चाहिए। यह दुख-दारिद्रय अलग कर।' विवेकानंद ने कहा: 'मैं तो भूल ही गया। उनके सामने खड़े हो कर मांगना कैसा! उनके सामने खड़े हो कर तो डोलने लगा। उनके सामने खड़े हो कर मांगना कैसा?'

कहते हैं, रामकृष्ण ने तीन बार भेजा और तीनों बार यही हुआ। फिर रामकृष्ण खूब खिलखिला कर हंसने लगे। विवेकानंद ने पूछा कि मैं समझा नहीं परमहंसदेव, आप हंसते क्यों हैं? रामकृष्ण ने कहा: अगर आज तू मांग लेता तो मुझसे तेरे सब संबंध छूट जाते। आज न मांग कर तू मेरे हृदय के बहुत करीब आ गया। क्योंकि यही भक्त का लक्षण है।

सब मांगें क्षुद्र हैं। मांग के साथ जीने वाला मन क्षुद्राशय है। फिर मांग हमारी क्या है, इससे फर्क नहीं पड़ता। यह सारा जगत भिखमंगों से भरा है। हरेक मांग रहा है। कोई धन मांग रहा है, कोई ध्यान मांग रहा है। मगर मांग जारी है। कोई कहता है, अच्छा मकान हो। कोई कहता है, मकान-वकान में कुछ फर्क नहीं पड़ता; अच्छा मन दे दो, जिसमें द्वेष न हो, ईर्ष्या न हो! मगर बात तो वही रही।

जब मैं कहता हूं स्वीकार, तो मेरा अर्थ परम स्वीकार से है, जो है! अगर उसने द्वेष दिया, ईर्ष्या दी, वह भी स्वीकार! इसी स्वीकार में तुम एक चमत्कार देखोगे। इस स्वीकार में एक चमत्कार छिपा है। जैसे ही तुम स्वीकार करोगे, तुम चकित हो जाओगे। इस स्वीकार के दीये के जलते ही द्वेष कहां खो गया, पता न चलेगा। क्योंकि द्वेष और ईर्ष्या और जलन तो मांग की ही छायाएं हैं। जैसे ही तुम्हारे जीवन में स्वीकार आ गया, तुम अचानक पाओगे अप्रेम कहां चला गया, पता न चला। दीया स्वीकार का जले तो अप्रेम, हिंसा और घृणा का अंधेरा अपने-आप मिट जाता है।[४०]

संन्यासी और वेश्या

विवेकानंद ने कहीं एक संस्मरण लिखा है।

लिखा है कि जब पहली-पहली बार धर्म की यात्रा पर उत्सुक हुआ, तो मेरे घर का जो रास्ता था, वह वेश्याओं के मोहल्ले से होकर गुजरता था। संन्यासी होने के कारण, त्यागी होने के कारण, मैं मील दो मील का चक्कर लगाकर उस मुहल्ले से बचकर घर पहुंचता था। उस मुहल्ले से नहीं गुजरता था। सोचता था तब कि यह मेरे संन्यास का ही रूप है। लेकिन बाद में पता चला कि यह संन्यास का रूप न था। यह उस वेश्याओं के मुहल्ले का आकर्षण ही था, जो विपरीत हो गया था। अन्यथा बचकर जाने की भी कोई जरूरत नहीं है। गुजरना भी सचेष्ट नहीं होना चाहिए कि वेश्या के मुहल्ले से जानकर गुजरें। जानकर बचकर गुजरें, तो भी वही है; फर्क नहीं है।

विवेकानंद को यह अनुभव एक बहुत अनूठी घड़ी में हुआ। जयपुर के पास एक छोटी-सी रियासत में मेहमान थे। विदा जिस दिन हो रहे थे, उस दिन जिस राजा के मेहमान थे, उसने एक स्वागत-समारोह किया। जैसा कि राजा स्वागत-समारोह कर सकता था, उसने वैसा ही किया। उसने बनारस की एक वेश्या बुला ली विवेकानंद के स्वागत-समारोह के लिए। राजा का स्वागत-समारोह था; उसने सोचा भी नहीं कि बिना वेश्या के कैसे हो सकेगा!

ऐन समय पर विवेकानंद को पता चला, तो उन्होंने जाने से इनकार कर दिया। वे अपने तंबू में ही बैठ गए और उन्होंने कहा, मैं न जाऊंगा। वेश्या बहुत दुखी हुई। उसने एक गीत गाया। उसने नरसी मेहता का एक भजन गाया। जिस भजन में उसने कहा कि एक लोहे का टुकड़ा तो पूजा के घर में भी होता है, एक लोहे का टुकड़ा कसाई के द्वार पर भी पड़ा होता है। दोनों ही लोहे के टुकड़े होते हैं। लेकिन पारस की खूबी तो यही है कि वह दोनों को ही सोना कर दे। अगर पारस पत्थर यह कहे कि मैं देवता के मंदिर में जो पड़ा है लोहे का टुकड़ा, उसको ही सोना कर सकता हूं और कसाई के घर पड़े हुए लोहे के टुकड़े को सोना नहीं कर सकता, तो वह पारस नकली है। वह पारस असली नहीं है।

उस वेश्या ने बड़े ही भाव से गीत गाया—प्रभुजी, मेरे अवगुण चित्त न धरो! विवेकानंद के प्राण कंप गए। जब सुना कि पारस पत्थर की तो खूबी ही यही है कि वेश्या को भी स्पर्श करे, तो सोना हो जाए। भागे! तंबू से निकले और पहुंच गए वहां, जहां वेश्या गीत गा रही थी। उसकी आंखों से आंसू झर रहे थे। विवेकानंद ने वेश्या को देखा। और बाद में कहा कि पहली बार उस वेश्या को मैंने देखा, लेकिन मेरे भीतर न कोई आकर्षण था और न कोई विकर्षण। उस दिन मैंने जाना कि संन्यास का जन्म हुआ है।

विकर्षण भी हो, तो वह आकर्षण का ही रूप है; विपरीत है। वेश्या से बचना भी पड़े, तो

यह वेश्या का आकर्षण ही है कहीं अचेतन मन के किसी कोने में छिपा हुआ, जिसका डर है। वेश्याओं से कोई नहीं डरता, अपने भीतर छिपे हुए वेश्याओं के आकर्षण से डरता है।

विवेकानंद ने कहा, उस दिन मेरे मन में पहली बार संन्यास का जन्म हुआ। उस दिन वेश्या में भी मुझे मां ही दिखाई पड़ सकी। कोई विकर्षण न था।[81]

अंगुलिमाल का संन्यास

बुद्ध के जीवन में उल्लेख है कि बुद्ध एक गांव से गुजरते हैं। लोग कहते हैं, मत जाओ, आगे एक डाकू है, वह हत्या कर रहा है लोगों की। रास्ता निर्जन हो गया है। वह अंगुलिमाल किसी को भी मार देता है। तुम मत जाओ इस रास्ते से। बुद्ध कहते हैं, अगर मुझे पता न होता, तो शायद मैं दूसरे रास्ते से भी चला जाता। लेकिन अब जब कि मुझे पता है, इसी रास्ते से जाना होगा। लोग कहते हैं, लेकिन किसलिए? बुद्ध कहते हैं, इसलिए कि वह बेचारा प्रतीक्षा करता होगा। लोग मिल न रहे होंगे; उसको बड़ी तकलीफ होती होगी। कोई गर्दन तो मिलनी चाहिए गर्दन काटने वाले को! और अपनी गर्दन का इतना भी उपयोग हो जाए कि किसी को थोड़ी शांति मिल जाए, तो बुरा क्या है! बुद्ध आगे बढ़ जाते हैं।

अंगुलिमाल देखता है, कोई आ रहा है दूर से, तो अपने पत्थर पर, अपने फरसे पर धार रखने लगता है। बहुत दिन हो गए, जंग खा गया फरसा। कोई निकलता ही नहीं रास्ते से। उसने कसम खा ली है कि एक हजार लोगों की गर्दन काटकर, उनकी अंगुलियों का हार बनाना है, इसलिए वह अंगुलिमाल उसका नाम पड़ गया। उसने नौ सौ निन्यानबे आदमी मार दिए, एक की ही दिक्कत है। उसी में वह अटका हुआ है। कोई निकलता ही नहीं! रास्ता करीब-करीब बंद हो गया है! किसी को आते देखकर, अति प्रसन्न होकर वह अपने फरसे पर धार रखता है।

लेकिन जैसे-जैसे बुद्ध करीब आते हैं, और जैसे-जैसे वह साफ देख पाता है, उसको थोड़ा लगता है कि निरीह आदमी, सीधा-सादा आदमी, शांत आदमी! इस बेचारे को शायद पता नहीं है कि यहां अंगुलिमाल है और रास्ता निर्जन हो गया है। इसको एक चेतावनी दे देनी चाहिए। इसको एक दफा कह देना चाहिए कि तू खतरनाक रास्ते पर आ रहा है।

अंगुलिमाल के पास जब बुद्ध पहुंच जाते हैं, तो वह चिल्लाता है कि हे भिक्षु! लौट जा वापस। शायद तुझे पता नहीं, तू भूल से आ गया है। इस मार्ग पर कोई आता नहीं। और तेरी शांत मुद्रा को देखकर, तेरी धीमी गति को देखकर, तेरे संगीतपूर्ण चलने को देखकर मुझे लगता है कि तुझे माफ कर दूं। तू लौट जा। एक शर्त, अगर तू लौट जाए, तो मैं फरसा न उठाऊं।

लेकिन अगर एक कदम भी आगे बढ़ाया, तो तू अपने हाथ से मरने जा रहा है। फिर मेरा कोई जिम्मा नहीं है।

लेकिन बुद्ध आगे बढ़े चले जाते हैं। अंगुलिमाल और हैरान होता है। ठिठके भी नहीं वे। एक दफे उसकी बात के लिए रुककर सोचा भी नहीं कि विचार कर लें। वे आगे ही बढ़ते चले आते हैं। अंगुलिमाल कहता है कि देखो, सुना? समझे कि नहीं? बहरे तो नहीं हो!

बुद्ध कहते हैं, भलीभांति सुनता हूं, समझता हूं। अंगुलिमाल कहता है, रुक जाओ। मत बढ़ो! बुद्ध कहते हैं, अंगुलिमाल, मैं बहुत पहले रुक गया। तब से मैं चल ही नहीं रहा हूं। मैं तुझसे कहता हूं, अंगुलिमाल, तू रुक जा, मत चल। अंगुलिमाल बोला कि बहरे तो नहीं हो, लेकिन पागल मालूम होते हो। मैं खड़ा हुआ हूं। मुझ खड़े हुए को कहते हो कि रुक जाओ! तुम चल रहे हो। चलते हुए को कहते हो कि खड़े हो!

तो बुद्ध ने कहा, मैंने जब से जाना कि मन ही चलता है, और जब मन रुक जाता है, तो सब रुक जाता है। तेरा मन बहुत चल रहा है। इतनी दूर से तू मुझे देख रहा है, और तेरा मन चल रहा है। फरसे पर धार रख रहा है, तेरा मन चल रहा है। अभी तू सोच रहा है, तेरा मन चल रहा है। मारूं, न मारूं। यह आदमी लौट जाए, आए। तेरा मन चल रहा है। तेरे मन के चलने को मैं कहता हूं, अंगुलिमाल, तू रुक जा।

अंगुलिमाल ने कहा, मेरी किसी की बात मानने की आदत नहीं है। तो ठीक है। तुम आगे बढ़ो, मैं भी फरसे पर धार रखता हूं। वह फरसे पर धार रखता है; बुद्ध आगे आ जाते हैं। बुद्ध सामने खड़े हो जाते हैं। वह अपना फरसा उठाता है।

बुद्ध कहते हैं, लेकिन मरते हुए आदमी क़ी एक बात पूरी कर सकोगे? अंगुलिमाल ने कहा, बोलो। कोई बात पूरी करने के लिए तो हजार आदमी मैंने काटे! तुम बोलो; बात पूरी करूंगा। मेरे वचन का भरोसा कर सकते हो। बुद्ध ने कहा, वह मैं जानता हूं। कोई दिया गया वचन ही हजार आदमी मारने के लिए उसको मजबूर किया है। तो बुद्ध ने कहा, इसके पहले कि मैं मरूं, एक छोटी-सी बात जानना चाहता हूं। यह सामने जो वृक्ष लगा है, इसके दो-चार पत्ते मुझे काटकर दे दो।

उसने फरसा वृक्ष में मारा। दो-चार पत्ते क्या, दो-चार शाखाएं कटकर नीचे गिर गईं। बुद्ध ने कहा, यह आधी बात तुमने पूरी कर दी। अब इनको वापस जोड़ दो! उस अंगुलिमाल ने कहा, तुम निश्चित पागल हो। तोड़ना संभव था, जोड़ना संभव नहीं है।

तो बुद्ध ने कहा, अंगुलिमाल, तोड़ना तो बच्चे भी कर सकते हैं। अगर जोड़ सको, तो कुछ हो, अन्यथा कुछ भी नहीं। तोड़ना तो बच्चे भी कर सकते हैं। अगर जोड़ सको, तो कुछ हो। हजार गर्दन भी काट ली, तो मैं कहता हूं, कुछ भी नहीं हो। एक गर्दन जोड़ दो, तो मैं समझूंगा, कुछ हो।

अंगुलिमाल ने फरसा नीचे पटक दिया। वह बुद्ध के पैरों पर गिर गया। और बुद्ध ने कहा, अंगुलिमाल, तू आज से उपलब्ध हुआ। तू आज से ब्राह्मण हुआ। तू आज से संन्यासी हुआ।

बुद्ध के भिक्षु पीछे खड़े थे। उन्होंने कहा कि हम वर्षों से आपके साथ हैं। हम से कभी आपने ऐसे वचन नहीं बोले कि तुम ब्राह्मण हुए, कि तुम उपलब्ध हुए, कि तुम पा गए। और अंगुलिमाल हत्यारे से, जो अभी क्षणभर पहले गर्दन काटने को तैयार था, और फरसा फेंककर सिर्फ पैर पर गिरा है, उससे आप ऐसे वचन बोल रहे हैं!

बुद्ध ने कहा, यह उन थोड़े-से लोगों में से है, जो छलांग लगा सकते हैं। यह छलांग लगा गया है। और जब अंगुलिमाल को उठाकर खड़ा किया, तो लोग उसका चेहरा भी न पहचान सके। वह क्रूर हत्यारा न मालूम कहां विदा हो गया था। उन आंखों में जहां आग जलती थी, वहां फूल खिल गए थे। वह व्यक्ति, जिसके हाथ में फरसा था, कोई भरोसा न कर सकता था कि इस हाथ में कभी फरसा रहा होगा। इस हाथ ने कभी फूल भी तोड़े होंगे, इतनी भी इस हाथ में कठोरता नहीं है।

लेकिन बुद्ध के भिक्षुओं को तो ईर्ष्या होनी स्वाभाविक थी। आज का नया आदमी एकदम सीनियर हो गया। एकदम सीनियर! सब छलांग लगा गया! सब व्यवस्था तोड़ दी! अंगुलिमाल बुद्ध के बगल में चलने लगा। गांव में प्रवेश किया। भिक्षु ईर्ष्या से भर गए। उन्होंने कहा, यह अंगुलिमाल हत्यारा है। बुद्ध ने कहा, थोड़ा ठहरो। उस आदमी को तुम नहीं जानते हो। वह उन थोड़े-से लोगों में से है, जो छलांग लगा लेते हैं। वह हत्या कर-करके हत्या से मुक्त हो गया। और तुम हत्या बिना किए हत्या से मुक्त नहीं हो पाए हो। मैं तुमसे पूछता हूं भिक्षुओ, तुम्हारे मन में अंगुलिमाल की हत्या का खयाल तो नहीं उठता?

एक भिक्षु जो पीछे था, वह घबड़ाकर हट गया। उसने कहा, आपको कैसे पता चला? मेरे मन में यह खयाल आ रहा था कि इसको तो खतम ही कर देना चाहिए। नहीं तो मुफ्त, यह नंबर दो का आदमी हो गया! बुद्ध के बाद ऐसा लगता है कि यही आदमी है! और अभी-कभी आया!

तो बुद्ध ने कहा कि मैं तुमसे कहता हूं, तुम हत्या छोड़-छोड़कर भी नहीं छोड़ पाए। यह हत्या कर-करके भी मुक्त हो गया। इसके लिए मन को वश में करने की कोई प्रक्रिया नहीं है। और जब गांव में गए, तो बुद्ध ने कहा, अब तुम्हें अभी, जल्दी ही प्रमाण मिल जाएगा। थोड़ी प्रतीक्षा करो, जल्दी प्रमाण मिल जाएगा।

गांव में जब सब भिक्षु गए, तो बुद्ध ने कहा, अंगुलिमाल, भिक्षा मांगने जा।

सम्राट भी डरते थे। अंगुलिमाल का नाम कोई ले दे, तो उनको भी कंपन हो जाता था। सारे गांव में खबर फैल गई कि अंगुलिमाल भिक्षु हो गया। लोगों ने दरवाजे बंद कर लिए। क्योंकि भरोसा क्या, कि वह आदमी एकदम किसी की गर्दन दबा दे! दरवाजे बंद हो गए। दुकानें बंद हो गईं। गांव बंद हो गया। लोग अपनी छतों पर, छप्परों पर चढ़ गए।

अंगुलिमाल जब नीचे भिक्षा का पात्र लेकर भिक्षा मांगने निकला, तो कोई भिक्षा देने वाला नहीं था। हां, लोगों ने ऊपर से पत्थर जरूर फेंके। और इतने पत्थर फेंके कि अंगुलिमाल सड़क पर लहूलुहान होकर गिर पड़ा। और जब लोगों ने पत्थर फेंके, तो अंगुलिमाल ने सिर्फ अपने भिक्षा-पात्र में पत्थर झेलने की कोशिश की। न उसने एक दुर्वचन कहा, न एक क्रोध से भरी आंख उठाई।

और जब वह लहूलुहान, पत्थरों में दबा हुआ नीचे पड़ा था, बुद्ध उसके पास गए। और उन्होंने कहा, अंगुलिमाल, इन लोगों के इतने पत्थर खाकर तेरे मन में क्या होता है? तो अंगुलिमाल ने कहा, मेरे मन में यही होता है कि जैसा नासमझ मैं कल तक था, वैसे ही नासमझ ये हैं। परमात्मा, इनको क्षमा कर। और मेरे मन में कुछ भी नहीं होता। तो बुद्ध ने अपने भिक्षुओं से कहा कि इसको देखो, यह बिना विधि के छलांग लगा गया है।[82]

रवीन्द्रनाथ के गीत

रवीन्द्रनाथ मरे, मरने के दो दिन पहले एक मित्र मिलने आया और उसने कहा कि चिंतित होने की तो कोई जरूरत नहीं, तुम्हारा जीवन तो सफलता का जीवन था। पुराने साथी हैं, दोनों बचपन के मित्र हैं, दोनों बूढ़े हो गए हैं। दूसरे ने कहा कि तुम तो शांति से मर सकते हो, दुख से मरें तो हम। कुछ पाया नहीं, ऐसे ही गंवा दिया जीवन। तुमने इतने गीत गाए। कहते हैं, इतने गीत संसार में किसी कवि ने नहीं गाए! पश्चिम में महाकवि शैली का नाम है, पर उसके भी गीत तीन हजार हैं। रवीन्द्रनाथ के गीत छह हजार हैं। और छह हजार ही गीत संगीत में बांधे जा सकते हैं। नोबल पुरस्कार तुम्हें मिला! उस बूढ़े ने कहा, तुम सब तरह से सम्मानित हुए, तुम शांति से मर सकते हो। अशांति से मरें हम। तुम तो विदा हो सकते हो। तुम परमात्मा को धन्यवाद दे सकते हो।

रवीन्द्रनाथ यह सब सुनते रहे फिर उन्होंने कहा कि सुनो, मैं जो गीत गाना चाहता था, वह अभी तक गा नहीं पाया। वह अभी भी मेरे भीतर बीज की तरह पड़ा है। वह जो छह हजार मैंने गाए, वे मेरी असफल चेष्टाएं हैं उस एक गीत को गाने के लिए। वह जो गीत मेरे भीतर बीज की तरह पड़ा है, उसको गाने के लिए मैंने चेष्टाएं की हैं, हर बार असफल हुआ हूं। तुमने उन गीतों में कुछ पाया होगा—मेरी वे असफलता की कथाएं हैं। और मेरा गीत अभी गाया गया नहीं है, अभी मैं बिन-गाया पड़ा हूं। और मैं परमात्मा से शिकायत कर रहा हूं कि तू उठाने को आ गया! अभी तो साज बिठा पाए थे, ठोक-पीट की थी; तार बिठा पाए थे, सितार तैयार हुआ

था। लोगों ने समझा हम गीत गा रहे थे! हम साज बैठा रहे थे। अब जब कि गीत गाने का क्षण करीब आ रहा था, जब अनुभव ने पका दिया था और प्राण राजी हुए थे और सब साज संभल गए थे, तब उठने का वक्त आ गया—यह भी कोई बात हुई! मैं शिकायत कर रहा हूं।

रवीन्द्रनाथ बुद्ध की तरह नहीं बैठ सकते वृक्ष के नीचे। वे भजन चाहते थे। रवीन्द्रनाथ ने बुद्ध की बड़ी आलोचना की है—कोई विरोध से नहीं, बड़े प्रेम और बड़े अहोभाव से। लेकिन रवीन्द्रनाथ को बुद्ध कभी जमे नहीं। परिपूर्ण समादर था मन में, लेकिन यह चुप होकर बैठ जाना, यह बोधिवृक्ष के नीचे पत्थर की मूर्ति हो जाना, उनको न जमा। रवीन्द्रनाथ को जमे बाउल फकीर—इकतारा लेकर नाचते हैं।

व्यक्ति व्यक्ति के भेद हैं। रवीन्द्रनाथ का विरोध नहीं है बुद्ध से, बड़ा सम्मान है, लेकिन व्यक्तित्व अलग है। भजन का अलग व्यक्तित्व है, प्रार्थना का अलग। प्रार्थना मौन है, भजन मुखर। प्रार्थना चुपचाप है।[83]

सिर पर गागर, हृदय में प्रेमी

कबीर से लोग पूछते होंगे कि आप कपड़ा बुनते रहते दिनभर, फिर प्रभु का स्मरण कब करते हैं?

कबीर तो जुलाहे थे और जुलाहे ही बने रहे। वे छोड़कर नहीं गए। जान लिया प्रभु को, फिर भी कपड़ा ही बुनते रहे, झीनी-झीनी चदरिया बुनते रहे। रोज सांझ बेचने चले जाते बाजार में। लोग पूछते कि आप कभी कपड़ा बुनते, कभी बाजार में बेचते, प्रभु का स्मरण कब करते हैं?

तो कबीर, कोई पूछ रहा था, उसे उठाकर अपने झोपड़े के बाहर ले गए और कहा, यहां आ! क्योंकि शायद मैं कह न सकूं, लेकिन बता तो सकता हूं।

विट्गिंस्टीन ने अपनी एक अदभुत किताब में, ट्रेक्टेटस में एक वाक्य लिखा है कि कुछ चीजें हैं, जो कही नहीं जा सकतीं, लेकिन बताई जा सकती हैं। देअर आर थिंग्स व्हिच कैन नाट बी सेड, बट व्हिच कैन बी शोड। कही नहीं जा सकतीं, बताई जा सकती हैं। बहुत-सी चीजें हैं। जो भी महत्वपूर्ण चीजें हैं, कही नहीं जा सकतीं। लेकिन इशारा तो किया ही जा सकता है।

विट्गिंस्टीन तो बड़ा तर्क-निष्णात व्यक्ति था। शायद इस सदी में उससे बड़ा कोई तार्किक नहीं था। पर उसने भी यह अनुभव किया कि कुछ चीजें हैं, जो नहीं कही जा सकतीं, सिर्फ बताई जा सकती हैं।

तो कबीर ने कहा कि बाहर आओ, शायद कोई चीज से मैं तुम्हें बता दूं। कबीर उस आदमी को लेकर चले। थोड़ी देर बाद उस आदमी ने कहा, अब बताइए भी! कबीर ने कहा, जरा कोई मौका तो आ जाने दो। मुझे कुछ दिखाई नहीं पड़ रहा है कि कैसे तुम्हें बताऊं। वही मैं खोज रहा हूं। जरा और चलें। थोड़ी देर में वह आदमी थक गया। उसने कहा, मैं घर जाऊं, मुझे दूसरे काम करने हैं। कब बताइएगा? कबीर ने कहा कि ठहरो-ठहरो, आ गया मौका।

नदी से एक स्त्री पानी की गागर भरकर सिर पर रखकर चल पड़ी है। शायद उसका प्रियजन उसके घर आया होगा—कोई अतिथि, कोई मेहमान। उसके चेहरे पर बड़ी प्रसन्नता है। उसकी चाल में तेज गति है। वह उमंग से भरी और नाचती जैसी चलती है, और ऐसी चल रही है। गागर उसने बिलकुल छोड़ रखी है, सिर पर गागर संभली है।

कबीर ने कहा, इस स्त्री को देखो। यह कुछ गुनगुना रही है गीत। शायद उसका प्रियजन आया होगा, उसका प्रेमी आया होगा। प्रेमी प्यासा होगा, उसके लिए पानी लेकर जाती है। दौड़ती जाती है! हाथ दोनों छूटे हुए हैं, गागर सिर पर है। मैं तुमसे पूछता हूं, इसको गागर की याद होगी या नहीं होगी? गीत गाती है, चलती है रास्ते पर; काम में लगी है पूरा; गागर का स्मरण होगा कि नहीं होगा?

उस आदमी ने कहा, स्मरण नहीं होगा, तो गागर नीचे गिर जाएगी!

तो कबीर ने कहा, यह साधारण-सी औरत रास्ता पार करती है, गीत गाती है, फिर भी गागर का स्मरण इसके भीतर बना है। तो तुम मुझे इससे भी गया-बीता समझते हो कि मैं कपड़ा बुनता हूं और परमात्मा का खयाल करने के लिए मुझे अलग से समय निकालना पड़ेगा? मेरी आत्मा उसमें निरंतर लगी ही है। इधर कपड़ा बुनता रहता है, कपड़े के बुनने का काम शरीर करता है, आत्मा उधर प्रभु के गुणों में लीन बनी रहती है, डूबी रहती है। और ये हाथ भी, आत्मा प्रभु में डूबी रहती है, इसलिए आनंद से मग्न होकर कपड़ा बुनते हैं।

कपड़ा भी फिर कबीर का साधारण नहीं बुना जाता। और कबीर जब ग्राहक को बेचते थे कपड़ा, तो कहते थे, राम, बहुत सम्हलकर वापरना। साधारण कपड़ा नहीं है; प्रभु की स्मृति भी इसमें बुनी है। वे ग्राहक से कहते थे, राम, जरा सम्हलकर वापरना।

कोई ग्राहक कभी-कभी पूछ भी लेता कि मेरा नाम राम नहीं है! तो कबीर कहते कि मैं तुम्हारे उस नाम की बात कर रहा हूं, जो इस नाम के भी पहले तुम्हारा था और इस नाम के बाद भी तुम्हारा होगा। मैं तुम्हारे असली नाम की बात कर रहा हूं। यह बीच में तुमने कौन से नाम रखे, तुम हिसाब-किताब रखो। बाकी जब आखिर में सब नाम गिर जाएंगे, तो जो बच रहेगा, मैं उसकी बात कर रहा हूं।[84]

नानक : तेरा तेरा

नानक के पिता बहुत परेशान थे, क्योंकि किसी काम धंधे में न लगे। जहां लगाए वहीं अड़चन आ जाए। कुछ पैसे लेकर दूसरे गांव से सामान लेने भेजा। चलते वक्त कहा कि लाभ का ध्यान रखना। धंधे तो लाभ के लिए किए जाते हैं। नानक ने कहा बिलकुल बेफिकर रहें, लाभ का ध्यान रखूंगा। वह दूसरे गांव से सामान खरीदकर आते थे, रास्ते में साधुओं की एक मंडली मिल गयी—वे भूखे थे तीन दिन से। उन्होंने सबको खाना खिला दिया, कंबल बांट लिये—जो भी लाए थे वह सब बांट-बूंट कर बड़े प्रसन्न, नाचते हुए घर आए। बाप ने देखा, नाचते आ रहा है, जरूर कुछ गड़बड़ हो गयी होगी। दूकानदार कहीं नाचते घर आया है। और सामान कुछ भी नहीं है, अकेले ही चला आ रहा है, और इतनी मस्ती में है, कुछ न कुछ गड़बड़ हुई है!

पूछा कि क्या हुआ—लाभ का क्या हुआ?

नानक ने कहा, जैसा कहा था वैसा ही करके आया हूं; बड़ा लाभ अर्जित हुआ है। तीन दिन के भूखे-संन्यासी। उस जंगल में मेरा निकलना। जैसे परमात्मा को ही भेजना हो गया। उनको कौन खिलाता, कौन उन्हें कंबल देता है? बड़ा लाभ हुआ है। धन्यभागी हैं हम! उनके चेहरों पर आयी तृप्ति...उनके शरीरों पर डालकर कंबल आ गया हूं...और इस सेवा का क्या लाभ होगा—परमलाभ हुआ है।

बाप ने सिर पीट लिया।

नानक का लाभ कुछ और ही मालूम पड़ता है। ये कुछ ऐसा लाभ है जिसे लाभ कहना भी ठीक नहीं। बाप की समझ में नहीं आता कि ये कैसा लाभ है?

कोई रास्ता न देखकर सूबेदार के घर नौकरी लगवा दिया। नौकरी यह थी कि दिनभर तराजू से तौलते रहो सामान लोगों के लिए—बड़ी फौज-फांटा था, सबको सामान देना—भंडार पर बिठा दिया।

पर दो-चार दिन में ही गड़बड़ हो गयी। प्रेम जिसके जीवन में आ गया, संसार उसका गड़बड़ा ही जाता है। पैर डगमगा जाते हैं—पांव पड़ै कित कै किती। शराबी की तरह आदमी हो जाता है—प्रेम की शराब।

नानक चौथे या पांचवें दिन नाप रहे थे, तेरह का आंकड़ा आ गया। पंजाबी में तेरह—तेरा। कहा—ग्यारह, बारह, तेरा। तेरा पर अटक गए। तेरा कहते ही उसकी याद आ गयी—तू तेरा। फिर आगे न बढ़े, फिर चौदह न आया, फिर पंद्रह न आया; फिर वे डालते ही गए, तौलते गए और कहते गए—तेरा। अब तेरा के बाद कहीं कोई संख्या है? आखिरी संख्या आ गयी, परमात्मा आ गया। अब उसके बाद और क्या आने को बचता है? उसके न आगे

कुछ है, न पीछे कुछ है, आखिरी घड़ी आ गयी—तेरा। गांव भर में खबर फैल गयी कि वह पागल हो गया है; लोगों ने कहा वह पागल पहले से हैं।

अब वह तौले जा रहा है, जो भी आ रहा है वह तेरा...दिए जा रहा है। अब वह कुछ पैसे-वैसे भी नहीं लेता, क्योंकि जब तेरा—अब किससे क्या लेना? सूबेदार भागा गया। उसने कहा बरबाद कर देगा, यह क्या लगा रखा है—तेरा? तेरा के बाद भी संख्या है, भूल गया? नानक ने तराजू वहीं रख दिया और कहा कि तेरा के बाद कोई संख्या नहीं है। अब मैं जाता हूं, उसकी पुकार आ गयी। उसने ही पुकारा तभी तो मैं समझ पाया, नहीं तो तेरा तो मैं रोज गिनता था, चौदह आ जाता था, पंद्रह आ जाता है; आज उसकी कृपा हो गयी। अब सब उसी का है—यह अनाज, धन, संपत्ति, मैं, तुम, सब उसके हैं। अब कुछ तौलूंगा न। अब तो उसके हाथ पड़ गया जिसको तौला ही नहीं जा सकता, इसलिए तो तेरा पर रुक गया।

अब यह प्रेम की दुनिया अलग ही दुनिया है, इसका कोई हिसाब-किताब नहीं![85]

अंतर गुहा का संगीत

राम एक रात सो रहे हैं अपने कमरे में। एक मित्र सरदार पूर्णसिंह उनके कमरे पर मेहमान थे स्वामी राम के। आधी रात कुछ गर्मी थी, नींद खुल गई; बड़े चौंककर हैरान हुए। जोर-जोर से राम की आवाज आ रही है, राम! सोचा कि कहीं रामतीर्थ उठकर प्रभु-स्मरण तो नहीं करने लगे! लेकिन अभी आधी रात मालूम पड़ती है। अंधेरा है।

उठे। देखा कि राम तो बिस्तर पर मजे से सो रहे हैं। पर आवाज आ रही है! बहुत हैरान हुए कि कोई और तो आस-पास नहीं है। एक चक्कर झोपड़े का लगा आए। कोई भी नहीं है। फिर पास आए। लेकिन जैसे राम के पास आते, आवाज बढ़ जाती; दूर जाते, आवाज कम हो जाती। तो बहुत पास आकर, पैर के पास कान रखकर सुना। भरोसा नहीं हुआ; विश्वास नहीं आया। हाथ के पास जाकर कान रखकर सुना; भरोसा नहीं आया। पूरे शरीर के रोएं-रोएं से जैसे राम की आवाज उठ रही है। घबड़ा गए कि मैं कोई सपना तो नहीं देख रहा हूं! जाकर आंखें धोईं। मैं किसी भ्रांति, किसी हेल्यूसिनेशन में तो नहीं हूं! क्योंकि यह कैसे हो सकता है कि शरीर से आवाज आए! रातभर जगे बैठे रहे, कि जब राम उठें सुबह, तो उनसे पूछ लें।

सुबह उठकर राम से पूछा, तो राम ने कहा, आ सकती है। क्योंकि जब से स्मरण हुआ उसका, तब से दिन हो या रात, भीतर तो सतत उसकी अनुगूंज चलती रहती है। हो सकता है, शरीर भी कंपित हो रहा हो और आवाज आ गई हो। हो सकता है, राम ने कहा, क्योंकि मैंने तो

कभी सोते में उठकर—अपने शरीर को सुनने का उपाय भी नहीं है। हो सकता है। लेकिन भीतर मेरे चलता रहता है। भीतर चलता रहता है।

कठिन नहीं है यह। क्योंकि शरीर भी तो विद्युत की तरंगों का जाल है; ध्वनि भी तो विद्युत की तरंग है। दोनों में कोई भेद तो नहीं है। और अगर भीतर बहुत गहरी अनुगूंज हो, तो कोई कारण नहीं है कि शरीर के तंतु क्यों न ध्वनित होने लगें! कोई कारण तो नहीं।

जो संगीत की गहरी पकड़ जानते हैं, उन्हें पता होगा कि अगर एक सूने कमरे में बंद द्वार करके, खाली कमरे में एक वीणा बजाई जाए और दूसरी वीणा को दूसरे कोने में खाली टिका दिया जाए, तो थोड़ी देर में उसके तार रिजोनेंस करने लगते हैं। एक वीणा बजे, दूसरी वीणा जो खाली रखी है, कोई बजाता नहीं, उसके तार भी कंपकर जवाब देने लगते हैं। रिजोनेंस पैदा हो जाता है। ध्वनियां टकराती हैं उस वीणा से, उसके तार भी कंपित होकर उत्तर देने लगते हैं।

पूरा शरीर है तो विद्युत की तरंग। ध्वनि भी विद्युत का एक रूप है। कोई आश्चर्य तो नहीं है कि भीतर ध्वनि बहुत गहरे, हृदय की अंतर-गुहा तक गूंजने लगे, तो शरीर रिजोनेंस करने लगे, रोआं-रोआं शरीर का कंपने लगे।

ऐसे भी, अगर मैं बहुत प्रेम से भरा हुआ हाथ आपके हाथ पर रखूं, तो मेरे हाथ की तरंगों में भेद होगा। और मैं क्रोध से भरकर और घृणा से भरकर यही हाथ आपके हाथ पर रखूं, तो मेरी हाथ की तरंगों में भेद होगा। मेरे हृदय के भाव मेरे हाथ की तरंगें बनते तो हैं। इसलिए प्रेम से छुआ गया हाथ कुछ और ही स्पर्श लाता है। घृणा से छुआ गया हाथ कोई और ही स्पर्श लाता है। अभिशाप से भरे हाथ में जहर आ जाता है। वरदान से भरे हाथ में अमृत बरस जाता है।[86]

परमात्मा की उपलब्धि

शेख फरीद एक नदी के किनारे बैठा था और एक आदमी ने उससे आकर पूछा कि परमात्मा को कैसे खोजें? फरीद ने उस आदमी की तरफ देखा। फरीद थोड़ा अजीब फकीर था। उसने कहा, मैं स्नान करने जा रहा हूं, तू भी स्नान कर ले। या तो स्नान के बाद तुझे बता देंगे, अगर मौका लग गया तो स्नान में ही बता देंगे।

वह आदमी थोड़ा डरा भी: स्नान में बता देंगे! यहां तक तो बात समझ में आती है कि स्नान के बाद बता देंगे—स्नान कर लो, फिर जिज्ञासा करना—मगर स्नान में बता देंगे! उसने सोचा कि फकीरों की बातें हैं, सधुक्कड़ी भाषा है, कुछ मतलब होगा। उतर पड़ा वह भी। फरीद तो मजबूत आदमी था। जैसे ही उसने नदी में डुबकी लगायी—उस आदमी ने—फरीद ने

उसकी गर्दन पानी के भीतर पकड़ ली और छोड़े न। वह आदमी बड़ी ताकत लगाने लगा। फरीद से बहुत कमजोर था, लेकिन एक ऐसा वक्त आया कि उसने इतनी जोर से ताकत लगायी कि वह फरीद के फंदे के बाहर हो गया। बाहर निकल कर तो वह आगबबूला हो गया। उसने कहाः हम आये ईश्वर को खोजने, आत्महत्या करने नहीं। तुम हमें मारे डालते हो!

फरीद ने कहाः यह बात पीछे, एक सवाल पूछना है। जब पानी में मैंने तुझे डुबा दिया, तो कितनी वासनाएं तेरे मन में थीं?

उसने कहाः कितनी वासनाएं! एक ही वासना बची थी कि एक श्वास हवा किसी तरह मिल जाये। फिर तो वह भी खो गयी। फिर तो उसका भी होश न रहा। फिर तो मुझमें और मेरी श्वास को पाने की आकांक्षा में भेद ही न रहा। मैं ही वही आकांक्षा हो गया। उसी वक्त तो मैं तुम्हारे पंजे के बाहर निकल पाया।

फरीद ने कहाः बस यह मेरा उत्तर है। जिस दिन परमात्मा को इस भांति चाहेगा कि चाहने वाले में और चाह में भेद न रह जायेगा, उसी दिन मिलना हो जायेगा। अब तू जा।[87]

बुद्ध का अंतिम भोजन

बुद्ध के आखिरी छः महीने बहुत पीड़ा में बीते। पीड़ा में उनकी तरफ से, जिन्होंने देखा; बुद्ध की तरफ से नहीं। बुद्ध एक गांव में ठहरे हैं। और उस गांव के एक शूद्र ने, एक गरीब आदमी ने बुद्ध को निमंत्रण दिया कि मेरे घर भोजन कर लें। तो वह पहला निमंत्रण देने वाला था, सुबह-सुबह जल्दी आ गया था पांच बजे, ताकि गांव का कोई धनपति, गांव का सम्राट निमंत्रण न दे दे। बहुत बार आया था, लेकिन कोई निमंत्रण दे चुका था।

वह निमंत्रण दे ही रहा था कि तभी गांव के एक बड़े धनपति ने आकर बुद्ध को कहा कि आज मेरे घर निमंत्रण स्वीकार करें। बुद्ध ने कहा, निमंत्रण आ गया। उस अमीर ने उस आदमी की तरफ देखा और कहा, इस आदमी का निमंत्रण! इसके पास खिलाने को भी कुछ होगा? बुद्ध ने कहा, वह दूसरी बात है। बाकी निमंत्रण उसका ही स्वीकार किया। उसके घर ही जाता हूं।

बुद्ध गए। उस आदमी को भरोसा भी न था कि बुद्ध कभी उसके घर भोजन करने आएंगे। उसके पास कुछ भी न था खिलाने को वस्तुतः। रूखी रोटियां थीं। सब्जी के नाम पर बिहार में गरीब किसान, वह जो बरसात के दिनों में कुकुरमुत्ता पैदा हो जाता है—लकड़ियों पर, गंदी जगह में—उस कुकुरमुत्ते को इकट्ठा कर लेते हैं, सुखाकर रख लेते हैं और उसी की सब्जी

बनाकर खाते हैं। कभी-कभी ऐसा होता है कि कुकुरमुत्ता पायजनस हो जाता है। कहीं ऐसी जगह पैदा हो गया, जहां जहर मिल गया, तो कुकुरमुत्ते में जहर फैल जाता है।

बुद्ध के लिए उसने कुकुरमुत्ते बनाए थे, वे जहरीले थे। जहर थे, सख्त कड़वे जहर थे। मुंह में रखना मुश्किल था। लेकिन उसके पास एक ही सब्जी थी। तो बुद्ध ने यह सोचकर कि अगर मैं कहूं कि यह सब्जी कड़वी है, तो वह कठिनाई में पड़ेगा; उसके पास कोई दूसरी सब्जी नहीं है। वे उस जहरीली सब्जी को खा गए। उसे मुंह में रखना कठिन था। और बड़े आनंद से खा गए, और उससे कहते रहे कि बहुत आनंदित हुआ हूं।

जैसे ही बुद्ध वहां से निकले, उस आदमी ने जब सब्जी चखी, तो वह तो हैरान हो गया। वह भागा हुआ आया और उसने कहा कि आप क्या कहते हैं? वह तो जहर है! वह छाती पीटकर रोने लगा। लेकिन बुद्ध ने कहा, तू जरा भी चिंता मत कर। क्योंकि जहर मेरा अब कुछ भी न बिगाड़ सकेगा, क्योंकि मैं उसे जानता हूं, जो अमृत है। तू जरा भी चिंता मत कर।

लेकिन फिर भी उस आदमी की चिंता तो हम समझ सकते हैं। बुद्ध ने उसे कहा कि तू धन्यभागी है। तुझे पता नहीं। तू खुश हो। तू सौभाग्यवान। क्योंकि कभी हजारों वर्षों में बुद्ध जैसा व्यक्ति पैदा होता है। दो ही व्यक्तियों को उसका सौभाग्य मिलता है, पहला भोजन कराने का अवसर उसकी मां को मिलता है और अंतिम भोजन कराने का अवसर तुझे मिला है। तू सौभाग्यशाली है; तू आनंदित हो। ऐसा फिर सैकड़ों-हजारों वर्षों में कभी कोई बुद्ध पैदा होगा और ऐसा अवसर फिर किसी को मिलेगा। उस आदमी को किसी तरह समझाकर-बुझाकर लौटा दिया।

बुद्ध के शिष्य कहने लगे, आप यह क्या बातें कह रहे हैं! यह आदमी हत्यारा है। बुद्ध ने कहा, भूलकर ऐसी बात मत कहना, अन्यथा उस आदमी को नाहक लोग परेशान करेंगे! तुम जाओ; गांव में डुंडी पीटकर खबर करो कि यह आदमी सौभाग्यशाली है, क्योंकि इसने बुद्ध को अंतिम भोजन का दान दिया है।

मरने के वक्त लोग उनसे कहते थे कि आप एक दफे भी तो रुक जाते! कह देते कि कड़वा है, तो हम पर यह वज्रपात न गिरता! लेकिन बुद्ध कहते थे कि यह वज्रपात रुकने वाला नहीं था। किस बहाने गिरेगा, इससे कोई फर्क नहीं पड़ता है। और जहां तक मेरा संबंध है, मुझ पर कोई वज्रपात नहीं गिरा है, नहीं गिर सकता है। क्योंकि मैंने उसे जान लिया है, जिसकी कोई मृत्यु नहीं है।[88]

महावीर, स्यादवाद और चार्वाक

महावीर से कोई पूछे कि आत्मा है? तो वे कहते हैं: ऐसा भी कुछ लोगों का मत है; वे भी ठीक कहते हैं। और ऐसा भी कुछ लोगों का मत है कि नहीं है, वे भी ठीक कहते हैं। और ऐसा भी कुछ लोगों का मत है कि कुछ भी नहीं कहा जा सकता, वे भी ठीक कहते हैं।

हम अड़चन में पड़ जाएंगे महावीर के साथ, कि अगर सभी लोग ठीक कहते हैं, तो फिर ठीक क्या है? महावीर कहते हैं कि बड़े से बड़े असत्य में भी थोड़ा-बहुत सत्य तो होता ही है। उतना सत्य तो होता ही है। उस सत्य को हम पकड़ लें। और महावीर कहते हैं कि बड़े से बड़े सत्य में भी व्यक्ति का अहंकार थोड़ा न बहुत प्रवेश कर जाता है, उतना असत्य हो जाता है। उस असत्य को हम छोड़ दें।

इसलिए वे कहते हैं कि जो कहता है, आत्मा नहीं है, उसकी बात में भी थोड़ा सत्य है। कम से कम इतना सत्य तो है ही कि संसारी व्यक्ति का अनुभव यही है कि आत्मा नहीं है। आपका भी अनुभव यही है कि आत्मा नहीं है। आपका अनुभव यही है कि शरीर है।

तो महावीर कहते हैं, अगर चार्वाक कहता है कि आत्मा नहीं है, तो ठीक ही कहता है। करोड़ों लोगों का अनुभव है कि हम शरीर हैं। आत्मा का पता किसको है! इतना सत्य तो है ही।

और अगर हम लोकतंत्र के हिसाब से सोचें, तो शरीरवादी का ही सत्य जीतेगा। आत्मवादी का कैसे जीतेगा? कभी करोड़ में एक आदमी अनुभव कर पाता है कि आत्मा है। करोड़ में एक! बाकी शेष तो अनुभव करते हैं कि वे शरीर हैं।

इसलिए हमने एक बड़ी अदभुत बात की है। हमने चार्वाक को जो नाम दिए हैं—नास्तिक विचार को भारत में—वे बड़े विचारणीय हैं। दो नाम हैं चार्वाक के, एक तो चार्वाक और दूसरा लोकायत। दोनों बड़े मीठे हैं।

लोकायत का मतलब है, जिसे लोग मानते हैं, जो लोक में प्रभावी है। बड़े मजे की बात है, अगर आप खोजने जाएं, तो एक भी आदमी जनगणना के वक्त अपने को नास्तिक नहीं लिखवाता है। कोई हिंदू है, कोई मुसलमान है, कोई ईसाई है, कोई जैन है, कोई बौद्ध है। लेकिन हमारी परंपरा कहती है कि चार्वाक को मानने वाले सर्वाधिक लोग हैं। हालांकि कोई नहीं लिखवाता कि मैं चार्वाकवादी हूं। मगर हमारी परंपरा कहती है कि करोड़ में एक को छोड़कर बाकी तो सब चार्वाक को ही मानते हैं। चाहे समझते हों, न समझते हों; चाहे कहते हों, चाहे न कहते हों। उनका अनुभव तो यही है कि वे शरीर हैं। और इंद्रियों से ज्यादा कुछ भी नहीं हैं। और जो इंद्रियों का भोग है, वही जीवन है।

इसलिए हमने चार्वाक को—हालांकि कोई संप्रदाय मानने वाला नहीं है—कहा, लोकायत, कि लोक जिसको मानता है। और चार्वाक शब्द भी बड़ा अदभुत है, उसका मतलब

होता है चारु-वाक, जिनके वचन बड़े मधुर हैं। बड़ी उलटी बात है। क्योंकि हमें तो बुरे लगेंगे चार्वाक के वचन। जो भी सुनेगा कि ईश्वर नहीं है, आत्मा नहीं है, हमें तो बुरे लगेंगे, कटु लगेंगे। लेकिन हमारी परंपरा ने नाम दिया है चारु-वाक, जिनके वचन बड़े मधुर हैं।

हम बड़े सोचकर शब्द दिए हैं। हम ऊपर से कितना ही कहें कि हमें यह बात जंचती नहीं कि ईश्वर नहीं है, भीतर यह बात बड़ी प्रीतिकर लगती है। भीतर बड़ा रस आता है कि ईश्वर नहीं है, बेफिक्र! कोई फिक्र नहीं। चोरी करो, बेईमानी करो, हत्या करो। ऊपर से हम भला कहें कि नहीं, यह बात जंचती नहीं; भीतर बहुत जंचती है। तो फिर कोई भी पाप नहीं है।

तो भला हम कहते हों कि ये बातें जंचती नहीं हैं। लेकिन चार्वाक की बातें हमारे मन को बड़ी प्रीतिकर लगती हैं। चार्वाक ने कहा है कि अगर ऋण लेकर भी घी पीना पड़े, तो लेते रहना ऋण, क्योंकि मरने के बाद न कोई लेने वाला है, न कोई देने वाला है, न कोई चुकतारा है। कोई लेना-देना नहीं है, कोई ऋणी नहीं है, कोई धनी नहीं है। सिर्फ नासमझ और समझदार लोग हैं।

चार्वाक ने कहा है, जो समझदार हैं, वे सब तरह से अपनी इंद्रियों को तृप्त कर लेते हैं। जो नासमझ हैं, वे बुद्धू बन जाते हैं और तृप्त नहीं कर पाते। हमको भी लगेगी यह बात भीतर—ऊपर से हम कहेंगे कि नहीं—लेकिन भीतर हमको लगेगी कि बात तो बड़ी रुचिकर है, कि भोग लो। चार्वाक ने कहा है, क्षण की खबर नहीं है। अगला क्षण होगा या नहीं होगा, नहीं कहा जा सकता। इसलिए इस क्षण को निचोड़ लो पूरा। जितना भोग सकते हो, भोग लो।

हम कहते कुछ हों, करते यही हैं। न कर पाते हों, तो पछताते हैं। और जो कर लेता है, उससे हमारी ईर्ष्या है। उससे हमारी ईर्ष्या पकड़ जाती है।

आप किसी को भी सुख में देखकर बड़े दुखी हो जाते हैं। भला आप कहते हों, धन में कुछ भी नहीं है, लेकिन जिसके पास धन है, उसको देखकर आपको विपदा शुरू हो जाती है, भीतर कष्ट शुरू हो जाता है। भला आप कहते हों कि शरीर में क्या रखा है, यह तो मल-मूत्र है। लेकिन एक सुंदर स्त्री दूसरे के साथ देखकर बेचैनी शुरू हो जाती है।

हम ऊपर से कुछ कहते हों, लेकिन भीतर से हम सब चार्वाकवादी हैं। इसलिए हमने दो शब्द दिए हैं, लोकायत, और मधुर वचन वाले लोग, चार्वाक।

यह जो चार्वाक कहता है, इसमें भी महावीर कहते हैं, थोड़ा सत्य है। क्योंकि अधिक लोगों का अनुभव तो यही है। हम जो कहते हैं, महावीर कहेंगे, वह तो कितने थोड़े लोगों का सत्य है! इसलिए महावीर कहते हैं, जो भी कहा जाए, उसको मत की तरह व्यक्त करना, सत्य की तरह व्यक्त मत करना। कहना कि यह हमारा एक मत है, विपरीत मत भी हो सकते हैं। वे भी ठीक हो सकते हैं। अनेक मत हो सकते हैं, वे भी ठीक हो सकते हैं। आग्रह मत करना कि यही सत्य है। क्योंकि यह आग्रह सत्य को कमजोर कर देता है, मैं को मजबूत कर जाता है।

थोड़ा ध्यान रखें, जितना आग्रह हम करते हैं, आग्रह सत्य को नहीं मिलता, अहंकार को मिलता है। इसलिए धार्मिक आदमी विनम्र होगा। और अगर धार्मिक आदमी विनम्र नहीं है, तो धार्मिक नहीं है।

इसलिए हमने अपने इस मुल्क में कभी किसी आदमी के धर्म को कनवर्ट करने की चेष्टा नहीं की। कभी आग्रह नहीं किया कि हम एक आदमी को समझा-बुझाकर, जबर्दस्ती, कोई भी

उपाय करके, एक धर्म से दूसरे धर्म में खींच लें। क्योंकि यह कृत्य ही अधार्मिक हो गया। यह आग्रह करना कि मैं जो कहता हूं, वही ठीक है, और तुम जो कहते हो, वह गलत है, मान लो मेरे धर्म को; चाहे धन देकर, चाहे पद देकर और चाहे तर्कों से समझा-बुझाकर, किसी भी तरह आक्रमण करके किसी व्यक्ति को उसके धर्म को बदलने की कोशिश हमने इस मुल्क में नहीं की। कनवर्शन हमने कभी उचित नहीं माना।

और उसका कुल कारण इतना था कि कनवर्शन के लिए—हिंदू को ईसाई बनाने के लिए, ईसाई को हिंदू बनाने के लिए—मतांध आदमी चाहिए, आग्रहपूर्ण, जो कहें कि यही ठीक है। जो इतने पागलपन से कह सकें कि यही ठीक है; और दूसरे की सुनने को बिलकुल राजी ही न हों।

महावीर कैसे किसी को कनवर्ट करें! अगर उनके विपरीत भी आप जाकर कहें, तो महावीर कहेंगे कि आप भी ठीक हैं। इसमें भी सचाई है। आप जो कह रहे हैं, बड़ा कीमत का है। महावीर के विपरीत कहें, तो भी! तो कनवर्शन असंभव है। इसलिए महावीर जैसे बहुत विचार का आदमी भी हिंदुस्तान में बहुत जैन पैदा नहीं करवा पाया। उसका कारण था। क्योंकि कनवर्ट करने का कोई उपाय ही नहीं था।

मतांध आदमी दूसरे पर जबर्दस्ती छा जाते हैं। लेकिन जो मतांध है, वह राजनैतिक हो सकता है, धार्मिक नहीं। दूसरे को बदलने की चेष्टा ही असल में राजनीति है। स्वयं को बदलने की चेष्टा धर्म है। दूसरे पर छा जाना, अहंकार की यात्रा है। अपने को सब भांति पोंछकर मिटा देना, धर्म की।[८९]

संन्यास : वर्ण-व्यवस्था के बाहर

भारत की तुमने एक अनूठी बात देखी? कि संन्यासी को हमने वर्ण-व्यवस्था के बाहर रखा है। संन्यस्त होते से ही कोई व्यक्ति न तो ब्राह्मण रह जाता है न शूद्र, न क्षत्रिय, न वैश्य। संन्यास वर्ण-व्यवस्था के बाहर है। चाहे ब्राह्मण संन्यासी हो, चाहे शूद्र संन्यासी हो, संन्यासी होते से ही वर्ण के बाहर हो गया, वर्णातीत हो गया।

वर्ण का अर्थ होता है, रंग। रंगों में उलझे हो? रूपों में उलझे हो? नाम में उलझे हो? तो तुम संन्यस्त न हो सकोगे। ब्राह्मण तो संन्यस्त नहीं हो सकता। ब्राह्मण छोड़कर कोई संन्यस्त होता है।

और इस अकड़ से मिला क्या है, जो इसको खींचे जा रहे हो? पाया क्या है? ब्राह्मण होने से होगा भी क्या? ब्रह्म होने का मौका चूक रहे ब्राह्मण होने के पीछे!

उद्दालक ने अपने बेटे श्वेतकेतु को कहा है कि बेटे तू सिर्फ जन्म से ही ब्राह्मण होकर मत

रह जाना, क्योंकि हमारे घर में ऐसा कभी नहीं हुआ। ऐसा दुर्भाग्य कभी नहीं हुआ। हमारे घर में लोग ब्रह्म को जानकर ब्राह्मण होते रहे। इस परंपरा को खयाल रखना। ब्राह्मण पैदा होकर ही अपने को ब्राह्मण मत मान लेना। यह बड़ा सस्ता ब्राह्मणपन है। इसमें क्या रखा है! संयोग की बात है। अगर ब्राह्मण के घर में पैदा हुए और उसी वक्त उठाकर रख दिया होता शूद्र के घर में तो तुम समझते कि तुम शूद्र हो। शूद्र के घर में शायद पैदा हुए हो और रख दिये गये ब्राह्मण के घर में तो तुम समझ रहे हो कि तुम ब्राह्मण हो। संयोग की बात है। संस्कार की बात है—क्या तुम्हें सिखा दिया दूसरों ने। दूसरों के सिखाए कहीं कोई ब्राह्मण हुआ है!

बड़ी पुरानी और बड़ी प्यारी कथा है।

विश्वामित्र अपने को ब्रह्म-ऋषि घोषित करना चाहते थे। क्षत्रिय थे। और जब तक वशिष्ठ उन्हें ब्रह्म-ऋषि स्वीकार न करें तब तक कोई उनको स्वीकार करने को राजी न था। और वशिष्ठ उन्हें हमेशा राज-ऋषि कहते थे, कभी ब्रह्म-ऋषि नहीं कहते थे।

बात बिगड़ती चली गयी। फिर तो बात यहां तक बन गयी—थे तो क्षत्रिय, और इसीलिए तो वशिष्ठ उन्हें ब्रह्म-ऋषि नहीं कहते थे—एक दिन तलवार लेकर, पूर्णिमा के चांद की रात है, पहुंच गये वशिष्ठ के आश्रम कि आज फैसला ही कर लेंगे। या तो मुझे ब्रह्म-ऋषि कहे या गर्दन अलग कर दूंगा। क्षत्रिय तो क्षत्रिय, बुद्धि तो वही थी तलवार वाली। वह लेकर पहुंच गये। वहां वशिष्ठ अपने शिष्यों को लेकर—पूर्णिमा की रात है—ब्रह्मचर्चा हो रही है।

वह छिपे बैठे हैं एक झाड़ी में कि जब मौका मिले तो निकलकर इसका फैसला ही कर दें। किसी ने पूछा वशिष्ठ को कि विश्वामित्र इतनी चेष्टा कर रहे हैं और इतने साधुपुरुष, आप उनको ब्रह्म-ऋषि कह क्यों नहीं देते? क्यों उन्हें दुख दे रहे हैं? वशिष्ठ ने कहा कि विश्वामित्र अपूर्व व्यक्ति है, अनूठा व्यक्ति है, अद्वितीय व्यक्ति है और इसीलिए रुका हूं, क्योंकि मुझे आशा है वह ब्रह्म-ऋषि हो जाएगा। हो जाए, तभी कहूं; अभी कह दूंगा तो रुक जाएगी बात। थोड़ी अकड़ क्षत्रिय की अभी उसमें शेष रह गयी है। अभी तलवार उसके हाथ से छूटी नहीं है। तलवार छूट जाए तो जरूर कहूंगा। है योग्य। और होकर रहेगा यह भी पक्का है। लेकिन प्रतीक्षा कर रहा हूं ठीक समय की। अभी कह दूंगा तो बात अटक जाएगी, फिर कभी होने का उपाय न रहेगा। मैं उसका दुश्मन नहीं हूं।

यह बात सुनी छिपे हुए झाड़ी में विश्वामित्र ने। भरोसा न आया कि वशिष्ठ और मेरे प्रेम में इतनी बात कह रहे हैं। फेंक दी तलवार वहीं। दौड़ कर वशिष्ठ के पैर पर गिर पड़े। वशिष्ठ ने उठाया तो कहा, उठो ब्रह्मर्षि! आंख से आंसू बहने लगे। विश्वामित्र ने कहा, अब आप कहते ब्रह्मर्षि! अब किसलिए कहते हैं! मत कहें, मैं इस योग्य नहीं हूं, आपको पता नहीं है मैं क्या करने आया था। वशिष्ठ ने कहा, उसकी फिक्र छोड़ो तुम क्या करने आए थे। तुमने जो किया, कि तुम चरण में झुक गये, यह झुक जाने की कला ही तो ब्राह्मण होने की कला है। अब यह बड़ी मुश्किल बात। इसीलिए तो रोका था अब तक कि कब तुम झुको कि तुम्हें कह दूं। तुम्हारी अकड़ गयी, अब क्षत्रिय न रहा। अब तुम सच में ब्राह्मण हुए।

ये ब्राह्मण और शूद्र, और हिंदू और मुसलमान, और जैन और ईसाई, ये मौत के साथ जाने वाले नहीं, ये सब जलकर राख हो जाएंगे। ये तुम्हारी खोपड़ी की बीमारियां हैं। ये कोई स्वस्थ

होने के लक्षण नहीं हैं।

पुराने शास्त्र एक अदभुत बात कहते हैं कि पैदा तो सभी शूद्र होते हैं—यह बात मेरी समझ में आती है—पैदा तो सभी शूद्र होते हैं, कोई कभी-कभार ब्राह्मण बन पाता है। ब्राह्मण भी शूद्र ही पैदा होते हैं। पैदा तो सभी शूद्र होते हैं। जन्म से कोई ब्राह्मण होता है! जीवन से कोई ब्राह्मण होता है।

संन्यास ब्राह्मण होने का अवसर है। क्योंकि ब्रह्म को जानने का अवसर है।[९०]

शिरडी के साईं

साईं, शिरडी के साईं के जीवन में एक उल्लेख है। उनके एक भक्त ने कहा कि अब तो मैं सभी में परमात्मा को देखने लगा हूं। तो साईं बाबा ने कहा कि अगर तुम सबमें परमात्मा को देखने लगे होते, तो इस भरी दोपहरी में मुझे नमस्कार करने किसलिए आते हो? कहीं भी नमस्कार कर लेना था। अगर मैं ही तुम्हें सब जगह दिखाई पड़ने लगा हूं, तो इस भरी दोपहरी में इतनी दूर आने की क्या जरूरत थी? मैं वहीं तुम्हें मिल जाता; मैं वहीं था।

वह जो भक्त था, रोज भोजन लेकर आता था बाबा के लिए। और जब तक वे भोजन न कर लेते, तब तक वह खुद भी भोजन नहीं करता था।

तो साईं बाबा ने कहा, कल से अब तुम भोजन लेकर मत आना, मैं वहीं आ जाऊंगा। तुम मुझे पहचान लेना, क्योंकि तुम्हें दिखाई पड़ने लगा है! वह भक्त बड़ी मुश्किल में पड़ा। भोजन की थाली लगाकर वह अपने द्वार के वृक्ष के नीचे बैठ गया। अब वह प्रतीक्षा कर रहा है। और एक कुत्ता उसे परेशान करने लगा। भोजन की सुगंध, वह कुत्ता बार-बार आने लगा। और वह डंडे से कुत्ते को मार-मारकर भगाने लगा। वक्त बीतने लगा और साईं बाबा का कुछ पता नहीं, तो फिर वह थाली लेकर पहुंचा उस मस्जिद में, जहां साईं बाबा रहते थे।

अंदर गया, तो देखा कि साईं बाबा की आंख से आंसू बह रहे हैं। तो पूछा कि आप आए नहीं? और मैं राह देखता रहा। साईं बाबा ने कहा, मैं आया था। मेरी पीठ देख! पीठ पर उसकी लकड़ी के निशान थे, जो उसने कुत्ते को लकड़ियां मारी थीं। मैं आया था। तू तो कहता था, सबमें तू देखने लगा, इसलिए मैंने सोचा, किसी भी शक्ल में जाऊंगा, तू पहचान लेगा। तो मैं कुत्ते की शक्ल में आया था। उस भक्त ने कहा, जरा भूल हो गई। ऐसे तो मैं सबमें आपको देखने लगा हूं, लेकिन जरा कुत्ते में देखने का अभी अभ्यास नहीं है। अब आइएगा, बराबर पहचान लूंगा।

फिर दूसरे दिन हुआ वही। लेकिन इस बार कुत्ता नहीं आया, एक कोढ़ी आ गया। और उसने दूर से कहा, दूर रहना! यहां बाबा का भोजन रखा है; अपवित्र मत कर देना! दूर रह, छाया मत डाल देना! लेकिन वह कोढ़ी सुनता ही नहीं है, पास आए चला जाता है। तो वह अपनी थाली लेकर भागा और कोढ़ी उसके पीछे भाग रहा है। और वह थाली लेकर भाग रहा है साईं बाबा की तरफ।

जब वह भीतर पहुंचा, तो देखा, वहां साईं बाबा नहीं हैं। पीछे लौटकर देखा, तो कोढ़ी की जगह साईं बाबा खड़े हैं। और साईं बाबा ने कहा, लेकिन तू पहचानता ही नहीं है! उसने कहा, नया-नया रोज-रोज अभ्यास करवाते हैं! आज पक्का कर लिया था कि कुत्ते में देखेंगे, और आप कोढ़ी होकर आ गए! कल आइए।

अभ्यास धर्म नहीं है।[91]

हिंदुस्तान के व्यक्तित्व में स्त्रैणता

बुद्ध और महावीर ने जिस साधना और जिस प्रक्रिया का उपयोग किया, उससे इस मुल्क में उस जमाने में लाखों लोग चौथे शरीर में पहुंच गए। चौथे शरीर में पहुंचते ही उनका व्यक्तित्व स्त्रैण हो गया। स्त्रैण व्यक्तित्व का मतलब यह है कि उनमें जो स्त्रैण गुण हैं, कोमल, वे बढ़ गए; हिंसा-क्रोध खत्म हो गया, आक्रमण विदा हो गया; ममता और प्रेम और करुणा और अहिंसा बढ़ गए। पूरे हिंदुस्तान के व्यक्तित्व के गहरे में स्त्रैणता आ गई। मेरी अपनी जानकारी यही है कि हिंदुस्तान पर बाद के सारे आक्रमणों का कारण वही था। क्योंकि हिंदुस्तान के आसपास के सारे पुरुष हिंदुस्तान के स्त्रैण व्यक्तित्व को दबाने में सफल हो गए।

एक अर्थ में बड़ी कीमती घटना घटी कि चौथे शरीर पर हमने बहुत अदभुत अनुभव किए, लेकिन पहले शरीर की दुनिया में हमको मुश्किल हो गई। मैंने कहा कि सब चीजें कंपनसेट होती हैं। जो लोग चौथे शरीर का धन छोड़ने को राजी थे, उनको पहले शरीर का धन और राज्य और साम्राज्य मिल सका। और जो लोग चौथे शरीर का रस छोड़ने को राजी नहीं थे, उनको यहां से बहुत कुछ छोड़ देना पड़ा।

बुद्ध और महावीर के बाद हिंदुस्तान की आक्रामक वृत्ति खो गई और वह रिसेप्टिव हो गया। तो जो भी आया उसको हम आत्मसात करने की फिक्र में लग गए; उसे अलग करने का भी सवाल नहीं उठा हमारे मन में कि उसको अलग कर दें। और दूसरे पर जाकर हम हमला कर

दें और दूसरे को हम जीत लें, वह तो सवाल ही खो गया। स्त्रैण व्यक्तित्व हो गया। भारत जो है एक वूंब बन गया, एक गर्भ बन गया—पूरा का पूरा भारत; और जो भी आया उसको हम आत्मसात करते चले गए। हमने उसको कभी इनकार नहीं किया, हटाने की हमने कोई फिक्र नहीं की। और लड़ भी नहीं सके; क्योंकि लड़ने के लिए जो बात चाहिए थी, वह खो गई थी; श्रेष्ठतम बुद्धि जो थी मुल्क की, उससे वह बात खो गई थी। और जो साधारणजन है, वह श्रेष्ठ के पीछे चलता है; वह बेचारा दबकर खड़ा था। वह यह कह रहा था कि करुणा-अहिंसा की बातें सुन रहा था और उसे लग रही थीं कि ये बातें ठीक हैं। और श्रेष्ठतम आदमी उनमें जी रहा था, वह छोटा साधारण आदमी उनके पीछे खड़ा था। वह लड़ सकता था, लेकिन उसके पास नेता नहीं था जो उसको लड़ा सकता।

आध्यात्मिक मुल्क में स्त्रैण व्यक्तित्व की अधिकता

यह कभी जब दुनिया का इतिहास आध्यात्मिक ढंग से लिखा जाएगा, और जब हम सिर्फ भौतिक घटनाओं को इतिहास नहीं समझेंगे, बल्कि चेतना में घटी घटनाओं को इतिहास समझेंगे—असली इतिहास वही है—तब हम इस बात को समझ पाएंगे कि जब भी कोई मुल्क आध्यात्मिक होगा, तो स्त्रैण हो जाएगा; और जब भी स्त्रैण होगा, तब अपने से बहुत साधारण सभ्यताएं उसको हरा देंगी। अब यह बड़े मजे की बात है कि हिंदुस्तान को जिन लोगों ने हराया, वे हिंदुस्तान से बहुत पिछड़ी हुई सभ्यताएं थीं; एक अर्थ में बिलकुल ही जंगली और बर्बर सभ्यताएं थीं। चाहे तुर्क हों, चाहे मुगल हों और चाहे मंगोल हों—कोई भी हों; उनके पास कोई सभ्यता ही न थी। लेकिन एक अर्थ में वे पुरुष थे, जंगली पुरुष थे बिलकुल; और हम रिसेप्टिव हो गए थे; हम उनको आत्मसात ही कर सके, लड़ने का कोई उपाय न था।

तो स्त्री शरीर आत्मसात कर सकता है, माध्यम चाहिए; पुरुष शरीर दे सकता है और सीधे प्रसाद भी ग्रहण कर सकता है। इसी वजह से महावीर जैसे व्यक्ति को तो यह भी कहना पड़ा कि स्त्री को परम उपलब्धि के लिए पहले एक दफे पुरुष शरीर लेना पड़ेगा, पुरुष पर्याय में आना पड़ेगा। और बहुत कारणों में एक कारण यह भी था कि वह सीधा प्रसाद ग्रहण नहीं कर सकती। जरूरी नहीं है कि वह मरकर पुरुष हो। ऐसी प्रक्रियाएं हैं कि इसी हालत में व्यक्तित्व का रूपांतरण किया जा सकता है—जो तुम्हारा नंबर दो का शरीर है, वह तुम्हारे नंबर एक का शरीर हो सकता है; और जो तुम्हारे नंबर एक का शरीर है, वह तुम्हारे नंबर दो का शरीर हो सकता है। इसके लिए प्रगाढ़ संकल्प की साधनाएं हैं, जिनसे तुम्हारा इसी जीवन में भी शरीर रूपांतरित हो सकता है।

गहन साधना से शारीरिक परिवर्तन

अब जैनों के एक तीर्थंकर के बाबत ऐसी ही मजेदार घटना घट गई है। जैनों के एक तीर्थंकर स्त्री हैं—मल्लगीबाई। श्वेतांबर उनको मल्लीबाई ही कहते हैं, लेकिन दिगंबर उनको मल्लीनाथ कहते हैं; वे उनको पुरुष ही मानते हैं। क्योंकि दिगंबर जैनों का खयाल है कि स्त्री को तो मोक्ष हो नहीं सकता; तो स्त्री तीर्थंकर तो हो ही नहीं सकती। इसलिए वे मल्लीनाथ हैं;

वे उनको पुरुष ही मानते हैं। और श्वेतांबर उनको स्त्री ही माने जाते हैं।

अब एक आदमी के बाबत इस तरह का विवाद मनुष्य-जाति के पूरे इतिहास में दूसरी जगह नहीं है। यानी और सब चीजों के बाबत विवाद हो सकता है कि भई, उसकी ऊंचाई पांच फुट छह इंच थी कि पांच इंच थी; कि वह आदमी कब पैदा हुआ। लेकिन इस बाबत में विवाद कि वह स्त्री था कि पुरुष! बड़ा अदभुत विवाद है। और एक वर्ग मानता है कि वह पुरुष था; एक वर्ग मानता है, वह स्त्री था।

मेरी अपनी समझ यह है कि मल्लीबाई ने जब साधना शुरू की होगी तो वे स्त्री ही होंगी। लेकिन ऐसी प्रक्रियाएं हैं जिनसे पुरुष नंबर एक का शरीर बन सकता है। वह बन जाने के बाद ही वे तीर्थंकर हुए। और जो दूसरा वर्ग उनको पुरुष मानता है, वह उनकी अंतिम स्थिति को ही मान रहा है; और जो पहला वर्ग उनको स्त्री मानता है, वह उनकी पहली स्थिति को मान रहा है। दोनों बातें मानी जा सकती हैं, कोई कठिनाई नहीं है। वे स्त्री थे, लेकिन वे पुरुष हो गए होंगे। और महावीर की साधना ऐसी है कि उसमें कोई भी स्त्री गुजरेगी तो पुरुष हो जाएगी। क्योंकि पूरी की पूरी साधना जो है, वह भक्ति की नहीं है; पूरी की पूरी साधना जो है, वह ज्ञान की है; पूरी की पूरी साधना जो है, वह आक्रामक है, एग्रेसिव है—साधना जो है; वह रिसेप्टिव नहीं है साधना।

अगर कोई पुरुष भी मीरा की तरह भजन करे और नाचे, और नाचता रहे वर्षों, और जब रात सोए तो बिस्तर पर कृष्ण की मूर्ति अपनी छाती से लगाकर सोए, और कृष्ण की अपने को सखी माने—अगर यह वर्षों तक चले, तो नाम मात्र को ही वह पुरुष रह जाएगा; आमूल रूपांतरण हो जाएगा। उसकी चेतना में जो नंबर एक शरीर था, वह नंबर दो हो जाएगा; नंबर दो जो था, वह नंबर एक हो जाएगा। अगर यह बहुत गहरा परिवर्तन हो, तो उससे शरीर पर लैंगिक अंतर भी पड़ जाएगा। अगर यह बहुत गहरा न हो, तो शरीर पुराना रहा आएगा, लेकिन मनस पुराना नहीं रह जाएगा; चित्त स्त्रैण हो जाएगा।

तो इन विशेष स्थितियों में तो बात हो सकती है; विशेष स्थिति में यह घटना घट सकती है, इसमें कोई कठिनाई नहीं है। लेकिन सामान्य नियम नहीं यह हो सकता।[92]

लुकमान और आयुर्वेद

लुकमान के संबंध में कथा है कि उसने पौधों से जाकर पूछा कि बता दो, तुम किस बीमारी में काम आ सकते हो? पौधे बताते हुए मालूम नहीं पड़ते। लेकिन दूसरी बात भी मुश्किल मालूम पड़ती है कि लाखों पौधों के संबंध में लुकमान ने जो खबर दी है, वह इतनी सही है, कि या तो लुकमान की उम्र लाखों साल रही हो और लुकमान के पास आज से भी ज्यादा विकसित फार्मेसी की प्रयोगशालाएं रही हों, तब वह जांच कर पाए कि कौन-सा पौधा किस बीमारी में काम आता है। लेकिन लुकमान की उम्र लाखों साल नहीं है। और लुकमान के पास कोई प्रयोगशाला की खबर नहीं है। लुकमान तो अपना झोला लिए जंगलों में घूम रहा है और पौधों से पूछ रहा है। पौधे बता सकेंगे?

मेरी अपनी समझ और है। पौधे तो नहीं बता सकते, लेकिन शुभ आत्माएं पौधों के संबंध में खबर दे सकती हैं। बीच में मीडिएटर कोई आत्मा काम कर रही है, जो पौधों की बाबत खबर दे सकती है कि यह पौधा इस काम में आ जाएगा।

अब यह बड़े मजे की बात है, जैसे कि हमारे मुल्क में आयुर्वेद की सारी खोज बहुत गहरे में प्रयोगात्मक नहीं है, बहुत गहरे में देवताओं के द्वारा दी गई सूचनाओं पर निर्भर है। इसलिए आयुर्वेद की कोई दवा आज भी प्रयोगशाला में सिद्ध होती है कि ठीक है। लेकिन हमारे पास कभी कोई बड़ी प्रयोगशाला नहीं थी, जिसमें हमने उसको सिद्ध किया हो।

जैसे सर्पगंधा है। अब आज हमको पता चला कि वह सच में ही, सुश्रुत से लेकर अब तक सर्पगंधा के लिए जो खयाल था, वह ठीक साबित हुआ। लेकिन अब पश्चिम में सर्पेंटीना—सर्पगंधा का रूप है वह—अब वह भारी उपयोग की चीज हो गई है। पागलों के इलाज के लिए अनिवार्य चीज हो गई है। लेकिन यह सर्पगंधा का पता कैसे चला होगा? क्योंकि आज तो पश्चिम के पास प्रयोगशाला है, जिसमें सर्पगंधा की केमिकल एनालिसिस हो सकती है। लेकिन हमारे पास ऐसी कोई प्रयोगशाला थी, इसकी खबर नहीं मिलती। यह सर्पगंधा की खबर, आमंत्रित आत्माओं से मिली हुई खबर है। और बहुत देर नहीं है कि हमें आमंत्रित आत्माओं के उपयोग फिर खोजने पड़ेंगे।

इसलिए आज जब आप वेद को पढ़ें, तो कपोल-कल्पना हो जाती है, झूठ मालूम पड़ता है कि क्या बातचीत कर रहे हैं ये—इंद्र आओ, वरुण आओ, फलां आओ, ढिकां आओ। और इस तरह बात कर रहे हैं कि जैसे सच में आ रहे हों। और फिर इंद्र को भेंट भी कर रहे हैं, इंद्र से प्रार्थना भी कर रहे हैं। और इतने बड़े वेद में कहीं भी एक जगह कोई ऐसी बात नहीं मालूम पड़ती कि कोई एक भी आदमी शक कर रहा हो कि क्या पागलपन की बात कर रहे हो! किससे बात कर रहे हो! देवता, वेद के समय में बिलकुल जमीन पर चलते हुए मालूम पड़ते हैं।

निमंत्रण की विधि थी। सब हवन, यज्ञ बहुत गहरे में निमंत्रण की विधियां हैं, इनविटेशंस हैं, इनवोकेशंस हैं।93

ओम्: सार्वभौमिक सत्य

ओम् को प्रतीक क्यों चुना गया?
उसकी क्या-क्या विशेषताएं हैं?

ओम् को चुनने के दो कारण हैं। एक तो, एक ऐसे शब्द की तलाश थी जिसका अर्थ न हो, जिसका तुम अर्थ न लगा पाओ; क्योंकि अगर तुम अर्थ लगा लो तो वह पांचवें के इस तरफ का हो जाएगा। एक ऐसा शब्द चाहिए था जो एक अर्थ में मीनिंगलेस हो।

हमारे सब शब्द मीनिंगफुल हैं। शब्द बनाते ही हम इसलिए हैं कि उसमें अर्थ होना चाहिए। अगर अर्थ न हो तो शब्द की जरूरत क्या है? उसे हम बोलने के लिए बनाते हैं। और बोलने का प्रयोजन ही यह है कि मैं तुम्हें कुछ समझा पाऊं; मैं जब शब्द बोलूं, तो तुम्हारे पास कोई अर्थ का इशारा हो पाए। जब लोग सातवें से लौटे या सातवें को जाना, तो उन्हें लगा कि इसके लिए कोई भी शब्द बनाएंगे, उसमें अगर अर्थ होगा, तो वह पांचवें शरीर के पहले का जो जाएगा—तत्काल। उसका भाषा-कोश में से अर्थ लिख दिया जाएगा; लोग पढ़ लेंगे और समझ लेंगे। लेकिन सातवें का तो कोई अर्थ नहीं हो सकता। या तो कहो मीनिंगलेस, अर्थहीन; या कहो बियांड मीनिंग, अर्थातीत; दोनों एक ही बात है।

तो उस अर्थातीत के लिए—जहां कि सब अर्थ खो गए हैं, कोई अर्थ ही नहीं बचा है—कैसा शब्द खोजें? और कैसे खोजें? और उस शब्द को कैसे बनाएं? तो शब्द को बनाने में बड़े विज्ञान का प्रयोग किया गया। वह शब्द बनाया बहुत...बहुत ही कल्पनाशील, और बड़े विज़न, और बड़े दूरदृष्टि से वह शब्द बनाया गया; क्योंकि वह बनाया जा रहा था और एक रूट, एक मौलिक शब्द था जो मूल आधार पर खड़ा करना था। तो कैसे इस शब्द को खोजें जिसमें कि कोई अर्थ न हो; और किस प्रकार से खोजें कि वह गहरे अर्थ में मूल आधार का प्रतीक भी हो जाए?

तो हमारी भाषा की जो मूल ध्वनि हैं, वे तीन हैं: ए, यू, एम—अ, ऊ, म। हमारा सारा का सारा शब्दों का विस्तार इन तीन ध्वनियों का विस्तार है। तो रूट ध्वनियां तीन हैं—अ, ऊ, म। अच्छा अ, ऊ और म में कोई अर्थ नहीं है; अर्थ तो इनके संबंधों से तय होगा। अ जब

'अब' बन जाएगा, तो अर्थपूर्ण हो जाएगा; म जब कोई शब्द बन जाएगा तो अर्थपूर्ण हो जाएगा। अभी अर्थहीन हैं। अ, ऊ, म, इनका कोई अर्थ नहीं है। और ये तीन मूल हैं। फिर सारी हमारी वाणी का विस्तार इन तीन का ही फैलाव है, इन तीन का ही जोड़ है।

तो ये तीन मूल ध्वनियों को पकड़ लिया गया—अ, ऊ, म, तीनों के जोड़ से ओम् बना दिया। तो ओम् लिखा जा सकता था, लेकिन लिखने से फिर शक पैदा होता किसी को कि इसका कोई अर्थ होगा; क्योंकि फिर वह शब्द बन जाता। 'अब', 'आज', ऐसा ही ओम् में भी एक शब्द बन जाता। और लोग उसका अर्थ निकाल लेते कि ओम् यानी वह जो सातवें पर है। तो फिर शब्द न बनाएं इसलिए हमने चित्र बनाया ओम् का, ताकि शब्द, अक्षर का भी उपयोग मत करो उसमें। अ, ऊ, म तो है वह, पर वह ध्वनि है—शब्द नहीं, अक्षर नहीं।

इसलिए फिर हमने ओम् का चित्र बनाया, उसको पिक्टोरिअल कर दिया, ताकि उसमें सीधा कोई भाषा-कोश में खोजने न चला जाए उसे—कि ओम् का क्या मतलब होता है। तो वह ओम् जो है आपकी आंखों में गड़ जाए और प्रश्नवाचक बन जाए कि क्या मतलब?

जब भी कोई आदमी संस्कृत पढ़ता है या पुराने ग्रंथ पढ़ने दुनिया के किसी कोने से आता है, तो इस शब्द को बताना मुश्किल हो जाता है उसे। और शब्द तो सब समझ में आ जाते हैं, क्योंकि सबका अनुवाद हो जाता है। वह बार-बार दिक्कत यह आती है कि ओम् यानी क्या? इसका मतलब क्या है? और फिर इसको अक्षरों में क्यों नहीं लिखते हो? इसको ओम् लिखो न! यह चित्र क्यों बनाया हुआ है?

उस चित्र को भी अगर तुम गौर से देखोगे, तो उसके भी तीन हिस्से हैं, और वे अ, ऊ और म के प्रतीक हैं। वह पिक्चर भी बड़ी खोज है, वह चित्र भी साधारण नहीं है। और उस चित्र की खोज भी चौथे शरीर में की गई है। उस चित्र की खोज भी भौतिक शरीर से नहीं की गई है, वह चौथे शरीर की खोज है। असल में, जब चौथे शरीर में कोई जाता है और निर्विचार हो जाता है, तब उसके भीतर अ, ऊ, म, इनकी ध्वनियां गूंजने लगती हैं और उन तीनों का जोड़ ओम् बनने लगता है। जब पूर्ण सन्नाटा हो जाता है विचार का, जब सब विचार खो जाते हैं, तब ध्वनियां रह जाती हैं और ओम् की ध्वनि गूंजने लगती है। वह जो ओम् की ध्वनि गूंजने लगती है, वहां चौथे शरीर से उसको पकड़ा गया है कि ये जहां विचार खोते हैं, भाषा खोती है, वहां जो शेष रह जाता है, वह ओम् की ध्वनि रह जाती है।

निर्विचार चेतना में ओम् का आविर्भाव

इधर से तो उस ध्वनि को पकड़ा गया। और जैसा मैंने तुमसे कहा कि जिस तरह हर शब्द का एक पैटर्न है, हर शब्द का एक पैटर्न है...जब हम एक शब्द का प्रयोग करते हैं तो हमारे भीतर एक पैटर्न बनना शुरू होता है। तो जब यह ओम् की ध्वनि रह जाती है भीतर सिर्फ, तब अगर इस ध्वनि पर एकाग्र किया जाए चित्त, तो ध्वनि—अगर पूरी तरह से चित्त एकाग्र हो, जो कि चौथे पर हो जाना कठिन नहीं है, और जब यह ओम् सुनाई पड़ेगा तो हो ही जाएगा। उस चौथे शरीर में ओम् की ध्वनि गूंजती रहे, गूंजती रहे, गूंजती रहे, और अगर कोई एकाग्र इसको सुनता रहे, तो इसका चित्र भी उभरना शुरू हो जाता है।

इस तरह बीज मंत्र खोजे गए—सारे बीज मंत्र इसलिए खोजे गए। एक-एक चक्र पर जो ध्वनि होती है, उस ध्वनि पर जब एकाग्र चित्त से साधक बैठता है, तो उस चक्र का बीज शब्द उसकी पकड़ में आ जाता है। और वे बीज शब्द इस तरह निर्मित किए गए। ओम् जो है, वह परम बीज है; वह किसी एक चक्र का बीज नहीं है, वह परम बीज है; वह सातवें का प्रतीक है—या अनादि का प्रतीक है, या अनंत का प्रतीक है।

ओम्—सार्वभौमिक सत्य

इस भांति उस शब्द को खोजा गया। और करोड़ों लोगों ने जब उसको टैली किया और स्वीकृति दी, तब वह स्वीकृत हुआ। एकदम से स्वीकृत नहीं हो गया; सहज स्वीकृत नहीं कर लिया कि एक आदमी ने कह दिया। करोड़ों साधकों को जब वही प्रति बार हो गया, और जब वह सुनिश्चित हो गया।

इसलिए ओम् शब्द जो है, वह किसी धर्म की, किसी संप्रदाय की बपौती नहीं है। इसलिए बौद्ध भी उसका उपयोग करेंगे, बिना फिकर किए; जैन भी उसका उपयोग करेंगे, बिना फिकर किए। हिंदुओं की बपौती नहीं है वह। उसका कारण है। उसका कारण यह है कि वह तो साधकों को—अनेक साधकों को, अनेक मार्गों से गए साधकों को वह मिल गया है। दूसरे मुल्कों में भी जो चीजें हैं, वे भी किसी अर्थ में उसके हिस्से हैं।

अब जैसे कि अगर हम अरेबिक या लैटिन या रोमन, इनमें जो खोजबीन साधक की रही है, उसको भी पकड़ने जाएं, तो एक बड़े मजे की बात है कि म तो जरूर मिलेगा; किसी में अ और म मिलेगा; म तो अनिवार्य मिलेगा। उसके कारण हैं कि वह इतना सूक्ष्म हिस्सा है कि अक्सर आगे का हिस्सा छूट जाता है, पकड़ में नहीं आता और पीछे का हिस्सा सुनाई पड़ता है। तो ओऽऽऽम् की जब आवाज होनी शुरू होती है भीतर, तो म सबसे ज्यादा सरलता से पकड़ में आता है। वह आगे का जो हिस्सा है वह दब जाता है पिछले म से। ऐसे भी तुम अगर किसी बंद भवन में बैठकर ओम् की आवाज करो, तो म सबको दबा देगा—अ और ऊ को दबा देगा और म एकदम व्यापक हो जाएगा। इसलिए बहुत साधकों को ऐसा लगा कि म तो है पक्का। आगे की कुछ भूल-चूक हो गई, सुनने के कुछ भेद हैं।

और इसलिए दुनिया के सभी, जहां भी...जैसे अमीन, तो उसमें म अनिवार्य है। जहां-जहां साधकों ने उस शरीर पर काम किया है, वहां कुछ तो उनको पकड़ में आया है। लेकिन जितना ज्यादा प्रयोग हो, जैसे कि एक प्रयोग को हजार वैज्ञानिक करें, तो उसकी वैलिडिटी बढ़ जाती है।

लाखों साधकों की सम्मिलित खोज—ओम्

तो यह मुल्क एक लिहाज से सौभाग्यशाली है कि यहां हमने हजारों साल आत्मिक यात्रा पर व्यतीत किए हैं। इतना किसी मुल्क ने, इतने बड़े पैमाने पर, इतने अधिक लोगों ने कभी नहीं किया। अब बुद्ध के साथ दस-दस हजार साधक बैठे हैं। महावीर के साथ चालीस हजार भिक्षु और भिक्षुणियां थीं। छोटा सा बिहार, वहां चालीस हजार आदमी एक साथ प्रयोग कर रहे हैं।

दुनिया में कहीं ऐसा नहीं हुआ। जीसस बेचारे बड़े अकेले हैं। मोहम्मद का फिजूल ही समय जाया हो रहा है नासमझों से लड़ने में। यहां एक स्थिति बन गई थी कि यहां यह बात अब लड़ने की नहीं रह गई थी, यह खत्म हो चुका था वक्त, यहां चीजें साफ हो गई थीं।

अब महावीर बैठे हैं और चालीस हजार लोग एक साथ साधना कर रहे हैं। टैली करने की बड़ी सुविधा थी। चालीस हजार लोगों में क्या हो रहा है—चौथे शरीर पर क्या हो रहा है, तीसरे पर क्या हो रहा है, दूसरे में क्या हो रहा है। एक भूल करेगा, दो भूल करेंगे, चालीस हजार तो भूल नहीं कर सकते! चालीस हजार अलग-अलग प्रयोग कर रहे हैं, फिर वह सब सोचा जा रहा है, पकड़ा जा रहा है।

इसलिए इस मुल्क ने कुछ बहुत बीज चीजें खोज लीं, जो दूसरे मुल्क नहीं खोज पाए, क्योंकि वहां साधक सदा अकेला था। साधक इतने बड़े पैमाने पर कहीं भी नहीं था। जैसे आज पश्चिम बड़े पैमाने पर विज्ञान की खोज में लगा है, हजारों वैज्ञानिक लगे हैं; इस भांति इस मुल्क ने कभी अपने हजारों प्रतिभाशाली लोग एक ही विज्ञान पर लगा दिए थे। तो वहां से वे जो लाए हैं, वह बड़ा सार्थक तो है।

और फिर कभी उसकी खबरें जाते-जाते यात्रा में, दूसरे मुल्कों तक पहुंचते-पहुंचते बहुत बदल गईं—बहुत बदल गईं, बहुत टूट-फूट गईं।

क्रास का स्वस्तिक और ओम् से संबंध

अब जैसे कि जीसस का क्रास है, वह स्वस्तिक का बचा हुआ हिस्सा है। लेकिन इतनी यात्रा करते-करते वह इतना टूट गया है। स्वस्तिक बहुत वक्त से ओम् जैसा एक प्रतीक था। ओम् सातवें का प्रतीक था, स्वस्तिक प्रथम का प्रतीक है। इसलिए स्वस्तिक का जो चित्र है, वह डाइनेमिक है, मूव कर रहा है। इसलिए उसकी शाखा आगे फैल जाती है और मूवमेंट का खयाल देती है—घूम रहा है वह। संसार का मतलब होता है जो घूम रहा है, जो पूरे वक्त घूम रहा है।

तो स्वस्तिक हमने प्रथम का प्रतीक बना लिया था और ओम् अंतिम का प्रतीक था। इसलिए ओम् में मूवमेंट बिलकुल नहीं है; वह बिलकुल थिर है—डेड साइलेंट, और सब रुक गया है वहां, वहां कोई मूवमेंट नहीं है। उस चित्र में कोई मूवमेंट नहीं है। स्वस्तिक में मूवमेंट है। वह पहला और वह अंतिम है। स्वस्तिक यात्रा करते-करते कटकर क्रास रह गया, क्रिश्चिएनिटी तक पहुंचते-पहुंचते। वह जब जीसस के वक्त में...क्योंकि जीसस की बहुत संभावना है कि वे इजिप्त भी आए और भारत भी आए; वे नालंदा में भी थे और वे इजिप्त में भी थे; और वे बहुत सी खबरें ले गए; उन खबरों में स्वस्तिक भी एक खबर थी। लेकिन वह खबर वैसी ही हुई सिद्ध जैसा कि वह आदमी जो बहुत फूलों को देखकर गया, और उस जगह जाकर उसने खबर दी जहां एक ही फूल होता था। वह कट गई खबर, वह क्रास रह गया।

ओम् (ॐ) से उदभूत इस्लाम का अर्धचंद्र

ओम् का जो ऊपर का हिस्सा है वह इस्लाम तक पहुंच गया। वह चांद का जो आधा टुकड़ा वे बहुत आदर कर रहे हैं, वह ओम् का टूटा हुआ हिस्सा है—ऊपर का हिस्सा है; वह यात्रा

करते में कट गया। शब्द और प्रतीक यात्रा करते में बुरी तरह कटते हैं, और हजारों साल बाद वे इस तरह घिसपिस जाते हैं कि अलग मालूम होने लगते हैं। फिर पहचानना ही मुश्किल हो जाता है कि यह वही शब्द है। पकड़ना ही मुश्किल हो जाता है कि यह वही शब्द कैसे हो सकता है! यात्रा में नई ध्वनियां जुड़ती हैं, नये शब्द जुड़ते हैं, नये लोग नई जबान से उसका उपयोग करते हैं—सब तरह का अंतर होता जाता है। और फिर मूल स्रोत से अगर विच्छिन्न हो जाएं, तो फिर कुछ तय करने की जगह नहीं रह जाती कि वह ठीक क्या था—कहां से आया? क्या हुआ?

सारी दुनिया के आध्यात्मिक प्रवाह गहरे में इस मुल्क से संबंधित हैं, क्योंकि उनका मौलिक मूल स्रोत इसी मुल्क से पैदा हुआ, और सारी खबरें इस मुल्क से फैलनी शुरू हुईं। लेकिन खबरें ले जानेवाले आदमी के पास दूसरी भाषा थी। जिनको उसने खबर दी जाकर, उनको कुछ भी पता नहीं था कि वह क्या खबर दे रहा है। अब किसी ईसाई को, पादरी को यह खयाल नहीं हो सकता कि वह गले में जो लटकाए हुए है, वह स्वस्तिक का टूटा हुआ हिस्सा है; वह क्रास बन गया। किसी मुसलमान को खयाल नहीं हो सकता कि वह उस चांद को, वह जो अर्धचंद्र को इतना आदर दे रहा है, वह ओम् का आधा हिस्सा है, ओम् का टूटा हुआ हिस्सा है।[94]

इतिहास और पुराण

अगर तुम्हें इतिहास में रहना है तो तुम्हें आत्मा खोनी पड़ेगी। क्योंकि आत्मा की कोई पूछ इतिहास में नहीं है। अगर तुम्हें इतिहास में रहना है तो तुम्हें ताओ खोना पड़ेगा। क्योंकि ताओ का कोई उल्लेख इतिहास में नहीं है। अगर तुम्हें इतिहास में रहना है तो तुम्हें दुख और पीड़ा और अशांति में और नरक में जीना पड़ेगा। क्योंकि नरक का ही केवल इतिहास लिखा जाता है। स्वर्ग का क्या इतिहास? स्वर्ग में कहीं अखबार छपते हैं? नरक में छपते हैं। वहां कुछ घटता ही नहीं; घटना ही नहीं घटती तो अखबार क्या छपेगा?

नहीं, अगर दुनिया शांत और आनंदित हो तो इतिहास धीरे-धीरे खो जाएगा। अगर लोग सिर्फ जीएं, और लोग सिर्फ प्रसन्न हों अपने न होने में, और कोई दौड़ न हो किसी से आगे निकलने की, लोग अपनी-अपनी जगह राजी हों—इतिहास खो जाएगा। इसीलिए तो पूरब के देशों के पास इतिहास नहीं है। हमने लिखना न चाहा। हमने लिखने योग्य न माना। क्योंकि जो भी लिखने योग्य लगता था वह कचरा था। जो लिखने योग्य था उसकी लहर ही न बनती थी, वह लिखा नहीं जा सकता था।

इसलिए हमने पुराण लिखे; इतिहास नहीं लिखा। पुराण बड़ी अलग बात है। पुराण सार की बात है। पुराण का मतलब यह है कि हम एक बुद्ध के संबंध में नहीं लिखे, दूसरे बुद्ध के संबंध में नहीं लिखे, हमने बुद्धत्व के संबंध में लिखा। एक कहानी गढ़ ली जिसमें बुद्धत्व की कथा समा जाए, सार आ जाए। इसीलिए तो पश्चिम के लोग कहते हैं कि तुम्हारे बुद्ध संदिग्ध हैं—हुए या नहीं! तुम्हारे तीर्थंकर संदिग्ध हैं। इनका इतिहास में कोई उल्लेख नहीं है। किस पत्थर पर इनका नाम लिखा है? न, हमने अलग-अलग तीर्थंकरों की फिक्र न की।

तुम जाओ जैन मंदिर में, चौबीस तीर्थंकरों की प्रतिमा हैं। तुम कुछ फर्क न कर पाओगे कि कौन कौन है। शक्लें एक सी, बैठे एक से पालथी मारे, एक ही ध्यान में लीन। यह भी हमें पक्का पता नहीं कि इनकी शक्लें तो निश्चित अलग-अलग रही होंगी। चौबीस आदमी थे, शक्ल अलग थी, एक ही शक्ल के कैसे हो सकते हैं? लेकिन अब बिलकुल एक शक्ल के हैं; कोई फर्क नहीं है। भेद करने के लिए जैनियों को हर प्रतिमा के नीचे एक चिह्न बनाना पड़ता है। तो उन्होंने चिह्न बना दिए हैं। किसी के नीचे सिंह, किसी के नीचे कमल, किसी के नीचे सांप; वे चिह्न बनाने पड़े हैं, ताकि पता चले कि यह प्रतिमा है किसकी। नहीं तो वे चौबीस ही एक जैसे हैं।

पश्चिम कहता है कि ये गैर-ऐतिहासिक हैं, क्योंकि चौबीस आदमी एक जैसी शक्ल के, एक जैसी ऊंचाई के, एक जैसे शरीर के कैसे हो सकते हैं? और अनंत काल में? यह बात कथा मालूम होती है।

यह है भी कथा। हमने फिक्र नहीं की एक-एक तीर्थंकर की। क्योंकि तीर्थंकर का क्या प्रयोजन है? एक-एक का क्या अर्थ है? वह भीतर जो उसने पाया है वह इतना एक जैसा है, वह इतना सारभूत है, वह कथा इतनी एक जैसी है कि हमने एक ही कथा गढ़ ली और एक ही प्रतिमा बना ली। हमने सब बुद्धों को एक घटना में समा लिया, और हमने सब अवतारों को एक अवतार में समा लिया। सार को हमने सिद्धांत बना लिया। इतिहास की चिंता छोड़ दी, क्योंकि इतिहास घटनाओं की फिक्र करता है। हमने उसकी फिक्र की जो भीतर है; जो घटता नहीं, जो है ही; जो कोई घटना नहीं है, जो अस्तित्व है।

इसलिए पुराण हमने रचा। पुराण बड़ी अनूठी बात है। पुराण उनका है जिनकी कोई लकीर पार्थिव जगत में नहीं छूटती; हमने उनकी सार-सुगंध इकट्ठी कर ली। अब हर गुलाब की क्या कथा लिखनी? हमने गुलाब का इत्र निचोड़ लिया। वह पुराण है। क्योंकि हर गुलाब की कथा एक है। बार-बार दुहराने का सार भी क्या है? गैर-जरूरी बातें भिन्न होंगी कि कोई इस बाप से पैदा हुआ, कोई उस बाप से पैदा हुआ। इसका क्या लेना-देना है कि कोई इस मां की कोख में आया, कोई उस मां की कोख में आया। कोख एक है; जन्म की घटना एक है। कोई इधर मरा, कोई उधर मरा, इस गांव में या उस गांव में; इससे क्या फर्क पड़ता है। यह सांयोगिक है। मृत्यु घटी; जन्म हुआ, मृत्यु घटी। कोई इस दुख से ऊबा और ध्यान में गया, कोई उस दुख से ऊबा और ध्यान में गया; इससे क्या फर्क पड़ता है? लोग दुख से ऊबे और दुख-निरोध की तरफ ध्यान में गए। हमने निचोड़ लिया सार। सब गुलाबों की अलग-अलग कथा लिखना नासमझी है; हमने तो निकाल लिया इत्र, सुवास पकड़ ली, उस सुवास को लिख लिया।

इसलिए पुराण शाश्वत है। पुराण का मतलब यह नहीं कि जो पहले हुआ। पुराण का

मतलब: जो पहले हुआ, अभी भी हो रहा है, आगे भी होगा। इतिहास का मतलब: जो हुआ और चुक गया; अभी नहीं हो रहा वैसा, कुछ अन्य हो रहा है; आगे कुछ अन्य होगा। इतिहास गैर-जरूरी विस्तार है। पुराण आत्मा है, सार है।[95]

वेद विश्वकोश है

वेद किसी एक व्यक्ति के द्वारा दी गई शिक्षा नहीं है; अनेक व्यक्तियों के द्वारा दी गई शिक्षा है। एक व्यक्ति को दी गई शिक्षा नहीं, अनेक व्यक्तियों को दी गई शिक्षा है।

और वेद विश्वकोश है। क्षुद्रतम व्यक्ति से श्रेष्ठतम व्यक्ति के लिए वेद में वचन हैं।

क्षुद्रतम व्यक्ति से! उस आदमी के लिए भी वेद में वचन हैं, जो कहता है कि हे प्रभु, हे देव, हे इंद्र! बगल का आदमी मेरा दुश्मन हो गया है; तू कृपा कर और इसकी गाय के दूध को नदारद कर दे। उसके लिए भी प्रार्थना है! कुछ ऐसा कर कि इस पड़ोसी की गाय दूध देना बंद कर दे।

सोच भी न पाएंगे। दुनिया का कोई धर्मग्रंथ इतनी हिम्मत न कर पाएगा कि इसको अपने में सम्मिलित कर ले। लेकिन वेद उतने ही इनक्लूसिव हैं, जितना इनक्लूसिव परमात्मा है।

जब परमात्मा इस आदमी को अपने में जगह दिए हुए है, तो वेद कहते हैं, हम भी जगह देंगे। जब परमात्मा इनकार नहीं करता कि इस आदमी को हटाओ, नष्ट करो; यह आदमी क्या बातें कर रहा है! यह कह रहा है कि हे इंद्र, मैं तेरी पूजा करता हूं, तेरी प्रार्थना, तेरी अर्चना, तेरे नैवेद्य चढ़ाता हूं, तेरे लिए यज्ञ करता हूं, तो कुछ ऐसा कर कि पड़ोसी के खेत में इस बार फसल न आए। दुश्मन के खेत जल जाएं, हमारे ही खेत में फसलें पैदा हों। दुश्मनों का नाश कर दे। जैसे बिजली गिरे किसी पर और वज्राघात होकर वह नष्ट हो जाए, ऐसा उस दुश्मन को नष्ट कर दे।

धर्मग्रंथ, और ऐसी बात को अपने भीतर जगह देता है! शोभन नहीं मालूम पड़ता। कृष्ण को भी शोभन नहीं मालूम पड़ा होगा। इसलिए कृष्ण ने कहा है कि वेदों में जिन सकाम कर्मों की—सकाम कर्म का अर्थ है, किसी वासना से किया गया पूजा-पाठ, हवन, विधि; किसी वासना से, किसी कामना से, कुछ पाने के लिए किया गया—जो भी वेदों में दी गई व्यवस्था है, जो कर्मकांड है, उसको कर-करके भी आदमी जहां पहुंचता है, योग की जिज्ञासा मात्र करने वाला, उसके पार निकल जाता है। सिर्फ जिज्ञासा मात्र करने वाला! इसका ऐसा अर्थ हुआ, अकाम भाव से जिज्ञासा मात्र करने वाला, सकाम भाव से साधना करने वाले से आगे निकल जाता है।

अकाम का इतना अदभुत रहस्य, निष्कांम भाव की इतनी गहराई और निष्काम भाव का इतना शक्तिशाली होना, उसे बताने के लिए कृष्ण ने यह कहा है।

कृष्ण भी वेद से चिंतित हुए, क्योंकि वेद इस तरह की बातें बता देता है। वेद से बुद्ध भी चिंतित हुए। सच तो यह है कि हिंदुस्तान में वेद की व्यवस्थाओं के कारण ही जैन और बौद्ध धर्मों का भेद पैदा हुआ, अन्यथा शायद कभी न पैदा होता। क्योंकि तीर्थंकरों को, जैनों के तीर्थंकरों को भी लगा कि ये वेद किस तरह की बातें करते हैं!

महावीर कहते हैं कि दूसरे के लिए भी वैसा ही सोचो, जैसा अपने लिए सोचते हो; और वेद ऐसी प्रार्थना को भी जगह देता है कि दुश्मन को नष्ट कर दो! बुद्ध कहते हैं, करुणा करो उस पर भी, जो तुम्हारा हत्यारा हो। और वेद कहते हैं, पड़ोसी के जीवन को नष्ट कर दे हे देव! और इसको जगह देते हैं। बुद्ध या कृष्ण या महावीर, सभी वेद की इन व्यवस्थाओं से चिंतित हुए हैं।

लेकिन मैं आपसे कहूं, वेद का अपना ही रहस्य है। और वह रहस्य यह है कि वेद इनसाइक्लोपीडिया है, वेद विश्वकोश है। विश्वकोश का अर्थ होता है, जो भी धर्म की दिशा में संभव है, वह सभी संगृहीत है। माना कि यह आदमी दुश्मन को नष्ट करने के लिए प्रार्थना कर रहा है, लेकिन प्रार्थना कर रहा है। और प्रार्थना संकलित होनी चाहिए। यह भी आदमी है; माना बुरा है, पर है। तथ्य है, तथ्य संगृहीत होना चाहिए। और जब परमात्मा इसे स्वीकार करता है, सहता है, इसके जीवन का अंत नहीं करता; श्वास चलाता है, जीवन देता है, प्रतीक्षा करता है इसके बदलने की, तो वेद कहते हैं कि हम भी इतनी जल्दी क्यों करें! हम भी इसे स्वीकार कर लें।

वेद जैसी किताब नहीं है पृथ्वी पर, इतनी इनक्लूसिव। सब किताबें चोजेन हैं। दुनिया की सारी किताबें चुनी हुई हैं। उनमें कुछ छोड़ा गया है, कुछ चुना गया है। बुरे को हटाया गया है, अच्छे को रखा गया है। धर्मग्रंथ का मतलब ही यही होता है। धर्मग्रंथ का मतलब ही होता है कि धर्म को चुनो, अधर्म को हटाओ। वेद सिर्फ धर्मग्रंथ नहीं है; मात्र धर्मग्रंथ नहीं है। वेद पूरे मनुष्य की समस्त क्षमताओं का संग्रह है। समस्त क्षमताएं!

जान्सन ने, डाक्टर जान्सन ने अंग्रेजी का एक विश्वकोश निर्मित किया। विश्वकोश जब कोई निर्मित करता है, तो उसे गंदी गालियां भी उसमें लिखनी पड़ती हैं! लिखनी चाहिए, क्योंकि वे भी शब्द तो हैं ही और लोग उनका उपयोग तो करते ही हैं। उसमें गंदी, अभद्र, मां-बहन की गालियां, सब इकट्ठी की थीं।

बड़ा कोश था। लाखों शब्द थे। उसमें गालियां तो दस-पच्चीस ही थीं, क्योंकि ज्यादा गालियों की जरूरत नहीं होती, एक ही गाली को जिंदगीभर रिपीट करने से काम चल जाता है। गालियों में कोई ज्यादा इनवेंशन भी नहीं होते। गालियां करीब-करीब प्राचीन, सनातन चलती हैं। गाली, मैं नहीं देखता, कोई नई गाली ईजाद होती हो। कभी-कभी कोई छोटी-मोटी ईजाद होती है; वह टिकती नहीं। पुरानी गाली टिकती है, स्थिर रहती है।

एक महिला भद्रवर्गीय पहुंच गई जान्सन के पास। खोला शब्दकोश उसका और कहा कि आप जैसा भला आदमी और इस तरह की गालियां लिखता है! अंडरलाइन करके लाई थी! जान्सन ने कहा, इतने बड़े शब्दकोश में तुझे इतनी गालियां ही देखने को मिलीं! तू खोज कैसे पाई? मैं तो सोचता था, कोई खोज नहीं पाएगा। तू खोज कैसे पाई? जान्सन ने कहा, मुझे

गाली और पूजा और प्रार्थना से प्रयोजन नहीं है। आदमी जो-जो शब्दों का उपयोग करता है, वे संगृहीत किए हैं।

वेद आल इनक्लूसिव है। इसलिए वेद में वह क्षुद्रतम आदमी भी मिल जाएगा, जो परमात्मा के पास न मालूम कौन-सी क्षुद्र आकांक्षा लेकर गया है। वह श्रेष्ठतम आदमी भी मिल जाएगा, जो परमात्मा के पास कोई आकांक्षा लेकर नहीं गया है। वेद में वह आदमी भी मिल जाएगा, जो परमात्मा के पास जाने की हर कोशिश करता है और नहीं पहुंच पाता। और वेद में वह आदमी भी मिल जाएगा, जो परमात्मा की तरफ जाता नहीं, परमात्मा खुद उसके पास आता है। सब मिल जाएंगे।

इसलिए वेद की निंदा भी करनी बहुत आसान है। कहीं भी पन्ना खोलिए वेद का, आपको उपद्रव की चीजें मिल जाएंगी। कहीं भी। क्यों? क्योंकि निन्यानबे प्रतिशत आदमी तो उपद्रव है। और वेद इसलिए बहुत रिप्रेजेंटेटिव है, बहुत प्रतिनिधि है। ऐसी प्रतिनिधि कोई किताब पृथ्वी पर नहीं है। सब किताबें क्लास रिप्रेजेंट करती हैं, किसी वर्ग का। किसी एक वर्ग का प्रतिनिधित्व करती हैं सब किताबें। वेद प्रतिनिधि है मनुष्य का, किसी वर्ग का नहीं, सबका। ऐसा आदमी खोजना मुश्किल है, जिसके अनुकूल वक्तव्य वेद में न मिल जाए।

इसीलिए उसे वेद नाम दिया गया है। वेद का अर्थ है, नालेज। वेद का अर्थ और कुछ नहीं होता। वेद शब्द का अर्थ है, ज्ञान, जस्ट नालेज। आदमी को जो-जो ज्ञान है, वह सब संगृहीत है। चुनाव नहीं है। कौन आदमी को रखें, किसको छोड़ दें, वह नहीं है।

कृष्ण, बुद्ध, महावीर सबको इसमें अड़चन रही है। अड़चन के भी अपने-अपने रूप हैं। कृष्ण ने वेद को बिलकुल इनकार नहीं किया, लेकिन तरकीब से वेद के पार जाने वाली बात कही। कृष्ण ने कहा कि ठीक है वेद भी; सकाम आदमी के लिए है। लेकिन निष्काम की जिज्ञासा करने वाला भी, इन हवन और यज्ञ करने वाले लोगों से पार चला जाता है। महावीर और बुद्ध ने तो बिलकुल इनकार किया, और उन्होंने कहा कि वेद की बात ही मत चलाना। वेद की बात चलाई, कि नर्क में पड़ोगे। इसलिए वेद के विरोध में अवैदिक धर्म भारत में पैदा हुए, बुद्ध और महावीर के।

पर, मेरी समझ यह है कि वेद को ठीक से कभी भी नहीं समझा गया, क्योंकि इतनी आल इनक्लूसिव किताब को ठीक से समझा जाना कठिन है। क्योंकि आपके टाइप के विपरीत बातें भी उसमें होंगी, क्योंकि आपका विपरीत टाइप भी दुनिया में है। इसलिए वेद को पूरी तरह प्रेम करने वाला आदमी बहुत मुश्किल है। वह वही आदमी हो सकता है, जो परमात्मा जैसा आल इनक्लूसिव हो, नहीं तो बहुत मुश्किल है। उसको कोई न कोई खटकने वाली बात मिल जाएगी कि यह बात गड़बड़ है। वह आपके पक्ष की नहीं होगी, तो गड़बड़ हो जाएगी।

वेद में कुरान भी मिल जाएगा। वेद में बाइबिल भी मिल जाएगी। वेद में धम्मपद भी मिल जाएगा। वेद में महावीर के वचन भी मिल जाएंगे। वेद इनसाइक्लोपीडिया है। वेद को प्रयोजन नहीं है।

इसलिए महावीर को कठिनाई पड़ेगी, क्योंकि महावीर के विपरीत टाइप का भी सब संग्रह वहां है। और वह विपरीत टाइप को भी कठिनाई पड़ेगी, क्योंकि महावीर वाला संग्रह भी वहां है। और अड़चन सभी को होगी।

इसलिए वेद के साथ कोई भी बिना अड़चन में नहीं रह पाता। और अड़चन मिटाने के जो उपाय हुए हैं, वे बड़े खतरनाक हैं। जैसे दयानंद ने एक उपाय किया अड़चन मिटाने का। वह अड़चन मिटाने का उपाय यह है कि वेद के सब शब्दों के अर्थ ही बदल डालो। और इस तरह के अर्थ निकालो उसमें से कि वेद विश्वकोश न रह जाए, धर्मशास्त्र हो जाए; एक संगति आ जाए, बस।

यह ज्यादती है लेकिन। वेद में संगति नहीं लाई जा सकती। वेद असंगत है। वेद जानकर असंगत है, क्योंकि वेद सबको स्वीकार करता है, असंगत होगा ही।

शब्दकोश संगत नहीं हो सकता। विश्वकोश, इनसाइक्लोपीडिया संगत नहीं हो सकता। इनसाइक्लोपीडिया को अपने से विरोधी वक्तव्यों को भी जगह देनी ही पड़ेगी।

लेकिन कभी ऐसा आदमी जरूर पैदा होगा एक दिन पृथ्वी पर, जो समस्त को इतनी सहनशीलता से समझ सकेगा, सहनशीलता से, उस दिन वेद का पुनर्आविर्भाव हो सकता है। उस दिन वेद में दिखाई पड़ेगा, सब है। कंकड़-पत्थर से लेकर हीरे-जवाहरातों तक, बुझे हुए दीयों से लेकर जलते हुए महासूर्यों तक, सब है।[96]

वेदों में ओंकार

वेद में कितना क्या है! कहा जाए, करीब-करीब सब कुछ है। जो जगत में धर्म की दिशा में जो भी खोजा गया है, करीब-करीब सब है। लेकिन उस सबको छोड़कर कृष्ण कहते हैं, वेदों में ओंकार, सिर्फ ओम। बस, उतना हूं मैं। बाकी मैं नहीं हूं। बाकी तो सब जगत है। सिर्फ ओम!

अगर कृष्ण से पूछा जाए, तो वे कहेंगे, सब शास्त्र नष्ट हो जाएं, अकेला ओम बच जाए, तो सब शास्त्र बच गए। और सब शास्त्र बच जाएं, अकेला ओम खो जाए, तो सब शास्त्र खो गए।

और बड़े मजे की बात है, यह ओम बिलकुल ही अर्थहीन शब्द है, मीनिंगलेस। इसमें कोई अर्थ नहीं है। इसमें कोई फिलासफी, कोई दर्शन नहीं है। यह शब्द एक अर्थ में बिलकुल एब्सर्ड है; इसमें कुछ अर्थ नहीं है। और कृष्ण इतना मोह दिखलाते हैं कि वेदों में ओंकार! बस, वेद में मैं ओम हूं! क्यों? बहुत पूरी प्रक्रिया है। थोड़ी-सी बात आपसे कह दूं।

इस एक छोटे-से शब्द में, ओम में, भारत ने समस्त मंत्र-योग की साधना को बीज की तरह बंद कर दिया। जैसे आइंस्टीन का रिलेटिविटी का फार्मूला है, छोटा-सा, दो-तीन शब्द, दो-तीन अक्षर—पूरा हो जाता है। ऐसे भारत ने जो भी अंतर-जीवन में अनुभव किया है, और

जितनी विधियां मनुष्य ने विकसित की हैं सत्य की तरफ यात्रा करने की, वे सब की सब बीज-मंत्र की तरह ओम में रख दी हैं।

यह ओम अ, उ और म, इन तीन मूल ध्वनियों का जोड़ है। सारे शब्दों का विस्तार ओम का विस्तार है। सब वेदों में ओम। ओम होगा, तो सब वेद पुनः निर्मित हो सकते हैं। सीक्रेट-की आपके हाथ में है। ये तीन अ, उ और म, अगर ये तीन हों, तो जगत के सब शास्त्र निर्मित हो सकते हैं। लेकिन सब शास्त्र बच जाएं और कुंजी खो जाए, तो सब शास्त्र बेकार हो जाएंगे। ताले रह जाएंगे, चाबी खो गई।

विज्ञान भैरव में शिव ने पार्वती को कहा है कि तू ज्यादा न पूछ। ज्यादा में तुझे अड़चन होगी। थोड़े में तुझे कह दूं। अ उ म—यह जो ओम है, इसमें तू अ को भी भूल जा; इसमें तू म को भी भूल जा; वह जो बीच में बचता है, ओम के बीच में; अ भी छूट जाए, म भी छूट जाए, वह जो बीच में बचता है उ, उस उ में तू डूब जा। तो मैं तुझे उपलब्ध हो जाऊंगा।

यह तो टेकनीक की बात है। अगर आप उ में डूब सकें...। आप कभी जोर से कहें उ, तो आपको पता चलेगा कि पूरी नाभि भीतर सिकुड़ गई। जितने जोर से उ कहेंगे, उतने ही जोर से नाभि पर जोर पड़ेगा। और नाभि जीवन का मूल ऊर्जा-स्रोत है। उसको ठीक टैप करना जिसको आ जाए...। ओम, उसको ही हैमर, उसको ही चोट पहुंचाने की तरकीब है। और उस पर जो विधिवत चोट पहुंचा दे, वह जीवन की ऊर्जा उठनी शुरू हो जाती है। कुंडलिनी जागने लगती है। ऊपर की यात्रा पर आदमी निकल जाता है।

सुना है मैंने कि एक छोटे-से गांव में एक बहुत बड़े कारखाने में एक नई मशीन लगाई गई। महीने भर ठीक चली और फिर अचानक बंद हो गई। कोई खराबी भी न थी। कोशिश करके हार गए इंजीनियर उस कारखाने के, लेकिन कोई रास्ता न निकला। फिर तो बड़े शहर से, राजधानी से विशेषज्ञ को बुलाना पड़ा। हजार रुपया उसके आने-जाने का खर्च हुआ।

वह विशेषज्ञ आया; एक छोटी-सी हथौड़ी उसने अपनी पेटी में से निकाली और मशीन को तीन जगह, ठक ठक ठक—तीन जगह उसने किया; मशीन चल पड़ी।

मालिक ने कहा कि बड़ी कृपा आपकी। आपका बिल क्या हुआ? उसने लिखा, एक हजार रुपया। मालिक ने कहा, मजाक तो नहीं कर रहे आप? तीन जगह ठक ठक ठक करने का एक हजार रुपया? आइटमवाइज बिल बनाइए। आपने और तो कुछ किया भी नहीं। ठक ठक ठक! इसमें पहली ठक का कितना रुपया, दूसरी ठक का कितना रुपया, तीसरी ठक का कितना रुपया? आंख से मैं देख रहा हूं।

उस आदमी ने बिल बनाया। उसने लिखा कि तीन ठकों का एक रुपया, टैपिंग—रुपी वन। एंड नोइंग व्हेयर टु टैप—रुपीज नाइन हंड्रेड नाइनटी नाइन। कहां—उसके नौ सौ निन्यानबे रुपए; और जहां तक ठोंक का सवाल है, एक रुपए से चल जाएगा। और उसने नीचे लिखा कि अगर आपको ज्यादा तकलीफ हो रही हो, तो टैपिंग का आप छोड़ भी सकते हैं। वह एक रुपया न भी दें। बाकी नोइंग व्हेयर टु टैप...।

ओम जो है, वह सीक्रेट है समस्त वेदों का। वह व्यक्ति के भीतर जो परमात्मा की ऊर्जा बीज में छिपी है, उसको टैप करने की तरकीब है; उसको चोट करने की तरकीब है।

तो कृष्ण कहते हैं, वेदों में ओंकार। ऐसा मैं अदृश्य हूं। ऐसे दृश्य में तू मुझ अदृश्य को खोज।[97]

ओंकार और वेद

ओंकार का अर्थ है, जिस दिन व्यक्ति अपने को विश्व के साथ एक अनुभव करता है, उस दिन जो ध्वनि बरसती है। जिस दिन व्यक्ति का आकार में बंधा हुआ आकाश निराकार आकाश में गिरता है, जिस दिन व्यक्ति की छोटी-सी सीमित लहर असीम सागर में खो जाती है, उस दिन जो संगीत बरसता है, उस दिन जो ध्वनि का अनुभव होता है, उस दिन जो मूल-मंत्र गूंजता है, उस मूल-मंत्र का नाम ओंकार है। ओंकार जगत की परम शांति में गूंजने वाले संगीत का नाम है।

संगीत दो तरह के हैं। एक संगीत जिसे पैदा करने के लिए हमें स्वर उठाने पड़ते हैं, शब्द जगाने पड़ते हैं, ध्वनि पैदा करनी पड़ती है। इसका अर्थ हुआ, क्योंकि ध्वनि पैदा करने का अर्थ होता है कि कहीं कोई चीज घर्षण करेगी, तो ध्वनि पैदा होगी। जैसे मैं अपनी दोनों ताली बजाऊं, तो आवाज पैदा होगी। यह दो तालियों के बीच जो घर्षण होगा, जो संघर्ष होगा, उससे आवाज पैदा होगी।

तो हमारा जो संगीत है, जिससे हम परिचित हैं, वह संगीत संघर्ष का संगीत है। चाहे होंठ से होंठ टकराते हों, चाहे कंठ के भीतर की मांस-पेशियां टकराती हों, चाहे मेरे मुंह से निकलती हुई वायु का धक्का आगे की वायु से टकराता हो, लेकिन टकराहट से पैदा होता है संगीत। हमारी सभी ध्वनियां टकराहट से पैदा होती हैं। हम जो भी बोलते हैं, वह एक व्याघात है, एक डिस्टरबेंस है।

ओंकार उस ध्वनि का नाम है; जब सब व्याघात खो जाते हैं, सब तालियां बंद हो जाती हैं, सब संघर्ष सो जाता है, सारा जगत विराट शांति में लीन हो जाता है, तब भी उस सन्नाटे में एक ध्वनि सुनाई पड़ती है। वह सन्नाटे की ध्वनि है; वॉइस आफ साइलेंस; वह शून्य का स्वर है। उस क्षण सन्नाटे में जो ध्वनि गूंजती है, उस ध्वनि का, उस संगीत का नाम ओंकार है।

अब तक हमने जो ध्वनियां जानी हैं, वे पैदा की हुई हैं। अकेली एक ध्वनि है, जो पैदा की हुई नहीं है; जो जगत का स्वभाव है; उस ध्वनि का नाम ओंकार है।

इस ओंकार को कृष्ण कहते हैं, यह अंतिम भी मैं हूं। जिस दिन सब खो जाएगा, जिस दिन कोई स्वर नहीं उठेगा, जिस दिन कोई अशांति की तरंग नहीं रहेगी, जिस दिन जरा-सा भी कंपन

नहीं होगा, सब शून्य होगा, उस दिन जिसे तू सुनेगा, वह ध्वनि भी मैं ही हूं। सब के खो जाने पर भी जो शेष रहेगा, वह मैं हूं। या ऐसा कहें, जब सब खो जाता है, तब भी मैं शेष रह जाता हूं। जब कुछ भी नहीं बचता, तब भी मैं बच जाता हूं। मेरे खोने का कोई उपाय नहीं है, वे यह कह रहे हैं।

वे कह रहे हैं, मेरे खोने का कोई उपाय नहीं है। मैं मिट नहीं सकता हूं, क्योंकि मैं कभी बना नहीं हूं। मुझे कभी बनाया नहीं गया है। जो बनता है, वह मिट जाता है। जो जोड़ा जाता है, वह टूट जाता है। जिसे हम संगठित करते हैं, वह बिखर जाता है। लेकिन जो सदा से है, वह सदा रहता है।

इस ओंकार का अर्थ है, दि बेसिक रियलिटी; वह जो मूलभूत सत्य है, जो सदा रहता है। उसके ऊपर रूप बनते हैं और मिटते हैं, संघात निर्मित होते हैं और बिखर जाते हैं, संगठन खड़े होते हैं और टूट जाते हैं, लेकिन वह बना रहता है। वह बना ही रहता है।

यह जो सदा बना रहता है, इसकी जो ध्वनि है, इसका जो संगीत है, उसका नाम ओंकार है। यह मनुष्य के अनुभव की आत्यंतिक बात है। यह परम अनुभव है।

इसलिए आप यह मत सोचना कि आप बैठकर ओम, ओम का उच्चार करते रहें, तो आपको ओंकार का पता चल रहा है। जिस ओम का आप उच्चार कर रहे हैं, वह तो उच्चार ही है। वह तो आपके द्वारा पैदा की गई ध्वनि है।

इसलिए धीरे-धीरे होंठ को बंद करना पड़ेगा। होंठ का उपयोग नहीं करना पड़ेगा। फिर बिना होंठ के भीतर ही ओम का उच्चार करना। लेकिन वह भी असली ओंकार नहीं है। क्योंकि अभी भी भीतर मांस-पेशियां और हड्डियां काम में लाई जा रही हैं। उन्हें भी छोड़ देना पड़ेगा। भीतर मन में भी उच्चार नहीं करना होगा। तब एक उच्चार सुनाई पड़ना शुरू होगा, जो आपका किया हुआ नहीं है। जिसके आप साक्षी होते हैं, कर्ता नहीं होते हैं। जिसको आप बनाते नहीं, जो होता है, आप सिर्फ जानते हैं।

जिस दिन आप अपने भीतर ओम की उस ध्वनि को सुन लेते हैं, जो आपने पैदा नहीं की, किसी और ने पैदा नहीं की; हो रही है, आप सिर्फ जान रहे हैं, वह प्रतिपल हो रही है, वह हर घड़ी हो रही है। लेकिन हम अपने मन में इतने शोरगुल से भरे हैं कि वह सूक्ष्मतम ध्वनि सुनी नहीं जा सकती। वह प्रतिपल मौजूद है। वह जगत का आधार है।

इस संबंध में एक बात समझ लेनी जरूरी है। पश्चिमी मनोविज्ञान, पश्चिमी विज्ञान, पश्चिम की समस्त खोज इस नतीजे पर पहुंची है कि जगत का जो आत्यंतिक आधार है, वह विद्युत है, इलेक्ट्रिसिटी है। और इसलिए पश्चिम का आधुनिक चिंतन कहता है कि ध्वनि मूल नहीं है, विद्युत मूल है। और ध्वनि, साउंड भी विद्युत का एक प्रकार है। साउंड जो है, ध्वनि जो है, वह भी विद्युत का ही एक प्रकार है, ए मोड।

लेकिन पूरब की बात बिलकुल ही भिन्न है। पूरब कहता है कि साउंड, ध्वनि जो है, वह अस्तित्व का मूल उपकरण है; और विद्युत जो है, वह ध्वनि का ही एक प्रकार है, ए मोड। पश्चिम विद्युत को मूल मानता है, ध्वनि को विद्युत का ही एक रूप; पूरब ध्वनि को मूल मानता है और विद्युत को ध्वनि का ही एक रूप।

इसलिए पूरब में वे लोग हुए, जिन्होंने ध्वनि के माध्यम से दीए जला दिए। जिन्होंने एक

राग गाया और बुझा दीया जला। यह बात सही हो कि न हो, पर पूरब की मान्यता यह है कि विद्युत ध्वनि का ही एक रूप है। तो अगर ध्वनि की एक खास ढंग से चोट की जाए, तो आग जल जानी चाहिए। अगर ध्वनि एक खास ढंग से की जाए, तो आकाश में बिजली कड़कने लगनी चाहिए। अगर विद्युत ध्वनि का ही एक रूप है, तो ध्वनि की तरंगों के आघात से अग्नि का जन्म हो जाना चाहिए।

कृष्ण कहते हैं, मैं ओंकार हूं। और कृष्ण कहते हैं, ऋग्वेद, सामवेद, यजुर्वेद भी मैं ही हूं।

ओंकार के बाद वेद की बात कहने का कारण है, प्रयोजन है। कृष्ण कहते हैं, वह परम ध्वनि मैं हूं, और उस परम ध्वनि को पहुंचने वाले जितने भी शास्त्र हैं, वह भी मैं हूं। उस परम ध्वनि की ओर जिन-जिन शास्त्रों ने इशारा किया है, वह भी मैं हूं। वह ध्वनि तो मैं हूं ही, लेकिन जो इंगित; वह चांद तो मैं हूं ही, जिन अंगुलियों ने चांद की तरफ इशारा किया है, वे अंगुलियां भी मैं ही हूं। क्योंकि मेरे अतिरिक्त मेरे उस गुह्यतम रूप की तरफ इशारा भी कौन कर सकेगा? मेरी तरफ अंगुली भी कौन उठा सकेगा सिवाय मेरे?

तो कृष्ण कहते हैं, वेद भी मैं ही हूं।

वेद का अर्थ है, वह सब, जिसने ओंकार की ओर इशारा किया है। वेद का अर्थ है, वह सारा ज्ञान, जिसने उस परम ध्वनि की तरफ ले जाने का मार्ग खोला है। उन्होंने तीन वेद का नाम लिया है। विचारपूर्वक ही यह बात है। क्योंकि कल मैंने आपसे कहा, तीन प्रकार के मनुष्य हैं। तो तीन प्रकार के वेद होंगे। तीन प्रकार के मन हैं, तो तीन प्रकार के ज्ञान होंगे। तीन तरह के टाइप हैं, प्रकार हैं, तो तीन प्रकार के इशारे होंगे।

कृष्ण ने कहा कि वे तीनों वेद मैं हूं।

चाहे कोई कर्म से अपने कर्ता को मिटा दे, तो ओंकार में प्रवेश कर जाता है। चाहे कोई अपने प्रेम से प्रेमी को डुबा दे, तो ओंकार में प्रवेश कर जाता है। और चाहे कोई अपने ज्ञान से द्वैत के पार हो जाए, अद्वैत में प्रवेश कर जाए, तो उस ओंकार को उपलब्ध हो जाता है।

वेद का अर्थ है, वे किताबें नहीं, जो वेद के नाम से जानी जाती हैं। वेद से अर्थ है, वे समस्त इशारे, जो मनुष्य-जाति को कभी भी और कहीं भी उपलब्ध हुए हों, जो ओंकार की तरफ ले जाते हैं।

ध्यान रखें, वेद शब्द बहुत अदभुत है। इसके बड़े विस्तीर्ण अर्थ हैं। वेद शब्द का अर्थ होता है, ज्ञान। इसलिए वेद को किसी किताब में बांधा नहीं जा सकता। जहां भी ज्ञान है, वहीं वेद है। जहां भी इशारा है, वहीं वेद है।

उन दिनों तक कृष्ण ने जब यह बात कही, तो वह सारा ज्ञान तीन पुस्तकों में संगृहीत था। इसलिए इन तीन पुस्तकों का नाम लिया। अगर आज कृष्ण हों, तो इन तीन का नाम नहीं लेंगे। इसमें कुरान भी सम्मिलित होगा, इसमें बाइबिल भी सम्मिलित हो जाएगी, इसमें जेंदावेस्ता भी जुड़ेगा, इसमें लाओत्से का ताओ तेह किंग भी आने ही वाला है। इन पांच हजार वर्षों में, कृष्ण के बाद, जो-जो इशारे उस ओंकार की तरफ हुए हैं, वे भी वेद का हिस्सा हो गए।

वेद एक विकासमान धारा है। वेद कोई सीमित किताब नहीं है। इसीलिए वेद का कोई लेखक नहीं है। एक-एक वेद में सैकड़ों ऋषियों के वचन हैं। उस जमाने तक जितने ऋषियों का

ज्ञान था, वह सब संगृहीत हो गया। फिर वेद के दरवाजे बंद हो गए। और जिस दिन वेद के दरवाजे बंद हुए, उसी दिन हिंदू धर्म मुर्दा हो गया।

वेद का दरवाजा खुला ही रहना चाहिए। उसमें नए ऋषि होते रहेंगे। उनके वचन संगृहीत होते ही चले जाने चाहिए। चाहे वे कहीं भी हों।

वेद किसी व्यक्ति की किताब नहीं है। यह बड़े मजे की बात है। वेद न मालूम कितने व्यक्तियों का संग्रह है। उस जमाने तक जितने लोगों ने जाना था, उन सबका संग्रह है। लेकिन फिर द्वार बंद हो गए।

जब कोई धर्म जीवंत होता है, तो भयभीत नहीं होता, खुले दरवाजे रखकर सोता है। जब कोई धर्म कमजोर हो जाता है, मरने के करीब आता है, बूढ़ा हो जाता है, तो दरवाजे बंद कर देता है और पहरे लगा देता है। ये कमजोरी के लक्षण हैं। लेकिन जिस दिन दरवाजा बंद होता है, उसी दिन ज्ञान तो आगे बढ़ता चला जाता है, किताब रुक जाती है। किताब रुक जाती है। ठीक वैसी घटना अभी थोड़े दिन पहले फिर घटी। उससे आपको बात समझ में आ जाएगी।

सिक्खों का वेद है, गुरु-ग्रंथ। नानक के समय में, उस समय के जितने ज्ञानियों के इशारे थे, सब उसमें संगृहीत किए गए हैं। उसमें फिक्र नहीं की गई है कि कौन हिंदू है, कौन मुसलमान है, कौन ब्राह्मण है, कौन शूद्र है। उसमें फरीद के भी वचन हैं, उसमें और कबीर के भी, उसमें दादू के भी। उस समय जितने भी फकीर इशारे वाले थे, उन सबके वचन संगृहीत कर लिए गए हैं।

लेकिन फिर धीरे-धीरे बात मरने लगी। फिर धीरे-धीरे दरवाजे सख्त होने लगे। फिर उसमें वही सम्मिलित हो सकेगा, जो सिक्ख है। फिर दसवें गुरु ने द्वार बंद कर दिए। धर्म कमजोर हो गया। फिर दसवें गुरु ने कहा कि अब इस किताब में आगे नहीं जोड़ा जा सकेगा। उसी दिन यह किताब बूढ़ी होकर मर गई। क्योंकि अब इसमें ग्रोथ नहीं हो सकती। लेकिन दस गुरुओं तक यह किताब विकासमान होती रही, बढ़ती होती रही। इसमें जुड़ता रहा।

ज्ञान एक धारा है, जैसे गंगा एक धारा है। गंगा अगर कह दे प्रयाग में आकर कि अब नदी-नाले मुझमें नहीं जुड़ सकेंगे, अब कोई मुझमें आगे नहीं जुड़ेगा। अब मैं गंगा हूं। और एक गंदे नाले को मैं नहीं गिरने दूंगी।

क्योंकि कहां पवित्र गंगा, और एक साधारण-सा नाला आकर मुझमें गिर जाए और गंदा कर जाए!

जिस दिन गंगा यह कहती है कि एक साधारण-सा नाला मुझमें गिरकर मुझे गंदा कर देगा, उस दिन वह गंगा नहीं रही। क्योंकि गंगा का मतलब ही यह है कि जिसमें कोई भी गिरे, गिरते से पवित्र हो जाए। अब नाला गंगा को गंदा कर देगा, तो नाला ज्यादा शक्तिशाली हो गया!

जब भी कोई धर्म भयभीत हो जाता है और डरता है कि कुछ मिश्रित न हो जाए, कुछ गलत न हो जाए, इसलिए सब घेराबंदी कर लो, उस दिन किताबें बंद हो जाती हैं।

वेद की जब कृष्ण ने यह बात कही, तब ये तीनों किताबें जिंदा किताबें थीं। अब ये तीनों किताबें जिंदा किताबें नहीं हैं। एक जगह इनके द्वार बंद हो गए। अगर वे द्वार खुले होते, तो वेद ने जगत के सारे ज्ञान को संगृहीत किया होता।

जैसा कि आपने देखा होगा, वेद ठीक वैसी ही चीज थी इस मुल्क में, जैसे कि आज इनसाइक्लोपीडिया ब्रिटानिका है। हर वर्ष उसको नए एडीशन करने पड़ते हैं। क्योंकि ज्ञान विकसित होता है, उसे सम्मिलित कर लेना होता है। रोज ज्ञान बढ़ता है, तो इनसाइक्लोपीडिया को रोज ज्ञान को बढ़ाए जाना पड़ता है। उसके पुराने एडीशन बाहर होते जाएंगे। रोज यह ज्ञान बढ़ता रहेगा। किसी दिन अगर इनसाइक्लोपीडिया वाले यह सोचें कि बस, अब हम और ज्ञान को भीतर नहीं आने देंगे, उसी दिन इनसाइक्लोपीडिया आउट आफ डेट हो जाएगा, उसी दिन मर जाएगा। वेद हमारा इनसाइक्लोपीडिया था। ओंकार की तरफ जितने इशारे किए गए थे, हमने वेद में संगृहीत किए थे।[९८]

ब्रह्मा, विष्णु, महेश के मंदिर

तुमने कभी ब्रह्मा का कोई मंदिर देखा? सिर्फ एक मंदिर है भारत में। लोगों ने ब्रह्मा के मंदिर बनाए नहीं। क्योंकि ब्रह्मा संसारी है। उनसे संसार का जन्म होता है, उनकी क्या पूजा करनी है!

शिव के मंदिर संसार में सर्वाधिक हैं। गांव-गांव, गली-गली, कहीं भी पत्थर रख दिया, और झाड़ के नीचे शिव का मंदिर हो गया। क्योंकि शिव के साथ संसार का अंत होता है। वे मृत्यु के देवता हैं। वे पूजा-योग्य हैं। ब्रह्मा संसार को जन्म देते हैं, शिव मिटाते हैं। और भारत की बड़ी आकांक्षा, किस भांति संसार मिट जाए, वही है। कैसे मुक्ति हो जाए। इसलिए शिव के मंदिर जगह-जगह हैं।

विष्णु के भी मंदिर हैं। क्योंकि हममें से बहुत से लोग हैं, जो मिटने से भयभीत हैं, डरे हुए हैं। वे विष्णु के पूजक हैं। इसलिए दूकानदार विष्णु के पूजक हैं। वे भयभीत हैं, वे संसार को पकड़ना चाहते हैं। विष्णु भंडारी हैं। वे मध्य हैं, वे सम्हाले हुए हैं। इसलिए वे लक्ष्मी-पति हैं। इसलिए उनकी पत्नी का नाम लक्ष्मी है। वे धन के देवता हैं। तो जिनको धन की पकड़ है, वे लक्ष्मी की पूजा कर रहे हैं।

यह भी बड़ा सोचने जैसा है। क्योंकि अगर पति को पकड़ना हो, तो पत्नी की तरफ से पकड़ने के सिवाय और कोई उपाय नहीं। छोटी-मोटी रिश्वत में भी वही करना पड़ता है, बड़ी से बड़ी रिश्वत में भी वही करना पड़ता है। अगर पत्नी को प्रसन्न कर लिया तो साहब प्रसन्न हैं। अगर पत्नी को प्रसन्न कर लिया तो मंत्री राजी है। अगर लक्ष्मी को प्रसन्न कर लिया तो विष्णु राजी हैं। आदमी के मन का विस्तार तो एक ही जैसा है।

विष्णु संसार को सम्हाले हुए हैं। इसलिए जिनको संसार में रहने की आकांक्षा है, वे विष्णु की पूजा कर रहे हैं। शिव अंत हैं। वह महामृत्यु हैं। संन्यासी के देवता शिव हैं। इसलिए शिव के बड़े मंदिर हैं, गांव-गांव, कूचे-कूचे। और सस्ते में बनने चाहिए, क्योंकि संन्यासी के देवता हैं। तो विष्णु के मंदिर तो बिड़ला बना देंगे। शिव का मंदिर कौन बनाएगा? इसलिए शिव का मंदिर बड़ा सस्ता है। उसमें कुछ खर्च होता ही नहीं। एक पत्थर तुमने रख दिया गोल ढूंढ कर कहीं से, वह शिव-लिंग हो गया। दो पत्ते चढ़ा दिए—फूल तक की भी जरूरत नहीं है। बेलपत्र चढ़ा दिए, पूजा हो गयी।

ये तीन देवता, जीवन के तीन सूत्र हैं। जन्म, जीवन, मृत्यु। और ध्यान रखना, जन्म तो हो चुका है, इसलिए ब्रह्मा की क्या पूजा? जो हो ही चुका है, उसकी बात खत्म हो गयी। जीवन अभी है, इसलिए कुछ विष्णु की पूजा में लीन हैं। लेकिन वे बहुत समझदार नहीं हैं, क्योंकि जीवन हाथ से जा रहा है। और जब तक तुम्हारे जीवन में मृत्यु का बोध न आए, तब तक तुम संन्यस्त न हो सकोगे। तुम संसारी बने रहोगे।

संसारी और संन्यस्त का फर्क क्या है? संन्यस्त को यह समझ में आ गया कि सब जीवन मृत्यु में समाप्त होगा। सब होना अंततः न होना हो जाएगा। जो बना है, वह मिटेगा। जो सजाया है, संवारा है, वह उजड़ेगा। जो भवन निर्मित हुआ है, वह गिरेगा। जिसको मृत्यु दिखायी पड़ गयी। जिसको मृत्यु का स्मरण आ गया। और जिसे लगने लगा कि यह तो खंडहर है जिसमें हम थोड़ी देर रुके हैं। यह ज्यादा से ज्यादा पड़ाव है, मंजिल नहीं है। जिसको मृत्यु का बोध आ गया, उसके जीवन में क्रांति घट जाती है।

देखो, मनुष्य को छोड़ कर, पशु हैं, पौधे हैं, पक्षी हैं, उनमें कोई धर्म नहीं है। क्योंकि उनको मृत्यु का कोई बोध नहीं है। मरेंगे वे भी, लेकिन उन्हें कुछ पता नहीं कि मृत्यु आ रही है। क्योंकि मृत्यु को देखने के लिए जो चेतना चाहिए, वह उनके पास नहीं है।

मनुष्यों में भी तुम तब तक पशु ही हो, जब तक तुम्हें मृत्यु साफ-साफ न दिखायी पड़ने लगे। जब तुम्हें साफ दिखायी पड़ने लगे कि यह अंत आ रहा है, जैसे ही तुम्हें अंत दिखायी पड़ेगा, तुम्हारे जीवन-मूल्य बदल जाएंगे। कल तक जो महत्वपूर्ण मालूम पड़ता था, वह व्यर्थ मालूम पड़ने लगेगा। कल तक जो बड़ा सार्थक लगता था, मृत्यु के दिखायी पड़ते ही व्यर्थ हो जाएगा। कल तक बड़े सपने संजोए थे, बड़े इंद्रधनुष बांधे थे वासनाओं के, और मृत्यु ने द्वार पर दस्तक दी, सब गिर जाएंगे।

दस्तक तो मृत्यु ने उसी दिन दे दी जिस दिन तुम पैदा हुए। जिस दिन ब्रह्मा ने काम शुरू किया, शिव का काम उसी दिन हो गया। लेकिन तुम्हें होश नहीं है। होश आ जाए मृत्यु का, तो मृत्यु के होश के साथ ही परावर्तन होता है, कनवर्शन होता है। जैसे ही मृत्यु का होश आता है, तुम लौटते हो स्रोत की तरफ। तुम्हारा मुख बदलता है। तुम फिर संसार की तरफ नहीं जाते। क्योंकि वहां सिवाय मृत्यु के कुछ भी नहीं है। तब तुम अपनी तरफ आते हो। और अपनी तरफ आना परमात्मा की तरफ आना है। जिसने जान लिया मृत्यु को, मृत्यु की चोट तुम्हें ईश्वर का स्मरण दिलाएगी। इससे कम में कुछ भी न होगा। और जिसने भुला दिया मृत्यु को, वह ईश्वर को विस्मरण रखे रहेगा। बहुत बार तुम मरे हो, बहुत बार तुम जन्मे हो, लेकिन अब तक तुम मृत्यु को भुलाए हुए रहे हो।

मृत्यु को याद करो। मृत्यु को जीवन का केंद्रीय तथ्य बना लो। क्योंकि जीवन में और कुछ भी निश्चित नहीं है, एक मृत्यु ही सिर्फ निश्चित है। और सब तो अनिश्चित है। होगा, न होगा। लेकिन मृत्यु तो निश्चित ही होगी। उस निश्चित को तुम केंद्रीय तत्व बना लो। और उस निश्चित के आधार पर तुम जीवन की यात्रा करो। तो तुम पाओगे कि तुम अनेक से तीन की तरफ आने लगे। और जो तीन के पास आ गया, उसका एक की तरफ का द्वार खुल जाता है।

नानक कहते हैं, 'लेकिन परमात्मा अपनी इच्छा के अनुसार, अपने फरमान के मुताबिक ही, उन्हें भी संचालित करता है।'[99]

मंदिर का घंटा

सुना है मैंने, एक फकीर, नाम था उसका फरीद, शेख फरीद। कोई लोग उसके पास आते। समझो, कोई आदमी उससे मिलने आया। वह आकर बैठा नहीं कि फरीद जाएगा उसके पास, उसका सिर हिला देगा जोर से। कई दफे तो लोग घबड़ा जाते। और वह आदमी कहता कि आप यह क्या कर रहे हैं? तो फरीद हंसने लगता। कभी बैठा रहता पास में, डंडा उठाकर उसके पेट में इशारा कर देता। वह आदमी चौंक जाता। वह कहता, आप यह क्या कर रहे हैं! वह हंसने लगता।

बहुत बार लोगों ने पूछा कि आप यह करते क्या हो? तो फरीद बोला कि एक दफा मैं यात्रा पर गया था। बहुत-से खच्चर साथ थे। बड़ा सामान था। बहुत बड़ा कारवां था। वह जो खच्चरों का मालिक था, बड़ा होशियार था। जब कभी कोई खच्चर अड़ जाता और बढ़ने से इनकार कर देता...।

और खच्चर अड़ जाए, तो बढ़ाना बहुत मुश्किल है। बढ़ता रहे, उसकी कृपा। अड़ जाए, तो फिर बढ़ाना बहुत मुश्किल। क्योंकि न उन्हें बेइज्जती का कोई डर, क्योंकि वे खच्चर हैं। उन्हें कोई अड़चन नहीं है। उन्हें आप गालियां दो, उन्हें कोई मतलब नहीं।

फरीद ने कहा, लेकिन वह बड़ा कुशल मालिक था। कभी कोई खच्चर अड़ जाए, तो एक सेकेंड न लगता था चलाने में। तो मैंने उससे पूछा कि तेरी तरकीब क्या है? तो उसने मुझे बताया कि वह थोड़ी-सी मिट्टी उठाकर खच्चर के मुंह में डाल देता है। खच्चर उस मिट्टी को थूक देता है और चल पड़ता है! तो फरीद ने पूछा, मैं समझा नहीं कि मिट्टी उसके मुंह में डालने और खच्चर के चलने का संबंध क्या है?

तो उस आदमी ने कहा कि मैं ज्यादा तो नहीं जानता, मैं इतना ही समझता हूं कि मुंह में

मिट्टी डालने से उसके भीतर की जो विचारों की धारा है, वह टूट जाती है; वह जो अंडर करंट है! खच्चर सोच रहा है, खड़े रहेंगे! अब मुंह में मिट्टी डाल दी। इतनी बुद्धि तो नहीं है कि इन दोनों को फिर से जोड़ सके। मुंह में मिट्टी डाल दी, तो वे भूल गए जाने-आने की बात। मुंह की मिट्टी साफ करने में लग गए, तब तक उसने हांक दिया; वह चल पड़ा। उसने कहा, जहां तक मैं समझता हूं...। ज्यादा मैं नहीं जानता, क्योंकि खच्चर के भीतर क्या होता है, पता नहीं। अनुमान मेरा यह है कि उसकी विचारधारा खंडित हो जाती है, गड़बड़ हो जाती है। बस, उसी में वह चक्कर में आ जाता है; चल पड़ता है। बाकी यह दवा मेरी कारगर है।

लोग कहते, आपने हमें खच्चर समझा है क्या? फरीद कहता कि बिलकुल खच्चर समझा है। अभी तुझे मैंने देखा। तू भीतर आया, तब मैंने देखा कि तेरे भीतर क्या चल रहा था।

कठिन नहीं है देखना कि दूसरे के भीतर क्या चल रहा है। शिष्टतावश अनेक लोग, जो जानते भी हैं कि दूसरे के भीतर क्या चल रहा है, कहते नहीं हैं। लेकिन दूसरे के भीतर क्या चल रहा है, यह जानना बड़ी ही सरल बात है। जब आप भीतर आते हैं, तो आपके भीतर क्या चल रहा है, उसके साथ आपके चारों तरफ रंग, और आपके चारों तरफ गंध, और आपके चारों तरफ विचार का एक वातावरण भीतर प्रवेश करता है।

तो फरीद कहता, जैसे ही मैं देखता हूं, इसके भीतर कोई वासना चल रही है, उचककर मैं उसकी गर्दन को जोर से हिला देता हूं। वही खच्चर वाला काम कि शायद करंट...! और अक्सर मेरा अनुभव है कि करंट टूट जाती है। वह चौंककर पूछता है, क्या कर रहे हैं? कम से कम वहां से चौंक जाता है; दूसरी यात्रा पर ले जाया जा सकता है।

बहुत-से धर्म की जो विधियां हैं, वे सारी विधियां ऐसी हैं कि किसी तरह आपकी जो वासना की तरफ दौड़ती हुई स्थाई हो गई धारा है, वह तोड़ी जा सके।

आप मंदिर जाते हैं। आपने घंटा लटका हुआ देखा है मंदिर के सामने। कभी खयाल नहीं किया होगा कि घंटा किसके लिए बजाया जाता है। आप सोचते होंगे, भगवान के लिए; तो आप गलती में हैं। वह आपके खच्चर के लिए है। वह जो घंटनाद है, भगवान से उसका कोई लेना-देना नहीं है। वह आपकी खोपड़ी में जो चल रहा है, जोर का घंटा बजेगा, मिट्टी थूककर आप मंदिर के भीतर चले जाएंगे।

वह अंतर-धारा जो चल रही है, वह एक झटके में टूट जाए। टूटती है, अगर समझ हो, तो बराबर टूट जाती है।

कहते हैं, मंदिर स्नान करके चले जाओ; ऐसे ही मत चले जाना। वह अंतर-धारा तोड़ने के लिए जो भी हो सकता है, कोशिश की जाती है। बाहर ही जूते निकाल दो; वह अंतर-धारा तोड़ने के लिए। आपके जितने एसोसिएशन हैं, वह तोड़ने की कोशिश की जाती है। जाकर मंदिर में लेट जाओ चरणों में परमात्मा के साष्टांग, सब अंग जमीन को छूने लगें; सिर जमीन पर पटक दो। वह जो अकड़ा हुआ सिर है, चौबीस घंटे अकड़ा रहता है। शायद...। वही खच्चर वाला काम किया जा रहा है। आपके भीतर वह जो अंडर करंट है, शायद...।

लेकिन कई बड़े कुशल खच्चर हैं; उन खच्चरों का मुझे पता नहीं। कितना ही घंटा बजाओ, उनके भीतर कुछ भी नहीं बजता। कुछ बजता ही नहीं![100]

भारत की सभ्यता का परम शिखरः महाभारत

जो महाभारत में नहीं है, वह कहीं भी नहीं है। महाभारत का जन्म हुआ उस आत्यंतिक शिखर पर, जहां तक कोई भी सभ्यता पहुंच सकती है। जैसे ऋतुओं में वसंत है; और वसंत में जो सौंदर्य जाना है, वह आत्यंतिक है। फिर वर्ष में बहुत बार उसकी भनक मिलेगी, लेकिन शिखर तो वसंत में ही छुआ जाएगा।

हर सभ्यता के जीवन में वसंत आता है। लेकिन फिर वसंत के बाद ही तो उतार शुरू हो जाते हैं। हर सभ्यता अपने ऊंचे शिखर पर पहुंचती है। फिर वहीं से उतार शुरू हो जाता है। क्योंकि जहां पूर्णता होती है, वहीं से मृत्यु घटने लगती है।

महाभारत भारत की सभ्यता का आत्यंतिक शिखर था। पर शिखर से पतन होता है। जैसे गाड़ी का चाक घूमता है; जो हिस्सा ऊपर पहुंचता है, ठीक ऊपर पहुंच जाता है, बस फिर नीचे उतरना शुरू हो जाता है। जैसे जीवन का चाक घूमता है; बच्चा है, जवान होता है, बूढ़ा होता है, मरता है।

यह उचित ही है कि कृष्ण भारत के परम शिखर हैं। हमने उनको पूर्णावतार कहा है।

पूरब की सभ्यता ने अपनी आत्यंतिक ऊंचाई गौरीशंकर को छुआ। महाभारत में वह सारा सार-निचोड़ है, जो पूरब ने जाना था अपनी लंबी यात्रा में जीवन की; हजारों वर्षों का सार-निचोड़ है। लेकिन फिर पतन हो गया, होना ही था।

तो महाभारत ऊंचाई भी है, और पतन भी है। वहीं से वर्तुल फिर नीचे उतरना शुरू हुआ। फिर उस ऊंचाई को हम दुबारा नहीं छू सके हैं अभी तक। फिर हम भटक रहे हैं, फिर हम खोज रहे हैं।

और भारत का मन सदा ही पीछे की तरफ लगा है। क्योंकि जो ऊंचाई हमने एक दफा देख ली थी, जो स्वर्ण-शिखर हमने छू लिए थे, वे भूलते भी नहीं। वे हमारे स्वप्नों में आ जाते हैं; हमारे काव्य में उतरते हैं; छाया की तरह हमें वे घेरे रहते हैं, उनका माधुर्य हमें बुलाता है।

इसलिए सारी दुनिया में भारत शायद अकेला मुल्क है, जो पीछे की तरफ देखता है। अमेरिका में

लोग आगे की तरफ देखते हैं। उन्होंने अभी अपना आखिरी शिखर नहीं छुआ है। जैसे छोटा बच्चा भविष्य की तरफ देखता है; बूढ़ा पीछे की तरफ देखने लगता है। अमेरिका में लोग कल की सोचते हैं। भारत में हम गए, बीते कल की सोचते हैं।

कारण है। हमने ऊंचाई देख ली; अब उससे और ऊंचे जाना संभव नहीं मालूम होता, असंभव मालूम होता है। महाभारत उस सारी सभ्यता का सार-निचोड़ है, जो बिखर गई, खो गई। और भी सभ्यताएं दुनिया में पैदा हुई हैं, बिखर गईं, खो गईं। लेकिन वे अपना सार-निचोड़ छोड़ नहीं पाईं।

जैसे कि बेबीलोन की सभ्यता खो गई। कुछ थोड़े से खंडहर रह गए हैं। कोई ऐसा महाग्रंथ नहीं छूटा, जो उनके पूरे गौरव की कथा कहता।

असीरिया की सभ्यता खो गई; इजिप्त की सभ्यता खो गई। पिरामिड खड़े हैं, पत्थर के शिलालेख। लेकिन ज्ञान-गरिमा का कोई स्रोत नहीं छूट गया है, जिससे कि हम फिर से समझ लें कि इजिप्त ने क्या छुआ था अपनी जवानी में, अपनी पूर्णता की अवस्था में! यौवन की आखिरी ऊंचाई पर इजिप्त ने क्या जाना था, कहना मुश्किल है। कल्पना की जा सकती है।

अकेला भारत ऐसा मुल्क है कि उसने जो जाना था, वह महाभारत में छूट गया है। वह लिखा हुआ है। आज उस पर भरोसा भी नहीं आ सकता। बहुत-सी बातें गैर-भरोसे की हो गई हैं। क्योंकि उन्हें आज सिद्ध करना भी मुश्किल है। लेकिन जैसे-जैसे विज्ञान की खोज आगे बढ़ती है, वैसे-वैसे लगता है कि जो भी महाभारत में लिखा है, वह सब सही हुआ होगा। क्योंकि विज्ञान उस सब को फिर से प्रत्यक्ष किए ले रहा है।

अब यह थोड़ा सोचनें जैसा है कि महाभारत में जिन अस्त्र-शस्त्रों की धारणा है, वे ठीक आणविक मालूम होते हैं। उनसे जैसा विराट विध्वंस हुआ, वह केवल अणु अस्त्रों से हो सकता है।

पश्चिम फिर अणु अस्त्रों के करीब पहुंच गया है। और इस बात की संभावना है कि अगर कोई तीसरा महायुद्ध हुआ, तो सारी सभ्यता विनष्ट हो जाएगी। फिर जो उल्लेख रह जाएंगे, हजारों साल तक उन पर भरोसा न आएगा कि यह हो सकता है, क्योंकि उनका कोई प्रमाण न छूट जाएगा।

और आश्चर्य की बात यह है कि जब भी कोई सभ्यता नष्ट होती है, तो उसके महानगर, जहां सभ्यता केंद्रित होती है, पहले नष्ट होते हैं। छोटे गांव, दूर आदिम कबीले बच जाते हैं। जैसे आज अगर भारत नष्ट हो जाए और बस्तर के आदिवासी बच जाएं, तो उनकी कहानियों में यह बात रह जाएगी कि रेलगाड़ियां चलती थीं, हवाई जहाज उड़ते थे। लेकिन वे अपने बच्चों को समझा न सकेंगे। और अगर बच्चे पूछेंगे, कैसे उड़ते थे? तो बस्तर का आदिवासी कैसे समझाएगा कि हवाई जहाज कैसे उड़ता था! उसने देखा था उड़ते हुए, बाकी कैसे उड़ता था, यह बस्तर का आदिवासी कैसे समझाएगा! वह तो पूरा शास्त्र है उसको समझना तो।

अगर तीसरा महायुद्ध हुआ, तो न्यूयार्क, लंदन, बंबई, दिल्ली, पेरिस नष्ट हो जाएंगे; महानगरियां तो नष्ट हो जाएंगी। बचेंगे छोटे-मोटे गांव, दूर पहाड़ों में दबे। उनकी कहानियों में याद रह जाएगी। और हजारों साल तक वे कहानियां दोहराएंगे, और बड़े उससे दोहराएंगे कि हमने जाना है। लेकिन बच्चों को संदेह होगा, क्योंकि सब कहानियां मालूम होती हैं; कोई प्रमाण उनके पास न होगा।

जब भी कोई महा सभ्यता खोती है, तो उसके सारे प्रमाण टूट जाते हैं।

यह जो कहा जाता है कि महाभारत में जो है, वह सब है, और जो वहां नहीं है, वह कहीं भी नहीं है, वह बहुत अर्थों में सही है। क्योंकि जब भी कोई एक सभ्यता अपनी ऊंचाई को छूती है, तो वह उन सभी बातों को छू लेती है, जो कोई भी सभ्यता अपनी ऊंचाई में छुएगी। थोड़े-बहुत फर्क फासले होंगे, लेकिन मौलिक बात एक ही होने वाली है।

मैं भी कहता हूं कि जो महाभारत में नहीं है, वह कहीं भी नहीं है। अगर न मिले महाभारत में, तो जरा गौर से खोजना। बस, मिल जाएगा। जो भी तुम्हें कहीं मिल जाए, उसको तुम महाभारत में गौर से खोजना।

महाभारत हमारा इनसाइक्लोपीडिया ब्रिटानिका है। जैसे कि जो तुम्हें इनसाइक्लोपीडिया ब्रिटानिका में न मिले, वह समझना कि होगा ही नहीं। वह उनका सार संचय है। अगर योरोप की सभ्यता खो जाए और ब्रिटानिका रह जाए, तो जैसी हालत होगी, वैसे ही महाभारत रह गया, हमारी सभ्यता खो गई।

वह हमारा शब्दकोश, हमारा भाषाकोश, हमारा ज्ञानकोश, विश्वकोश, सब कुछ है। यद्यपि उन दिनों चीजों को कहने के ढंग अलग थे। कथाओं में हमने कहा था। और वे कहने के ढंग भी सोचने जैसे हैं।

कथाओं को याद रखना आसान है; हजारों साल तक याद रखा जा सकता है। क्योंकि कहानी में याददाश्त में उतर जाने की एक क्षमता होती है। इसलिए हमने कहानियों में लिखा था। और कहानियों में हमने सब रख दिया था। जब भी किसी के पास आंख होगी, खोलने की समझ होगी, कुंजी होगी, वह खोल लेगा।

और महाभारत के मध्य में है गीता। महाभारत में सब है। जो महाभारत में नहीं है, वह कहीं भी नहीं। और जो भी महाभारत में है, उसका नवनीत गीता में है। और जो गीता में नहीं है, वह महाभारत में नहीं है। गीता हमारी सारी आध्यात्मिक खोज की नवनीत श्रृंखला है।

दूसरा सवाल है, तब तो इसका अर्थ यह हुआ कि विराट जीवन की हमने सीमा बांध दी महाभारत से? नहीं, इससे केवल इतना ही साफ होता है कि विराट भी क्षुद्र में समा सकता है; बड़ा वृक्ष भी बीज में समा सकता है। इसका इतना ही अर्थ हुआ कि क्षुद्र को क्षुद्र मत जानना, उसमें विराट छिपा हो सकता है। इससे विराट की सीमा नहीं बंधती, इससे क्षुद्र विराट होता है। यह देखने के ढंग पर निर्भर है।

ऐसा भी तुम देख सकते हो कि यह तो विराट की सीमा बंध गई, विराट जीवन बस महाभारत में हो गया। नहीं; इससे विराट की सीमा नहीं बंधती। इससे केवल इतना ही पता चलता है कि क्षुद्र भी विराट है; बीज भी वृक्ष है; अणु भी ब्रह्मांड है।

एक छोटी-सी बूंद में सागर का सारा राज समाया होता है। तब तुम नहीं कहते कि यह तो सागर की सीमा बंध गई! एक सागर की बूंद को तुम ठीक से जान लो, पूरा सागर जान लिया। कुछ जानने को बचता नहीं। अगर एक बूंद का विश्लेषण कर लिया और जान लिया कि एच टू ओ उसका सूत्र है, सारा सागर विश्लिष्ट हो गया। अब तुम्हें पूरे सागरों को विश्लिष्ट करने की जरूरत नहीं है। एक बूंद पहचान ली कि सब महासागर पहचान लिए।

ये सारे ग्रंथ सूत्रों में हैं, एक-एक सूत्र में हजारों-हजारों लोगों के अनुभव का सार समाया हुआ है। उन्हें बड़ा मंथन करके, बड़े चिंतन से, बड़े ध्यान से निर्मित किया गया है। इसलिए हम उनको सूत्र कहते हैं। वे बीजरूप हैं।

एक छोटा-सा वचन है। उसको तुम छोटा मत समझना। उसके परिणाम विराट हैं। एक छोटी-सी चिनगारी है, उसे तुम छोटी मत समझना। उस छोटी-सी चिनगारी से सारा ब्रह्मांड राख हो सकता है।[101]

बैताल पचीसी की अद्भुत कथाएं

तुमने बैताल पचीसी का नाम सुना होगा। तुम कभी सोच भी नहीं सकते कि वह भी कोई ज्ञानियों की बात हो सकती है, बैताल पचीसी। पर इस देश ने बड़े अनूठे प्रयोग किए हैं। इस देश ने ऐसी किताबें लिखी हैं, जिनको बहुत तलों पर पढ़ा जा सकता है, जिनमें पर्त दर पर्त अलग-अलग अर्थ हैं। जिनमें एक साथ दो, तीन, चार और पांच अर्थ दौड़ते रहते हैं। जैसे एक साथ पांच रास्ते चल रहे हों, पैरेलल, समानांतर।

तो जिसकी जो सुविधा हो। एक छोटा बच्चा भी बैताल पचीसी पढ़कर प्रसन्न होगा और परम ज्ञानी भी पढ़कर प्रसन्न होगा। खोजी को मार्ग मिल जाएगा, पहुंचे हुए को मंजिल की प्रत्यभिज्ञा होगी। जो नहीं खोजी है, नहीं पहुंचा हुआ है, उसके लिए सिर्फ चित्त का मनोरंजन होगा। वह भी क्या कम है! थोड़ी देर को मन बहलाव हो जाएगा।

बैताल पचीसी की पहली कथा है...। पच्चीसों ही कथाएं बड़ी अदभुत हैं, लेकिन पहली तुम से कहता हूं। पहली कथा है कि सम्राट विक्रमादित्य के दरबार में एक फकीर आया। सुबह का वक्त था। रिवाज के अनुसार लोग सम्राट को भेंट चढ़ाने सुबह-सुबह आते थे। उस फकीर ने भी एक जंगली-सा दिखाई पड़ने वाला फल सम्राट को भेंट किया। सम्राट थोड़ा मुस्कुराया भी। इस फल को भेंट करने के लिए इतने दूर आने की जरूरत भी क्या थी? लेकिन फकीर है, फकीर के पास कुछ और हो भी नहीं सकता, तो उसने स्वीकार कर लिया। पास में बैठे वजीर को वह देता जाता था, जो भी भेंट आती थी; उसने उसे दे दिया।

यह क्रम दस वर्षों तक चला। वह फकीर रोज सुबह आता। और रोज वही, उसी तरह का फिर एक जंगली फल ले आता। दस वर्ष! और रोज सम्राट वजीर को फल दे देता। न तो उसने कभी पूछा, क्योंकि सुबह सैकड़ों भेंट देने वाले लोग थे। फुरसत भी न थी, समय भी न था। और इस फकीर से पूछने जैसा भी कुछ नहीं लगा।

पर एक दिन पास ही सम्राट का पाला हुआ बंदर भी बैठा हुआ था, और सम्राट ने वजीर को फल न देकर बंदर को दे दिया। बंदर ने फल खाया और उसके मुंह से एक बहुत बड़ा हीरा, जो फल में छिपा था, नीचे गिर गया। सम्राट तो चौंका। इतना बड़ा हीरा तो उसने देखा भी नहीं था। वजीर से कहा कि बाकी फल कहां हैं?

वजीर ने भी यह सोचा था कि जंगली फल हैं। पर फिर भी उसने सोचा कि सम्राटों के पास सम्हलकर रहना पड़ता है, तो एक तलघरे में वह फेंकता जाता था। क्योंकि फलों का करोगे क्या? जंगली थे; खाने योग्य भी नहीं लगते थे। स्वाद भी ठीक नहीं था।

तलघरा खोला गया। भयंकर बदबू से भरा था, क्योंकि सारे फल सड़ गए थे। लेकिन उन सड़े हुए फलों के बीच हीरे चमक रहे थे। ऐसे हीरे कभी सम्राट ने देखे नहीं थे।

फकीर को कहा कि यह क्या राज है? तुम क्या चाहते हो? किस लिए तुम दस साल से यह भेंट ला रहे हो? और मैं कैसा अज्ञानी कि मैंने कभी देखा भी नहीं! मैंने समझा, जंगली फल है। उस फकीर ने कहा, होश न हो तो जिंदगी ऐसे ही चूक जाती है।

दूसरी समानांतर अर्थ की धारा शुरू होती है।

उस फकीर ने कहा, रोज ही जिंदगी लाती है। लेकिन जंगली फल समझकर तुम फेंकते चले जाते हो। और हर फल के भीतर हीरा छिपा है, जैसा तुमने कभी देखा नहीं। खैर, जो हुआ हुआ। अब पीछे की तरफ मत जाओ, अन्यथा फिर तुम चूक जाओगे। और आगे की तरफ भी मत दौड़ो। क्योंकि मैं देखता हूं, सपने दौड़ रहे हैं। क्योंकि इतने हीरे! दुनियां के तुम सबसे बड़े सम्राट हो गए। आगे भी मत जाओ, पीछे भी मत जाओ। मैं कुछ और तुमसे कहना चाहता हूं, वह सुन लो।

सम्राट सजग होकर बैठा, यह आदमी कोई साधारण नहीं है। अब तक समझे कि फकीर है।

जिंदगी साधारण नहीं है। और जिंदगी ने तुम्हें जो दिया है, वह बिलकुल असाधारण है। लेकिन तुम्हें होश नहीं है। तुम हंसोगे कि दस साल तक यह आदमी क्यों बेहोश रहा? तुम कई जन्मों से हो। राजा वीर विक्रमादित्य तुम भी हो। हजारों साल से तुम ऐसे ही बैठे हो और जिंदगी रोज फल दिए जा रही है। हर पल, छिपा हुआ जीवन का हीरा तुम्हारे पास आता है।

अब यह कोई साधारण आदमी न था। राजा सम्हलकर बैठ गया। उसने कहा कि कहो, तुम्हारी एक-एक बात सुनने जैसी है। उसने कहा कि मैं दस वर्ष से आ रहा हूं इसी प्रतीक्षा में कि किसी दिन तुम जागोगे। क्योंकि मैं एक ऐसा आदमी चाहता हूं, जो वीर हो, वह तुम हो।

इसलिए विक्रमादित्य का नाम है, वीर विक्रमादित्य। सिर्फ दो आदमियों को भारत ने वीर कहा है, एक महावीर को और एक विक्रमादित्य को।

निश्चित तुम वीर हो, इसमें कोई शक-शुबहा नहीं; लेकिन काफी नहीं है वीर होना। इसलिए मैं चाहता था कि जब तुम जाग जाओ वर्तमान के प्रति, तब मेरे काम के हो सकते हो। अब दोनों बातें घट गईं। अब तुम महावीर हो, होश और साहस। मैं एक बड़े महान तंत्र के कार्य में लगा हूं। उसमें मुझे एक ऐसे आदमी की जरूरत है, जो बहुत वीर हो, जिसे कोई चीज भयभीत न कर सके, और जो होशपूर्ण हो। अगर तुम तैयार हो, तो आज अमावस की रात है। तुम सांझ मरघट पर पहुंच जाओ। मैं तुम्हें वहीं मिलूंगा।

वह फकीर तो चला गया। सम्राट ने कई बार सोचा भी कि इस झंझट में पड़ना कि नहीं! लेकिन फिर यह तो कायरता होगी। और यह आदमी ऐसा है कि इसके साथ थोड़े दूर जाने जैसा है। पता नहीं जैसे हम जंगली फल को फेंकते रहे, पता नहीं मरघट में कौन से स्वर्ग का या मोक्ष का द्वार खुल जाए!

तो समझा-बुझाकर...। डर भी लगता था।

बहादुर से बहादुर आदमी भी डरता है। तुम यह मत सोचना कि सिर्फ कायर डरते हैं। डरते तो बहादुर भी हैं। फर्क क्या है बहादुर और कायर में? बहादुर डरता है, तो भी करता है। कायर डरता है, भाग खड़ा होता है। डरते दोनों ही हैं! डरने के संबंध में कोई फर्क नहीं है। क्योंकि जो डरे ही नहीं, वह तो बहादुर भी क्या उसको कहना! वह तो लोहे, लकड़ी, पत्थर का बना हुआ आदमी है। वह बहादुर भी नहीं है, जो डरे ही न। डर तो स्वाभाविक है। लेकिन बहादुर डर को किनारे पर रख देता है और घुस जाता है। और भयभीत डर को सिर पर रख लेता है, भाग खड़ा होता है।

खैर, आधी रात विक्रमादित्य पहुंच गया मरघट पर। बड़ा डर लगता था। बड़ी भयंकर रात थी। और साधारण रात नहीं मालूम होती थी। कभी मरघट आया भी नहीं था। महलों में ही सदा रहा था। मरघट सिर्फ शब्द ही था।

तुम भी कभी रात, अमावस की आधी रात मरघट जाओ, तब तुम्हें इस शब्द का अर्थ पता चलेगा। शब्दकोश में इसका अर्थ नहीं लिखा है।

मरघट एक बड़ी अनूठी घटना है। चारों तरफ रहस्य, भय, खतरा, भूत-प्रेत, चीख-पुकार। और वह तांत्रिक फकीर अपना मंडल रचकर बैठा है नग्न। खोपड़ियां! एक जिंदा लाश! लाश को काट रहा है। उसने सब इंतजाम अपना कर रखा है, जो उसे करना है।

सम्राट से उसने कहा, आ गए; ठीक। यहां से थोड़ी दूर, वह दूर दिखाई पड़ने वाला जो वृक्ष है, वहां एक लाश लटकी हुई है। तुम्हें उस लाश को वृक्ष से उतारकर ले आना है। लेकिन ध्यान रखना, सजग रहना और शांत रहना। क्योंकि जरा चूके, तो यह कृपाण की धार पर चलना है। जरा चूके कि गए। फिर मैं भी सहायता न कर सकूंगा।

धड़कती छाती से विक्रमादित्य उस वृक्ष के पास पहुंचा। वहां बड़ा भय लगने लगा उसे। क्योंकि वहां कोई भी न था। बिलकुल अकेला था। और उस वट-वृक्ष में लाशें लटकी हुई थीं। एक नहीं, पच्चीस। बड़ी बदबू आ रही थी।

किसी तरह नाक को अवरुद्ध करके वृक्ष पर चढ़ा। हाथ-पैर कंप रहे थे। वृक्ष पर चढ़ना मुश्किल था। किसी तरह उस लाश की डोरी काटी। वह लाश जमीन पर धम्म से नीचे गिरी! न केवल गिरी, खिलखिलाकर हंसी! विक्रमादित्य के प्राण छूट गए होंगे। सोचा था, मुरदा है। यह तो जिंदा मालूम होता है। और जिंदा भी अजीब हालत में है। घबड़ाया हुआ नीचे आया और उससे पूछा, क्यों हंसे? क्या मामला है?

बस, इतना कहना था, कि लाश उड़ी, वापस जाकर वृक्ष से लटक गई। और लाश ने कहा कि शांत होना, तो ही तुम मुझे उस फकीर तक ले जा सकोगे। तुम बोले, चूक गए।

दोबारा लाश को काटकर नीचे लाया। बड़ा मुश्किल था चुप रहना। क्योंकि जब आदमी को भय लगता है, तब वह कुछ बोलना चाहता है। बोलने से भी थोड़ी राहत मिलती है। गीत

गुनगुनाने लगता है, थोड़ी हिम्मत बढ़ती है। मंत्र पढ़ने लगता है; राम-राम जपने लगता है। कोई सहारा चाहिए। अब बोलना भी नहीं है, शांत भी रहना है। भयंकर सन्नाटा; और चारों तरफ मौत!

शायद आदमी इसीलिए अतीत की सोचता है, भविष्य की सोचता है, क्योंकि डरता है। वर्तमान के क्षण में जीवन भी है और मौत भी, दोनों। क्योंकि वर्तमान में ही तुम मरोगे और वर्तमान में ही जीते हो। न तो कोई भविष्य में मर सकता है और न भविष्य में जी सकता है।

तुम भविष्य में मर सकते हो? जब मरोगे, तब अभी और यहीं, वर्तमान के क्षण में मरोगे। आज मरोगे। कल तो कोई भी नहीं मरता। कल तो मरोगे कैसे? कल तो आता ही नहीं। जब मर नहीं सकते कल में, तो जीओगे कैसे? कल का कोई आगमन ही नहीं होता। कल है ही नहीं। जो है, वह अभी और यहां। बोले, कि चूक जाते हो। सोचे, कि चूक जाते हो।

बड़ा कसकर उसने अपने को रोका। आदमी बहादुर था। मुरदा नीचे फिर से काटकर गिराया। भयंकर खिलखिलाहट की आवाज आई। छाती कंप गई। नीचे उतरा। मुरदे को कंधे पर रखा। चलने लगा। मुरदे ने कहा कि सुनो, राह लंबी है, रात अंधेरी है, और तुम्हारा बोझ हलका करने के लिए एक कहानी कहता हूं। ऐसी पहली कहानी।

उसने कहा कि तीन युवक थे ब्राह्मण...।

यह विक्रमादित्य सुनना भी नहीं चाहता था, पड़ना भी नहीं चाहता था चक्कर में। क्योंकि जब तुम सुनो, तो पता नहीं, बीच में बोल उठो। या कुछ हो जाए। या कम से कम सुनने में ही लग जाओ और जो तुमने सम्हाल रखा है अपने को, वह चूक जाए। क्षण में चूक सकती है बात। मगर इससे नहीं कहना भी ठीक नहीं, क्योंकि नहीं कहते ही यह लाश उड़ जाएगी और फिर वृक्ष पर चढ़ना पड़ेगा। फिर काटो। तो वह चुप ही रहा। और वह मुरदा कहानी कहने लगा।

उसने कहा, एक गुरु के आश्रम में तीन युवक थे। तीनों ही गुरु की लड़की के प्रेम में पड़ गए...।

कहानी में रस आने लगा। प्रेम की कहानी में किस को रस नहीं आता? विक्रमादित्य थोड़ा बेहोश होने लगा। सम्हाल रहा है, लेकिन उत्सुकता जग गई; जिज्ञासा, कि फिर क्या हुआ?

तीनों एक से थे, योग्य थे, अप्रतिम थे, प्रतिभाशाली थे। गुरु मुश्किल में था कि किस को चुने। युवती भी मुश्किल में थी कि किस को चुने। कोई उपाय न देखकर युवती ने आत्महत्या कर ली। कोई रास्ता ही न मिला। और इन तीन के बीच वह बड़े द्वंद्व में घिर गई। और तीनों चुनने योग्य थे और मुश्किल था किस को छोड़े। और जानती थी, जिसको छोड़ेगी, वही जीवनभर पछतावे का कारण रहेगा। दो को छोड़ना ही पड़ेगा। तीन से तो विवाह हो नहीं सकता।

बड़ी अड़चन थी। हल कोई था न। हल न देखकर आत्महत्या कर ली। लाश जलाई गई।

एक युवक उन तीन में से तो मरघट पर ही उसी राख के पास रहने लगा। उसी राख की धूनी रमा लेता और वहीं बैठा रहता।

दूसरा युवक इतने दुख से भर गया कि यात्रा पर निकल गया, अपना दुख भुलाने को। घूमता रहेगा संसार में। अब बसना नहीं है; क्योंकि जिसके साथ बसना था, वही न रही। अब घर नहीं बसाना है। वह परिव्राजक हो गया, एक फकीर, भटकता हुआ आवारा।

और तीसरा युवक किसी आशा से भरा हुआ, क्योंकि उसने सुन रखा था कि ऐसे मंत्र भी

हैं कि अस्थिपंजर को पुनरुज्जीवित कर दें, तो उसने सारी अस्थियां इकट्ठी कर लीं। रोज उनको गंगा ले जाता, धोकर साफ करता। फिर ले आकर रख लेता। उनकी रक्षा करता कि कभी कोई मंत्र का जानने वाला मिल जाए।

वर्षों बीत गए। जो घूमने निकल गया था यात्रा पर, उसे एक आदमी मिल गया, जो मंत्र जानता था। उससे उसने मंत्र सीख लिया। मंत्र का शास्त्र ले लिया। भागा। अब डरा वह, घबड़ाया, कि पता नहीं अब अस्थिपंजर बचे भी होंगे। क्योंकि वे तो कभी के फेंक दिए गए होंगे। लेकिन आकर आश्वस्त हुआ। अस्थिपंजर बचाए गए थे। उनको संजोकर रखा था उसके साथी ने।

उसने मंत्र पढ़ा; वह युवती पुनरुज्जीवित हो गई। पहले से भी ज्यादा सुंदर, मंत्र-सिक्त। उसकी देह स्वर्ण जैसी ताजी, जैसे कमल का फूल अभी-अभी खिला हो। फिर कलह शुरू हो गई कि अब वह किसकी?

अब तक सम्राट भी भूल चुका था कि वह क्या कर रहा है और यह सुनने में लग गया था, जैसा तुम सुनने में लग गए।

उस मुरदे ने पूछा कि सम्राट, गौर से सुनो। क्योंकि फिर झगड़ा खड़ा हो गया। अब सवाल है कि इन तीन में से युवती किसकी? तुम्हारा क्या खयाल है? और अगर तुम्हारे भीतर उत्तर आ जाए और तुमने अगर उत्तर न दिया, तो तुम इसी क्षण मर जाओगे। हां, उत्तर न आए, कोई हरजा नहीं।

बड़ा मुश्किल है उत्तर का न आना। आदमी का इतना वश थोड़े ही है अपने मन पर। कोई बुद्ध पुरुष हो, तो न आए। ठीक है, सुन लिया प्रश्न; उत्तर न आया। कोई हरजा नहीं।

विक्रमादित्य बड़ी मुश्किल में पड़ा। उत्तर तो आ रहा है। बुद्धिमान आदमी था, तर्क-निष्ठ था, समझदार था, शास्त्र पढ़े थे, तर्क साफ थां। अब वह बड़ी मुश्किल में पड़ गया। मुरदे ने कहा कि बोल, अगर उत्तर आ रहा है, तो बोल अन्यथा इसी वक्त मर जाएगा।

तो उसने कहा, उत्तर तो आ रहा है, इसलिए बोलना ही पड़ेगा। उत्तर मुझे यह आ रहा है कि जिसने मंत्र पढ़कर युवती को जगाया, वह तो पितातुल्य है; उसने जन्म दिया। इसलिए वह विवाह नहीं कर सकता। वह तो कट गया। जिसने अस्थियां सम्हालीं और रोज गंगा में स्नान कराया, वह पुत्रतुल्य है, कर्तव्य, सेवा, उससे शादी नहीं हो सकती। प्रेमी तो वही है, जो धूनी रमाए, राख लपेटे, भूखा-प्यासा मरघट पर ही बैठा रहा, न कहीं गया, न कहीं आया। विवाह तो उसी से...।

लाश छूटी, जाकर वृक्ष से फिर लटक गई; क्योंकि यह आदमी बोल गया।

ऐसी पच्चीस कहानियां चलती हैं।

जीवन में तुम चूकते हो, जब भी मूर्च्छा पकड़ लेती है। जब भी तुम होश खो देते हो, जब भी जागे हुए नहीं होते, तत्क्षण जीवन का सूत्र हाथ से छूट जाता है। जब भी तुम जरा से अशांत हो जाते हो, विचार की तरंगें चल जाती हैं, तभी जीवन का सूत्र हाथ से छूट जाता है। क्योंकि विचार की तरंग, और तुम वर्तमान से च्युत। इधर उठी तरंग, उधर तुम हटे वर्तमान से।

वह विक्रमादित्य हार गया। वह फिर...। ऐसी पच्चीस कहानियां चलती हैं पूरी रात। और हर बार चूकता जाता है, हर बार चूकता जाता है। पच्चीसवीं कहानी पर सम्हल पाता है। हर

कहानी में ज्यादा हिम्मत बढ़ती है, साहस बढ़ता है; ज्यादा देर तक रोकता है; ज्यादा देर तक विचार की तरंगें नहीं अनुकंपित करतीं। पच्चीसवीं कहानी आते-आते कहानी चलती रहती है, विक्रमादित्य सुनता रहता है, भीतर कुछ भी नहीं होता।

जीवन एक तैयारी है। यहां बहुत कुछ है तुम्हें उलझा लेने को। बाजार है पूरा, मीना बाजार! वहां सब तरफ बुलावा है—उत्सुकता को, जिज्ञासा को, मनोरंजन को। प्रश्न हैं, विचार की सुविधा है, सोच-विचार का उपाय है, चिंता का कारण है। सब तरह के उलझाव हैं।

अगर तुम इस सारे संसार से ऐसे गुजर जाओ, जैसे विक्रमादित्य उस मरघट से बिना बोले, चुप और जागा हुआ पच्चीसवीं कहानी पर गुजर सका, तो ही तुम वर्तमान क्षण की अनुभूति को उपलब्ध होओगे। अन्यथा तुमने वर्तमान जाना ही नहीं है।

तुम वर्तमान से गुजरे जरूर हो, क्योंकि और कोई जगह नहीं है जहां से तुम गुजरो, लेकिन बेहोश, सोए हुए गुजरे हो। या तो अतीत में खोए हुए गुजरे हो, या भविष्य में डूबे हुए गुजरे हो। वर्तमान से तुम्हारा कभी तालमेल नहीं बैठा है। वर्तमान से संगीत नहीं छिड़ा है। वर्तमान के साथ स्वर नहीं मिले।

वर्तमान से स्वर मिल जाए, तुम पाओगे, एक ही है; अनेक उसके रूप हैं। एक है सागर; अनेक हैं लहरें।[102]

देवताओं को नमस्कार

जहां-जहां दिव्यता का अनुभव हो, वहीं-वहीं देवता। देवता तो प्रतीक शब्द है। ठीक अगर समझना हो, तो दिव्यता। वह गुण है। जहां-जहां दिव्यता का अनुभव हो!

कहां-कहां हो सकता है? अगर आंख हो, तो सब जगह होगा। आंख न हो, तो मुश्किल पड़ेगी। अन्यथा सुबह तुम उठे, रात का अंधेरा टूटा। तमस गया। सूर्य उगने लगा। क्या तुमने कभी सूर्य में देवता देखा? तुम्हें पता ही नहीं है। रात को जिसने तोड़ दिया, अंधेरे को जिसने मिटा दिया, वह दिव्य है। इसलिए हिंदू उसे देवता कहते हैं। और सूर्य को नमस्कार करते हैं।

यह तो प्रतीक है। ऐसे ही तुम्हारे भीतर भी किसी दिन रात टूटेगी, सूरज उगेगा। लेकिन इस प्रतीक को तो थोड़ा नमस्कार करो। ताकि भीतर के नमस्कार के लिए द्वार खुले। इस बाहर के सूरज को झुको, ताकि भीतर के सूरज की भी हिम्मत बढ़े कि अगर पैदा हो जाऊं तो तुम इनकार न कर दोगे, कि पैदा हो जाऊं तो तुम राजी हो, कि तुम्हें बोध है। इसलिए सूर्य देवता है।

ये तो प्रतीक हैं काव्य के। कोई सूर्य देवता है, ऐसा नहीं। कुछ उसकी पूजा करने से तुम्हें मिल जाएगा, ऐसा नहीं है; कि उसको तुम राजी कर लोगे, तो वह तुम पर कुछ ज्यादा किरणें बरसाएगा और दूसरों पर कुछ कम, ऐसा नहीं है; कि पापी की तरफ अंधेरा कर देगा और पुण्यात्मा पर रोशनी कर देगा, ऐसा भी नहीं है। सूरज कोई व्यक्ति थोड़े ही है। अगर तुम ठीक से समझो, तो दिव्यता तुम्हारी समझ है, सूरज का होना नहीं। और तुम्हें जो लाभ होगा, वह तुम्हारी समझ के कारण होगा, सूरज के कारण नहीं।

जब तुम सुबह सूरज को उगते देखकर नमस्कार के भाव से भर जाते हो, नमन करते हो, वह नमन इस बात की घोषणा है कि अंधकार को तोड़ना है, प्रकाश को लाना है। वह इस बात का तुम्हारा अंतर्भाव है, तमसो मा ज्योतिर्गमय! कि मुझे अंधकार से प्रकाश की तरफ ले चल, हे परमात्मा! मैं प्रकाश को नमस्कार करता हूं, प्रकाश के स्रोत को नमस्कार करता हूं। यह देवता है, इसने बाहर की रात मिटाई। मुझे भीतर का कुछ पता नहीं। जैसे बाहर की रात मिट गई, वैसे मेरी भीतर की रात को भी मिटा। तमसो मा ज्योतिर्गमय! मुझे ले चल अंधेरे से प्रकाश की तरफ।

यह तुम्हारा भाव है। तुम्हारे भाव से तुम्हें लाभ है। सूरज तुम्हें कोई लाभ नहीं पहुंचा देगा। न सूरज तुम्हें कोई हानि पहुंचाता है। लेकिन तुम्हारी भाव-दशा तुम्हें लाभ पहुंचाएगी, हानि पहुंचाएगी।

जिन्होंने सूर्य को नमस्कार किया, बड़े कुशल लोग हैं। उन्होंने अपने भीतर एक परिवेश पैदा कर लिया, एक बीजारोपण किया।

तुमने वृक्ष में फूल खिले देखे और तुम्हारे भीतर एक नमन आया, तुम झुके। वह भी देवता हो गया। इसलिए हिंदुओं के लिए सभी देवता हैं, वृक्ष, नदियां, पहाड़, सूरज। हिंदू समझ पाए कला को। उन्होंने देवता का राज पकड़ लिया। वह देवता में नहीं है, वह तुम्हारे भाव में है।

तो जितनी जगह तुम्हें देवता मिल जाए, उतना अच्छा; क्योंकि उतनी बार भाव का बार-बार जन्म होगा, पुनरुक्ति होगी, भाव सघन होगा, प्रगाढ़ होगा, बैठेगा।

तो हिंदुओं ने सारे जगत को देवता से भर दिया। चांद भी देवता है, सूरज भी देवता है, वृक्ष भी देवता हैं, गंगा भी, हिमालय भी, कैलाश भी। जहां आंख उठाओ, वहां देवताओं का वास है। तुम देवताओं से भाग न सकोगे। सब तरफ से तुम्हें दिव्यता घेर लेगी। इस घिराव में तुम्हारे भीतर के देवता का जन्म होगा।

तो लक्षण पहला कहते हैं कृष्ण अर्जुन से, देवता, द्विज, गुरु, ज्ञानीजनों का पूजन...।

पहला देवता, क्योंकि उससे ही तुम्हारे भीतर की चेतना रूपांतरित होगी। सारी दुनिया हंसती है, लेकिन समझ नहीं पाती। सारी दुनिया हंसती है कि हिंदू कैसे पागल हैं, गंगा की पूजा कर रहे हैं! नदी में क्या रखा है? हमें भी पता है। रात दीया जला घर में और हिंदू नमस्कार कर रहे हैं। हमें भी पता है कि दीए में क्या रखा है! केरोसिन तेल है; वह भी शुद्ध नहीं। उसमें भी पानी मिला है। वह हमें भी पता है। नमस्कार करने जैसा कुछ नहीं है। घासलेट के तेल में क्या हो सकता है नमस्कार करने जैसा? फिर भी हम नमस्कार कर रहे हैं।

असली सवाल दीया नहीं है। असली सवाल नमस्कार करना है। वह तो बहाना है। जहां मिल जाए, वहीं हम बहाना खोज लेते हैं। वह बहाना तत्क्षण तुम्हें बदलता है।

समझो कि तुम क्रोध से भरे बैठे थे और किसी ने दीया जलाया...।

दीया क्या, हिंदू तो अब बिजली भी जलाओ, तो भी नमस्कार करते हैं। थोड़े डरते हैं, झिझकते हैं; पढ़े-लिखे हुए तो जरा देख लेते हैं कि कोई देख तो नहीं रहा। ज्यादा ही डरपोक हुए, तो भीतर-भीतर कर लेते हैं, ऊपर से नहीं प्रकट करते। तरु लता करती है, मगर डरती नहीं है।

बिजली जलती है; तुम क्रोध से भरे थे, नाराज थे, अचानक बिजली जली, सांझ हो गई। तुमने हाथ जोड़े; नमस्कार किया। क्रोध विसर्जित हो गया; भाव-दशा बदल गई। क्योंकि कैसे तुम क्रोध से भरे नमस्कार कर सकोगे! क्षण में रूपांतरण हो गया। हवा दूसरी आ गई। झोंका और आ गया बाहर का, ले गया क्रोध को; शृंखला टूट गई। भीतर की विचारधारा क्रोध की तरफ जा रही थी, वह टूट गई, वह नमन में बदल गई।

पति घर में आता है, पत्नी पैर छू लेती है। बेटा घर लौटता है, मां के पैर छूता है। यह चलता रहता है क्रम। यह नमन तुम्हारे जीवन को दिव्यता की तरफ ले जाता है।

देवताओं से मतलब नहीं है। तुम्हें दिव्यता की तरफ जाना है, तो तुम जितने देवता अनुभव कर सको, उतना सुगम हो जाएगा। देवताओं का नमस्कार तुम्हें दिव्य बनाएगा। वह तो तरकीब है, एक विधि है।[103]

राधा और धारा

परसों रात एक इटालियन संन्यासिनी वापस लौटती थी नेपल्स। उसे मैंने नाम दिया है, कृष्ण-राधा। उसने कभी पूछा न था अब तक कि अर्थ क्या है। जाते समय मैंने उससे पूछा, कुछ पूछना है? उसने कहा कि और कुछ नहीं पूछना है; बड़ी तृप्त, शांत होकर जाती हूं। एक बात भर पूछनी है जो पहले दिन मैं पूछने से चूक गई, कृष्ण-राधा का अर्थ क्या है? आपने मुझे राधा क्यों पुकारा है? तो उसे मैंने जो कहा है, वह मैं तुमसे भी कहना चाहूंगा, क्योंकि इन सूत्रों से उसका बड़ा गहरा संबंध है।

उसे मैंने कहा कि पुराने शास्त्रों में राधा का कोई उल्लेख नहीं है। गोपियां हैं, सखियां हैं, सोलह हजार हैं। कृष्ण उनके साथ नाचते हैं; उनकी बांसुरी बजती है। और सारा वन-प्रांत आनंद से गूंज उठता है; रास की लीला चलती है। लेकिन राधा का कोई नाम पुराने शास्त्रों में नहीं है। सिर्फ इतना ही कहीं-कहीं उल्लेख है कि और सारी सखियों में, और सारी गोपियों में एक गोपी है, जो कृष्ण के बहुत निकट है, जो उनकी छाया की तरह है। लेकिन उसका कोई नाम नहीं है।

यह भी उचित ही है; क्योंकि कृष्ण के करीब नाम रहेगा, तो करीब ही न आ सकोगे। इसलिए पुराने शास्त्रों ने उसे कोई नाम नहीं दिया। छाया की तरह है, कृष्ण के निकट है।

अपनी तरफ से कृष्ण के निकट है, तो स्वभावतः कृष्ण की तरफ से भी निकटता है। क्योंकि भक्त जितना निकट भगवान के आ जाए, उतना ही निकट भगवान भक्त के आ जाता है। वह भक्त पर ही निर्भर है कि तुम कितने निकट भगवान को चाहते हो, उतने निकट तुम पहुंच जाओ। जो तुम भगवान से चाहते हो तुम्हारे प्रति, वही तुम भगवान के प्रति करो, यही तो सूत्र है।

तो शास्त्र कहते हैं कि निकट है, बहुत निकट है, छाया की तरह है। लेकिन किसी नाम का उल्लेख नहीं है। अच्छा किया। क्योंकि नाम-रूप खो जाए, तभी तो कोई कृष्ण के निकट आता है। इसलिए नाम क्या देना! लेकिन फिर हजारों साल तक नाम नहीं दिया गया।

कुछ सात सौ वर्ष पहले अचानक राधा का नाम प्रकट हुआ। गीत गाए जाने लगे; महाकवियों ने परम रचनाएं रचीं; जयदेव ने गीतगोविंद गाया; राधा का आविर्भाव हुआ। राधा शब्द बहुमूल्य होने लगा। इतना बहुमूल्य हो गया कि अगर तुम अकेला अब कृष्ण कहो, तो आधा मालूम पड़ता है। राधा-कृष्ण ही पूरा मालूम पड़ता है। और न केवल महत्वपूर्ण हो गया, कृष्ण को पीछे हटा दिया; राधा आगे आ गई। कोई नहीं कहता, कृष्ण-राधा। लोग कहते हैं, राधा-कृष्ण।

यह भी बड़ा महत्वपूर्ण है। जब भक्त इतने निकट आ जाता है कि परमात्मा में एक हो जाता है, तो पहले तो भक्त परमात्मा की छाया होता है; फिर परमात्मा भक्त की छाया हो जाता है। राधा आगे आ गई।

नाम कैसे खोज लिया यह जब नाम शास्त्रों में था ही नहीं? नाम की खोज अलग है। नाम की खोज के पीछे बड़ा गणित है, सांख्य का गणित है। राधा शब्द बनता है धारा शब्द को उलटा देने से।

योगियों की खोज है कि धारा का अर्थ होता है, बहिर्गमन। जैसे गंगोत्री से गंगा की धारा निकलती है, तो स्रोत से दूर जाती है। स्रोत से दूर जाने वाली अवस्था का नाम है, धारा। और राधा धारा का उलटा शब्द है। उसका अर्थ है, जो स्रोत की तरफ वापस आती है। जब एक से तीन बनते हैं, तीन से नौ बनते हैं, नौ से इक्यासी बनते हैं, तो धारा। जब इक्यासी से नौ बनते हैं, नौ से तीन बनते हैं, तीन से एक बनता है, तो राधा।

राधा योगियों और सांख्य अनुभोक्ताओं के अनुभव से निकला हुआ शब्द है। उन्होंने जाना कि जीवन की धारा बहिर्गामी है, बाहर जाती है, दूर जाती है, मूल से दूर जाती है, उत्स से दूर जाती है, उत्स की तरफ पीठ होती है, आंखें अनंत क्षितिज पर लगी होती हैं—यह धारा की अवस्था है। जब कोई लौटता है मूल उत्स की तरफ, स्रोत की तरफ, जब गंगा वापस लौटने लगती है गंगोत्री की तरफ, उलटी यात्रा शुरू होती है, अप-स्ट्रीम। अब धारा बाहर की तरफ नहीं जाती है, भीतर की तरफ आती है। बहिर्मुखता बंद होती है; अंतर्मुखता शुरू होती है; तभी तो कृष्ण के पास आती है राधा। धीरे-धीरे, धीरे-धीरे, गंगोत्री में गिर जाती है गंगा। गंगा विलीन हो जाती है; एक रह जाता है।

उस छाया की तरह घूमने वाली सखी को हजारों साल तक नाम न मिला। कोई सात सौ

वर्ष पहले अचानक नाम का आविर्भाव हुआ। और जिन्होंने नाम दिया, बड़े अदभुत लोग रहे होंगे। जिन्होंने नाम नहीं दिया, वे भी बड़े अदभुत लोग थे। और जिन्होंने नाम दिया, वे कुछ कम अदभुत लोग न थे। क्योंकि नाम उन्होंने ऐसा गहरा दिया कि उसमें सारे शास्त्र को समा दिया।[104]

विद्याओं में ब्रह्म-विद्या

ब्रह्म-विद्या का अर्थ वह विद्या है, जिससे हम उसे जानते हैं, जो सब जानता है। गणित आप जिससे जानते हैं, फिजिक्स आप जिससे जानते हैं, केमिस्ट्री आप जिससे जानते हैं, उस तत्व को ही जान लेना ब्रह्म-विद्या है। जानने वाले को जान लेना ब्रह्म-विद्या है। ज्ञान के स्रोत को ही जान लेना ब्रह्म-विद्या है। भीतर जहां चेतना का केंद्र है, जहां से मैं जानता हूं आपको, जहां से मैं देखता हूं आपको; जिससे मैं देखता हूं, उसे भी देख लेना, उसे भी जान लेना, उसे भी पहचान लेना, उसकी प्रत्यभिज्ञा, उसका पुनर्स्मरण ब्रह्म-विद्या है।

कृष्ण कहते हैं, विद्याओं में मैं ब्रह्म-विद्या हूं।

इसलिए भारत ने फिर बाकी विद्याओं की बहुत फिक्र नहीं की। भारत के और विद्याओं में पिछड़े जाने का बुनियादी कारण यही है। भारत ने फिर और विद्याओं की फिक्र नहीं की, ब्रह्म-विद्या की फिक्र की।

लेकिन उसमें अड़चन है, क्योंकि ब्रह्म-विद्या जानने को कभी लाखों-करोड़ों में एक आदमी उत्सुक होता है। पूरा देश ब्रह्म-विद्या जानने को उत्सुक नहीं होता। और भारत के जो श्रेष्ठतम मनीषी थे, वे ब्रह्म-विद्या में उत्सुक थे। और भारत का जो सामान्यजन था, उसकी कोई उत्सुकता ब्रह्म-विद्या में नहीं थी। उसकी उत्सुकता तो और विद्याओं में थी। लेकिन सामान्यजन और विद्याओं को विकसित नहीं कर सकता। विकसित तो परम मनीषी करते हैं, और परम मनीषी उन विद्याओं में उत्सुक ही न थे।

इसलिए भारत ने बुद्ध को जाना, महावीर को, कृष्ण को, पतंजलि को, कपिल को, नागार्जुन को, वसुबंधु को, शंकर को जाना भारत ने। ये सारे के सारे, इनमें से कोई भी आइंस्टीन हो सकता है। इनमें से कोई भी प्लांक हो सकता है। इनमें से कोई भी किसी भी विद्या में प्रवेश कर सकता है। लेकिन भारत का जो श्रेष्ठतम मनीषी था, वह परम विद्या में उत्सुक था। और भारत का जो सामान्यजन था, उसकी तो परम विद्या में क्या उत्सुकता हो सकती है! उसकी उत्सुकता दूसरी विद्याओं में है। लेकिन वह विकसित नहीं कर सकता। विकसित तो परम मनीषी करते हैं।

पश्चिम में दूसरी विद्याएं विकसित हो सकीं, क्योंकि पश्चिम के जो बड़े मनीषी हैं, वे और विद्याओं में उत्सुक हैं। इसलिए एक अदभुत घटना घटी। पश्चिम ने सब विद्याएं विकसित कर लीं और आज पश्चिम को लग रहा है कि वह आत्म-अज्ञान से भरा हुआ है। और पूरब ने आत्म-ज्ञान विकसित कर लिया और आज पूरब को लग रहा है कि हमसे ज्यादा दीन और दरिद्र और भुखमरा दुनिया में कोई भी नहीं है।

हमने एक अति कर ली, परम विद्या पर हमने सब लगा दिया दांव। उन्होंने दूसरी अति कर ली। उन्होंने आत्म-विद्या को छोड़कर बाकी सब विद्याओं पर दांव लगा दिया। बड़ी उलटी बात है। वे आत्म-अज्ञान से पीड़ित हैं और हम शारीरिक दीनता और दरिद्रता से पीड़ित हैं।

यह जो परम विद्या है, इस परम विद्या और सारी विद्याओं का जब संतुलन हो, तो पूर्ण संस्कृति विकसित होती है। इसलिए न तो पूरब और न पश्चिम ही पूर्ण संस्कृतियां विकसित कर पाए। फिर भी अगर चुनाव करना हो, अगर फिर भी चुनाव करना हो, तो परम विद्या ही चुनने जैसी है, सारी विद्याएं छोड़ी जा सकती हैं। क्योंकि और सब पाकर कुछ भी पाने जैसा नहीं है।

कृष्ण कहते हैं, मैं परम विद्या हूं सब विद्याओं में।

लेकिन यह बात आप ध्यान रखना, और विद्याओं का वे निषेध नहीं करते हैं, और विद्याओं में जो श्रेष्ठ है, उसकी सूचना भर दे रहे हैं। वे यह नहीं कह रहे हैं कि सिर्फ अध्यात्म-विद्या को खोजना है, बाकी सब छोड़ देना है।

यह भी सोचने जैसा है कि अध्यात्म-विद्या परम विद्या तभी हो सकती है, जब दूसरी विद्याएं भी हों। नहीं तो वह परम विद्या नहीं रह जाएगी। आप कोई मंदिर का अकेला सोने का शिखर बना लें और दीवालें न हों, तो समझ लेना कि शिखर जमीन में पड़ा हुआ लोगों के पैरों की ठोकर खाएगा। मंदिर का स्वर्ण-शिखर आकाश में उठता ही इसलिए है कि पत्थर की दीवालें उसे सम्हालती हैं। अध्यात्म-विद्या का शिखर भी तभी सम्हलता है, जब और सारी विद्याएं दीवालें बन जाती हैं और उसे सम्हालती हैं।

अब तक हम कहीं भी मंदिर नहीं बना पाए। हमने शिखर बना लिया, पश्चिम ने मंदिर बना लिया। जब तक हमारा शिखर पश्चिम के मंदिर पर न चढ़े, तब तक दुनिया में पूर्ण संस्कृति पैदा नहीं हो सकती।[105]

गंगा : भारत की आत्मा

गंगा के प्रतीक को भी समझने जैसा है। गंगा के साथ हिंदू मन बड़े गहरे में जुड़ा है। गंगा को हम भारत से हटा लें, तो भारत को भारत कहना मुश्किल हो जाए। सब बचा रहे, गंगा हट जाए, भारत को भारत कहना मुश्किल हो जाए। गंगा को हम हटा लें, तो भारत का सारा साहित्य अधूरा पड़ जाए। गंगा को हम हटा लें, तो भारत के न मालूम कितने ऋषियों के नाम खो जाएं। गंगा को हम हटा लें, तो हमारा तीर्थ ही खो जाए, हमारे सारे तीर्थ की भावना खो जाए।

गंगा के साथ भारत के प्राण बड़े पुराने दिनों से कमिटेड हैं, बड़े गहरे में जुड़े हैं। गंगा जैसे हमारी आत्मा का प्रतीक हो गई है। मुल्क की भी अगर कोई आत्मा होती हो और उसके प्रतीक होते हों, तो गंगा ही हमारा प्रतीक है। पर क्या कारण होगा गंगा के इस गहरे प्रतीक बन जाने का कि हजारों-हजारों वर्ष पहले कृष्ण भी कहते हैं कि नदियों में मैं गंगा हूं?

गंगा कोई नदियों में विशेष उस अर्थ में नहीं है। गंगा से बड़ी नदियां हैं, गंगा से लंबी नदियां हैं। गंगा से बड़ी विशाल नदियां पृथ्वी पर हैं। गंगा कोई लंबाई में, विशालता में, चौड़ाई में, किसी दृष्टि से कोई बहुत बड़ी गंगा नहीं है। कोई बहुत बड़ी नदी नहीं है। ब्रह्मपुत्र है, और अमेजान है, और ह्वांगहो है, और सैकड़ों नदियां हैं, जिनके सामने गंगा फीकी पड़ जाए।

पर गंगा के पास कुछ और है, जो पृथ्वी पर किसी भी नदी के पास नहीं है। और उस कुछ और के कारण भारतीय मन ने गंगा के साथ एक ताल-मेल बना लिया। एक तो बहुत मजे की बात है कि पूरी पृथ्वी पर गंगा सबसे ज्यादा जीवंत नदी है, अलाइव। सारी नदियों का पानी आप बोतल में भरकर रख दें, सभी नदियों का पानी सड़ जाएगा, गंगा भर का नहीं सड़ेगा। केमिकली गंगा बहुत विशिष्ट है। उसका पानी डिटेरिओरेट नहीं होता, सड़ता नहीं, वर्षों रखा रहे। बंद बोतल में भी वह अपनी पवित्रता, अपनी स्वच्छता कायम रखता है।

ऐसा किसी नदी का पानी पूरी पृथ्वी पर नहीं है। सभी नदियों के पानी इस अर्थों में कमजोर हैं। गंगा का पानी इस अर्थों में विशेष मालूम पड़ता है, उसका विशेष केमिकल गुण मालूम पड़ता है।

गंगा में इतनी लाशें हम फेंकते हैं। गंगा में हमने हजारों-हजारों वर्षों से लाशें बहाई हैं। अकेले गंगा के पानी में, सब कुछ लीन हो जाता है, हड्डी भी। दुनिया की किसी नदी में वैसी क्षमता नहीं है। हड्डी भी पिघलकर लीन हो जाती है और बह जाती है और गंगा को अपवित्र नहीं कर पाती। गंगा सभी को आत्मसात कर लेती है, हड्डी को भी। कोई भी दूसरे पानी में लाश को हम डालेंगे, पानी सड़ेगा। पानी कमजोर और लाश मजबूत पड़ती है। गंगा में लाश को हम डालते हैं, लाश ही बिखर जाती है, मिल जाती है अपने तत्वों में। गंगा अछूती बहती रहती है। उस पर कोई प्रभाव नहीं पड़ता।

गंगा के पानी की बड़ी केमिकल परीक्षाएं हुई हैं, वैज्ञानिक। और अब तो यह वैज्ञानिक रूप से सिद्ध हो गया है कि उसका पानी असाधारण है।

यह क्यों है असाधारण, यह भी थोड़ी हैरानी की बात है। क्योंकि गंगा जहां से निकलती है, वहां से बहुत नदियां निकलती हैं। गंगा जिन पहाड़ों से गुजरती है, वहां से कई नदियां गुजरती हैं। तो गंगा में जो खनिज और जो तत्व मिलते हैं, वे और नदियों में भी मिलते हैं। फिर गंगा में कोई गंगा का ही पानी तो नहीं होता, गंगोत्री से तो बहुत छोटी-सी धारा निकलती है। फिर और तो सब दूसरी नदियों का पानी ही गंगा में आता है। विराट धारा तो दूसरी नदियों के पानी की ही होती है।

लेकिन यह बड़े मजे की बात है कि जो नदी गंगा में नहीं मिली, उस वक्त उसके पानी का गुणधर्म और होता है और गंगा में मिल जाने के बाद उसी पानी का गुणधर्म और हो जाता है! क्या होगा कारण? केमिकली तो कुछ पता नहीं चल पाता। वैज्ञानिक रूप से इतना तो पता चलता है कि विशेषता है और उसके पानी में खनिज और केमिकल्स का भेद है। विज्ञान इतना ही कह भी सकता है। लेकिन एक और भेद है, वह भेद विज्ञान के खयाल में आज नहीं तो कल आना शुरू हो जाएगा। और वह भेद है, गंगा के पास लाखों-लाखों लोगों का जीवन की परम अवस्था को पाना।

यह मैं आपसे कहना चाहूंगा कि पानी, जब भी कोई व्यक्ति, अपवित्र व्यक्ति पानी के पास बैठता है—अंदर जाने की तो बात अलग—पानी के पास भी बैठता है, तो पानी प्रभावित होता है। और पानी उस व्यक्ति की तरंगों से आच्छादित हो जाता है। और पानी उस व्यक्ति की तरंगों को अपने में ले लेता है।

इसलिए दुनिया के बहुत धर्मों ने पानी का उपयोग किया है। ईसाइयत ने बप्तिस्मा, बेप्टिज्म के लिए पानी का उपयोग किया है।

जीसस को जिस व्यक्ति ने बप्तिस्मा दिया, जान दि बेप्टिस्ट ने, उस आदमी का नाम ही पड़ गया था जान बप्तिस्मा वाला। वह जोर्डन नदी में—और जोर्डन यहूदियों के लिए वैसी ही नदी रही, जैसी गंगा हिंदुओं के लिए—वह जोर्डन नदी में गले तक आदमी को डुबा देता, खुद भी पानी में डूबकर खड़ा हो जाता, फिर उसके सिर पर हाथ रखता और प्रभु से प्रार्थना करता उसके इनीशिएशन की, उसकी दीक्षा की।

पानी में क्यों खड़ा होता था जान? और पानी में दूसरे व्यक्ति को खड़ा करके क्या कुछ एक व्यक्ति की तरंगें और एक व्यक्ति के प्रभाव और एक व्यक्ति की आंतरिक दशा का आंदोलन दूसरे तक पहुंचना आसान है?

आसान है। पानी बहुत शीघ्रता से चार्ज्ड हो जाता है। पानी बहुत शीघ्रता से व्यक्तित्व से अनुप्राणित हो जाता है। पानी पर छाप बन जाती है।

लाखों-लाखों वर्ष से भारत के मनीषी गंगा के किनारे बैठकर प्रभु को पाने की चेष्टा करते रहे हैं। और जब भी कोई एक व्यक्ति ने गंगा के किनारे प्रभु को पाया है, तो गंगा उस उपलब्धि से वंचित नहीं रही, गंगा भी आच्छादित हो गई है। गंगा का किनारा, गंगा की रेत के कण-कण, गंगा का पानी, सब, इन लाखों वर्षों में एक विशेष रूप से स्प्रिचुअली चार्ज्ड, आध्यात्मिक रूप से तरंगायित हो गया है।

इसलिए हमने गंगा के किनारे तीर्थ बनाए।

गंगा साधारण नदी नहीं है, एक आध्यात्मिक यात्रा है, और एक आध्यात्मिक प्रयोग। लाखों वर्षों तक लाखों लोगों का उसके निकट मुक्ति को पाना, परमात्मा के दर्शन को उपलब्ध होना, आत्म-साक्षात्कार को पाना! लाखों लोगों का उसके किनारे आकर अंतिम घटना को उपलब्ध होना! वे सारे लोग अपनी जीवन-ऊर्जा को गंगा के पानी पर उसके किनारों पर छोड़ गए हैं।[106]

ब्रह्ममुहूर्त

ब्रह्ममुहूर्त का अर्थ है, ब्रह्मा का वह क्षण, जब जगत शुरू होता है, जीवन प्रारंभ होता है, पदार्थ आविर्भूत होते हैं, व्यक्त होते हैं और लीला शुरू होती है। सुबह वह लीला शुरू होती है, सांझ होते-होते वह लीला अपने शिखर पर पहुंच जाती है। और जब भी कोई चीज शिखर पर पहुंचती है, तो उतरना शुरू हो जाती है। फिर रात ब्रह्मा की, और सब चीजें बिखरती जाती हैं, उतरती चली जाती हैं। और अंतिम क्षण में रात्रि के, जो जगत प्रकट हुआ था, वह पुनः अप्रकट में लीन हो जाता है। और फिर सुबह, और फिर सांझ, और फिर सुबह, ऐसा वर्तुलाकार ब्रह्मा का समय चलता रहता है।[107]

अवतार और ज्ञानी

श्री रमण को किसी ने पूछा कि क्या आप दावा करते हैं कि अवतार हैं? तो श्री रमण ने कहा: 'अवतार तो आंशिक होता है, ज्ञानी पूर्ण होता है। अवतार का तो मतलब थोड़ा-सा परमात्मा उतरा! ज्ञानी तो पूरा परमात्मा होता है। क्योंकि ज्ञानी जानता है परमात्मा के अतिरिक्त कोई भी नहीं है।'

पूछने वाला तो शायद यही पूछने आया था कि शायद रमण दावा करें कि मैं अवतार हूं। वह तो विवाद करने आया था, पंडित था! और रमण ने कहा: 'अवतार! छोटी-मोटी बात क्या उठानी! अवतार नहीं हूं, पूर्ण ही हूं!'

मैं तुमसे कहता हूं: तुम भी पूर्ण हो। प्रत्येक पूर्ण है। पूर्ण से पूर्ण ही पैदा होता है। हम परमात्मा से पैदा हुए हैं, अपूर्ण हो भी कैसे सकते हैं!

उपनिषद कहते हैं: पूर्ण से पूर्ण को निकाल लो, फिर भी पीछे पूर्ण शेष रह जाता है। पूर्ण को पूर्ण में डाल दो, फिर भी पूर्ण उतना का ही उतना है।

हम सब पूर्ण हैं और पूर्ण से ही निकले हैं—और निकल कर भी पूर्ण हैं। इस बोध के अनुभव का नाम ब्रह्मज्ञान, बुद्धत्व, कैवल्य या जो तुम चाहो...।[108]

पुराण का अर्थ

सुबह आप उठते हैं ताजे, लेकिन कभी आपने खयाल किया, यह ताजगी कहां से आती है? निश्चित ही, रातभर आपने ताजगी के लिए कुछ भी नहीं किया; न कोई व्यायाम किया, न कोई भोजन लिया। रातभर अगर आपने कुछ भी किया, तो इतना ही किया कि अपने को सब करने से रोका। रातभर आप सोए रहे। सोने में आप पुनः अव्यक्त में गिर जाते हैं। व्यक्त से हट जाते हैं, अव्यक्त में गिर जाते हैं। उसी अव्यक्त से ताजगी लेकर सुबह पुनः उठ आते हैं। सांझ होते-होते फिर थक जाते हैं; दिन ढल जाता है, रात शुरू हो जाती है। फिर...।

इसलिए पुराने शास्त्र कहते हैं, निद्रा छोटी मृत्यु है, निद्रा आंशिक मृत्यु है; मृत्यु पूर्ण निद्रा है। रोज आदमी को मरना पड़ता है, इसीलिए सुबह वह पुनः जीवित हो पाता है। रात अंधेरे में डूब जाते हैं, सुबह फिर पुनरुज्जीवित होते हैं, ताजे, प्रफुल्लित; फिर काम में लग जाते हैं।

ठीक ब्रह्मा की यह पूरी सृष्टि भी दिनभर में थक जाती है, सांझ होने के करीब हो जाती है। फिर मृत्यु, फिर पुनर्जन्म। ठीक चौबीस घंटे के दिन की भांति ब्रह्मा का भी बड़ा वर्तुलाकार दिन घूमता रहता है।

इसलिए एक बात और बहुत मजे की है और वह यह कि सिर्फ पूरब के मुल्कों में और विशेषतया भारत में समय की एक धारणा विकसित की, जो सरकुलर है, वर्तुलाकार है। हम समय को हमेशा वर्तुल में सोचते रहे। पश्चिम में समय की धारणा लीनियर है, एक रेखा में, सीधी। पश्चिम को वर्तुल का खयाल ही अभी-अभी आना शुरू हुआ। नहीं तो पश्चिम सोचता है, एक रेखा में इतिहास चलता है। हम सोचते हैं कि रेखा में नहीं, गोल वर्तुल में चलता है।

इसलिए हम जानते हैं कि सब चीजें फिर लौटकर आ जाती हैं। अगर एक ही रेखा में चलता हो, तो चीजें लौटकर नहीं आ सकतीं। इसलिए पश्चिम ने इतिहास लिखा, पूरब ने कभी इतिहास नहीं लिखा। क्योंकि जब सभी चीजें बार-बार लौट आती हों, तो इतिहास की लिखने की व्यर्थ की झंझट में क्यों पड़ना? फिर-फिर यही होगा। फिर राम होंगे, फिर कृष्ण होंगे, फिर बुद्ध होंगे; चीजें वर्तुलाकार लौटती रहेंगी; तो क्या प्रयोजन है बार-बार लिखने से कि बुद्ध कब हुए, कैसे हुए, किस तिथि में हुए, किस समय में हुए!

ईसाइयत ने समय का नान-सर्कुलर दृष्टिकोण पकड़ा है, गैर-वर्तुल, रेखाबद्ध। इसलिए ईसा का जन्मदिन इतिहास की शुरुआत बन गया। वह ईवेंट बन गया, घटना बन गई। इसलिए उचित ही है कि सारी दुनिया में हम ईसा के जन्मदिन के हिसाब से समय को मापते हैं। हमारे पास ऐसा समय-माप नहीं है। और हमने जो समय-माप गढ़े भी हैं, वे भी ईसा की नकल में गढ़े हैं। और हमने बहुत दफे बहुत-से समय-माप शुरू किए, लेकिन हमारी चेतना से मेल नहीं पड़ा और वे छूट गए।

हमने पुराण तो लिखा है, इतिहास नहीं लिखा। पुराण का अर्थ है, वह जो सदा लौटता है, उसमें तिथियों के हिसाब की जरूरत नहीं, कथा का सार ही काफी है। इसलिए ईसाइयत कहती है कि जीसस इज़ दि फर्स्ट हिस्टारिक पर्सन। वे ठीक कहते हैं कि जीसस पहले ऐतिहासिक पुरुष हैं। वे कहते हैं, तुम्हारे सब पुरुष—कृष्ण हों, कि ऋषभ हों, कि राम हों, कि परशुराम हों—ये सब नान-हिस्टारिक हैं, ये सब गैर-ऐतिहासिक हैं।

इससे भारतीय मन को बड़ी पीड़ा होती है; लेकिन उसी मन को, जिसे भारत के रहस्यों का कोई पता नहीं है। इससे खुश होना चाहिए, यह पौराणिक है और पुराण इतिहास से ज्यादा गहन बात है।

इतिहास लेखा-जोखा है ऊपरी घटनाओं का; पुराण लेखा-जोखा है अंतरतम का। उसमें तिथियों का कोई मूल्य नहीं। उसमें, अखबार में जो घटनाएं छपती हैं, उनका कोई मूल्य नहीं। उसमें तो जो घटनाएं जीवन के अंतस्तल में, अस्तित्व के प्राणों में घटित होती हैं, केवल उनका लेखा-जोखा है।

इसलिए एक बहुत मजेदार घटना घट सकती है, वह सिर्फ भारत में घट सकती है। वह यह है कि वाल्मीकि ने राम के जन्मने के पहले रामायण लिखी। यह दुनिया में कहीं भी नहीं घट सकती। यह कैसे घट सकती है! क्योंकि इतिहास लिखने वाला तो इतिहास तभी लिखेगा, जब इतिहास घट जाए। कोई अखबार खबर छाप सकता है, जो अभी घटी न हो? अखबार तो खबर छाप सकता है, जो घट गई हो। इसलिए इतिहास केवल सड़ा हुआ कचरा है, जो हो चुका, जो बीत चुका। वह सिर्फ राख है मुर्दों की। इतिहास मरे का लेखा-जोखा है।

सिर्फ एक अनूठी घटना इस मुल्क में घटी है और वह यह कि वाल्मीकि ने राम के जन्म के पहले राम की कथा लिखी है। बड़ी अनूठी है और बड़ी बेबूझ है, एब्सर्ड है, तर्कसंगत नहीं है। कोई भी कहेगा, क्या पागलपन है! पहले कथा कैसे लिखी जा सकती है?

लिखी जा सकती है, अगर पुराण का खयाल हो। वाल्मीकि को अगर यह पता है कि राम जैसा व्यक्ति हर वर्तुलाकार अस्तित्व में पैदा होता है, राम जैसा व्यक्ति ब्रह्मा के हर दिन में एक बार पैदा होता ही है, तो यह कथा लिखी जा सकती है। यह राम जैसा व्यक्ति हजारों दफे पहले भी पैदा हो चुका है।

समझें ऐसा कि हमें पता है कि हर वर्ष, वर्ष के किसी काल में वर्षा आती है। एक बार जब वर्ष का वर्तुल घूमता है, तो वर्षा आती है। तो वर्षा आने के पहले जान लेने में कौन-सी कठिनाई है! जिसे पता हो कि आषाढ़ आएगा और आषाढ़ के पहले दिन आकाश में बादल घिरेंगे, भूखी-प्यासी पृथ्वी मांग करेगी और आकाश से उसकी प्यास को तृप्त करने के लिए पानी गिरेगा। इसमें कौन-सी कठिनाई है, जिसे पता हो पिछले वर्षों का, वर्षा के होने का!

लेकिन एक नया बच्चा पैदा हुआ है, जिसने अभी पहली वर्षा भी नहीं देखी। उसका पिता अगर उससे कहे कि बहुत शीघ्र वर्षा आएगी, आषाढ़ का पहला दिन करीब आता है। आकाश में काले बादल घिरेंगे, सब मौसम गीला, धुंधला हो जाएगा। फिर बूंदें गिरेंगी, जो पृथ्वी के लिए अमृत जैसी तृप्तिदायी होंगी। वृक्ष हरे हो उठेंगे, फूलों से लद जाएंगे। सारा जीवन हरा हो जाएगा।

तो वह बच्चा प्रतीक्षा करे। फिर आषाढ़ का पहला दिन आए और बादल घिरने लगें, तो वह पिता को कहे कि तुम कैसे अदभुत हो! ठीक वैसा ही हुआ जा रहा है।

इस पिता को सिर्फ इतना ही पता है कि वर्ष के वर्तुल में, चक्र में वर्षा एक बार आती है। ठीक प्रत्येक ब्रह्मा के काल में कितने लोग पैदा होते हैं!

जैन अनुभवियों को पता है कि ब्रह्मा के एक दिन में चौबीस तीर्थंकर पैदा होते हैं। एक-एक घंटे पर, इसलिए चौबीस। चौबीस घंटे में एक-एक घंटे पर एक-एक टीचर, एक-एक सदगुरु पैदा होता है। इसलिए चौबीस तीर्थंकर पैदा होते हैं।

ये हर वर्तुल में पैदा होते हैं। इनके नाम अलग होंगे, इनके इतिहास की रेखाएं थोड़ी-बहुत अलग होंगी। क्योंकि हर बार, हर आषाढ़ के पहले दिन पर आकाश में घिरे बादलों की रूप-रेखा एक-सी नहीं होती। कोई और होगा राम, कोई और होगा कृष्ण। लेकिन ऊपर का लेखा-जोखा अलग होगा, इतिहास अलग होगा, भीतर का जो सारभूत तत्व है, वह एक ही होगा। कभी वह दशरथ का पुत्र होगा, और कभी दशरथ का पुत्र नहीं होगा। लेकिन राम जब भी पैदा होगा, तो वह भीतर का जो रामपन है, दि एसेंशियल, वह जो सारभूत है, वह वही होगा।

वाल्मीकि उसी सारभूत राम की कथा लिखते थे। और बड़ी मधुर है यह बात कि राम फिर उस कथा के अनुसार जीवन का आचरण करते हैं। क्योंकि वाल्मीकि को सत्य तो होना ही चाहिए। वाल्मीकि के असत्य होने का कोई उपाय ही नहीं है। जो पुराण को जानते हैं, वे कभी असत्य नहीं होते; और जो इतिहास को जानते हैं, वे कितना ही जान लें, वे सदा ही असत्य होते हैं।

इतिहास कभी निर्णय नहीं कर पाता—यह बहुत मजे की बात है—हम पीछे का भी निर्णय नहीं कर पाते कि क्या हुआ। हमला पाकिस्तान ने किया हिंदुस्तान पर, कि हिंदुस्तान ने किया पाकिस्तान पर, वह कभी निर्णीत नहीं होता। वह कभी निर्णीत नहीं होता, कि चीन हमलावर था कि हम हमलावर थे। चीन के इतिहासविद लिखते रहेंगे कि हमने हमला किया और हमारे इतिहासज्ञ लिखते रहेंगे कि चीन ने हमला किया। और सदियों तक ये दोनों इतिहास चलते रहेंगे। और कभी तय होने वाला नहीं कि हमला किसने किया। इतिहास, जो घट चुका, वह भी तय नहीं होता।

और अभी पश्चिम का बहुत बड़ा विचारशील इतिहासविद टायनबी कहता है कि मैं इतना ही कह सकता हूं इतिहास के संबंध में कि ज्यादा से ज्यादा हम इतना ही मान सकते हैं कि जिस पर भी हम सब सहमत हो जाते हैं, एक बात पर, वह सबसे कम असत्य होगी, बस। और सत्य होगी, इस पर नहीं हो सकते तय। कम से कम असत्य यह बात होगी, इस पर हम तय हो सकते हैं ज्यादा से ज्यादा। इस पर भी विवाद जारी रहेगा। इस पर भी निर्णय नहीं हो सकता।

एक तो यह स्थिति है और एक स्थिति वह है कि पहले लिखी जाती है कथा और राम का आचरण उसके अनुसार हो जाता है। और राम के आचरण में अगर थोड़ा-बहुत भेद भी रहा होगा, तो उस भेद को हटा दिया गया। उस भेद का कोई मूल्य नहीं है। राम उतने निर्णायक नहीं हैं, जितने निर्णायक वाल्मीकि हैं। क्योंकि राम की जो ऊपरी घटनाएं हैं, नान-एसेंशियल हैं, कि वह किसके घर में पैदा हुए, कि उन्होंने कितनी रोटी एक दिन खाई, कि किससे क्या बात की, यह बेमानी है। उनका रामपन कैसे प्रकट हुआ, वही महत्वपूर्ण है।

पुराण का अर्थ यह है। अव्यक्त से व्यक्त का जो जन्म है, अगर वह वर्तुलाकार है, तो हम भविष्य के ज्ञाता हो सकते हैं। और अतीत के संबंध में भी हमारी निष्पत्ति सत्य हो सकती है। कम से कम असत्य नहीं, पूर्णतः सत्य हो सकती है।

लेकिन समय की इस वर्तुलाकार दृष्टि का अगर खयाल हो, तो दो बातें स्मरण रख लेनी चाहिए। वह यह कि जो भी शुरू होता है, वह समाप्त होता है। पश्चिम को खयाल ही नहीं है प्रलय का। पश्चिम में खयाल है क्रिएशन का। ईश्वर ने जगत को बनाया। लेकिन पश्चिम यह सोच ही नहीं सकता कि वही ईश्वर इस जगत को मिटाएगा भी। क्योंकि यह मिटाना, बनाने वाले के साथ संगत नहीं मालूम पड़ता, इनकंसिस्टेंट मालूम पड़ता है। पश्चिम सोच सकता है कि पिता है ईश्वर जगत का, लेकिन यह नहीं सोच सकता कि वही विध्वंसक और हत्यारा भी होगा।

हम सोच सके। सच तो यह है कि हमसे ज्यादा हिम्मतवर सोचने वाले लोग जमीन पर फिर नहीं हुए। यह बड़ी हिम्मत की बात है यह सोचना कि जिसने बनाया है इस जगत को, वही इसे विनाश में ले जाएगा। क्योंकि हमें एक सत्य दिखाई पड़ गया कि जो भी चीज बनती है, वह मिटती है। और जो बनाने वाला है, वही मिटाने वाला भी है। और मिटने और बनने में हमने

विरोध नहीं देखा, एक ही प्रक्रिया के दो हिस्से देखे। सुबह और सांझ में हमने विरोध नहीं देखा। सुबह जिसे उगते देखा, सांझ उसे डूबते देखा। वही सूरज सांझ को डूबता है, जो सुबह उगा था।[109]

ध्यान और मंदिर

कुश का बहुत उपयोग ध्यान के लिए किया गया है, कई कारणों से। एक तो, जिन दिनों ध्यान की प्रक्रिया विकसित हो रही थी इस पृथ्वी पर, जिन क्षणों में ध्यान का उदघाटन हो रहा था, आविष्कार हो रहा था, उन क्षणों से बहुत संबंध कुश का है।

हमारे पास शब्द है उस समय का, कुशल। वह कुश से ही बना हुआ शब्द है। आपने कभी सोचा न होगा कि हम एक आदमी को कहते हैं कि बहुत कुशल ड्राइवर है; कहते हैं, बहुत कुशल अध्यापक है; लेकिन कुशल का मतलब आपको पता है।

कुशल का कुल मतलब इतना ही है, ठीक कुश को ढूंढ़ लेने वाला। सभी घास कुश नहीं है। तो जिन दिनों ध्यान इस पृथ्वी पर बड़ा व्यापक था, विशेषकर इस देश में, और जिस दिन ध्यान के प्राथमिक चरण हमने उदघाटित किए थे, उस दिन कुशल उस आदमी को कहते थे, जो हजारों तरह की घास में से उस घास को खोज लाए, जो ध्यान में सहयोगी होती है, उस कुश को खोज लाए।

एक विशेष तरह की घास अपने साथ एक विशेष तरह का वातावरण, एक विशेष तरह की ताजगी ले आती है।

हमें अनुभव होता है कई बार कि कुछ चीजों की मौजूदगी कैटेलिटिक का काम करती है—कुछ चीजों की मौजूदगी। आपने अपने चारों तरफ फूल रख लिए हैं, आपने अपने चारों तरफ एक सुगंध छिड़क रखी है, आपने अपने चारों तरफ धूप जला रखी है, तो आप एक विशेष मौजूदगी के भीतर घिर गए हैं। इस मौजूदगी में कुछ बातें सोचनी मुश्किल, कुछ बातें सोचनी आसान हो जाएंगी। जब चारों तरफ आपके सुगंध हो, तो दुर्गंध के खयाल आने मुश्किल हो जाएंगे।

कुछ विशेष प्रकार की घास, कुछ विशेष प्रकार की धूप, जो कि ध्यान के ही माध्यम से खोजी गई थी, सहयोगी हो सकती है। उसकी अपनी पूरी वैज्ञानिक प्रक्रिया है।

लुकमान के जीवन में उल्लेख है कि लुकमान पौधों के पास जाता, उनके पास आंख बंद करके, ध्यान करके बैठ जाता और उन पौधों से पूछता कि तुम किस काम में आ सकते हो,

मुझे बता दो! तुम किस काम में आ सकते हो? तुम्हारे पत्ते किस काम में आएंगे, किस बीमारी के काम आएंगे? तुम्हारी जड़ किस काम में आएगी? तुम्हारी छाल किस काम में आएगी?

कहानी अजीब-सी मालूम पड़ती है, लेकिन लुकमान ने लाखों पौधों के पत्ते, जड़ों और उन सबका विवरण दिया है कि वे किस काम में आएंगे।

असंभव मालूम पड़ता है कि पौधे बता दें। लेकिन जब लुकमान की किताब हाथ में लगी वैज्ञानिकों के, तो कठिनाई यह हुई कि... । दूसरी बात और भी असंभव है कि लुकमान के पास कोई प्रयोगशाला रही हो, जिसमें लाखों पौधों की क़रोड़ों प्रकार की चीजों का वह पता लगा पाए। वह और भी असंभव है। क्योंकि लेबोरेटरी मेथड्स तो अब विकसित हुए हैं; और केमिकल एनालिसिस तो अब विकसित हुई है, लुकमान के वक्त में तो थी ही नहीं। लेकिन आपकी केमिकल एनालिसिस, रासायनिक प्रक्रिया से और रासायनिक विश्लेषण से आप जो पता लगा पाते हैं, वह गरीब लुकमान बहुत पहले अपनी किताबों में लिख गया है, सुश्रुत अपनी किताबों में लिख गया है, धनवंतरि ने उसकी बात कर दी है। और इनके पास कोई प्रयोगशाला नहीं थी, कोई प्रयोगशाला की विधियां नहीं थीं। इनके पास जानने का जरूर कोई और विधि, कोई और मेथड था, कोई और उपाय था।

वह ध्यान का उपाय है। ध्यान के गहरे क्षण में आप किसी भी वस्तु के साथ तादात्म्य स्थापित कर सकते हैं।

मनोवैज्ञानिक उसे एक खास नाम देते हैं, पार्टिसिपेशन मिस्टीक। एक बहुत रहस्यमय ढंग से आप किसी के साथ एकात्म हो सकते हैं।

ध्यान के क्षण में, गहरी शांति और मौन के क्षण में, अगर आप गुलाब के फूल को सामने रख लें और इतने एकात्म हो जाएं कि उस गुलाब से पूछ सकें कि बोल, तू किस काम में आ सकता है? तो गुलाब नहीं बोलेगा, लेकिन आपके प्राण ही, आपकी अंतर्प्रज्ञा ही कहेगी, इस काम में।

तो कुशल उस व्यक्ति को कहते थे, जो अनंत तरह की घासों के बीच से उस कुश घास को खोज लाता था, जो ध्यान में सहयोगी होने का वातावरण निर्मित करती है।

इसलिए कृष्ण ने कहा सबसे पहले, कुश।

वस्त्र! विशेष वस्त्र। सभी वस्त्र सहयोगी नहीं होते। जिन वस्त्रों में आपने भोजन किया है, उन्हीं वस्त्रों में ध्यान करना कठिन होगा। जिन वस्त्रों में आपने संभोग किया है, उन्हीं वस्त्रों में ध्यान करना तो महा कठिन होगा। जिस बिस्तर पर लेटकर आपने कामवासना के विचार किए हैं, उसी बिस्तर पर बैठकर ध्यान करना बहुत मुश्किल होगा। क्योंकि प्रत्येक वृत्ति और प्रत्येक वासना अपने चारों तरफ की चीजों को इनफेक्ट कर जाती है।

ऐसे लोग आज भी पृथ्वी पर हैं और ऐसी प्रक्रियाएं भी हैं कि मेरा रूमाल उन्हें दे दिया जाए, तो वे मेरे बाबत सब कुछ बता देंगे, हालांकि वे कुछ भी नहीं जानते कि मैं कौन हूं और यह रूमाल किसका है। क्योंकि यह रूमाल मेरे साथ रहकर मेरी सब तरह की संवेदनाओं को, मेरी सब तरह की तरंगों को, मेरे सब तरह के प्रभाव को आत्मसात कर जाता है, पी जाता है।

सूती कपड़े बहुत तीव्रता से पीते हैं, रेशमी कपड़े बहुत मुश्किल से पीते हैं। रेशमी कपड़े बहुत रेसिस्टेंट हैं। इसलिए ध्यान के लिए रेशमी कपड़ों का बहुत दिन उपयोग किया जाता रहा

है। वे बिलकुल रेसिस्टेंट न के बराबर हैं। कम से कम दूसरी चीजों के प्रभावों को पीते हैं, इंप्रेसिव नहीं हैं, उन पर इंप्रेशन नहीं पड़ता। कम पड़ता है, फिसल जाता है, बिखर जाता है, टूट जाता है।

सूती कपड़ा एकदम पी जाता है। तो सूती कपड़े की खूबी भी है, खतरा भी है। अगर ध्यान के वक्त सूती कपड़े का उपयोग करें, तो वह ध्यान को पी जाएगा। लेकिन फिर उसकी सुरक्षा करनी पड़ेगी, उसको बचाना पड़ेगा। क्योंकि वह दूसरे प्रभावों को भी इसी तरह पी जाएगा। और चौबीस घंटे में तो ध्यान का मुश्किल से कभी एक क्षण आएगा, बाकी तो क्षण बहुत होंगे; वह सब पी जाएगा।

इसलिए रेशमी कपड़े का उपयोग किया जाता रहा। वह प्रभावों को नहीं पीता है। और आपके चारों तरफ एक निष्प्रभाव की धारा बना देता है। स्वच्छतम हों, कोरे हों, रेशमी हों।

और फिर जिन्होंने पाया कि कपड़े का किसी भी तरह उपयोग करो, कुछ न कुछ कठिनाई होती है, तो महावीर ने दिगंबर होकर प्रयोग किया। उसके कारण थे। ऐसे ही नग्न नहीं हो गए। ऐसा कोई दिमाग खराब नहीं था। कारण थे। कैसे ही कपड़े का उपयोग करो, कुछ न कुछ प्रभाव संक्रमित हो जाते हैं। आप अगर अपने ध्यान के कपड़े भी अलग रख दें, तो आप ही रखेंगे, आप ही उठाएंगे; कहीं तो रखेंगे। और अब हमारे घरों में ऐसी कोई जगह नहीं है, जिसे हम समस्त प्रभावों के बाहर रख सकें।

अगर आप अपने घर में एक छोटा-सा कोना समस्त प्रभावों के बाहर रख सकते हैं, तो वह मंदिर हो गया। मंदिर का उतना ही मतलब है। गांव में अगर एक घर आप ऐसा रख सकते हैं, जो समस्त प्रभावों के बाहर है, तो वह मंदिर है। मंदिर का उतना ही अर्थ है। लेकिन कुछ भी अब बाहर रखना बहुत मुश्किल है। एक कोना...।

इसलिए वे कह रहे हैं, शुद्ध स्थान।

शुद्ध स्थान से मतलब है, अप्रभावित स्थान। जो जीवन की निम्नतर वासनाएं हैं, उनसे बिलकुल अप्रभावित स्थान। और इस तरह के अप्रभावित स्थान का परिणाम गहरा है। और वह घर बहुत गरीब है, चाहे वह कितना ही अमीर का घर हो, जिस घर में ऐसी थोड़ी-सी जगह नहीं, जिसे शुद्ध कहा जा सके। किस जगह को शुद्ध कहें?

जिस जगह बैठकर आपने कभी कोई दुष्विचार नहीं सोचा; जिस जगह बैठकर आपने कोई दुष्कर्म नहीं किया; जिस जगह बैठकर आपने सिवाय परमात्मा के स्मरण के और कुछ भी नहीं किया; जिस जगह बैठकर आपने ध्यान, प्रार्थना, पूजा के और कुछ भी नहीं किया; जिस जगह प्रवेश करने के पहले आप अपनी सारी क्षुद्रताओं को बाहर छोड़ गए—ऐसा एक छोटा-सा कोना!

और निश्चित ही ऐसा कोना निर्मित हो जाता है। और अगर इस कोने पर सैकड़ों लोगों ने प्रयोग किया हो, तो वह धीरे-धीरे घनीभूत होता चला जाता है, क्रिस्टलाइज हो जाता है। वह आपकी इस दुनिया के बीच एक अलग दुनिया बस जाती है। वह एक अलग कोना हो जाता है। जिसके भीतर प्रवेश करते से ही परिणाम शुरू हो जाएंगे। जिसके भीतर कोई अजनबी आदमी भी आएगा, तो परिणाम शुरू हो जाएंगे।

कई बार आपको अनुभव में आया होगा, इससे उलटा आया होगा, लेकिन बात तो समझ

में आ जाएगी। कई बार आपको अनुभव में आया होगा, किसी घर में प्रवेश करते, किसी स्थान पर बैठते, मन बहुत दुष्विचारों से भर जाता है। किसी व्यक्ति के पास जाते, मन बहुत दुष्कर्मों की वासनाओं से भर जाता है। इससे उलटा बहुत कम खयाल में आया होगा। क्योंकि इससे उलटे आदमी बहुत कम हैं, इससे उलटी जगह बहुत कम हैं कि किसी के पास जाकर मन उड़ान लेने लगता है आकाश की, जमीन को छोड़ देता है। क्षुद्र से हट जाता है, विराट की यात्रा करने लगता है—किसी के पास।

इस तरह किसी के पास होने का पुराना नाम सत्संग था। सत्संग का मतलब किसी को सुनना नहीं था। सत्संग का मतलब कोई व्याख्यान नहीं था। सत्संग का मतलब, सन्निधि; ऐसे व्यक्ति की सन्निधि, जहां पहुंचकर आपकी अंतर्यात्रा को सुगमता मिलती है।

इसलिए इस मुल्क में दर्शन का बड़ा मूल्य हो गया। पश्चिम के लोग बहुत हैरान होते हैं कि दर्शन से क्या होगा? किसी के पास जाकर आप नमस्कार कर आए, उससे क्या होगा? पश्चिम के लोगों को पता नहीं कि कोई गहरा वैज्ञानिक कारण दर्शन के पीछे है।

अगर किसी पवित्र व्यक्ति के पास जाकर आप दो क्षण खड़े भी हुए हैं, दो क्षण सिर भी झुकाया है, तो परिणाम होगा।

सिर झुकाने का भी विज्ञान तो है ही। क्योंकि जैसे ही आप सिर झुकाते हैं, उस पवित्र व्यक्ति की तरंगें आप में प्रवेश करने के लिए सुविधा पाती हैं, आप रिसेप्टिव होते हैं। किसी के चरणों में सिर रखने का कुल कारण इतना था कि आप अपने को पूरा का पूरा सरेंडर करते हैं उसकी किरणों के लिए, उसके रेडिएशन के लिए, वह आप में प्रवेश कर जाए। एक क्षण का भी वैसा स्पर्श, एक आंतरिक स्नान करा जाता है।[110]

मृगचर्म और खड़ाऊं

संन्यासी इस देश में हजारों, लाखों वर्षों से कहना चाहिए, लकड़ी की खड़ाऊं का उपयोग करता रहा है, अकारण नहीं। मृगचर्म का उपयोग करता रहा है, अकारण नहीं। सिंहचर्म का उपयोग करता रहा है, अकारण नहीं। लकड़ी के तख्त पर बैठकर ध्यान करता रहा है, अकारण नहीं। कुछ प्रतीतियां खयाल में आनी शुरू हो गई थीं कि भेद पड़ता है।

जो चीजें भी विद्युत के लिए नान-कंडक्टिव हैं, वे सभी ध्यान में सहयोगी होती हैं। लेकिन अब इसके वैज्ञानिक कारण स्पष्ट हो सके हैं। आज विज्ञान कहता है कि जिन चीजों से भी विद्युत प्रवाहित होती है, उन पर बैठकर ध्यान करना खतरे से खाली नहीं है। क्यों? क्योंकि जब आप गहरे ध्यान में लीन होते हैं, तो आपका शरीर एक बहुत अनूठे रूप से एक बहुत नए तरह की अंतर्विद्युत पैदा करता है, एक इनर इलेक्ट्रिसिटी पैदा करता है। जब आप पूरे ध्यान में होते हैं, तो आपके शरीर की बाडी इलेक्ट्रिसिटी सक्रिय होती है।

और सबके शरीर में विद्युत का बड़ा आगार है। हम सबके शरीर में विद्युत का बड़ा आगार है। उसी विद्युत से हम जीते हैं, चलते हैं, उठते हैं, बैठते हैं। यह जो श्वास आप ले रहे हैं, वह सिर्फ आपके शरीर की विद्युत को आक्सीजन पहुंचाकर जीवित रखती है, और कुछ नहीं करती। वह आक्सीडाइजेशन करती है। आपको प्रतिपल आपके शरीर की विद्युत को चलाए रखने के लिए आक्सीजन की जरूरत है, इसलिए श्वास के बिना आप जी नहीं सकते। और शरीर विद्युत का, कहना चाहिए, एक जेनेरेटर है। वहां पूरे समय विद्युत पैदा हो रही है। इस विद्युत को ध्यान के समय में कंजरवेशन मिलता है, संरक्षण मिलता है।

साधारणतः आप विद्युत को फेंक रहे हैं। मैंने इतना हाथ हिलाया, तो भी मैंने विद्युत की एक मात्रा हाथ से बाहर फेंक दी। मैं एक शब्द बोला, तो उस शब्द को गति देने के लिए मेरे शरीर की विद्युत की एक मात्रा विनष्ट हुई। रास्ते पर आप चले, उठे, हिले, आपने कुछ भी किया कि शरीर की विद्युत की एक मात्रा उपयोग में आई।

लेकिन ध्यान में तो सब हिलन-डुलन बंद हो जाएगा। वाणी शांत होगी, विचार शून्य होंगे, शरीर निष्कंप होगा, चित्त मौन होगा, इंद्रियां शिथिल होकर निष्क्रिय हो जाएंगी। तो वह जो चौबीस घंटे विद्युत बाहर फिंकती है, वह सब कंजर्व होगी, वह सब भीतर इकट्ठी होगी।

अगर आप ऐसी जगह बैठे हैं, जहां से विद्युत आपके शरीर के बाहर जा सके, तो आपको ठीक वैसा ही शॉक अनुभव होगा, जैसा बिजली के तार को छूकर अनुभव होता है। और जो लोग ध्यान में थोड़े गहरे गए हैं, उनमें से अनेकों का यह अनुभव है। मेरे पास सैकड़ों लोग हैं, जिनका यह अनुभव है कि अगर वे गलत जगह बैठकर ध्यान किए हैं, तो उनको शॉक लगा है, उनको धक्का लगा है।

जब आप बिजली का तार छूते हैं, अगर लकड़ी की खड़ाऊं पहनकर छू लें, तो शॉक नहीं लगेगा। क्यों? शॉक बिजली की वजह से नहीं लगता, बिजली के तार को छूने से नहीं लगता शॉक। शॉक लगता है, बिजली के तार से आपके भीतर बिजली आ जाती है और झटके के साथ जमीन उसको खींच लेती है। वह जो जमीन खींचती है झटके के साथ, उसकी वजह से शॉक लगता है। अगर आप खड़ाऊं पहने खड़े हैं, तो शॉक नहीं लगेगा। बिजली का तार आपने छू लिया है। वह नहीं लगेगा इसलिए कि जमीन उसे झटके से खींच नहीं सकी और लकड़ी की खड़ाऊं ने बिजली को वापस वर्तुल बनाकर लौटा दिया।

शॉक लगता है वर्तुल के टूटने से, सर्किट टूटने से शॉक लगता है। अगर बिजली एक वर्तुल बना ले, तो आपको कभी धक्का नहीं लगता। और वर्तुल बनाने का एक ही उपाय है कि आप नान-कंडक्टर पर बैठे हों।

मृगचर्म नान-कंडक्टर है, सिंहचर्म नान-कंडक्टर है। बिजली उसके पार नहीं जा सकती, वह बिजली को वापस लौटाता है। लकड़ी नान-कंडक्टर है, वह बिजली को वापस लौटा देती है। खड़ाऊं नान-कंडक्टर है, वह बिजली को वापस लौटा देती है।

तो जो ध्यान कर रहा है, उसके लिए खड़ाऊं उपयोगी है। जो ध्यान कर रहा है, उसे लकड़ी के तख्त पर बैठना उपयोगी है। जो ध्यान कर रहा है, उसे मृगचर्म का उपयोग सहयोगी है।[111]

बुद्धं, संघं, धम्मं...शरणं गच्छामि

बुद्ध के पास कोई भी आता, तो कभी एकदम से दीक्षा नहीं होती थी; वर्षों कभी लग जाते। उस आदमी को कहते कि रुको, अभी ठहरो, अभी इतना करो, अभी इतना करो, इतना करो, फिर किसी दिन, फिर किसी दिन—उसको टालते चले जाते। जिस दिन वह घड़ी आ जाती, उस दिन वह खुद कह देते कि अब तुम खड़े हो जाओ और दीक्षित हो जाओ।

लेकिन वह जो दीक्षा थी, उसके तीन हिस्से थे। जिस दिन वह दीक्षा होती—बुद्ध की जो दीक्षा थी उसके तीन हिस्से थे। वह जो दीक्षित होता, वह तीन तरह की शरण जाता; थ्री टाइप्स ऑफ सरेंडर थे वे। वह तीन तरह की शरण करता। वह कहता, बुद्ध की शरण जाता हूं।

बुद्धं शरणं गच्छामि

और ध्यान रहे, बुद्ध की शरण जाने का मतलब गौतम बुद्ध की शरण जाना नहीं था; बुद्ध की शरण जाने का मतलब है—जागे हुए की शरण जाता हूं। इसका मतलब गौतम बुद्ध की

शरण कभी भी नहीं था। इसलिए बुद्ध से एक दफा किसी ने पूछा कि आप सामने बैठे हैं और एक आदमी आकर कहता है—बुद्धं शरणं गच्छामि। और आप सुन रहे हैं!

तो बुद्ध ने कहा कि वह मेरी शरण नहीं जा रहा, वह जागे हुए की शरण जा रहा है। मैं तो महज बहाना हूं। मेरी जगह और बुद्ध होते रहेंगे, मेरी जगह और बुद्ध हुए हैं; मैं तो सिर्फ एक बहाना हूं, एक खूंटी हूं। वह जागे हुए की शरण जा रहा है; मैं कौन हूं जो बाधा दूं? वह मेरी शरण जाए तो मैं रोक दूं; वह कहता है, बुद्ध की शरण।

तो तीन बार वह जागे हुए की शरण जा रहा है। वह जागे हुए के सामने अपने को समर्पित कर रहा है।

संघं शरणं गच्छामि

फिर दूसरी शरण और अदभुत है! वह है: संघं शरणं गच्छामि। वह तीन बार संघ की शरण जा रहा है। संघ का मतलब? आमतौर से बुद्ध को माननेवाले भी समझते हैं: संघ का मतलब बुद्ध का संघ। नहीं, वह संघ का मतलब नहीं है। संघ का मतलब है जागे हुओं का संघ। एक ही बुद्ध थोड़े ही है जागा हुआ! बहुत बुद्ध हो चुके हैं जो जाग गए, बहुत बुद्ध होंगे जो जागेंगे—उन सबका संघ है एक, उन सबकी एक कम्युनिटी है, एक कलेक्टिविटी है। तो कोई बुद्ध के संघ की शरण जा रहा हूं, वह तो बौद्धों की समझ है कि वह कह रहा है कि अब बुद्ध का जो यह संप्रदाय है, इसकी मैं शरण जा रहा हूं।

नहीं, जब पहले सूत्र से ही साफ हो जाता है, जब बुद्ध कहते हैं, वह मेरी शरण नहीं जा रहा है, जागे हुए की शरण जाता है, तो दूसरा सूत्र और भी साफ हो जाता है कि वह जागे हुओं के संघ की शरण जाता है। पहले वह एक व्यक्ति को जो सामने मौजूद है, उस पर अपने को समर्पित कर रहा है। क्योंकि यह प्रत्यक्ष है; आसान है इससे बात करनी। फिर वह उस बड़ी ब्रदरहुड, उस बड़े संघ के लिए समर्पण कर रहा है, जो जागे हैं कभी, जिनका उसे पता नहीं; जो कभी जागेंगे भविष्य में, उनका भी उसे कोई पता नहीं; जो अभी भी जागे हुए होंगे कहीं, उनका भी उसे कोई पता नहीं; वह उनको भी समर्पण कर रहा है कि मैं तुम्हारी भी शरण जाता हूं। वह एक कदम आगे बढ़ा सूक्ष्म की तरफ।

धम्मं शरणं गच्छामि

तीसरी शरण है: धम्मं शरणं गच्छामि। तीसरी बार वह कह रहा है: मैं धर्म की शरण जाता हूं। पहला, जो जागे हुए बुद्ध हैं, उनकी। दूसरा, जो बुद्धों का जागा हुआ संघ है, उनकी। और तीसरा जो जागरण की परम अवस्था है—धर्म, स्वभाव, जहां न व्यक्ति रह जाता है, जहां न संघ रह जाता है, जहां सिर्फ नियम, दि लॉ, सिर्फ धर्म रह जाता है— मैं उस धर्म की शरण जाता हूं।

ये तीन शरण जब वह पूरी कर दे—और यह सिर्फ कहने की बात न थी—यह जब पूरी हो जाए और बुद्ध को दिखाई पड़े कि ये तीन शरण इसकी पूरी हो गई हैं, तब दीक्षित होता वह आदमी; और बुद्ध सिर्फ गवाह होते। इसलिए बुद्ध उसको दीक्षा के बाद भी कहते कि मैं जो

कहूं तू उसे इसलिए मत मान लेना कि मैं बुद्ध पुरुष हूं; मैं जो कहूं उसे इसलिए मत मान लेना कि एक महान व्यक्ति ने कहा; मैं जो कहूं उसे इसलिए मत मान लेना कि जिसने कहा उसे बहुत लोग मानते हैं; मैं जो कहूं उसे इसलिए मत मान लेना कि शास्त्रों में वही लिखा है। नहीं, तेरी बुद्धि जो कहे, अब तू उसी को मानना।

वे गुरु बन नहीं रहे हैं। इसलिए मरते वक्त जो आखिरी संदेश है बुद्ध का, वह है: अप्प दीपो भव! आखिरी वक्त जब उनसे कहा है कि कुछ और संदेश दें! तो वे आखिरी संदेश देते हैं कि तुम अपने दीपक खुद ही बनना, तुम किसी के पीछे मत जाना, अनुसरण मत करना। बी ए लाइट अनटू योरसेल्फ! अप्प दीपो भव! अपने दीये खुद बन जाना, बस यह मेरा आखिरी...यह आखिरी संदेश है।[112]

शिवनेत्र

कभी जब चित्त बहुत प्रसन्न हो, तो द्वार-दरवाजे बंद करके अपने कमरे में लेट जाएं नग्न होकर; आंख बंद कर लें। और एक मिनट तक अपने माथे पर हाथ रखकर दोनों आंखों के बीच में एक मिनट तक रगड़ते रहें। चित्त अगर प्रसन्न हो, तो माथे पर रगड़ते ही सारी प्रसन्नता माथे पर इकट्ठी हो जाएगी।

ध्यान रहे, जब आदमी उदास होता है, तो अक्सर माथे पर हाथ रखता है। माथे पर हाथ रखने से उदासी बिखरती है और प्रसन्नता इकट्ठी होती है। हालांकि प्रसन्नता में कोई नहीं रखता, उसका खयाल नहीं है।

जब आदमी उदास होता है, दुखी होता है, चिंतित होता है, तो माथे पर हाथ रखता है। उससे चिंता बिखर जाती है; उस जगह जो इकट्ठा है, वह बिखर जाता है। निगेटिव कुछ होगा, तो माथे पर हाथ रखने से बिखर जाता है। पाजिटिव कुछ होगा, तो माथे पर हाथ रखने से इकट्ठा हो जाता है।

इसलिए मैंने कहा, जब प्रसन्न क्षण हो मन का कोई, लेट जाएं, माथे पर एक क्षण रगड़ लें जोर से हाथ से, अपने ही हाथ से। वह जगह बीच में जो है, वह बहुत कीमती जगह है। शरीर में शायद सर्वाधिक कीमती जगह है। वहां अध्यात्म का सारा राज छिपा है। थर्ड आई कोई कहता है उसे, कोई शिवनेत्र; उसे कोई भी कुछ नाम देता हो, पर वहां राज छिपा है। उस पर हाथ रगड़ लें। उस पर हाथ रगड़ने के बाद जब आपको लगे कि प्रसन्नता सारे शरीर से दौड़ने लगी है उस तरफ, आंख बंद रखें और सोचें कि मेरा सिर कहां है! खयाल करें आप आंख बंद करके कि मेरा सिर कहां है!

आपको बराबर पता चल जाएगा कि सिर कहां है। सबको पता है, अपना सिर कहां है। फिर एक क्षण के लिए सोचें कि मेरा सिर जो है, वह छः इंच लंबा हो गया। आप कहेंगे, कैसे सोचेंगे!

यह बिलकुल सरल है, और एक दो दिन में आपको अनुभव में आ जाएगा कि माथा छः इंच लंबा हो गया। आंख बंद किए! फिर वापिस लौट आएं, नार्मल हो जाएं, अपनी खोपड़ी के अंदर वापिस आ जाएं। फिर छः इंच पीछे लौटें, फिर वापस लौटें। पांच-सात बार करें।

जब आपको यह पक्का हो जाए कि यह होने लगा, तब सोचें कि पूरा शरीर मेरा जो है, वह कमरे के बराबर बड़ा हो गया। सिर्फ सोचना, जस्ट ए थाट, एंड दि थिंग हैपेंस। क्योंकि जैसे ही यह तीसरे नेत्र के पास शक्ति आती है, आप जो भी सोचें, वही हो जाता है। इसलिए इस तरफ शक्ति लाकर कभी भी कुछ भूलकर गलत नहीं सोच लेना, वह भी हो जाता है।

इसलिए इस तीसरे नेत्र के संबंध में बहुत बातें लोगों को नहीं कही जाती हैं, क्योंकि इससे बहुत संबंधित द्वार हैं। यह करीब-करीब वैसी ही जगह है, जैसा पश्चिम का विज्ञान एटामिक

एनर्जी के पास जाकर झंझट में पड़ गया है, वैसा ही पूरब का योग इस बिंदु के पास आकर झंझट में पड़ गया था। और पूरब के मनीषियों ने खोजा हजारों वर्षों तक, और फिर छिपाया इसको। क्योंकि आम आदमी के हाथ में पड़ा, तो खतरे शुरू हो गए थे।

अभी पश्चिम में वही हालत है। आइंस्टीन रोते-रोते मरा है कि किसी तरह एटामिक एनर्जी के सीक्रेट खो जाएं, तो अच्छा है; नहीं तो आदमी मर जाएगा।

पूरब भी एक दफा इस जगह आ गया था दूसरे बिंदु से, और उसने सीक्रेट खोज लिया था, और उससे बहुत उपद्रव संभव हो गए थे, और शुरू हो गए थे। तो फिर उसको भुला देना पड़ा। पर यह छोटा-सा सूत्र मैं कहता हूं, इससे कोई बहुत ज्यादा खतरे नहीं हो सकते हैं, क्योंकि और गहरे सूत्र हैं, जो खतरे ला सकते हैं।[113]

गीता का प्रभाव

जब पहली दफा शापेनहार ने गीता पढ़ी तो सिर पर रखकर वह नाचने लगा—नाचता हुआ घर के बाहर आ गया। और लोगों ने कहा, क्या हो गया? पागल हो गए हो? उसने कहा कि यह ग्रंथ पढ़ने योग्य नहीं, सिर पर रखकर नाचने योग्य है। मुझे पता ही नहीं था कि ऐसी बात कहनेवाले लोग भी हो गए हैं। यह क्या कह दिया! यह भाषा में आ सकता है? यह शब्द में बंध सकता है? मैं तो सोचता था : बंध ही नहीं सकता। यह तो बंध गया! यह तो कुछ बात कह दी गई!

अब हिंदुस्तान में गीता सिर पर रखकर नाचनेवाला आदमी नहीं मिलेगा। हां, बहुत लोग मिलेंगे जो गीता की बैलगाड़ी बनाकर और उस पर सवार होकर चल रहे हैं। वे लोग मिलेंगे। वह उनसे कोई...उनसे कोई अर्थ नहीं होता है।[114]

भैरव

एक अदभुत ग्रंथ है भारत में। और मैं समझता हूं, उस ग्रंथ से अदभुत ग्रंथ पृथ्वी पर दूसरा नहीं है। उस ग्रंथ का नाम है, विज्ञान भैरव। छोटी-सी किताब है। इससे छोटी किताब भी दुनिया में खोजनी मुश्किल है। कुल एक सौ बारह सूत्र हैं। हर सूत्र में एक ही बात है। हर सूत्र में एक ही बात! पहले सूत्र में जो बात कह दी है, वही एक सौ बारह बार दोहराई गई है—एक ही बात! और हर दो सूत्र में एक विधि पूरी हो जाती है।

पार्वती पूछ रही है शंकर से, शांत कैसे हो जाऊं? आनंद को कैसे उपलब्ध हो जाऊं? अमृत कैसे मिलेगा? और दो-दो पंक्तियों में शंकर उत्तर देते हैं। दो पंक्तियों में वे कहते हैं, बाहर जाती है श्वास, भीतर आती है श्वास। दोनों के बीच में ठहर जा; अमृत को उपलब्ध हो जाएगी। एक सूत्र पूरा हुआ। बाहर जाती है श्वास, भीतर आती है श्वास; दोनों के बीच ठहरकर देख ले, अमृत को उपलब्ध हो जाएगी।

पार्वती कहती है, समझ में नहीं आया। कुछ और कहें। और शंकर दो-दो सूत्र में कहते चले जाते हैं। हर बार पार्वती कहती है, नहीं समझ में आया। कुछ और कहें। फिर दो पंक्तियां। और हर पंक्ति का एक ही मतलब है, दो के बीच ठहर जा। हर पंक्ति का एक ही अर्थ है, दो के बीच ठहर जा। बाहर जाती श्वास, अंदर जाती श्वास। जन्म और मृत्यु; यह रहा जन्म, यह रही मौत; दोनों के बीच ठहर जा। पार्वती कहती है, समझ में कुछ आता नहीं। कुछ और कहें।

एक सौ बारह बार! पर एक ही बात, दो विरोधों के बीच में ठहर जा। प्रीतिकर-अप्रीतिकर, ठहर जा—अमृत की उपलब्धि। पक्ष-विपक्ष, ठहर जा—अमृत की उपलब्धि। आसक्ति-विरक्ति, ठहर जा—अमृत की उपलब्धि। दो के बीच, दो विपरीत के बीच जो ठहर जाए, वह गोल्डन मीन, स्वर्ण सेतु को उपलब्ध हो जाता है।

यह तीसरा सूत्र भी वही है। और आप भी अपने-अपने सूत्र खोज सकते हैं, कोई कठिनाई नहीं है। एक ही नियम है कि दो विपरीत के बीच ठहर जाना, तटस्थ हो जाना। सम्मान-अपमान, ठहर जाओ—मुक्ति। दुख-सुख, रुक जाओ—प्रभु में प्रवेश। मित्र-शत्रु, ठहर जाओ—सच्चिदानंद में गति।

कहीं से भी दो विपरीत को खोज लेना और दो के बीच में तटस्थ हो जाना। न इस तरफ झुकना, न उस तरफ। समस्त योग का सार इतना ही है, दो के बीच में जो ठहर जाता, वह जो दो के बाहर है, उसको उपलब्ध हो जाता है। द्वैत में जो तटस्थ हो जाता, अद्वैत में गति कर जाता है। द्वैत में ठहरी हुई चेतना अद्वैत में प्रतिष्ठित हो जाती है। द्वैत में भटकती चेतना, अद्वैत से च्युत हो जाती है।[115]

योगासन और देह-विद्युत

शरीर को हम ऐसी स्थिति में रख सकते हैं कि जमीन का अधिकतम आकर्षण शरीर पर हो। और जहां शरीर पर अधिकतम आकर्षण होगा, वहां शरीर जल्दी थकेगा, बेचैन होगा, परेशान होगा और चित्त को थिर करने में आपके लिए कठिनाई होगी—कृष्ण के लिए नहीं।

शरीर ऐसी स्थिति में हो सकता है, जहां गुरुत्वाकर्षण न्यूनतम है, मिनिमम है। जिसको हम सिद्धासन कहते हैं, सुखासन कहते हैं, पद्मासन कहते हैं, वे न्यूनतम गुरुत्वाकर्षण के आसन हैं। और आज तो वैज्ञानिक भी स्वीकार करता है कि अगर सिद्धासन में आदमी बहुत दिन तक, बहुत समय तक रह सके, तो उसकी उम्र बढ़ जाएगी। बढ़ जाएगी सिर्फ इसलिए कि उसके शरीर और जमीन के आकर्षण के बीच जो संघर्ष है, वह कम से कम होगा और शरीर कम से कम जरा-जीर्ण होगा।

अगर कृष्ण कहते हैं कि ऐसी भूमि चुनना ध्यान के लिए, जो नीची-ऊंची न हो; बहुत ऊंची भी न हो, बहुत नीची भी न हो। उसके भी कारण हैं। एक आदमी गड्ढे में भी बैठ सकता है। एक आदमी एक मचान बांधकर भी बैठ सकता है। खतरे क्या हैं? अगर आप गड्ढे में बैठ जाते हैं, जमीन के नीचे बैठ जाते हैं, तो एक दूसरे नियम पर ध्यान दे देना जरूरी है।

मैं यहां बोल रहा हूं, इस माइक को थोड़ा मैं नीचे कर लूं, अपने हाथ के तल पर ले आऊं, तो मेरी आवाज इस माइक के ऊपर से निकल जाएगी। मेरी ध्वनि तरंगें इसके ऊपर से निकल जाएंगी। यह आवाज मेरी ठीक से नहीं पकड़ पाएगा। इसे मैं बहुत ऊंचा कर दूं, तो भी मेरी ध्वनि तरंगें नीचे से निकल जाएंगी। यह माइक उन्हें पकड़ नहीं पाएगा। यह माइक मेरी ध्वनि तरंगों को तभी ठीक से पकड़ेगा, जब यह ठीक समानांतर, वाणी की तरंगों के समानांतर होगा। मेरे होंठों के जितने समानांतर होगा, उतनी ही सुविधा होगी इसे मेरी ध्वनि पकड़ लेने के लिए।

पूरी पृथ्वी पूरे समय अनंत तरह की तरंगों से प्रवाहित है। अनंत तरंगें चारों ओर फैल रही हैं। इन तरंगों में कई वजन की तरंगें, कई भार की तरंगें हैं। और यह बड़े आश्चर्य की बात है कि जितने बुरे विचारों की तरंगें हैं, वे उतनी ही भारी हैं, उतनी ही हैवी हैं। जितने शुभ विचारों की तरंगें हैं, उतनी हलकी हैं, निर्भार हैं।

अगर आप एक गड्ढे में बैठकर ध्यान करते हैं, कुएं में बैठकर ध्यान करते हैं, तो आपके संपर्क में इस पृथ्वी पर उठने वाली जितनी निम्नतम तरंगें हैं, उनसे ही आपका संपर्क हो पाएगा। वे तो कुएं में उतर जाएंगी, श्रेष्ठ तरंगें कुएं के ऊपर से ही प्रवाहित होती रहेंगी।

इसलिए पहाड़ों पर लोगों ने यात्रा की। पहाड़ों पर यात्रा का कारण था। कारण थी ऊंचाई, और ऊंचाई से तरंगों का भेद।

तरंगों की अपनी पूरी स्थितियां हैं। हर तल पर विभिन्न प्रकार की तरंगें यात्रा कर रही हैं। और एक तरह की तरंग एक सतह पर यात्रा करती है। तो गड्ढे के लिए इनकार किया है।

लेकिन आप पूछेंगे कि फिर बहुत ऊंची जगह के लिए क्यों इनकार किया है? क्योंकि ऊंचे जितने हम होंगे, उतनी श्रेष्ठतर तरंगें मिल जाएंगी!

तो वह भी आप ध्यान रख लें। ऊंचे पर श्रेष्ठतर तरंगें मिलेंगी, लेकिन अगर आपकी पात्रता न हो, तो श्रेष्ठतर तरंगें भी सिर्फ आपके भीतर उत्पात पैदा करेंगी। आपकी पात्रता के साथ ही श्रेष्ठतर तरंगों को झेलने की क्षमता पैदा होती है।

आप कितना झेल सकते हैं? हम जहां जीते हैं, वही तल अभी हमारे झेलने का तल है। जहां बैठकर आप दुकान करते हैं, भोजन करते हैं, बात करते हैं, जीते हैं जहां, प्रेम करते हैं, झगड़ते हैं जहां, वही आपके जीवन का तल है। उस तल से ही शुरू करना उचित है; न बहुत नीचे, न बहुत ऊपर। जहां आप हैं, वहीं आपकी ट्यूनिंग है। अभी आप वहीं से शुरू करें। और जैसे-जैसे आपकी क्षमता बढ़े वैसे-वैसे ऊपर की यात्रा हो सकती है। और जैसे-जैसे आपकी क्षमता बढ़े, तो आप गड्ढे में बैठकर भी ध्यान कर सकते हैं। क्षमता बढ़े, तो ऊपर जा सकते हैं, पर्वत शिखरों की यात्रा कर सकते हैं।

पुराने तीर्थ इस हिसाब से बनाए गए थे कि जो श्रेष्ठतम तीर्थ हो, वह सबसे ऊपर हो। और धीरे-धीरे साधक यात्रा करे; धीरे-धीरे यात्रा करे। वह आखिरी यात्रा कैलाश पर हो उसकी पूरी। वहां जाकर वह समाधि में लीन हो। वहां शुद्धतम तरंगें उसे उपलब्ध होंगी। लेकिन उसकी क्षमता भी निरंतर ऊंची उठती जानी चाहिए, ताकि उतनी शुद्ध तरंगों को वह झेलने में समर्थ हो सके। अन्यथा शुद्धतम को झेलना भी उत्पात का कारण हो सकता है। जितनी आपकी पात्रता नहीं है, उससे ज्यादा आपके ऊपर गिर पड़े, तो वह आपको हानि ही पहुंचाता है, लाभ नहीं।

सूफी फकीरों में गड्ढे में जाकर ध्यान करने की प्रक्रिया है, कुएं में जाकर ध्यान करने की प्रक्रिया है, नीचे जमीन में उतरकर ध्यान करने की प्रक्रिया है। लेकिन इस प्रक्रिया के लिए तभी आज्ञा दी जाती है, जब कोई श्रेष्ठतम पर्वत शिखर पर ध्यान करने में समर्थ हो जाता है—तब। यह क्यों? यह तब आज्ञा दी जाती है, जब वह व्यक्ति इस स्थिति में पहुंच जाता है कि उसके आस-पास सब तरह की गलत तरंगें मौजूद रहें, लेकिन वह अप्रभावित रह सके, तब उसे गड्ढे में बैठकर साधना करने की आज्ञा दी जाती है।

कृष्ण ने अर्जुन को देखकर कहा है कि तू ऐसा आसन चुन, जो बहुत नीचा न हो, ऊंचा न हो, तिरछा-आड़ा न हो। वहां तू सरलता से शांत होने में सुगमता पाएगा।

मृगचर्म की बात कही है। उसके भी कारण हैं। और कारण ऐसे हैं, जो आज ज्यादा स्पष्ट हो सके हैं। इतने स्पष्ट कृष्ण के समय में भी नहीं थे। प्रतीति थी, प्रतीति थी कि कुछ फर्क पड़ता है। लेकिन किस कारण से पड़ता है, उसकी वैज्ञानिक स्थिति का कोई स्पष्ट बोध नहीं था।

संन्यासी इस देश में हजारों, लाखों वर्षों से कहना चाहिए, लकड़ी की खड़ाऊं का उपयोग करता रहा है, अकारण नहीं। मृगचर्म का उपयोग करता रहा है, अकारण नहीं। सिंहचर्म का उपयोग करता रहा है, अकारण नहीं। लकड़ी के तख्त पर बैठकर ध्यान करता रहा है, अकारण नहीं। कुछ प्रतीतियां खयाल में आनी शुरू हो गई थीं कि भेद पड़ता है।

जो चीजें भी विद्युत के लिए नान-कंडक्टिव हैं, वे सभी ध्यान में सहयोगी होती हैं। लेकिन अब इसके वैज्ञानिक कारण स्पष्ट हो सके हैं। आज विज्ञान कहता है कि जिन चीजों से भी विद्युत प्रवाहित होती है, उन पर बैठकर ध्यान करना खतरे से खाली नहीं है। क्यों? क्योंकि जब आप गहरे ध्यान में लीन होते हैं, तो आपका शरीर एक बहुत अनूठे रूप से एक बहुत नए तरह की अंतर्विद्युत पैदा करता है, एक इनर इलेक्ट्रिसिटी पैदा करता है। जब आप पूरे ध्यान में होते हैं, तो आपके शरीर की बाडी इलेक्ट्रिसिटी सक्रिय होती है।

और सबके शरीर में विद्युत का बड़ा आगार है। हम सबके शरीर में विद्युत का बड़ा आगार है। उसी विद्युत से हम जीते हैं, चलते हैं, उठते हैं, बैठते हैं। यह जो श्वास आप ले रहे हैं, वह सिर्फ आपके शरीर की विद्युत को आक्सीजन पहुंचाकर जीवित रखती है, और कुछ नहीं करती। वह आक्सीडाइजेशन करती है। आपको प्रतिपल आपके शरीर की विद्युत को चलाए रखने के लिए आक्सीजन की जरूरत है, इसलिए श्वास के बिना आप जी नहीं सकते। और शरीर-विद्युत का, कहना चाहिए, एक जनरेटर है। वहां पूरे समय विद्युत पैदा हो रही है। इस विद्युत को ध्यान के समय में कंजरवेशन मिलता है, संरक्षण मिलता है।

साधारणतः आप विद्युत को फेंक रहे हैं। मैंने इतना हाथ हिलाया, तो भी मैंने विद्युत की एक मात्रा हाथ से बाहर फेंक दी। मैं एक शब्द बोला, तो उस शब्द को गति देने के लिए मेरे शरीर की विद्युत की एक मात्रा विनष्ट हुई। रास्ते पर आप चले, उठे, हिले, आपने कुछ भी किया कि शरीर की विद्युत की एक मात्रा उपयोग में आई।

लेकिन ध्यान में तो सब हिलन-डुलन बंद हो जाएगा। वाणी शांत होगी, विचार शून्य होंगे, शरीर निष्कंप होगा, चित्त मौन होगा, इंद्रियां शिथिल होकर निष्क्रिय हो जाएंगी। तो वह जो चौबीस घंटे विद्युत बाहर फिंकती है, वह सब कंजर्व होगी, वह सब भीतर इकट्ठी होगी।

अगर आप ऐसी जगह बैठे हैं, जहां से विद्युत आपके शरीर के बाहर जा सके, तो आपको ठीक वैसा ही शॉक अनुभव होगा, जैसा बिजली के तार को छूकर अनुभव होता है। और जो लोग ध्यान में थोड़े गहरे गए हैं, उनमें से अनेकों का यह अनुभव है। मेरे पास सैकड़ों लोग हैं, जिनका यह अनुभव है कि अगर वे गलत जगह बैठकर ध्यान किए हैं, तो उनको शॉक लगा है, उनको धक्का लगा है।

इस मुल्क ने जो योगासन खोजे, विशेष पद्धतियां बैठने की खोजीं...। अगर आपने बुद्ध या महावीर की मूर्ति देखी है, करीब-करीब सभी ने देखी होगी, गौर से नहीं देखी होगी। उन्होंने भी गौर से नहीं देखी, जो रोज महावीर को नमस्कार करने मंदिर में जाते हैं! लेकिन असली राज उस मूर्ति की व्यवस्था में छिपा हुआ है।

अगर महावीर की मूर्ति को गौर से देखेंगे, तो आपको क्या दिखाई पड़ेगा कि महावीर का पूरा शरीर एक विद्युत सर्किट है। दोनों पैर जुड़े हुए हैं। दोनों पैरों की गद्दियां घुटनों के पास जुड़ी हुई हैं।

विद्युत के रिलीज के जो बिंदु हैं, वह हमेशा नुकीली चीजों से विद्युत बाहर गिरती है। गोल चीजों से कभी विद्युत बाहर नहीं गिरती, सिर्फ नुकीली चीजों से विद्युत बाहर यात्रा करती है। जितनी नुकीली चीज हो, उतनी ज्यादा विद्युत बाहर यात्रा करती है।

जननेंद्रिय से सर्वाधिक विद्युत बाहर जाती है। और इसीलिए संभोग के बाद आप इतने थके

हुए और इतने बेचैन और उद्विग्न हो गए होते हैं। क्योंकि आपका शरीर बहुत-सी विद्युत खो दिया होता है। संभोग के बाद आपका ब्लड-प्रेशर बहुत ज्यादा बढ़ गया होता है। हृदय की धड़कन बढ़ गई होती है। आपकी नाड़ी की गति बढ़ गई होती है। और पीछे निपट थकान हाथ लगती है। उसका कारण? उसका कारण सिर्फ वीर्य का स्खलन नहीं है। वीर्य के स्खलन के साथ-साथ जननेंद्रिय बहुत बड़ी मात्रा में विद्युत को शरीर के बाहर फेंक रही है। उस विद्युत के भी पाकेट्स हैं।

इसलिए सिद्धासन या पद्मासन में जो बैठने का ढंग है, एड़ियां उन बिंदुओं को दबा देती हैं, जहां से जननेंद्रिय तक विद्युत पहुंचती है। और उसका पहुंचना बंद हो जाता है। दोनों पैर शरीर के साथ जुड़ जाते हैं और दोनों पैर से जो विद्युत निकलती है, वह शरीर वापस एब्जार्ब कर लेता है, फिर पुनः अपने भीतर ले लेता है। दोनों हाथ जुड़े होते हैं, इसलिए दोनों हाथों की विद्युत बाहर नहीं फिंकती, एक हाथ से दूसरे हाथ में यात्रा कर जाती है। पूरा शरीर एक सर्किट में है।

महावीर की या बुद्ध की मूर्ति आप देखेंगे, तो खयाल में आएगा कि पूरा शरीर एक विद्युत चक्र में है। इस बने हुए विद्युत वर्तुल के भीतर इंद्रियों को सिकोड़ लेना अत्यंत आसान है। अत्यंत आसान है, बहुत सरल है।

यह विद्युत का जो वर्तुल निर्मित हो जाता है, यह आपके और आपकी इंद्रियों के बीच एक प्रोटेक्शन, एक दीवाल बन जाता है। आप अलग कट जाते हैं, इंद्रियां अलग पड़ी रह जाती हैं।

ध्यान रहे, विद्युत का स्रोत आपके भीतर है। इंद्रियां केवल विद्युत का उपयोग करती हैं।

और अगर बीच में वर्तुल बन जाए—जो कि बिलकुल एक वैज्ञानिक प्रक्रिया है, एक साइंटिफिक प्रोसेस है—बीच में वर्तुल बन जाए, तो इंद्रियां बाहर रह जाती हैं, आप भीतर रह जाते हैं। और आपके और इंद्रियों के बीच में विद्युत की एक दीवाल खड़ी हो जाती है, जिसको पार नहीं किया जा सकता। इस क्षण में अंतर-आकाश में यात्रा आसान हो जाती है। अति आसान हो जाती है।[116]

नित्य पाठ

नित्य पाठ एक अनूठी बात है; जो पूरब में ही विकसित हुई। पश्चिम में नित्य पाठ जैसी कोई चीज नहीं है। पश्चिम में लोग किताबें पढ़ते हैं, पाठ नहीं करते। किताब पढ़ने का अर्थ है, पढ़ ली एक बार, खतम हो गई बात; अब उसे दुबारा क्या पढ़ना? जो पढ़ ही ली, उसे दुबारा क्या पढ़ना? एक फिल्म एक बार देख ली, बात खतम हो गई, दुबारा क्या देखने को बचता है? एक उपन्यास एक बार पढ़ लिया, बात खतम हो गई। फिर दुबारा उसे वही पढ़ेगा, जो मंदबुद्धि हो, जिसकी अकल में कुछ भी न आया हो। दुबारा कोई क्यों पढ़ेगा?

लेकिन पाठ का अर्थ है, करोड़ों बार पढ़ना, रोज पढ़ना, जीवनभर पढ़ना।

नित्य पाठ का क्या अर्थ है फिर? यह साधारण पढ़ना नहीं है। नित्य पाठ का अर्थ है, धर्म के वचन ऐसे वचन हैं कि तुम एक बार उन्हें पढ़ लो, तो यह मत समझना कि तुमने पढ़ लिया। उनमें पर्त दर पर्त अर्थ हैं। उनमें गहरे-गहरे अर्थ हैं। तुम जैसे-जैसे गहरे उतरोगे, वैसे-वैसे नए अर्थ प्रकट होंगे। जैसे-जैसे तुम उनमें प्रवेश करोगे, वैसे-वैसे पाओगे, और नए द्वार खुलते जाते हैं।

गीता को तुम जितनी बार पढ़ोगे, उतने ही अर्थ हो जाएंगे। बहुआयामी है प्रत्येक शब्द धर्म का। और तुम्हारी जितनी प्रज्ञा विकसित होगी, उतनी ही ज्यादा तुम्हें अर्थ की अभिव्यंजना होने लगेगी। कृष्ण का ठीक-ठीक अर्थ जानते-जानते तो तुम कृष्ण ही हो जाओगे, तभी जान पाओगे, उसके पहले न जान पाओगे।

ऐसा समझो कि जब तुम गीता शुरू करोगे, तो तुम ऐसे पढ़ोगे, जैसा अर्जुन है; और जब गीता पूरी होगी, तो तुम ऐसे पढ़ोगे, जैसे कृष्ण हैं। और बीच में हजारों सीढ़ियां होंगी।

बहुत बार, बहुत बार तुम्हें लगेगा, इतनी बार पढ़ने के बाद भी यह अर्थ इसके पहले क्यों नहीं दिखाई पड़ा? यह शब्द कितनी बार मैं पढ़ गया हूं, लेकिन इस शब्द ने कभी ऐसी धुन नहीं बजाई मेरे भीतर! आज क्या हुआ?

आज भाव-दशा और थी। आज तुम्हारा चित्त शांत था, तुम आनंदित थे, तुम प्रफुल्लित

थे, तुम थोड़े ज्यादा मौन थे, नया अर्थ प्रकट हो गया। कल तुम परेशान थे, मन उपद्रव से भरा था, यही शब्द तुम्हारी आंख के सामने से गुजरा था; लेकिन हृदय पर इसका कोई अंकुरण नहीं हुआ था, कोई छाप नहीं छोड़ सका था, कोई संस्कार नहीं बना सका था।

ऐसे बहुत-बहुत भाव-दशाओं में, बहुत-बहुत चेतना की स्थितियों में तुम गीता का पाठ करते रहना, बहुत-बहुत तरफ से गीता को देखते रहना, तुम्हें नए-नए अर्थ मिलते चले जाएंगे।

हम धर्मग्रंथ उसी को कहते हैं, जो पढ़ने से न पढ़ा जा सके, जो केवल पाठ से पढ़ा जा सके। इसलिए हर किताब का पाठ नहीं किया जाता, सिर्फ धर्मग्रंथ का पाठ किया जाता है।

असल में जिसका पाठ किया जा सकता है, वही धर्मग्रंथ है। जिसमें रोज-रोज नए-नए अर्थ की कलमें लगती जाएं, नए फूल खिलते जाएं; तुम हैरान ही हो जाओ कि तुम जितने भीतर जाते हो, और नए रहस्य खुलते चले जाते हैं, इनका कोई अंत नहीं मालूम होता, तभी तुम धर्मग्रंथ पढ़ रहे हो। इसे तुम्हें रोज ही पढ़ना होगा। यह तुम्हें तब तक पढ़ना होगा, जब तक कि आखिरी अर्थ प्रकट न हो जाए, जब तक कि कृष्ण का अर्थ प्रकट न हो जाए।

जैसे हम प्याज को छीलते हैं, ऐसे गीता को रोज छीलते चले जाना। एक पर्त उघाड़ोगे, नयी ताजी पर्त प्रकट होगी। वह पहले से ज्यादा ताजी होगी, नयी होगी, गहरी होगी। उसे भी उघाड़ोगे, और भी नयी पर्त मिलेगी। ऐसे उघाड़ते जाओगे, उघाड़ते जाओगे, एक दिन सब पर्तें खो जाएंगी, भीतर का शून्य प्रकट होगा।

वही शून्य कृष्ण का अर्थ है। उस शून्य में ही समर्पण हो जाता है, उस शून्य में ही कोई डूब जाता है।[117]

आषाढ़ पूर्णिमा का राज

आषाढ़ पूर्णिमा को गुरु-पूर्णिमा के रूप में मनाने का क्या राज है?

धर्म जीवन को देखने का काव्यात्मक ढंग है।

एक तो राह है जीवन को देखने की गणित की, और एक राह है जीवन को देखने की काव्य की। गणित की यात्रा विज्ञान पर पहुंचा देती है। और अगर काव्य की यात्रा पर कोई चलता ही चला जाए, तो परम काव्य परमात्मा पर पहुंच जाता है।

लेकिन काव्य की भाषा को समझना थोड़ा दुरूह है, क्योंकि तुम्हारे जीवन की सारी भाषा गणित की भाषा है। तो गणित की भाषा से तो तुम परिचित हो; काव्य की भाषा से परिचित नहीं हो।

दो भूलों की संभावना है। पहली तो भूल यह है कि तुम काव्य की भाषा को केवल कविता समझ लो, एक कल्पना मात्र! तब तुमने पहली भूल की। और दूसरी भूल यह है कि तुम कविता की भाषा को गणित की तरह सच समझ लो, तथ्य समझ लो, तब भी भूल हो गई। दोनों से जो बच सके, वह समझ पाएगा कि आषाढ़ पूर्णिमा का गुरु-पूर्णिमा होने का क्या कारण है।

काव्य की भाषा तथ्यों के संबंध में नहीं है, रहस्यों के संबंध में है। जब कोई प्रेमी कहता है अपनी प्रेयसी से कि तेरा चेहरा चांद जैसा, तो कोई ऐसा अर्थ नहीं है कि चेहरा चांद जैसा है। फिर भी वक्तव्य व्यर्थ भी नहीं है। चांद जैसा तो चेहरा हो कैसे सकता है?

आइंस्टीन का बड़ा प्रसिद्ध मजाक है। उसने जिस युवती से विवाह किया था, वह थोड़ी कविता करती थी, फ्रा आइंस्टीन। आइंस्टीन ने उससे कहा, मैं समझ ही नहीं पाता। क्योंकि आइंस्टीन तो गणित, साकार गणित, गणित का अवतार। शायद पृथ्वी पर वैसा कोई गणितज्ञ कभी हुआ ही नहीं, और होगा भी, यह भी संदिग्ध है। तो उसने कहा, यह मैं समझ ही नहीं पाता। ये कविताएं बिलकुल बेबूझ मालूम पड़ती हैं। लोग कहते हैं, प्रेयसी का चेहरा चांद जैसा! चांद न तो सुंदर है...।

चांद पर जाकर चांद-यात्रियों को पता चल गया कि आइंस्टीन सही है, सब कवि गलत हैं। खाई-खड्ड हैं; न कोई हरियाली है, न कोई लहलहाती झीलें हैं; न फूल खिलते हैं, न पक्षी गीत गाते हैं; मरुस्थल है। और इतना मुरदा मरुस्थल है कि जहां कोई, कुछ भी जीवित नहीं है। सौंदर्य की बात इस मरघट से क्या हो सकती है?

और स्त्री के चेहरे को चांद का चेहरा कहना! आइंस्टीन ने कहा, अनुपात भी नहीं बैठता, कितना बड़ा चांद, कितना छोटा-सा चेहरा!

बात ठीक ही है। अगर काव्य की भाषा को तुमने तथ्य की भाषा समझा, तो यही स्थिति बनेगी।

फिर दूसरी तरफ ऐसे लोग हैं, जिन्होंने काव्य की भाषा को तथ्य की भाषा सिद्ध करने की चेष्टा की है। जैसे जीसस को कहा है ईसाइयों ने कि वे कुंआरी मां से पैदा हुए।

यह काव्य है। कुंआरी मां से कोई कभी पैदा नहीं होता। यह तथ्य नहीं है, यह इतिहास नहीं है; पर फिर भी बड़ा अर्थपूर्ण है, इतिहास से भी ज्यादा अर्थपूर्ण है। यह बात अगर इतिहास से भी घटती, तो दो कौड़ी की होती। इसमें जानने वालों ने कुछ कहने की कोशिश की है, जो साधारण भाषा में समाता नहीं।

उन्होंने यह कहा है कि जीसस जैसा व्यक्ति सिर्फ कुंआरी मां से ही पैदा हो सकता है। जीसस जैसी पवित्रता, कल्पना भी हम नहीं कर सकते कि कुंआरेपन के अतिरिक्त और कहां से पैदा होगी!

तो जिन्होंने कहा है कि जीसस कुंआरी मां से पैदा हुए, उन्होंने जरूर बड़ी गहरी बात कही है, बड़ी अर्थपूर्ण; लेकिन भाषा तथ्य की नहीं है, भाषा काव्य की है। वे यह कह रहे हैं कि जीसस को देखकर हमें इस असंभव पर भी भरोसा आता है कि वे कुंआरी मां से ही पैदा हुए होंगे।

इसे न तो सिद्ध करने की कोई जरूरत है, न असिद्ध करने की कोई जरूरत है। दोनों ही नासमझियां हैं। इसे समझने की जरूरत है। काव्य एक सहानुभूति चाहता है।

महावीर को प्रेम करने वाले लोग कहते हैं कि उनके शरीर से पसीना नहीं बहता था, दुर्गंध नहीं आती थी; वे मल-मूत्र विसर्जन नहीं करते थे।

बिलकुल झूठी बात है। तथ्य की तो बात हो ही नहीं सकती, अन्यथा महावीर जी ही न सकते थे। तब तो महाकब्जियत की अवस्था होती, जैसी कि कभी किसी को न हुई हो। मल-मूत्र का विसर्जन ही न करें, उनकी तुम तकलीफ समझ सकते हो। आनंद तो दूर, नरक पैदा हो जाता।

नहीं; मल-मूत्र तो विसर्जन किया ही होगा। लेकिन इतने पवित्र पुरुष में मल पैदा हो सकता है, इसकी हम कल्पना नहीं कर सकते। पसीना तो बहा ही होगा। सूरज किसी को माफ नहीं करता और सूरज के नियम किसी के लिए बदलते नहीं। धूप पड़ी होगी, तो इस फकीर महावीर से पसीना बहा ही होगा। तुमसे ज्यादा बहा होगा; क्योंकि न कोई छप्पर, न कोई मकान रहने को, नग्न, प्रगाढ़ धूप हो कि वर्षा हो, आकाश के नीचे! इसलिए तो महावीर का नाम ही दिगंबर हो गया, आकाश ही जिनका एकमात्र वस्त्र है। खूब पसीना बहा होगा।

लेकिन कहने वाले जो कह रहे हैं, वह बिलकुल ही ठीक कह रहे हैं। वे यह कह रहे हैं कि इस पवित्रता से पसीने की बदबू पैदा हो सकती है, यह हम कैसे मानें! वे यह कह रहे हैं कि जरूर हमसे कहीं भूल हुई होगी, अगर हमने महावीर के शरीर से कोई दुर्गंध उठती देखी; तो वह हमारी ही नासापुटों की भूल रही होगी, वह महावीर से नहीं हो सकती।

ये सब काव्य हैं। इनको काव्य की तरह समझो, तब इनका माधुर्य अनूठा है; तब इसमें तुम डुबकियां लगाओ और बड़े हीरे तुम ले आओगे, बड़े मोती चुन लोगे।

लेकिन किनारे पर दो तरह के लोग बैठे हैं, वे डुबकी लगाते ही नहीं। एक सिद्ध करता रहता है कि यह बात तथ्य नहीं है, झूठ है। वह भी नासमझ है। दूसरा सिद्ध करता रहता है कि यह तथ्य है, झूठ नहीं है। वह भी नासमझ है। क्योंकि वे दोनों ही एक ही मुद्दे पर खड़े हैं। दोनों ही यह मान रहे हैं, उन दोनों की भूल एक ही है कि काव्य की भाषा तथ्य की भाषा है। दोनों की भूल एक है। वे विपरीत मालूम पड़ते हैं, विपरीत हैं नहीं।

सारा धर्म एक महाकाव्य है। अगर यह तुम्हें खयाल में आए, तो आषाढ़ की पूर्णिमा बड़ी अर्थपूर्ण हो जाएगी। अन्यथा, एक तो आषाढ़, पूर्णिमा दिखाई भी न पड़ेगी। बादल घिरे होंगे, आकाश तो खुला न होगा, चांद की रोशनी पूरी तो पहुंचेगी नहीं। और प्यारी पूर्णिमाएं हैं, शरद पूर्णिमा है, उसको क्यों न चुन लिया? ज्यादा ठीक होता, ज्यादा मौजूं मालूम पड़ता।

नहीं; लेकिन चुनने वालों का कोई खयाल है, कोई इशारा है। वह यह है कि गुरु तो है पूर्णिमा जैसा और शिष्य है आषाढ़ जैसा। शरद पूर्णिमा का चांद तो सुंदर होता है, क्योंकि आकाश खाली है। वहां शिष्य है ही नहीं, गुरु अकेला है। आषाढ़ में सुंदर हो, तभी कुछ बात है, जहां गुरु बादलों जैसा घिरा हो शिष्यों से।

शिष्य सब तरह के जन्मों-जन्मों के अंधेरे को लेकर आ गए हैं। वे अंधेरे बादल हैं, आषाढ़ का मौसम हैं। उसमें भी गुरु चांद की तरह चमक सके, उस अंधेरे से घिरे वातावरण में भी रोशनी पैदा कर सके, तो ही गुरु है। इसलिए आषाढ़ की पूर्णिमा! वह गुरु की तरफ भी इशारा है उसमें और शिष्य की तरफ भी इशारा है। और स्वभावतः दोनों का मिलन जहां हो, वहीं कोई सार्थकता है।

ध्यान रखना, अगर तुम्हें यह समझ में आ जाए काव्य-प्रतीक, तो तुम आषाढ़ की तरह

हो, अंधेरे बादल हो। न मालूम कितनी कामनाओं और वासनाओं का जल तुममें भरा है; और न मालूम कितने जन्मों-जन्मों के संस्कार लेकर तुम चल रहे हो, तुम बोझिल हो। तुम्हें तोड़ना है, तुम्हें चीरना है। तुम्हारे अंधेरे से घिरे हृदय में रोशनी पहुंचानी है। इसलिए पूर्णिमा!

चांद जब पूरा हो जाता है, तब उसकी एक शीतलता है। चांद को ही हमने गुरु के लिए चुना है। सूरज को चुन सकते थे, ज्यादा मौजूं होता, तथ्यगत होता। क्योंकि चांद के पास अपनी रोशनी नहीं है। इसे थोड़ा समझना।

चांद की सब रोशनी उधार है। सूरज के पास अपनी रोशनी है। चांद पर तो सूरज की रोशनी का प्रतिफलन होता है। जैसे कि तुम दीए को आईने के पास रख दो, तो आईने में से भी रोशनी आने लगती है। वह दीए की रोशनी का प्रतिफलन है, वापस लौटती रोशनी है। चांद तो केवल दर्पण का काम करता है, रोशनी सूरज की है।

हमने गुरु को सूरज ही कहा होता, तो बात ज्यादा तथ्यपूर्ण होती। और सूरज के पास प्रकाश भी महान है, विराट है। चांद के पास कोई बहुत बड़ा प्रकाश थोड़े ही है, बड़ा सीमित है; इस पृथ्वी तक आता है, और कहीं तो जाता नहीं। पर हमने सोचा है बहुत, सदियों तक, और तब हमने चांद को चुना है दो कारणों से। एक, गुरु के पास भी रोशनी अपनी नहीं है, परमात्मा की है। वह केवल प्रतिफलन है। वह जो दे रहा है, अपना नहीं है; वह केवल निमित्तमात्र है; वह केवल दर्पण है।

तुम परमात्मा की तरफ सीधा नहीं देख पाते, सूरज की तरफ सीधा देखना बहुत मुश्किल है। देखो, तो अड़चन समझ में आ जाएगी। प्रकाश की जगह आंखें अंधकार से भर जाएंगी। परमात्मा की तरफ सीधा देखना असंभव है, आंखें फूट जाएंगी, अंधे हो जाओगे। रोशनी ज्यादा है, बहुत ज्यादा है, तुम सम्हाल न पाओगे, असह्य हो जाएगी। तुम उसमें टूट जाओगे, खंडित हो जाओगे, विकसित न हो पाओगे। इसलिए हमने सूरज की बात छोड़ दी। वह थोड़ा ज्यादा है; शिष्य की सामर्थ्य के बिलकुल बाहर है। इसलिए हमने बीच में गुरु को लिया है।

गुरु एक दर्पण है, पकड़ता है सूरज की रोशनी और तुम्हें दे देता है। लेकिन इस देने में रोशनी मधुर हो जाती है। इस देने में रोशनी की त्वरा और तीव्रता समाप्त हो जाती है। दर्पण को पार करने में रोशनी का गुणधर्म बदल जाता है। सूरज इतना प्रखर है; चांद इतना मधुर है!

इसलिए तो कबीर ने कहा है, गुरु गोविंद दोई खड़े, काके लागूं पांय। किसके छुऊं पैर? वह घड़ी आ गई, जब दोनों सामने खड़े हैं।

फिर कबीर ने गुरु के ही पैर छुए, क्योंकि बलिहारी गुरु आपकी, जो गोविंद दियो बताय।

सीधे तो देखना संभव न होता। गुरु दर्पण बन गया। जो असंभवप्राय था, उसे गुरु ने संभव किया है; जो दूर आकाश की रोशनी थी, उसे जमीन पर उतारा है। गुरु माध्यम है। इसलिए हमने चांद को चुना।

गुरु के पास अपना कुछ भी नहीं है। कबीर कहते हैं, मेरा मुझमें कुछ नहीं। गुरु है ही वही जो शून्यवत हो गया है। अगर उसके पास कुछ है, तो वह परमात्मा का जो प्रतिफलन होगा, वह भी विकृत हो जाएगा, वह शुद्ध न होगा।

चांद के पास अपनी रोशनी ही नहीं है जिसको वह मिला दे, मिश्रित कर दे। चांद शून्य है;

उसके पास कोई रोशनी नहीं है; लेता है सूरज से, देता है तुम्हें। वह सिर्फ मध्य में है, माधुर्य को जन्मा देता है।

सूरज कहना ज्यादा तथ्यगत होता, लेकिन ज्यादा सार्थक न होता। इसलिए हमने चांद कहा है।

फिर सूरज सदा सूरज है, घटता-बढ़ता नहीं। गुरु भी कल शिष्य था। सदा ऐसा ही नहीं था। बुद्ध से बुद्ध पुरुष भी कभी उतने ही तमस, अंधकार से भरे थे, जितने तुम भरे हो। सूरज तो सदा एक-सा है।

इसलिए वह प्रतीक जमता नहीं। गुरु भी कभी खोजता था, भटकता था, वैसे ही, उन्हीं रास्तों पर, जहां तुम भटकते हो, जहां तुम खोजते हो। वही भूलें गुरु ने की हैं, जो तुमने की हैं। तभी तो वह तुम्हें सहारा दे पाता है। जिसने भूलें ही न की हों, वह किसी को सहारा नहीं दे सकता। वह भूल को समझ ही नहीं सकता। जो उन्हीं रास्तों से गुजरा हो; उन्हीं अंधकारपूर्ण मार्गों में भटका हो, जहां तुम भटकते हो; उन्हीं गलत द्वारों पर जिसने दस्तक दी हो, जहां तुम देते हो; मधुशालाओं से और वेश्यागृहों से जो गुजरा हो; जिसने जीवन का सब विकृत और विकराल भी देखा हो; जिसने जीवन में शैतान से भी संबंध जोड़े हों—वही तुम्हारे भीतर की असली अवस्था को समझ सकेगा।

नहीं, सूरज तुम्हें न समझ सकेगा; चांद समझ सकेगा। चांद अंधेरे से गुजरा है; पंद्रह दिन, आधा जीवन तो अंधेरे में ही डूबा रहता है। अमावस भी जानी है चांद ने; सदा पूर्णिमा ही नहीं रही है। भयंकर अंधकार भी जाना है; शैतान से भी परिचित हुआ है; सदा से ही परमात्मा को नहीं जाना है। यात्री है चांद। सूरज तो यात्री नहीं है, सूरज तो वैसा का वैसा है। अपूर्णता से पूर्णता की तरफ आया है गुरु चांद की तरह—एकम आई, दूज आई, तीज आई—धीरे-धीरे बढ़ा है एक-एक कदम। और वह घड़ी आई, जब वह पूर्ण हो गया है।

गुरु तुम्हारे ही मार्ग पर है; तुमसे आगे, पर मार्ग वही है। इसलिए तुम्हारी सहायता कर सकता है। परमात्मा तुम्हारी सहायता नहीं कर सकता।

यह तुम्हें थोड़ा कठिन लगेगा सुनना। परमात्मा तुम्हारी सहायता नहीं कर सकता, क्योंकि वह उस यात्रा में कभी भटका नहीं है, जहां तुम भटक रहे हो। वह तुम्हें समझ ही न पाएगा। वह तुमसे बहुत दूर है। उसका फासला अनंत है। तुम्हारे और उसके बीच कोई भी सेतु नहीं बन सकते।

गुरु और तुम्हारे बीच सेतु बन सकते हैं। कितना ही अंतर पड़ गया हो पूर्णिमा के चांद में—कहां अमावस की रात, कहां पूर्णिमा की रात—कितना ही अंतर पड़ गया हो, फिर भी एक सेतु है। अमावस की रात भी चांद की ही रात थी, अंधेरे में डूबे चांद की रात थी। चांद तब भी था, चांद अब भी है। रूपांतरण हुए हैं, क्रांतियां हुई हैं; लेकिन एक सिलसिला है।

तो गुरु तुम्हें समझ पाता है। और मैं तुमसे कहता हूं, तुम उसी को गुरु जानना, जो तुम्हारी हर भूल को माफ कर सके। जो माफ न कर सके, समझना, उसने जीवन को ठीक से जीया ही नहीं। अभी वह पूर्ण तो हो गया होगा—जो मुझे संदिग्ध है। जो दूज का चांद ही नहीं बना, वह पूर्णिमा का चांद कैसे बनेगा? धोखा होगा।

इसलिए जो महागुरु हैं, परम गुरु हैं, वे तुम्हारी सारी भूलों को क्षमा करने को सदा तत्पर

हैं, क्योंकि वे जानते हैं कि स्वाभाविक है, मनुष्य-मात्र करेगा। उन्होंने स्वयं की हैं, इसलिए दूसरे को क्या दोष देना! क्या निंदा करनी! उनके मन में करुणा होगी।

तुम गुरु की पहचान इससे करना कि कितनी करुणा है। तुम जब क्रोधित हो जाओ और गुरु अगर तुम्हें नरक भेजने की धमकी देने लगे, तो समझना, करुणा नहीं है। तुम भटक जाओ, तुम मार्ग से उतर जाओ, तुम कामवासना से घिर जाओ, और गुरु तुम्हें माफ न कर सके, तो समझना कि गुरु पूर्णिमा का चांद नहीं है। उसने आवरण बना लिया होगा पूर्णिमा के चांद का। वह नकली चांद है, जैसा कि फिल्म के परदे पर दिखाई देता है। वह असली चांद नहीं है।

चांद तो सारी यात्रा से गुजरा है, सारे अनुभव हैं उसके। मनुष्य-मात्र के जीवन में जो हो सकता है, वह उसके जीवन में हुआ है। वही गुरु है, जिसने मनुष्यता को उसके अनंत-अनंत रूपों में जी लिया है—शुभ और अशुभ, बुरे और भले, असाधु और साधु के, सुंदर और कुरूप। जिसने नरक भी जाना है, जीवन का स्वर्ग भी जाना है; जिसने दुख भी पहचाने और सुख भी पहचाने; जो सबसे प्रौढ़ हुआ है और सबकी संचित निधि के बाद जो पूर्ण हुआ है, चांद हुआ है।

इसलिए हम सूरज नहीं कहते गुरु को, चांद कहते हैं। चांद शीतल है। रोशनी तो उसमें है, लेकिन शीतल है। सूरज में रोशनी है, लेकिन जला दे। सूरज की रोशनी प्रखर है, छिदती है, तीर की तरह है। चांद की रोशनी फूल की वर्षा की तरह है, छूती भी नहीं और बरस जाती है।

गुरु चांद है, पूर्णिमा का चांद है। और तुम कितनी ही अंधेरी रात होओ और तुम कितने ही दूर होओ, कोई अंतर नहीं पड़ता, तुम उसी यात्रा-पथ पर हो, जहां गुरु कभी रहा है।

इसलिए बिना गुरु के परमात्मा को खोजना असंभव है। परमात्मा का सीधा साक्षात्कार तुम्हें जला देगा, राख कर देगा। सूरज की तरफ आंखें मत उठाना। पहले चांद से नाता बना लो। पहले चांद से राजी हो जाओ। फिर चांद ही तुम्हें सूरज की तरफ इशारा कर देगा। बलिहारी गुरु आपकी, जो गोविंद दियो बताय।

इसलिए आषाढ़ पूर्णिमा गुरु-पूर्णिमा है। पर ये काव्य के प्रतीक हैं। इन्हें तुम किसी पुराण में मत खोजना। इनके लिए तुम किसी शास्त्र में प्रमाण मत खोजने चले जाना। यह तो जैसा मैंने देखा है, वैसा तुम से कह रहा हूं।[118]

सृष्टि और प्रलय

परमात्मा की स्रष्टा की तरह धारणा तो जगत में सब जगह पैदा हुई, दि क्रिएटर। बट दि डिस्ट्रायर, विनाश करने वाले की तरह की धारणा भारत की अपनी अनूठी खोज है। सारी दुनिया में परमात्मा को कहा जाता है, स्रष्टा, बनाने वाला। लेकिन इतने हिम्मतवर धार्मिक लोग पृथ्वी पर कहीं न हुए कि बनाने वाले के भीतर जो छिपा हुआ तर्क है, उसकी आत्यंतिक बात को भी स्वीकार कर लेते; क्योंकि जो बनाएगा, वही मिटाएगा भी। जो स्रष्टा होगा, वही विनाश भी कर सकेगा। और जिससे जगत पैदा होगा, उसी में लीन भी होगा। और जो जन्मदाता है, वही मृत्युदाता भी होगा।

दूसरी बात अप्रीतिकर है, इसलिए दुनिया में कहीं भी खयाल में नहीं आई। पहली बात बड़ी प्रीतिकर है कि हे, तू पिता है, तू गोद है। लेकिन तू कब्र भी है, इसे कहने की हिम्मत! तूने जन्म दिया, तूने बनाया, तू दयालु है। लेकिन तू मिटाएगा भी, तू तोड़कर खंड-खंड करके विनष्ट भी कर देगा! और फिर भी कहने की हिम्मत की कि तू दयालु है, बड़ी मुश्किल है। बनाने वाला दयालु है, लेकिन मिटाने वाला? मिटाने वाले से हमें डर लगता है। जन्म दिया तूने, बड़ी कृपा की। लेकिन मृत्यु!

तो सारी दुनिया में मृत्यु के लिए लोगों ने दूसरा तत्व खोजा— डेविल, शैतान, इबलीस, अलग-अलग नाम दिए। परमात्मा से विपरीत एक और शक्ति की कल्पना की, जो मिटाएगी। यह सिर्फ इस देश में एक ठीक, संगत विचार की व्यवस्था हुई, और वह यह कि जो बनाएगा, वही मिटाएगा।

लेकिन हमारी धारणा यह है कि बनाना भी उसकी कृपा है और मिटाना भी उसकी कृपा है। और जो बनाने में ही कृपा देखता है, वह धार्मिक नहीं है। जो मिटाने में भी कृपा देख पाता है, वही धार्मिक है।

इसलिए कृष्ण कहते हैं कि सृजन भी मेरा, विनाश भी मेरा; निर्मित भी हुआ सब मुझसे और प्रलय को भी उपलब्ध होगा मुझमें। सब मुझमें ही आता है और मुझमें ही खो जाता है।

इसमें बड़ा वैज्ञानिक दृष्टिकोण है। जीवन की सारी गति वर्तुलाकार है। और चीजें जहां से शुरू होती हैं, वहीं समाप्त होती हैं। जैसे कि एक हम वर्तुल बनाएं, एक सर्किल बनाएं, तो जहां से हम बनाना शुरू करें, वहीं फिर दूसरी रेखा आकर जोड़ें, तब वर्तुल पूरा बने।

सारा जीवन वर्तुलाकार है। बचपन में जहां से हम यात्रा करते हैं, जवानी के बाद उसी दुनिया में वापस सीढ़ियां उतरते हैं। और जन्म जिस बिंदु पर घटित होता है, उसी बिंदु पर मृत्यु भी घटित होती है। वर्तुल पूरा हो गया। और मृत्यु जन्म से विपरीत नहीं है, बल्कि जन्म के साथ ही जुड़ा हुआ दूसरा कदम है। और विनाश, सिर्फ विश्राम है। इसे समझ लेना जरूरी है।

इस मुल्क में ही विनाश को विश्राम समझने की सामर्थ्य पैदा हुई। विनाश विश्राम है। सृष्टि तो श्रम है, और प्रलय? प्रलय विश्राम है। इसलिए सृष्टि को हमने कहा, ब्रह्मा का दिन। और प्रलय को हमने कहा, ब्रह्मा की रात्रि। श्रम हो गया। सुबह हम उठे। दौड़े, जीए, हारे, जीते, अज्ञानी-ज्ञानी बने, समझ-नासमझ झेली। और फिर सांझ आई। और अंधेरा उतरा। और सो गए। और फिर वापस वहीं खो गए, जहां से सुबह उठे थे।

दिन है श्रम, रात्रि है विश्राम। जीवन है श्रम, मृत्यु है विश्राम। सृजन है श्रम, विनाश है विश्राम। विनाश को हमने कभी शत्रु की तरह नहीं देखा, मृत्यु को हमने कभी शत्रु की तरह नहीं देखा।

और ध्यान रहे, जिसने भी मृत्यु को शत्रु की तरह देखा, उसका जीवन नष्ट हो जाएगा। यह बड़ी उलटी दिखाई पड़ेगी बात। पर ऐसा ही है।

जिसने भी मृत्यु को शत्रु की तरह देखा, वह जी न पाएगा; वह जिंदगीभर मृत्यु से डरेगा और बचेगा। जीना असंभव है। लेकिन जिसने मृत्यु को भी मित्र माना, वही जी पाएगा। क्योंकि जिसे मृत्यु भी दुख नहीं दे पाती, उसे जीवन कैसे दुख देगा! और जिसे मृत्यु भी मित्र है, उसे जीवन तो महामित्र हो जाएगा। और जिसे जीवन से विपरीत नहीं दिखाई पड़ती मृत्यु, बल्कि

जीवन की ही पूर्णता दिखाई पड़ती है—जैसे कि वृक्षों पर फल पक जाते हैं, ऐसे ही जीवन पर मृत्यु पकती है—जिसे मृत्यु जीवन की ही परिपूर्णता दिखाई पड़ती है और प्रलय भी सृजन का अंतिम चरण मालूम होता है, उसका जीवन आह्लाद से भर जाए, तो कोई आश्चर्य नहीं है। और आह्लाद से न भरे जीवन, तो धर्म का हमें कोई भी पता नहीं है।

इसलिए कृष्ण जब कहते हैं, मैं ही हूं सृजन और मैं ही विनाश। इस तरह की हिम्मत की घोषणा कहीं भी नहीं की गई है। अगर कहीं घोषणाएं भी की गई हैं, तो कहा गया है कि मैं हूं स्रष्टा, और वह जो शैतान है, वह है दुष्ट। वह कर रहा है विनाश। तू उससे सावधान रहना।

लेकिन अमृत भी मैं और जहर भी मैं; इन दोनों की एक साथ स्वीकृति बड़ी अदभुत है। और सचाई है उसमें। क्योंकि जीवन के समस्त द्वंद्व संयुक्त होते हैं, अलग-अलग नहीं होते। अंधेरा और प्रकाश संयुक्त हैं। और अगर कोई परमात्मा कहता हो, प्रकाश हूं मैं और अंधेरा कोई और, तो वह परमात्मा भी बेईमान है। अंधेरा कौन होगा और? और अगर परमात्मा प्रकाश है और अंधेरा कोई और, तो इस जगत में शक्ति-विभाजन हो जाएगा। रात किसी और की, और दिन किसी और का।[119]

कैलाश

कैलाश हिमालय में नहीं है। जाते हैं लोग; सोचते हैं, वहां होगा। कैलाश हृदय के उस शिखर का नाम है, ज्ञान के उस शिखर का नाम है, जहां से कभी भगवान च्युत नहीं होता। आपके भीतर का भगवान भी कभी च्युत नहीं होता जहां से।

जिस दिन उस शिखर पर हम पहुंच जाते हैं भीतर के—सब घाटियों को छोड़कर, घाटियों की वासनाओं को छोड़कर—उस दिन ऐसा नहीं होता कि हमें कुछ नया मिल जाता है। ऐसा ही होता है कि जो हमारा सदा था, उसका आविष्कार, उसका उदघाटन हो जाता है। हम जानते हैं, हम कौन थे। और हम जानते हैं कि हम किस तरह च्युत होते रहे, किस तरह भटकते रहे। किस कीमत पर हमने अपने को गंवाया और क्षुद्र चीजों को इकट्ठा किया। कंकड़-पत्थर बीने और आत्मा बेची।[120]

नालंदा विश्वविद्यालय

बौद्धों का बड़ा विश्वविद्यालय था, नालंदा। दस हजार विद्यार्थी थे। चीन और लंका और कंबोदिया और जापान और दूर-दूर से लोग, मध्य एशिया और इजिप्त, सब तरफ से विद्यार्थी आते थे। पैदल यात्रा थी। जो चल पड़ा, वह लौटकर भी आएगा घर वापस, इसका पक्का न था। लोग रो लेते थे; मान लेते थे कि यह आदमी मरा।

जो भी तीर्थयात्रा को जाता, लोग रो लेते और गांव के बाहर जाकर विदा कर आते कि गया यह आदमी, अब क्या लौटेगा! घने जंगल थे, पहाड़-पर्वत थे, भयंकर खाइयां थीं, डाकू थे, जंगली जानवर थे। और फिर जो गया है ऐसी खोज में, वह कहीं लौटता है! यह खोज ऐसी है।

नालंदा जैसी जगह में, जहां ज्ञानियों का वास था, वहां वर्षों लग जाते। जवान आते लोग और बूढ़े हो जाते। और जब तक गुरु कह न दे कि हां, पूरी हो गयी बात...।

तीन विद्यार्थी आखिरी परीक्षा पार कर लिए थे, लेकिन गुरु जाने के लिए नहीं कह रहा था। आखिर एक दिन एक ने पूछा कि हम सुनते हैं कि आखिरी परीक्षा भी हमारी हो गयी, लेकिन लगता है हुई नहीं, क्योंकि हमसे जाने के लिए नहीं कहा जा रहा है! बीस वर्ष हो गए हमें आए हुए। घर के लोग जीवित हैं या नहीं; जिनको पीछे छोड़ आए हैं, वे बचे भी या नहीं; मां-बाप बूढ़े हैं! अब हम जाएं अगर हमारी परीक्षा पूरी हो गयी हो?

तो गुरु ने कहा, आज सांझ तुम जा सकते हो।

लेकिन आखिरी परीक्षा शेष रह गयी थी। पर आखिरी परीक्षा ऐसी थी कि वह ली नहीं जा सकती थी; वह तो एक तरह की कसौटी थी, जिसमें से गुजरना पड़ता।

सांझ को तीनों विद्यार्थी विदा हुए। दूर नगर है, जहां रात जाकर टिकेंगे। सांझ होने लगी, सूरज ढल गया। एक झाड़ी के पास आए। गुरु झाड़ी में छिपा बैठा है। उसने झाड़ी के बाहर कांटे बिछा दिए हैं; छोटी-सी पगडंडी है, कांटे बिछा दिए हैं। एक विद्यार्थी पगडंडी से नीचे उतरकर, कांटों को पार करके आगे बढ़ गया। दूसरे विद्यार्थी ने छलांग लगा ली। तीसरा रुक गया और कांटों को बीनकर झाड़ी में डालने लगा।

उन दो ने कहा, यह क्या कर रहे हो? जल्दी ही रात हो जाएगी। दूर हमें जाना है; जंगल है, बीहड़ है, खतरा है। ये कांटे-वांटे बीनने में मत लगो।

पर उस तीसरे विद्यार्थी ने कहा कि सूरज डूब गया है, रात होने के करीब है। हमारे बाद जो भी आएगा, उसे दिखायी नहीं पड़ेगा। हम आखिरी हैं इस पगडंडी पर आज की रात, जिनको कि दिखायी पड़ रहा है। बस, अब ढला सूरज, ढला। रात उतर रही है। इन्हें बीनना ही पड़ेगा। तुम चलो, मैं थोड़े पीछे हो लूंगा।

और तभी वे चौंके कि झाड़ी से गुरु बाहर आ गया और उसने कहा, दो जो चले गए हैं, वापस लौट आएं, वे परीक्षा में असफल हो गए। अभी उन्हें कुछ वर्ष और रुकना पड़ेगा। और तीसरा जो रुक गया है कांटे बीनने, वह उत्तीर्ण हो गया; वह जा सकता है।

क्योंकि अंतिम परीक्षा शब्द की नहीं है; अंतिम परीक्षा तो प्रेम की है। अंतिम परीक्षा पांडित्य की नहीं है; अंतिम परीक्षा तो करुणा की है।

गुरु के चरणों में बैठकर लोग सीखते थे, वर्षों लग जाते थे। अजीब-अजीब परीक्षाएं थीं। लेकिन खोजी खोज ही लेते थे उन चरणों को, जहां घूंघट उठ जाते हैं।

देर लगती थी, कठिनाई होती थी। लेकिन कठिनाई की भी अपनी खूबी है। कठिनाई भी निखारती है; भीतर की राख को अलग करके झाड़ देती है, कूड़ा-करकट को जला देती है।[121]

बस एक ही पाठ है

बार-बार सुनने से तुम्हें समझ में आने लगता है कि समझ में आ गया। और समझ में कुछ भी नहीं आया। क्योंकि समझ में आ जाये तो रूपांतरण हो जाये। समझ तो क्रांति है। तो जब तक क्रांति न हो, तब तक समझना अभी समझ में नहीं आया।

और तुम्हें जब तक समझ में न आये, तब तक मुझे दोहराना पड़ेगा। तुम्हें समझ में न आये और मैं आगे का पाठ करने लगूं, तो बात गड़बड़ हो जायेगी। तब तो तुम कभी भी न समझ पाओगे। अभी तो पहला पाठ ही समझ में नहीं आया।

तुमने महाभारत की कथा सुनी होगी। पहला पाठ द्रोण ने पढ़ाया है। अर्जुन पढ़ कर आ गया, दुर्योधन पढ़ कर आ गया, सब विद्यार्थी पढ़ कर आ गये। युधिष्ठिर ने कहा कि अभी मैं नहीं तैयार कर पाया, कल करूंगा। कल भी बीत गया, परसों भी बीत गया, दिन पर दिन बीतने लगे। द्रोण तो बहुत हैरान हुए, क्योंकि सोचा था युधिष्ठिर सबसे प्रतिभाशाली होगा। वह शांत था, सौम्य था, विनम्र था। सब विद्यार्थी आगे बढ़ने लगे। कोई दसवें पाठ पर पहुंच गया, कोई बारहवें पाठ पर पहुंच गया—यह पहले पर अटका है। यह तो बड़ी गड़बड़ हो गयी। एक सप्ताह बीतते-बीतते तो गुरु का धैर्य भी टूट गया। और उन्होंने पूछा कि मामला क्या है? पहले पाठ में ऐसी अड़चन क्या है?

युधिष्ठिर ने कहाः जैसा और करके आये हैं, अगर वैसा ही मुझसे भी करने को कहते हों तो कोई अड़चन नहीं है।

पहला पाठ था, उसमें वचन थाः सत्य बोलो। सब याद करके आ गये कि पहला पाठ,

सत्य बोलो। युधिष्ठिर ने कहा, लेकिन तब से मैं सत्य बोलने की कोशिश कर रहा हूं, अभी तक सध नहीं पाया, अभी झूठ हो जाता है। तो जब तक सत्य बोलना न आ जाये, दूसरे पाठ पर हटना कैसे?

तब शायद द्रोण को लगा होगा कि कैसी भ्रांत बात उन्होंने सोच ली थी इसके लिए! सब बच्चे याद करके आ गये थे—सत्य बोलो—जैसा तोता याद कर लेता है। तोते को याद करवा दो, सत्य बोलो, सत्य बोलो, तो दोहराने लगेगा। लेकिन सत्य बोलो, यह दोहराने से सत्य बोलना थोड़े ही शुरू होता है! उससे तो मतलब ही न था किसी को। किसी ने पाठ को उस गहराई से तो लिया ही न था। युधिष्ठिर ने कहा कि प्रभु, अगर पूरे जीवन में यह एक पाठ भी आ जायेगा तो धन्य हो गया! अब दूसरे पाठ तक जाने की जरूरत भी क्या है? सत्य बोलो—बात हो गयी। अब तो मुझे इस पहले पाठ में रम जाने दें; रसमग्न हो जाने दें।

तुम सुनते हो—वही शब्द, वही सत्य की ओर इशारे। तुम्हें बार-बार सुन कर लगता है समझ में आ गया। युधिष्ठिर बनो। समझ में तभी मानना जब जीवन में आ जाये। और जब तक तुम्हारे जीवन में न आ जाये, अगर मैं दूसरे पाठों पर बढ़ जाऊं, तो तुमसे मेरा संबंध छूट जायेगा।

और फिर एक और अड़चन की बात है। जो मैं तुम्हें सिखा रहा हूं, उसमें दूसरा पाठ ही नहीं है, बस एक ही पाठ है। इस पुस्तक में कुल एक ही पाठ है। तुम मुझसे जिस ढंग से चाहो कहलवा लो। कभी अष्टावक्र के बहाने, कभी महावीर के, कभी बुद्ध के, कभी पतंजलि के, कबीर के, मुहम्मद के, ईसा के—तुम जिस ढंग से चाहो मुझसे कहलवा लो। मैं तुमसे वही कहूंगा। पाठ एक है। थोड़े-बहुत यहां-वहां फर्क हो जायेंगे तुम्हें समझाने के, लेकिन जो मैं समझा रहा हूं, वह एक है। तुम चाहो किसी भी उंगली से कहो, मैं जो बताऊंगा वह चांद एक है। उंगलियां पांच हैं मेरे पास, दस हैं—कभी इस हाथ से बता दूंगा, कभी इस हाथ से बता दूंगा; कभी एक उंगली से, कभी दूसरी उंगली से; कभी मुट्ठी बांध कर बता दूंगा—लेकिन चांद तो एक है। उस चांद की तरफ ले जाने की बात भी अनेक नहीं हो सकती।

तो जो समझ से भरे हैं, जो थोड़े समझपूर्वक जी रहे हैं, वे तो आह्लादित होंगे कि मैं वही-वही बात बहुत-बहुत रूपों में उनसे कहे जा रहा हूं। जगह-जगह से चोट कर रहा हूं। लेकिन कील तो एक ही ठोकनी है। नये-नये बहाने खोज रहा हूं, लेकिन कील तो एक ही ठोकनी है।[122]

चरण स्पर्श

कहने का मन होता है और कहने को भी कुछ नहीं होता। कुछ गाने का मन होता है, गीत कुछ बनता भी नहीं। कुछ धुंधला-धुंधला होता है, साफ पकड़ में नहीं आता, शब्द में बंधता नहीं। सच तो यह है कि जब भी कुछ महत्वपूर्ण होता है तो शब्द में बंधना मुश्किल हो जाता है। तो उस क्षण आदमी क्या करे? कभी रोता है; आंख से आंसू गिरा देता है। वह भी कुछ कह रहा है। कभी हंसता; हंसी से कुछ कह रहा है। कभी चुप रह जाता, अवाक रह जाता; चुप्पी से कुछ कह रहा है। कभी अपने प्रणाम ही निवेदित कर देता, और क्या करे?

हजारों-हजारों सालों से बुद्धपुरुषों के चरणों में लोगों ने सिर रखे हैं—किसी और कारण से नहीं। कुछ करने को सूझता नहीं। कुछ और क्या करें?

पश्चिम में पैरों पर सिर रखने की कोई परंपरा नहीं है। क्योंकि बहुत बुद्धपुरुष नहीं हुए। यह तो बुद्धपुरुषों के कारण पैदा हुई परंपरा। क्योंकि सब खाली मालूम पड़ता है, क्या कहें? धन्यवाद भी देते है तो धन्यवाद शब्द थोथा मालूम पड़ता है। तब एक ही उपाय है कि पूरा सिर चरणों पर रख दें।

तुमने कभी खयाल किया, क्रोध आ जाता है तो तुम जूता उतार कर किसी के सिर पर मार देते हो। क्या कर रहे हो तुम? तुम यह कह रहे हो कि हम अपने पैर तुम्हारे सिर पर रखते हैं—प्रतीकात्मक रूप से। सिर पर पैर रखना बड़ा कठिन काम है—उछलना-कूदना पड़े, हाथ-पैर टूट जायें—तो संकेत के रूप में जूता रख देते हैं सिर पर; कि लो, तुम्हारा सिर और हमारा जूता!—जब क्रोध होता है। और जब कोई बहुत गहन श्रद्धा पैदा हो तब तुम क्या करोगे? तब तुम किसी के चरणों पर अपना सिर रख देते हो कि अब हम और क्या करें। अब कुछ कहने को नहीं।[123]

एक साधे सब सधे

कोई लोभ से पीड़ित है, कोई मोह से पीड़ित है, किसी की और समस्याएं हैं। लेकिन अधिकतर ऐसा होता है कि जब भी कोई एक समस्या लेकर आता है तो वह एक खबर दे रहा है—वह खबर दे रहा है कि वह सोचता है : समस्या एक है। एक दिखाई पड़ रही है अभी; पीछे लगी कतार तुम्हें तभी दिखाई पड़ेगी जब यह एक हल हो जाये। क्यू लगा है। तो तुम किसी तरह क्रोध को हल कर लो, तो तुम अचानक पाओगे कि कुछ और पीछे खड़ा है। क्रोध ने नया रूप ले लिया, नया ढंग ले लिया।

पश्चिम में मनस्विद इसी चेष्टा में संलग्न हैं : एक-एक समस्या को हल कर लो। जैसे कि समस्याएं अलग-अलग हैं! वैसी दृष्टि ही गलत है। सब समस्याएं इकट्ठी जुड़ी हैं—एक जाल है।

देखा मकड़ी का जाला? एक धागे को हिला दो, पूरा जाल हिलता है! ऐसा समस्याओं का जाल है, संयुक्त है। क्रोध लोभ से जुड़ा है, लोभ मोह से जुड़ा है, मोह काम से जुड़ा है—सब चीजें संयुक्त हैं। तुम एक को हल न कर पाओगे। एक को हल करने चलोगे, कभी न हल कर पाओगे, क्योंकि अनेक हैं समस्याएं; एक-एक करके चले, कभी हल न होगा। यह तो ऐसा ही होगा जैसे कोई चम्मच-चम्मच पानी सागर से निकाल कर सागर को खाली करने की चेष्टा करता हो। यह तो तुमने बहुत छोटा मापदंड ले लिया। इस विराट को तुम हल न कर पाओगे।

इसलिए पूरब ने एक नयी दृष्टि खोजी : क्या कोई ऐसा उपाय है कि हम सारी समस्याओं को एक झटके में समाप्त कर दें। इंच-इंच नहीं, टुकड़ा-टुकड़ा नहीं, पूरी समस्या को हल कर दें। समस्या मात्र उखड़ जाये। लहर से न लड़ें; उस हवा को ही बहना बंद कर दें, जिसके कारण हजारों लहरें उठती हैं।

वही सूत्र है साक्षी का : तुम समस्याओं को हल मत करो; तुम समस्याओं के पीछे खड़े हो जाओ। तुम बस देखो। तुम्हारी दृष्टि अगर थिर हो गयी तो समस्याएं गिर जायेंगी। क्योंकि समस्याएं पैदा होती हैं तुम्हारी दृष्टि की अथिरता से। तुम्हारी दृष्टि का कंपन ही समस्याओं को पैदा करता है।

तो गहरे में एक ही समस्या है कि तुम अंधे हो। गहरे में एक ही समस्या है कि तुम्हारी दृष्टि थिर नहीं। गहरे में एक ही समस्या है कि तुम्हारी आंखों में अंधेरा है, या तुमने पलक खोलने की कला नहीं सीखी। उस एक को हल कर लो।

तो पूरब में हम कहते हैं : 'एक साधे सब सधे, सब साधे सब जाये।' यह सदियों की अनुभूति का निचोड़ है इन सीधे-सादे वचनों में : एक साधे सब सधे, सब साधे सब जाये। तो तुम खंड-खंड मत साधना, नहीं तो कभी जीत न पाओगे; पत्ती-पत्ती मत काटना, अन्यथा वृक्ष कभी गिरेगा नहीं। जड़ को काट डालना। जड़ है अहंकार। जड़ है तादात्म्य। जड़ है इस बात में

कि मैंने मान रखा है कि मैं देह हूं, जो कि सच नहीं। मैं देह नहीं हूं। मैंने मान रखा है कि मैं मन हूं, जो कि सच नहीं है। इन झूठों की मान्यताओं के कारण फिर हजार झूठों की कतार खड़ी हो गयी है। तुम मूल झूठ को हटा लो, तुम आधारशिला को खींच लो—यह ताशों का भवन जो खड़ा है, तत्क्षण गिर जायेगा। तुम आधार से जूझ लो। तुम अनेक से मत लड़ो। यह अनेक गुरियों के बीच पिरोया हुआ एक ही धागा है। तुम एक-एक गुरिये से सिर मत मारो। तुम उस एक धागे को खींच लो, यह माला बिखर जायेगी। यह माला बचेगी नहीं। और तुम एक-एक गुरिये से लड़ते रहे और भीतर का धागा मजबूत रहा, तो तुम जीत न पाओगे। गुरिये अनंत हैं। तुम्हारी सीमा है। तुम्हारा समय है। तुम्हारी क्षमता...। गुरिये अनंत हैं। क्या-क्या हल करोगे? मनुष्य-जाति हल करने में लगी है।

दुनिया में दो ही तरह के लोग हैं। एक, जो समस्याओं को अलग-अलग हल कर रहे हैं; और एक, जो समस्याओं के मूल के प्रति जाग रहे हैं। जो मूल के प्रति जागता है, जीत जाता है। देख लो खड़े हो कर। जरा भी चुनाव मत करो। क्रोध है—सही, रहने दो; तुम दूर खड़े हो कर क्रोध को देखने वाले बन जाओ। कभी द्रष्टा का थोड़ा स्मरण करो। काम है, लोभ है—द्रष्टा का स्मरण करो। तुम चकित होओगे। तुम धन्य-भाव से भर जाओगे। जैसे ही तुम क्रोध को गौर से देखोगे, क्रोध जाने लगा। तुम्हारे देखते-देखते क्रोध का धुआं विलीन हो जाता है और अक्रोध की परम शांति छूट जाती है। तुम्हारे देखते-देखते वासना कहां खो गयी, पता नहीं चलता—और एक निर्वासना का रस बहने लगता है।[124]

झुकने की आदत

झुकने की आदत नहीं है, तो धीरे-धीरे झुकना शुरू करो। तैरने की आदत नहीं तो आदमी क्या करता है? धीरे-धीरे तैरना शुरू करता है। पहले उथले पानी में तैरता, फिर थोड़े और गहरे में जाता, फिर और थोड़े गहरे में जाता, फिर अतल में चला जाता, फिर कोई डर नहीं। फिर कितनी ही गहराई हो। आदत नहीं है झुकने की तो धीरे-धीरे अभ्यास करो। जहां से बन सके वहां से झुको।

इस देश में हमने ऐसी व्यवस्था की थी कि झुकने की आदत बनी रहे। तो कुछ हमने नियम बना दिये थे। हर बेटा बाप के चरण छुए। वह झुकने की आदत थी। हर बाप चरण छूने योग्य होता नहीं। वह तो सिर्फ उथले पानी में अभ्यास करवा रहे हैं कि चल, कुछ नहीं बनता, इतना तो बन सकता है, यही कर। हर बेटा मां के चरण छुए। गुरु के चरण छुए। जो औपचारिक गुरु

हैं उनके भी चरण छुए—गणित जिन्होंने सिखाया, भूगोल सिखायी, उनके भी चरण छुए। कोई मतलब नहीं है इसमें, लेकिन मतलब है। मतलब इतना ही है कि अभ्यास बना रहे। तो किसी दिन अगर किन्हीं ऐसे चरणों के करीब आने का भाग्य आ जाए जहां झुकने में अर्थ हो, तो ऐसा न हो कि तुम अकड़े ही खड़े रह जाओ आदत के न होने से। झुकने की आदत...।

तो झुको। जहां से बन सके वहां झुको, जैसे बन सके वैसे झुको। अगर आदमियों के सामने झुकने में अड़चन हो तो हमने उसकी भी व्यवस्था की थी। पीपल का झाड़ है, उसी के सामने झुको—देवता। गंगा नदी है, उसी के सामने झुको। पहाड़, उसी के सामने झुको। कहीं भी झुको, अभ्यास करो। तुम्हारी रीढ़ थोड़ा झुकना सीख जाए।

और अभ्यास का परिणाम क्या होता है? जब तुम झुकोगे, तब किसी दिन झुके में तुम पाओगे कि जो मिला, वह अकड़ कर कभी नहीं मिला। उससे रस बढ़ेगा। कभी तुम देखो, जाकर किसी वृक्ष के पास ही झुक कर सिर रखकर बैठ जाओ, तुम बड़े हैरान हो जाओगे, अपूर्व शांति का अनुभव होगा। जितने अकड़े हो, उतनी अशांति है। उसी अनुपात में अशांति है। जितने झुकोगे उतने शांति का अनुभव होगा। किसी के चरणों में कभी सिर रखकर देखा? चाहे चरण इस काबिल न भी रहे हों, इसकी फिकिर ही मत करो।

मुझसे कभी-कभी लोग पूछते हैं कि यह हम कैसे जानें कि किसके चरण लगें? कैसे पक्का हो कि सदगुरु है, कि कुगुरु है, कि फलां-ढिकां? मैंने कहा कि तुम इसकी फिकिर छोड़ो, तुम्हें लेना-देना इससे क्या? कोई भी हो, तुम झुकने का मजा ले लो। झुकने में असली बात है, किसके सामने झुके यह उतनी मूल्यवान बात नहीं है। इसलिए हमने पत्थर की मूर्तियां तक मंदिरों में बनाकर रखीं। उन्हीं के सामने झुक जाओ। मुसलमानों ने मूर्तियां हटा दी हैं, लेकिन झुकना तो नहीं हटाया है, नमाज में झुकते तो हैं। झुकना नहीं हटाया जा सकता है, मूर्ति हटायी जा सकती है। मूर्ति तो गौण थी। झुकना नहीं हटाया जा सकता है। कहीं भी झुको। चलो, काबा की तरफ सिर करके झुको।

तुम मेरी बात खयाल में ले लेना। जिस विषय के प्रति तुम झुकते हो, उसका कोई मूल्य नहीं है, मूल्य तुम्हारे झुकने का है। तुम झुके, इसमें मूल्य है। क्योंकि झुक कर तुम किसी दिन पाओगे कि अपूर्व शांति की वर्षा हो गयी। तुम झुके थे और कुछ बह गया। कुछ रसधार आ गयी। कुछ उमंग, जिससे मन हलका हो गया, निर्बोझ हो गया। फिर तुम और-और झुकोगे। फिर तो झुकने का स्वाद लग जाएगा। फिर तो तुम जब खड़े हो, तब भी भीतर तुम झुके ही रहोगे। तुम्हारा झुकना तब सहज स्वभाव हो जाएगा।[125]

काली की प्रतिमा

पूरब में जितना ही हमने गौर से समझ पायी, उतना ही हमें दिखाई पड़ा, कुछ बातें दिखाई पड़ीं। एक, जन्म मिलता है स्त्री से तो निश्चित ही मृत्यु भी स्त्री से ही आती होगी। क्योंकि जहां से जन्म आता है वहीं से मृत्यु भी आती होगी। स्त्री से जब जन्म मिलता है तो मृत्यु भी वहीं से आती होगी। जहां से जन्म आया है, वहीं से जन्म खींचा भी जायेगा।

तुमने देखा, काली की प्रतिमा देखी! काली को मां कहते हैं। वह मातृत्व का प्रतीक है। और देखा गले में मनुष्य के सिरों का हार पहने हुए है! हाथ में अभी-अभी काटा हुआ आदमी का सिर लिए हुए है, जिससे खून टपक रहा है। 'काली खप्पर वाली!' भयानक, विकराल रूप है! सुंदर चेहरा है, जीभ बाहर निकाली हुई है! भयावनी! और देखा तुमने, नीचे अपने पति की छाती पर नाच रही है! इसका अर्थ समझे? इसका अर्थ हुआ कि मां भी है और मृत्यु भी। यह कहने का एक ढंग हुआ—बड़ा काव्यात्मक ढंग है। मां भी है, मृत्यु भी! तो काली को मां भी कहते हैं, और सारा मृत्यु का प्रतीक इकट्ठा किया हुआ है। भयावनी भी है, सुंदर भी है!

स्त्री प्रतीक है। स्त्री से तुम 'स्त्री' मत समझ लेना, अन्यथा सूत्र का अर्थ चूक जाओगे। स्त्री से तुम यह महत्वपूर्ण बात समझना कि स्त्री जन्मदात्री है। तो जहां से वर्तुल शुरू हुआ है वहीं समाप्त होगा।

ऐसा समझो, वर्षा होती है बादल से। पहाड़ों पर वर्षा हुई, हिमालय पर वर्षा हुई; गंगोत्री से जल बहा, गंगा बनी, बही, समुद्र में गिरी। फिर पानी भाप बन कर उठता है, बादल बन जाते हैं। वर्तुल वहीं पूरा होता है जहां से शुरू हुआ था। बादल बन कर ही वर्तुल पूरा होता है।

पूरब में हमने हर चीज को वर्तुलाकार देखा है। सब चीजें वहीं आ जाती हैं। बूढ़ा फिर बच्चे जैसा असहाय हो जाता है। जैसे बच्चा बिना दांत के पैदा होता है, ऐसा बूढ़ा फिर बिना दांत के हो जाता है। जैसा बच्चा असहाय था और मां-बाप को चिंता करनी पड़ती थी—उठाओ, बिठाओ, खाना खिलाओ—ऐसी ही दशा बूढ़े की हो जाती है। वर्तुल पूरा हो गया।

जीवन की सारी गति वर्तुलाकार है, मंडलाकार है। स्त्री से जन्म मिलता है तो कहीं गहरे में स्त्री से ही मृत्यु भी मिलती होगी। अब अगर स्त्री शब्द को हटा दो तो चीजें और साफ हो जायेंगी। क्योंकि हमारी पकड़ यह होती है: स्त्री यानी स्त्री।

हम प्रतीक नहीं समझ पाते; हम काव्य के संकेत नहीं समझ पाते। स्त्रियों को लगेगा, यह तो उनके विरोध में वचन है। और पुरुष सोचेंगे, हमें तो पहले ही से पता था, स्त्रियां बड़ी खतरनाक हैं! यहां स्त्री से कुछ लेना-देना नहीं है, तुम्हारी पत्नी से कोई संबंध नहीं है। यह तो प्रतीक है, यह तो काव्य का प्रतीक है, यह तो सूचक है—कुछ कहना चाहते हैं इस प्रतीक के द्वारा।

कहना यह चाहते हैं कि काम से जन्म होता है और काम के कारण ही मृत्यु होती है। होगी ही। जिस वासना के कारण देह बनती है, उसी वासना के विदा हो जाने पर देह विसर्जित हो जाती है। वासना ही जैसे जीवन है। और जब वासना की ऊर्जा क्षीण हो गयी तो आदमी मरने लगता है। बूढ़े का क्या अर्थ है? इतना ही अर्थ है कि अब वासना की ऊर्जा क्षीण हो गयी; अब नदी सूखने लगी; अब जल्दी ही नदी तिरोहित हो जायेगी। बचपन का क्या अर्थ है?—गंगोत्री। नदी पैदा हो रही है। जवानी का अर्थ है: नदी बाढ़ पर है। बुढ़ापे का अर्थ है: नदी विदा होने के करीब आ गयी; समुद्र में मिलन का क्षण आ गया; नदी अब विलीन हो जायेगी।

कामवासना से जन्म है। इस जगत में जो भी, जहां भी जन्म घट रहा है—फूल खिल रहा है, पक्षी गुनगुना रहे हैं, बच्चे पैदा हो रहे हैं, अंडे रखे जा रहे हैं—सारे जगत में जो सृजन चल रहा है, वह काम-ऊर्जा है, वह सेक्स-एनर्जी है। तो जैसे ही तुम्हारे भीतर से काम-ऊर्जा विदा हो जायेगी, वैसे ही तुम्हारा जीवन समाप्त होने लगा; मौत आ गयी।

मौत क्या है? काम-ऊर्जा का तिरोहित हो जाना मौत है। इसलिए तो मरते दम तक आदमी कामवासना से ग्रसित रहता है, क्योंकि आदमी मरना नहीं चाहता।

इसलिए कामवासना के साथ हम अंत तक ग्रसित रहते हैं। उसी किनारे को पकड़ कर तो हमारा सहारा है। न स्त्रियां उपलब्ध हों तो लोग नंगे चित्र ही देखते रहेंगे; फिल्म में ही देख आयेंगे जा कर; राह के किनारे खड़े हो जायेंगे; बाजार में धक्का-मुक्की कर आयेंगे। कुछ जीवन को गति मिलती मालूम होती है।

वासना, काम जीवन है। जीवन का पर्याय है काम। और काम का खो जाना है मृत्यु। इसलिए इन दोनों को एक साथ रखा है।[126]

मां काली जगदम्बा

इसलिए खासकर यहूदी परंपराएं, ज्यूविश परंपराएं—यहूदी, ईसाई और इसलाम, तीनों ही ज्यूविश परंपराओं का फैलाव हैं—उन्होंने जगत को एक बड़ी भ्रांत धारणा दी, गॉड दि फादर। वह धारणा बड़ी खतरनाक है। पुरुष के मन को तृप्त करती है, क्योंकि पुरुष अपने को प्रतिष्ठित पाता है परमात्मा के रूप में। लेकिन जीवन के सत्य से उस बात का संबंध नहीं है। ज्यादा उचित एक जागतिक मां की धारणा है। पर वह तभी खयाल में आ सकेगी, जब स्त्रैण रहस्य को आप समझ लें, लाओत्से को समझ लें। अन्यथा समझ में न आ सकेगी।

कभी आपने देखा है काली की मूर्ति को? वह मां है और विकराल! मां है और हाथ में

खप्पर लिए है आदमी की खोपड़ी का! मां है, उसकी आंखों में सारे मातृत्व का सागर। और नीचे? नीचे वह किसी की छाती पर खड़ी है। पैरों के नीचे कोई दबा है। क्योंकि जो सृजनात्मक है, वही विध्वंसात्मक होगा। क्रिएटिविटी का दूसरा हिस्सा डिस्ट्रक्शन है। इसलिए बड़ी खूबी के लोग थे, जिन्होंने यह सोचा! बड़ी इमेजिनेशन के, बड़ी कल्पना के लोग थे। बड़ी संभावनाओं को देखते थे। मां को खड़ा किया है, नीचे लाश की छाती पर खड़ी है। हाथ में खोपड़ी है आदमी की, मुर्दा। खप्पर है, लहू टपकता है। गले में माला है खोपड़ियों की। और मां की आंखें हैं और मां का हृदय है, जिनसे दूध बहे। और वहां खोपड़ियों की माला टंगी है!

असल में, जहां से सृष्टि पैदा होती है, वहीं प्रलय होता है। सर्किल पूरा वहीं होता है। इसलिए मां जन्म दे सकती है। लेकिन मां अगर विकराल हो जाए, तो मृत्यु भी दे सकती है। और स्त्री अगर विकराल हो, तो बहुत खतरनाक हो जाती है। शक्ति उसमें बहुत है। शक्ति तो वही है, वह चाहे क्रिएशन बने और चाहे डिस्ट्रक्शन बने। शक्ति तो वही है, चाहे सृजन हो, चाहे विनाश हो। जिन लोगों ने मां की धारणा के साथ सृष्टि और विनाश, दोनों को एक साथ सोचा था, उनकी दूरगामी कल्पना है। लेकिन बड़ी गहन और सत्य के बड़े निकट!

लाओत्से कहता है, स्वर्ग और पृथ्वी का मूल स्रोत वहीं है। वहीं से सब पैदा होता है। लेकिन ध्यान रहे, जो मूल स्रोत होता है, वहीं सब चीजें लीन हो जाती हैं। वह अंतिम स्रोत भी वही होता है।[127]

देवता और प्रेतात्माएं

यह देवता शब्द को थोड़ा समझना जरूरी है। इस शब्द से बड़ी भ्रांति हुई है। देवता शब्द बहुत पारिभाषिक शब्द है।

देवता शब्द का अर्थ है...इस जगत में जो भी लोग हैं, जो भी आत्माएं हैं, उनके मरते ही साधारण व्यक्ति का जन्म तत्काल हो जाता है। उसके लिए गर्भ तत्काल उपलब्ध होता है। लेकिन बहुत असाधारण शुभ आत्मा के लिए तत्काल गर्भ उपलब्ध नहीं होता। उसे प्रतीक्षा करनी पड़ती है। उसके योग्य गर्भ के लिए प्रतीक्षा करनी पड़ती है। बहुत बुरी आत्मा, बहुत ही पापी आत्मा के लिए भी गर्भ तत्काल उपलब्ध नहीं होता। उसे भी बहुत प्रतीक्षा करनी पड़ती है। साधारण आत्मा के लिए तत्काल गर्भ उपलब्ध हो जाता है।

इसलिए साधारण आदमी इधर मरा और उधर जन्मा। इस जन्म और मृत्यु और मृत्यु और नए जन्म के बीच में बड़ा फासला नहीं होता। कभी क्षणों का भी फासला होता है। कभी क्षणों का भी नहीं होता। चौबीस घंटे गर्भ उपलब्ध हैं; तत्काल आत्मा गर्भ में प्रवेश कर जाती है।

लेकिन एक श्रेष्ठ आत्मा नए गर्भ में प्रवेश करने के लिए प्रतीक्षा में रहती है। इस तरह की श्रेष्ठ आत्माओं का नाम देवता है। निकृष्ट आत्माएं भी प्रतीक्षा में होती हैं। इस तरह की आत्माओं का नाम प्रेतात्माएं हैं। वे जो प्रेत हैं, ऐसी आत्माएं जो बुरा करते-करते मरी हैं; लेकिन इतना बुरा करके मरी हैं। अब जैसे कोई हिटलर, कोई एक करोड़ आदमियों की हत्या जिस आदमी के ऊपर है, इसके लिए कोई साधारण मां गर्भ नहीं बन सकती, और न कोई साधारण पिता गर्भ बन सकता है। ऐसे आदमी को तो गर्भ के लिए बहुत प्रतीक्षा करनी पड़ेगी। लेकिन इसकी आत्मा इस बीच क्या करेगी? इसकी आत्मा इस बीच खाली नहीं बैठी रह सकती। भला आदमी तो कभी खाली भी बैठ जाए, बुरा आदमी बिलकुल खाली नहीं बैठ सकता। कुछ न कुछ करने की कोशिश जारी रहेगी।

तो जब भी आप कोई बुरा कर्म करते हैं, तब तत्काल ऐसी आत्माओं को आपके द्वारा सहारा मिलता है, जो बुरा करना चाहती हैं। आप वीहिकल बन जाते हो; आप साधन बन जाते हो। जब भी आप कोई बुरा कर्म करते हो, तो ऐसी कोई आत्मा अति प्रसन्न होती है और आपको सहयोग देती है, जिसे बुरा करना है, लेकिन उसके पास शरीर नहीं है। इसलिए कई बार आपको लगा होगा कि बुरा काम आपने कोई किया और पीछे आपको लगा होगा, बड़ी हैरानी की बात है, इतनी ताकत मुझमें कहां से आ गई कि मैं यह बुरा काम कर पाया! यह अनेक लोगों का अनुभव है। इसलिए अच्छा आदमी भी अकेला नहीं है इस पृथ्वी पर और बुरा आदमी भी अकेला नहीं है इस पृथ्वी पर, सिर्फ बीच के आदमी अकेले होते हैं। सिर्फ बीच के आदमी अकेले होते हैं, जो न इतने अच्छे होते हैं कि अच्छों से सहयोग पा सकें, न इतने बुरे होते हैं कि बुरों से सहयोग पा सकें। सिर्फ साधारण, बीच के, मीडियाकर, मिडिल क्लास—पैसे के हिसाब से नहीं कह रहा—आत्मा के हिसाब से जो मध्यवर्गीय हैं, उनको, वे भर अकेले होते हैं, वे लोनली होते हैं। उनको कोई सहारा-वहारा ज्यादा नहीं मिलता। और कभी-कभी हो सकता है कि या तो वे बुराई में नीचे उतरें, तब उन्हें सहारा मिले; या भलाई में ऊपर उठें, तब उन्हें सहारा मिले। लेकिन इस जगत में अच्छे आदमी अकेले नहीं होते, बुरे आदमी अकेले नहीं होते।

जब महावीर जैसा आदमी पृथ्वी पर होता है या बुद्ध जैसा आदमी पृथ्वी पर होता है, तो चारों ओर से अच्छी आत्माएं इकट्ठी सक्रिय हो जाती हैं। इसलिए जो आपने कहानियां सुनी हैं, वे सिर्फ कहानियां नहीं हैं। यह बात सिर्फ कहानी नहीं है कि महावीर के आगे और पीछे देवता चलते हैं। यह बात कहानी नहीं है कि महावीर की सभा में देवता उपस्थित हैं। यह बात कहानी नहीं है कि जब बुद्ध गांव में प्रवेश करते हैं, तो देवता भी गांव में प्रवेश करते हैं। यह बात, यह बात माइथोलॉजी नहीं है, पुराण नहीं है।

इसलिए भी कहता हूं, पुराण नहीं है, क्योंकि अब तो वैज्ञानिक आधारों पर भी सिद्ध हो गया है कि शरीरहीन आत्माएं हैं। उनके चित्र भी, हजारों की तादात में चित्र लिए जा सके हैं। अब तो वैज्ञानिक भी अपनी प्रयोगशाला में चकित और हैरान हैं। अब तो उनकी भी हिम्मत टूट गई है यह कहने की कि भूत-प्रेत नहीं हैं। कोई सोच सकता था कि कैलिफोर्निया या इलेनाइस ऐसी युनिवर्सिटीज में भूत-प्रेत का अध्ययन करने के लिए भी कोई डिपार्टमेंट होगा! पश्चिम के

विश्वविद्यालय भी कोई डिपार्टमेंट खोलेंगे, जिसमें भूत-प्रेत का अध्ययन चलता होगा! पचास साल पहले पश्चिम पूर्व पर हंसता था कि सुपरस्टीटस हो। हालांकि पूर्व में अभी भी ऐसे नासमझ हैं, जो पचास साल पुरानी पश्चिम की बात अभी दोहराए चले जा रहे हैं।

पचास साल में पश्चिम ने बहुत कुछ समझा है और पीछे लौट आया है। उसके कदम बहुत जगह से वापस लौटे हैं। उसे स्वीकार करना पड़ा है कि मनुष्य के मर जाने के बाद सब समाप्त नहीं हो जाता। स्वीकार कर लेना पड़ा है कि शरीर के बाहर कुछ शेष रह जाता है, जिसके चित्र भी लिए जा सकते हैं। स्वीकार करना पड़ा है कि अशरीरी अस्तित्व संभव है, असंभव नहीं है। और यह छोटे-मोटे लोगों ने नहीं, ओलिवर लाज जैसा नोबल प्राइज विनर गवाही देता है कि प्रेत हैं। सी.डी.ब्राड जैसा वैज्ञानिक चिंतक गवाही देता है कि प्रेत हैं। जे.बी.राइन और मायर्स जैसे जिंदगीभर वैज्ञानिक ढंग से प्रयोग करने वाले लोग कहते हैं कि अब हमारी हिम्मत उतनी नहीं है पूर्व को गलत कहने की, जितनी पचास साल पहले हमारी हिम्मत थी।[128]

वर्ण आश्रम विज्ञान

और जितना विज्ञान हम आज जानते हैं, वह एक अर्थ में आंशिक है, टोटल नहीं है, खंडित है। हम सिर्फ पदार्थ के संबंध में विज्ञान को जानते हैं, जीवन के संबंध में हमारे पास अभी कोई विज्ञान नहीं है। कृष्ण के सामने एक पूर्ण विज्ञान था। पदार्थ और जीवन को खंड-खंड में बांटने वाला नहीं, अखंड इकाई में स्वीकार करने वाला। उस विज्ञान ने जीवन को चार हिस्सों में बांट दिया था। जैसे व्यक्तियों को चार टाइप, प्रकार में बांट दिया था, ऐसे एक-एक व्यक्ति की जिंदगी को चार हिस्सों में बांट दिया था। वे हिस्से जीवन की धारा के साथ थे।

पहले हिस्से को हम कहते थे, ब्रह्मचर्य—पच्चीस वर्ष। यदि सौ वर्ष आदमी की उम्र स्वीकार करें, तो पच्चीस वर्ष का काल ब्रह्मचर्य आश्रम का था। दूसरे पच्चीस वर्ष गृहस्थ आश्रम के थे, तीसरे पच्चीस वर्ष वानप्रस्थ आश्रम के थे और चौथे पच्चीस वर्ष संन्यास आश्रम के थे। पहले पच्चीस वर्ष जीवन-प्रभात के हैं, जब कि ऊर्जा जगती है, शरीर सशक्त होता है, इंद्रियां बलशाली होती हैं, बुद्धि तेजस्वी होती है, जीवन उगता है—सुबह। इस पच्चीस वर्ष के जीवन को हमने ब्रह्मचर्य आश्रम कहा था।

इसे थोड़ा समझ लेना जरूरी है। पहले पच्चीस वर्ष संयम के। क्यों? क्योंकि जिसके पास

शक्ति है, जीवन के भोग में वही उतर सकेगा। जो अशक्त है, वह जीवन के भोग से वंचित रह जाएगा। जिसके पास जितनी शरीर संपदा, मन की संपदा है, संरक्षित शक्ति है, वह जीवन के रस में उतने ही गहरे जा सकेगा। इसलिए पहले पच्चीस वर्ष शक्ति-संचय के वर्ष हैं, जीवन की तैयारी के।

और यह बहुत मजे की बात है कि जो ठीक से भोग सकेगा, वही ठीक से त्याग को उपलब्ध होता है। कमजोर भोग नहीं पाता, इसलिए कभी त्याग को उपलब्ध नहीं हो पाता। असल में कमजोर जान ही नहीं पाता कि भोग क्या है, इसलिए उसके पार कभी नहीं हो पाता। जीवन का एक अनिवार्य नियम है, हम जिसे ठीक से जान लेते हैं, उससे मुक्त हो जाते हैं। जिसे हम ठीक से नहीं जानते, उससे हम कभी मुक्त नहीं हो पाते।

अब यह बड़ी उलटी बात मालूम पड़ेगी कि पच्चीस वर्ष तक हम व्यक्ति को ब्रह्मचर्य की साधना में से गुजारते थे, ताकि वह कामवासना से किसी दिन मुक्त हो सके। पच्चीस वर्ष हम उसे ब्रह्मचर्य साधना में रखते थे, ताकि वह पच्चीस वर्ष काम-उपभोग की गहराई में उतर सके; वह सेक्स की जो गहरी से गहरी अनुभूतियां हैं, उनमें जा सके। क्योंकि वही सेक्स के बाहर जा सकेगा, जो उसमें गहरा गया है। जो उसमें गहरा नहीं गया है, वह कभी बाहर नहीं जा सकेगा।

आज बूढ़े आदमी भी कामवासना के बाहर नहीं जा पाते हैं। क्योंकि कामवासना में जाने के लिए जितनी शक्ति की जरूरत है, वही हम कभी नहीं जुटा पाते। जितनी प्रगाढ़ और जितनी इंटेंस और तीव्र शक्ति चाहिए कि हम अनुभव कर सकें और अनुभव के बाहर जा सकें। उतनी शक्ति ही कभी इकट्ठी नहीं हो पाती। इसलिए ये पच्चीस वर्ष दोहरे अर्थ के थे।

एक तो जिन व्यक्तियों को कल संसार के अनुभव में जाना है, इंद्रियों के अनुभव में—कृष्ण इस वचन में कहते हैं, इंद्रियों का सुख भोगते हैं जो—उनके लिए भी जीवन के क्रम से ही जाना उचित है। जीवन का अगर क्रम खंडित, टूटता, केआटिक हो जाए, अराजक हो जाए, तो कोई भी जीवन के चरम शिखर को उपलब्ध नहीं होता है। इसलिए पहले पच्चीस वर्ष शक्ति के संचय के। कल फिर शक्ति के व्यय के क्षण आएंगे।

कभी आपने सोचा कि कमजोर आदमी कभी भी कामवासना से मुक्त नहीं हो पाता। जितना कमजोर, उतना काम में गिर जाता है। यह उलटी बात लगती है। लेकिन यही सच है। जितना शक्तिशाली, उतना कामवासना के शीघ्र बाहर हो जाता है। इसलिए जितने शक्तिशाली युग थे, वे कामुक युग नहीं थे। और जितने कमजोर युग होते हैं, उतने सेक्सुअल और कामुक युग होते हैं। कामवासना कमजोर करती है और कमजोरी कामवासना को बढ़ाती है। शक्ति कामवासना से मुक्त करती है और कामवासना से मुक्ति आती है, तो शक्ति बढ़ती है। ये दोनों जुड़ी हुई बातें हैं। कमजोर आदमी वासना के बाहर कभी नहीं जा पाता।

असल में कमजोर आदमी वासना में ही नहीं जा पाता, सिर्फ वासना का चिंतन करता है। सेरिब्रल, मानसिक हो जाता है उसका सारा काम। शक्ति न होने से मन में ही सोचता है। स्वस्थ युग कामवासना को कभी मन में नहीं ले जाते। अस्वस्थ युग कामवासना को मन में ले जाते हैं। जितना युग अस्वस्थ होता है, उतनी कामवासना काम के केंद्र से हटकर मस्तिष्क के केंद्र पर गतिमान हो जाती है। यह वैसा ही पागलपन है, जैसे कोई आदमी पेट में भोजन न

पचाए और मस्तिष्क में पचाने की सोचने लगे। जैसे कोई आदमी पैर से न चले और मस्तिष्क में चलने की योजनाएं, कल्पनाएं और स्वप्न देखता रहे। विक्षिप्त हो जाएगा। मस्तिष्क से चला नहीं जा सकता, मस्तिष्क से सिर्फ सोचा जा सकता है। पैर से सोचा नहीं जा सकता, पैर से सिर्फ चला जा सकता है। मस्तिष्क अपना काम करे, पैर अपना काम करे। लेकिन अगर पैर कमजोर हों, तो आदमी दौड़ने के सपने देखने लगता है। अगर पेट कमजोर हो, तो आदमी भोजन की योजनाएं बनाने लगता है, भोजन नहीं करता। सेक्स कमजोर हो, सेक्स की ऊर्जा कमजोर हो, तो आदमी सेक्स का चिंतन करने लगता है।

पच्चीस वर्ष, हमारे पहले पच्चीस वर्ष हमने व्यक्ति के जीवन में शक्ति-संचय के वर्ष निर्मित किए थे। जितनी शक्ति इकट्ठी करनी है, कर लो। क्योंकि जितनी तुम्हारे पास शक्ति होगी, उतने गहरे तुम इंद्रियों के अनुभव में जा सकोगे। और जितने गहरे जाओगे, उतने इंद्रियों से मुक्त हो जाओगे। जब इंद्रियों के सब अनुभव जान लिए जाते हैं, तो आदमी जानता है, उनमें कुछ भी पाने योग्य नहीं है। बात समाप्त हो जाती है। लेकिन हम इंद्रियों के अनुभव को ही उपलब्ध नहीं हो पाते। इसलिए पढ़ते रहते हैं शास्त्र में कि इंद्रियों में कुछ भी नहीं है; और सोचते रहते हैं कि इंद्रियों में ही सब कुछ है। सुनते रहते हैं, इंद्रियां दुश्मन हैं; और मानते रहते हैं कि इंद्रियों के सिवाय और कुछ भी प्रीतिकर नहीं है। इंद्रियों के खिलाफ प्रवचन सुनते हैं, इंद्रियों के पक्ष में चित्र, फिल्म, उपन्यास, कविता देखते हैं। वही आदमी प्रवचन सुनता है इंद्रियों के विपरीत, सुखों के विपरीत; वही जाकर नाटक देखता है, वही नृत्य देखता है, वही वेश्या के घर भी दिखाई पड़ता है। क्या बात क्या हो गई है?

जीवन के क्रम के साथ व्यक्ति नहीं है। जीवन का पहला क्रम है, शक्ति-संचय। और इसमें एक दूसरी बात और खयाल में ले लेनी जरूरी है। इस ब्रह्मचर्य के पच्चीस वर्ष के आश्रम में हमने एक दूसरी और अत्यधिक गहरी मनोवैज्ञानिक बात जोड़ी थी, जो आज नहीं कल ज़गत को वापस लौटा लेनी पड़ेगी, अन्यथा जगत का बचना असंभव है। और वह थी कि पच्चीस वर्ष हार्डशिप के, कठिन श्रम का समय था।

अब यह बड़े मजे की बात है कि जिस व्यक्ति का बचपन जितना ही श्रम का हो, उसकी शेष जिंदगी उतने ही सुख की होती है। और जिसका बचपन जितना सुख का हो, उसकी शेष जिंदगी उतनी ही विषाद और दुख की होती है। बचपन में जो चटाई पर सोया, बचपन में जिसने रूखी-सूखी रोटी खाई, बचपन में जिसने कुदाली चलाई, लकड़ी चीरी, गाएं चराईं, जिंदगी उसे जो भी देगी, वह इससे सदा ज्यादा होगा। और सुख सदा तुलना में है, कंपेरिजन में है। जिंदगी जो भी देगी, वह सदा इससे ज्यादा होगा।

आज हम ठीक उलटा पागलपन करते हैं। बाप को जो सुख नहीं है, वह बेटे को मिल जाता है। घर में जो सुख नहीं है, वह हास्टल में, छात्रावास में मिल जाता है। पच्चीस वर्ष बीतते हैं बिलकुल बिना श्रम के, बिना काम के, बिना हार्डशिप के, बिना स्ट्रगल के। और पच्चीस साल के बाद जिंदगी में आता है संघर्ष, आता है श्रम। और फिर इसलिए जो भी मिलता है, वह कोई भी तृप्त नहीं कर पाता। कंपेरेटिव, जो भी मिलता है, वह सब बेकार लगता है। जो भी मिलता है, वह आशाओं के प्रतिकूल लगता है।

पच्चीस वर्ष का पहला आश्रम श्रम का, साधना का, संकल्प का आश्रम था। इसलिए जिंदगी जो भी देती थी, रूखी-सूखी रोटी भी देती थी, तो इतनी स्वादिष्ट थी, जिसका कोई हिसाब नहीं। रोटी अब उतनी स्वादिष्ट नहीं है। सच बात, रोटी तो बहुत स्वादिष्ट है, लेकिन खाने वाला स्वाद लेने की कला भूल गया है। रोटी आज दुनिया में पहले से बहुत ज्यादा स्वादिष्ट है। लेकिन स्वाद लेने वाला पहले से बहुत कमजोर है, स्वाद लेने वाला बिलकुल बीमार है। मकान दुनिया में आज जैसे हैं, ऐसे कभी भी न थे। सम्राटों को, अकबर को और अशोक को जो मकान नहीं थे, वे आज एक साधारण आदमी को भी मिल सकते हैं, मिल गए हैं। लेकिन आज मकानों में रहने का कोई सुख नहीं है; क्योंकि रहने वाले के पास सुख को तौलने का कोई मापदंड नहीं है, सुख को अनुभव करने की कोई क्षमता नहीं है।

पच्चीस वर्ष ब्रह्मचर्य के कठिन श्रम के वर्ष थे। बाद की जिंदगी प्रतिपल पर कम श्रम की होती चली जाती थी। यह ठीक क्रम है। अधिक शक्ति जब है हाथ में, तो अधिक श्रम कर लेना चाहिए। आज बच्चे कम श्रम कर रहे हैं और बूढ़े ज्यादा श्रम कर रहे हैं। यह बिलकुल उलटा क्रम है। बच्चों के पास शक्ति है, बूढ़ों की शक्ति क्षीण हो रही है। लेकिन बूढ़े जुते हैं बैलों की तरह और बच्चे आराम कर रहे हैं। फिर ये आराम करते बच्चे अगर युनिवर्सिटीज में आग लगाएं, अगर ये आराम करते बच्चे पत्थर फेंकें, कांच फोड़ें, तो कुछ आश्चर्य नहीं है। इनके पास काम नहीं है। ये बिलकुल बेकाम हैं। इन्हें कुछ काम चाहिए। इन्हें कुछ तोड़ने को चाहिए। ये जंगल की लकड़ी काट लेते थे, तब ये गुरु के झोपड़े पर पत्थर नहीं फेंकते थे। लकड़ी काटने में ही इनकी इतनी शक्ति लग जाती थी, इतने हलके हो जाते थे। अब काटने-पीटने, ठोंकने जैसा कुछ भी उनके हाथ में नहीं है, अब वे पत्थर फेंक रहे हैं।

पहला आश्रम, जब कि व्यक्ति के जीवन में प्रभात है शक्ति का, शक्ति के संचय, प्रयोग, क्षमता के विकास का समय है, विश्राम का नहीं। विश्राम का समय धीरे-धीरे आएगा। आखिरी क्षण, जिंदगी के सूर्यास्त के समय विश्राम का क्षण होगा। तो हम पचहत्तर साल के बाद आखिरी संन्यास के आश्रम में पूर्ण विश्राम की व्यवस्था किए थे—पूर्ण विश्राम। पहला पूर्ण श्रम, अंतिम पूर्ण विश्राम। बीच में दो सीढ़ियां थीं।

इस पहले को एक तरफ से और समझ लें, कि व्यक्ति का जो भी विकास है, वह करीब-करीब पच्चीस वर्ष में पूरा हो जाता है। मनोवैज्ञानिक तो कहते हैं, और जल्दी पूरा हो जाता है। इसलिए विकास इसके पहले कि पूरा हो जाए, व्यक्ति की पूरी पोटेंशियलिटी को जगा लेने की कोशिश की जानी चाहिए। इसके पहले कि विकास का क्षण बीत जाए, व्यक्ति के भीतर जो भी शक्ति छिपी है बीजरूप, वह सब वृक्षरूप बन जानी चाहिए, वह वास्तविक हो जानी चाहिए। इसलिए रत्तीभर विश्राम का मौका पच्चीस वर्ष में नहीं था। सतत श्रम था। कठोर श्रम था। अथक श्रम था। और इसके दो परिणाम होते थे। एक तो वह व्यक्ति अपनी पूरी शक्तियों को जगाकर जीवन में जाने के योग्य हो जाता। और दूसरा, इसके बाद जीवन उसे जो भी देता, वह उसके लिए संतोष और आनंद बनता।

आज की दुनिया में कोई भी चीज संतोष नहीं बन सकती। आज हमारी सारी व्यवस्था ऐसी है कि हर चीज असंतोष ही बनेगी। उसे असंतोष बनना ही पड़ेगा। क्योंकि संतोष की एक कला

थी, वह जीवन के क्रम के साथ थी। जब वृक्ष पर फूल आते हैं, तभी आने चाहिए। और जब वृक्ष के पत्ते झड़ते हैं, तभी झड़ने चाहिए। जब वृक्ष बूढ़ा हो जाए, तब हमें उससे वैसी आशा नहीं रखी चाहिए, जैसे जब वृक्ष जवान था, तब हमने आशा रखी थी। आज बड़ी हैरानी की बात है कि आज जवान से हम कोई आशा ही नहीं रखते, जिससे सर्वाधिक आशा रखी जानी चाहिए।

इस ब्रह्मचर्य के काल में एक तीसरी और प्रक्रिया थी, जो आपको खयाल दिला दूं, वह भी जीवन का हिस्सा थी। इस ब्रह्मचर्य के काल में चाहे किसी परिवार से कोई व्यक्ति आए, जीवन साम्यवादी था, कम्यून का था। गरीब का हो, अमीर का हो, सम्राट का लड़का हो, कोई भी हो, इससे कोई फर्क नहीं पड़ता था। ब्रह्मचर्य के पच्चीस वर्ष सहजीवन के वर्ष थे और समान जीवन के वर्ष थे। सम्राट का लड़का भी लकड़ियां चीरता, वह भी गाय-बैल को चराने जाता, वह भी गोबर से सफाई करता, वह भी गुरु के पैर दबाता। ये पच्चीस वर्ष कम्यून के, समानता के वर्ष थे। और इन पच्चीस वर्ष में जो भी हृदय में प्रविष्ट हो जाता है, वह जीवनभर साथ रहता है। इसलिए चाहे समाज में असमानता दिखाई पड़ती रही हो, व्यक्तियों के चित्तों में कभी असमानता नहीं थी। और समानता की कोई पागल प्यास भी नहीं थी। जिसको स्पर्धा कहें दूसरे से, वह पच्चीस वर्ष में इस अर्थों में पैदा ही नहीं हो पाती थी, क्योंकि सब समान था। इसलिए हमने एक नान-कांपिटीटिव, एक स्पर्धामुक्त, महत्वाकांक्षा-शून्य समाज के निर्माण का प्राथमिक आधार रखा था।

दूसरा आश्रम था गृहस्थ का। शायद इस पृथ्वी पर इस देश ने मनुष्य को जितनी वैज्ञानिकता से स्वीकार किया है, इतनी वैज्ञानिकता से किसी ने कभी स्वीकार नहीं किया है। अब कैसी हैरानी की बात है कि पच्चीस वर्ष तक हम उसे ब्रह्मचर्य का पाठ देते और पच्चीस साल के बाद उसे गृहस्थ जीवन में भेज देते—विवाहित, कामवासना, इंद्रियों के सुख में प्रवेश का मौका देते।

कोई कहेगा, यह क्या पागलपन है! पच्चीस वर्ष तक जब ब्रह्मचर्य सिखाया, तो अब क्यों उसे भेज रहे हैं? ब्रह्मचर्य उसे सिखाया ही इसलिए कि अब वह तौल भी सकेगा कि आनंद ब्रह्मचर्य में है कि वासना में! और जो आनंद उसने ब्रह्मचर्य में जाना, वह आनंद वासना से कभी नहीं उसे मिल सकेगा। इसलिए वासना सिर्फ कर्तव्य रह जाएगी। इसलिए वासना कभी भोग की तृष्णा नहीं बनेगी, मात्र कर्तव्य रह जाएगी। और उसके प्राणों का पंछी निरंतर इसी आशा में रहेगा कि कब पचास वर्ष पूरे हो जाएं और मैं ब्रह्मचर्य की दुनिया में वापस लौट जाऊं। इसलिए कामवासना का जितना सुख हम सोचते हैं, इतना सुख... !

जिन लोगों के जीवन में ब्रह्मचर्य की किरण उतरी, उन्हें हैरानी होती है कि पागल हैं आप! लेकिन आपके पास तुलना का कोई उपाय भी तो नहीं है। ब्रह्मचर्य का तो कोई आनंद कभी जाना नहीं, इसलिए तौलें किससे! तौलने का कोई उपाय नहीं है। हां, एक ही उपाय है। एक आदमी एक स्त्री के साथ संबंधित होता है; नहीं सुख पाता, तो सोचता है कि शायद दूसरी स्त्री से संबंधित होने में सुख मिले। तौलने का एक ही उपाय है, इस स्त्री से नहीं मिलता, तो दूसरी से मिले; दूसरी से नहीं मिलता, तीसरी से मिले। इस पुरुष से नहीं मिलता, दूसरे पुरुष से मिले; दूसरे से नहीं मिलता, तीसरे से मिले। तौलने का और कोई उपाय नहीं है। व्यक्ति

बदलो, तो शायद मिल जाए। लेकिन अवस्था बदलो, तो शायद मिल जाए, इसकी हमारे मन में कोई कल्पना पैदा नहीं होती। क्योंकि और किसी अवस्था का हमें पता ही नहीं है।

इसलिए वासना के जगत में यात्रा करने के पहले ब्रह्मचर्य का अनुभव अनिवार्य है, अन्यथा वासना मरने तक, कब्र तक नहीं छोड़ेगी पीछा। क्योंकि तुलना का कोई उपाय नहीं रह जाएगा। और ब्रह्मचर्य के सुख को, शांति को, आनंद को जिसने जाना; ब्रह्मचर्य की शक्ति को, ब्रह्मचर्य की ऊर्जा को, ब्रह्मचर्य के आह्लाद को जिसने जाना और ब्रह्मचर्य जिसके प्राणों में नृत्य किया, संगीत बजा ब्रह्मचर्य का, उसके सामने जब वासना की दुनिया आएगी, तो वह तौल सकेगा कि बहुत फीकी है। फीकी भी कहना बेकार है, उसमें कुछ बहुत स्वाद नहीं है। अत्यंत साधारण है। तब वह इसे कर्तव्य की भांति निभा पाएगा। ठीक है; जगत, परमात्मा, जीवन का क्रम, ठीक है। वह पैदा किया गया है, वह किसी को पैदा कर जाए। वह जगह भर दे। लेकिन विक्षिप्त होकर कामवासना उसे पकड़ने वाली नहीं है।

इसलिए इस देश के शास्त्र कह सके कि जो व्यक्ति संतान के लिए ही संभोग में उतरता है, वह यद्यपि पुराने अर्थ में ब्रह्मचारी नहीं रहा, लेकिन फिर भी ब्रह्मचारी है। संतान के लिए ही जो काम-संभोग में उतरता है, वह भी ब्रह्मचारी है, यह इस देश के शास्त्र कह सके। यह कह सके इसीलिए कि कामवासना के लिए सीधा कोई कामवासना में नहीं उतरता, जो एक बार ब्रह्मचर्य को जान ले। उसके लिए कामवासना सिर्फ कर्तव्य, एक ड्यूटी है, जिसे निभा देना और मुक्त हो जाना है—पच्चीस वर्ष। पचास वर्ष की उम्र में उसके बच्चे आश्रम से लौटने के योग्य होने लगेंगे। पचास वर्ष में उसके बच्चे आश्रम से लौटने के योग्य होने लगेंगे। उसके बच्चे पच्चीस वर्ष के होने के करीब आ जाएंगे।

इस देश ने एक और गहरी बात खोजी और वह यह कि एक ही घर में बाप भी संभोग करे और बेटा भी संभोग करे, यह बहुत अनैतिक है। है भी, क्योंकि बाप भी फिर बचकाना है। बेटा शादी करके आ जाए, वह बच्चे पैदा करे और बाप भी बच्चे पैदा कर रहा हो उस घर में, बहुत शर्म की बात है। बेटा क्या सोचेगा? बाप चाइल्डिश है, बाप बचकाना है, प्रौढ़ नहीं है। अभी तक वासना से, काम से मुक्त नहीं हो पाया!

इसलिए इस मुल्क का एक खयाल था कि जिस घर में बेटा विवाहित हो जाए, उसी दिन बाप समझे कि वानप्रस्थ हो गया, मां समझे कि वानप्रस्थ हो गया। वानप्रस्थ का मतलब समझते हैं? जिसका मुंह जंगल की तरफ हो गया। अभी जंगल चले नहीं जाना है। सिर्फ टुवर्ड्स दि फारेस्ट, अभी सिर्फ मुंह हो गया जंगल की तरफ—वानप्रस्थ। जंगल की तरफ प्रस्थान की तैयारी अब उसे कर लेनी है। अभी अगर वह जंगल चला जाए, तो क्रम में बाधा पड़ेगी। बच्चे अभी ब्रह्मचर्य के आश्रम से घर लौट रहे हैं। इस बाप ने पच्चीस साल में जिंदगी का जो अनुभव लिया है, वह उन बच्चों को देना जरूरी है। अन्यथा वह अनुभव उन्हें कहां से मिलेगा! इसने जिंदगी से जो जाना है, वह बच्चों को संभाल देना जरूरी है। इसने जिंदगी से जो पाया है, वह बच्चों को सौंप देना जरूरी है। घर की, ज्ञान की, अनुभव की सारी चाबियां बच्चों को दे देनी हैं। अब यह वानप्रस्थ हो जाएगा, बच्चों को देता जाएगा।

और पचहत्तर साल की उम्र में तो इसके बच्चों के बच्चे जंगल से आने शुरू हो जाएंगे। तब

तक इसके बच्चे पचास साल के हो गए होंगे। अब तो वे भी वानप्रस्थ होने के करीब आ गए। अब यह उनसे नमस्कार ले लेगा और जंगल चला जाएगा। अब यह संन्यासी हो जाएगा। यह जीवन की संध्या आ गई। संसार को देखने की यात्रा पूरी हुई। सुबह हुई, दोपहर हुई, अब सांझ होने लगी। सूरज लौटने लगा अपने घर वापस। अब ये पच्चीस साल इसके प्रभु-स्मरण के हैं।

और बड़े मजे की बात, ये पच्चीस साल, ये वानप्रस्थ के बाद संन्यास के आश्रम में गया हुआ व्यक्ति ही, जो बच्चे समाज से आएंगे, उनके लिए गुरु का काम कर देगा। और जिस समाज में बूढ़े गुरु न हों, उस समाज में गुरु होते ही नहीं। आज विद्यार्थी और गुरु के बीच दो-चार साल का भी फासला होता है। कभी-कभी नहीं भी होता, और कभी-कभी विद्यार्थी भी उम्र में ज्यादा हो जाता है। अब अगर विद्यार्थी उम्र में ज्यादा हो गुरु से, तो वे संबंध निर्मित नहीं हो सकते, जो पचहत्तर साल जीवन की सारी अनुभूतियों को लिए गए आदमी के साथ छोटे बच्चों के हो सकते थे।

जीवन का शिखर था वह आदमी। उसके रोएं-रोएं में जीवन अपनी छाप छोड़ गया। उसकी श्वास-श्वास में जीवन अपना अनुभव छोड़ गया। उसकी धड़कन-धड़कन में जीवन सारी संपत्ति छोड़ गया। उसके चेहरे की झुर्री-झुर्री में जीवन की प्रौढ़ता और जीवन का सब कुछ छिपा है। जब छोटे बच्चे जंगल आते और इस पचहत्तर साल, अस्सी साल, सौ साल के बूढ़े के पास बैठते, तो स्वाभाविक था कि उनके मन में आदर और पूज्य का भाव उठता। न इस आदमी में कोई वासना होती, निर्वासना हो जाता। यह पूज्य मालूम पड़ता, यह भगवान मालूम पड़ता।

तो अगर ये बच्चे कह सके कि गुरु ब्रह्मा, तो आज के गुरु को नहीं कहा जा सकता। क्योंकि यह बिलकुल परमात्मा जैसा ही लगता, जिसमें वासना विलीन हो गई, जिसकी कोई इच्छा न रही, जिसको चीजों पर कोई मोह न रहा; घटनाएं कुछ भी घट जाएं, जो उनको एक-सा ही लेने लगा; जिसका चित्त अनासक्त हुआ; जो सब छोड़े तो, सब बचे तो, न बचे तो, सब बराबर हो गया, ऐसे जीवन के शिखर पर बैठे हुए वृद्ध के पास अगर बच्चे अनुभव करते कि वह परमात्मा है, तो आश्चर्य तो नहीं है।

लेकिन आज का गुरु सोचे कि उसे कोई परमात्मा माने, तो वह पागल है। उसे परमात्मा मानने का कारण ही नहीं रह गया है, सारी बुनियाद गिर गई है। और हम कहते ही उसे थे कि गुरु होने के योग्य ही वही हुआ, जो सारे जीवन को जानकर आ गया, अन्यथा गुरु नहीं हो सकता था। आज जो गुरु है, वह सिर्फ इनफार्मेटिव है; उसके पास कुछ सूचनाएं हैं, जो विद्यार्थी के पास नहीं हैं। लेकिन जहां तक जीवन का, एक्झिस्टेंस का, अस्तित्व का संबंध है, उसमें और विद्यार्थी में कोई बुनियादी फर्क नहीं है।

अक्सर ऐसा हो जाता है कि युनिवर्सिटी में लड़के भी उसी लड़की को प्रेम करने लगते हैं और शिक्षक भी। कांपिटीटिव हो जाता है। एक ही लड़की के लिए स्पर्धा हो सकती है कक्षा में। तब इस बच्चे के मन में इस गुरु के प्रति कौन-सा आदर हो सकता है? यह गुरु भी उसी पान की दुकान पर पान खाता है, यह लड़का भी उसी पान की दुकान पर पान खाता है। यह गुरु भी उसी फिल्म को देखता है, उसी की बगल में बैठकर उसका विद्यार्थी भी देखता है! और जब फिल्म में नंगा चित्र आता है, तो गुरु की भी रीढ़ सीधी हो जाती है और लड़के की भी रीढ़ सीधी हो जाती है। इन दोनों के बीच कोई जीवनगत भेद नहीं है।

लेकिन हमने सोचा यह था कि जब तक जीवनगत भेद न हो, तब तक गुरु-शिष्य का संबंध निर्मित नहीं हो सकता। गुरु-शिष्य का संबंध सिर्फ इनफार्मेटिव नहीं है, एक्झिस्टेंशियल है। और सिर्फ इस पृथ्वी के इस हिस्से पर ही हमने एक्झिस्टेंशियल, अस्तित्वगत भेद पैदा किया था, कि गुरु होना चाहिए जीवन का अस्त और विद्यार्थी होना चाहिए जीवन का उदय। इन दोनों के बीच पचास, साठ, सत्तर साल का फासला; साठ साल, सत्तर साल के अनुभव का फासला। और सिर्फ अनुभव ज्ञान नहीं देता, अनुभव वासनाओं से भी मुक्ति दिला देता है। और अनुभव, वे सब क्षुद्रताएं जो कल बड़ी महत्वपूर्ण थीं, उनका अंत बन जाता है। और अनुभव, कल तक के वे सब विकार—क्रोध, काम, लोभ—उन सबसे छुटकारा बन जाता है। और जब ऐसे व्यक्ति के पास बच्चे इकट्ठे होते, तो वे जीवन का दान लेकर वापस लौटते थे, चिर-ऋणी होकर वापस लौटते थे। यह चौथा आश्रम संन्यास का आश्रम था।

वह इस मुल्क के द्वारा खोजे गए विज्ञान का एक हिस्सा था—वर्ण। और अब वे एक दूसरे विज्ञान के हिस्से पर जोर दे रहे हैं—आश्रम। वर्णाश्रम, मनुष्य के जीवन के संबंध में इस मुल्क का बड़ा से बड़ा कांट्रिब्यूशन है, बड़ा से बड़ा दान जो हम जगत को दे सके हैं, वह वर्ण और आश्रम की धारण है।[129]

ब्राह्मण, क्षत्रिय, वैश्य और शूद्र

क्षत्रिय बहिर्मुखता का प्रतीक है, ब्राह्मण अंतर्मुखता का प्रतीक है। फिर शूद्र और वैश्य किस कोटि में हैं? दो-तीन बातें समझनी होंगी।

अंतर्मुखता अगर पूरी खिल जाए, तो ब्राह्मण फलित होता है; अंतर्मुखता अगर खिले ही नहीं, तो शूद्र फलित होता है। बहिर्मुखता पूरी खिल जाए, तो क्षत्रिय फलित होता है; बहिर्मुखता खिले ही नहीं, तो वैश्य फलित होता है। इसे ऐसा समझें। एक रेंज है अंतर्मुखी का, एक श्रृंखला है, एक सीढ़ी है। अंतर्मुखता की सीढ़ी के पहले पायदान पर जो खड़ा है, वह शूद्र है; और अंतिम पायदान पर जो खड़ा है, वह ब्राह्मण है। बहिर्मुखता भी एक सीढ़ी है। उसके प्रथम पायदान पर जो खड़ा है, वह वैश्य है; और उसके अंतिम पायदान पर जो खड़ा है, वह क्षत्रिय है।

यहां जन्म से क्षत्रिय, वैश्य और शूद्र की मैं बात नहीं कर रहा हूं। मैं व्यक्तियों के टाइप की बात कर रहा हूं। ब्राह्मणों में शूद्र पैदा होते हैं, शूद्रों में ब्राह्मण पैदा होते हैं। क्षत्रियों में वैश्य पैदा हो जाते हैं, वैश्यों में क्षत्रिय पैदा हो जाते हैं। यहां मैं जन्मजात वर्ण की बात नहीं कर रहा हूं। यहां मैं वर्ण के मनोवैज्ञानिक तथ्य की बात कर रहा हूं।

इसलिए यह भी ध्यान में रखने जैसा है कि ब्राह्मण जब भी नाराज होगा किसी पर, तो कहेगा, शूद्र है तू! और क्षत्रिय जब भी नाराज होगा, तो कहेगा, बनिया है तू! कभी सोचा है? क्षत्रिय की कल्पना में बनिया होना नीचे से नीची बात है। ब्राह्मण की कल्पना में शूद्र होना नीचे से नीची बात है। क्षत्रिय की कल्पना अपनी ही बहिर्मुखता में जो निम्नतम सीढ़ी देखती है, वह वैश्य की है। इसलिए अगर क्षत्रिय पतित हो तो वैश्य हो जाता है; और अगर वैश्य विकसित हो तो क्षत्रिय हो जाता है।

इसकी बहुत घटनाएं घटीं। और कभी-कभी जब कोई व्यक्ति समझ नहीं पाता अपने टाइप को, अपने व्यक्तित्व को, अपने स्वधर्म को, तो बड़ी मुश्किल में पड़ जाता है। महावीर क्षत्रिय घर में पैदा हुए, लेकिन वे व्यक्ति अंतर्मुखी थे और उनकी यात्रा ब्राह्मण की थी। बुद्ध क्षत्रिय घर में पैदा हुए, लेकिन वे व्यक्ति ब्राह्मण थे और उनकी यात्रा ब्राह्मण की थी। इसलिए बुद्ध ने बहुत जगह कहा है कि मुझसे बड़ा ब्राह्मण और कोई भी नहीं है। लेकिन बुद्ध ने ब्राह्मण की परिभाषा और की है। बुद्ध ने कहा, जो ब्रह्म को जाने, वह ब्राह्मण है।

बुद्ध और महावीर क्षत्रिय हैं और ब्राह्मण उनका व्यक्तित्व है। जन्म से वे क्षत्रिय हैं। जब महावीर जैसा क्षत्रिय ब्राह्मण की यात्रा पर गया, इंट्रोवर्शन की, अंतर्यात्रा पर गया, सारे बाहर के जगत को छोड़कर भीतर ध्यान और समाधि में डूबा। स्वभावतः, महावीर के आस-पास क्षत्रियों के ही संबंध थे—मित्र थे, प्रियजन थे—वे भी महावीर से प्रभावित हुए और महावीर के पीछे यात्रा पर गए। यह बड़े मजे की बात है कि महावीर के पीछे जो क्षत्रिय यात्रा पर गए, अंत में वे वैश्य होकर रह गए। सारा जैन समाज वैश्यों का हो गया।

असल में महावीर से प्रभावित होकर जो क्षत्रिय महावीर के पीछे गया था, वह इंट्रोवर्ट नहीं था। वह ब्राह्मण हो नहीं सकता था। था तो वह क्षत्रिय, महावीर से प्रभावित होकर पीछे चला गया। ब्राह्मण हो नहीं पाया, क्षत्रिय होना मुश्किल हो गया, वैश्य होने का एकमात्र मार्ग रह गया। वह क्षत्रिय होने से नीचे गिरा और वैश्य हो गया।

यह होने ही वाला था। ब्राह्मण अंतर्मुखता की श्रेष्ठतम स्थिति है। सभी ब्राह्मण ब्राह्मण नहीं हैं। अगर ठीक से समझें, तो हम सब पैदा तो होते हैं या शूद्र की तरह या वैश्य की तरह, विकसित हो सकते हैं ब्राह्मण की तरह या क्षत्रिय की तरह। पैदा तो हम होते हैं नीचे पायदान पर, विकसित हो सकते हैं। बीज में तो हम या तो होते हैं शूद्र, या होते हैं वैश्य। फिर अगर बीज खिल जाए, तो बन सकते हैं क्षत्रिय, या बन सकते हैं ब्राह्मण।

मेरे देखे, जन्म से सारे लोग दो तरह के होते हैं—शूद्र और वैश्य। उपलब्धि से, एचीवमेंट से दो तरह के हो जाते हैं—ब्राह्मण और क्षत्रिय। जो विकसित नहीं हो पाते, वे पिछली दो कोटियों में रह जाते हैं। वर्ण तो दो ही हैं।

अगर सारे लोग विकसित हों, तो जगत में दो ही वर्ण होंगे— बहिर्मुखी और अंतर्मुखी। लेकिन जो विकसित नहीं हो पाते, वे भी दो वर्ण निर्मित कर जाते हैं। इसलिए चार वर्ण निर्मित हुए: दो, जो विकसित हो जाते हैं; दो, जो विकसित नहीं हो पाते और पीछे छूट जाते हैं।

क्षत्रिय की आकांक्षा शक्ति की आकांक्षा है, ब्राह्मण की आकांक्षा शांति की आकांक्षा है। क्षत्रिय की आकांक्षा शक्ति की है। और अगर क्षत्रिय न हो पाए कोई वैश्य रह जाए। तो बहुत

भयभीत, डरा हुआ, कायर व्यक्तित्व होता है वैश्य का, लेकिन बीज उसके पास क्षत्रिय के हैं, इसलिए शक्ति की आकांक्षा भी नहीं छूटती। लेकिन क्षत्रिय होकर शक्ति को पा भी नहीं सकता। इसलिए वैश्य फिर धन के द्वारा शक्ति को खोजता है। वह धन के द्वारा शक्ति को निर्मित करने की कोशिश करता है। लड़ तो नहीं सकता, युद्ध के मैदान पर नहीं हो सकता, हाथ में तलवार नहीं ले सकता, लेकिन तिजोरी तो ली जा सकती है और तलवारें खरीदी जा सकती हैं। इसलिए इनडाइरेक्टली धन की आकांक्षा, शक्ति की आकांक्षा है—परोक्ष, पीछे के रास्ते से, भयभीत रास्ते से।

ब्राह्मण होने की आकांक्षा शूद्र में भी है। होगी ही। बीज उसके भीतर है अंतर्मुखता का। अगर वह विकसित हो, तो वह पूर्ण अंतर्मुखी यात्रा पर निकल जाएगा। अगर विकसित न हो, तो सिर्फ आलस्य में खड़ा रह जाएगा। बहिर्मुखी हो न पाएगा, अंतर्मुखी होगा नहीं। तब बीच में खड़ा रह जाएगा। आलस्य, तमस, प्रमाद उसकी जिंदगी हो जाएगी। बाहर की यात्रा पर जाएगा नहीं, भीतर की यात्रा पर जा सकता था, जा नहीं रहा है। यात्रा ठहर जाएगी। दोनों यात्राएं ठहर जाएंगी। शूद्र का अर्थ है, प्रमादी। शूद्र का अर्थ है, सोया हुआ। शूद्र का अर्थ है, आलस्य, तमस से घिरा हुआ। शूद्र का अर्थ है, जो कुछ भी नहीं कर रहा है; न बाहर जा रहा है, न भीतर जा रहा है; जो प्रमाद में, अंधेरे में सोया रह गया है।

यह जो मैं कह रहा हूं—यह ध्यान रख लेंगे—यह किसी शूद्र, किसी ब्राह्मण, किसी वैश्य, किसी क्षत्रिय के लिए नहीं कह रहा हूं। यह मनोवैज्ञानिक टाइप के लिए कह रहा हूं।

इसलिए शूद्र निरंतर ही ब्राह्मण के विपरीत अनुभव करेगा। और अगर आज सारी दुनिया में और विशेषकर इस मुल्क में, जिसने कि यह टाइप की मनोवैज्ञानिक व्यवस्था सबसे पहले खोजी थी, शूद्र ने ब्राह्मण के खिलाफ बगावत कर दी है। बगावत करने का एक ढंग और भी था; वह ढंग यह था कि शूद्र ब्राह्मण होने की यात्रा पर निकल जाए। वह नहीं हो सका। और अब राममोहन राय, गांधी और उन सारे लोगों के आधार पर, जिनकी कोई मनोवैज्ञानिक समझ नहीं है, शूद्र एक दूसरी यात्रा पर निकला है। वह कह रहा है कि हम ब्राह्मण को भी शूद्र बनाकर रहेंगे। अब हम तो ब्राह्मण नहीं बन सकते। वह बात छोड़ें। लेकिन अब हम ब्राह्मण को भी शूद्र बनाकर रहेंगे।

शूद्र ब्राह्मण बने, यह हितकर है। लेकिन वह यात्रा आंतरिक यात्रा है। लेकिन शूद्र सिर्फ ब्राह्मण को खींचकर शूद्र बनाने की चेष्टा में लग जाए, तो वह सिर्फ आत्मघाती बात है। शूद्र आतुर है कि ब्राह्मण और उसके बीच का फासला टूट जाए। फासला टूटना चाहिए। लेकिन वह एक मनोवैज्ञानिक साधना है; वह एक सामाजिक व्यवस्था मात्र नहीं है।

और यह भी ध्यान में रखना जरूरी है कि उसी तरह ब्राह्मण भी बहुत बेचैन है कि कहीं फासला न टूट जाए। शंकराचार्य पुरी के बहुत बेचैन हैं कि कहीं फासला न टूट जाए! कहीं ब्राह्मण और शूद्र का फासला न टूट जाए! यह डर भी इसी बात की सूचना है कि अब ब्राह्मण ब्राह्मण नहीं है, अन्यथा फासला टूटने से वह डरने वाला नहीं था। फासला टूट नहीं सकता। शूद्र बगल में बैठ जाए ब्राह्मण के, इससे फासला नहीं टूटता। शूद्र ब्राह्मण की थाली में बैठकर खा ले, इससे फासला नहीं टूटता। अगर ब्राह्मण असली है, तो फासला ऐसे टूटता नहीं।

लेकिन अगर ब्राह्मण खुद ही शूद्र है, तो फासला तत्काल टूट जाता है। ब्राह्मण डरा हुआ है, क्योंकि वह शूद्र हो चुका है करीब-करीब। और शूद्र आतुर है कि ब्राह्मण को शूद्र बनाकर रहे।

यह मैं जो कह रहा हूं, वह इसलिए कह रहा हूं, ताकि यह खयाल आ सके कि भारत की वर्ण की धारणा के पीछे बड़े मनोवैज्ञानिक खयाल थे। मनोवैज्ञानिक खयाल यह था कि प्रत्येक व्यक्ति ठीक से पहचान ले कि उसका टाइप क्या है, ताकि उसकी आगे जीवन की यात्रा व्यर्थ यहां-वहां न भटक जाए; वह यहां-वहां न डोल जाए। वह समझ ले कि वह अंतर्मुखी है कि बहिर्मुखी है, और उस यात्रा पर चुपचाप निकल जाए। एक क्षण भी खोने के योग्य नहीं है। और जीवन का अवसर एक बार खोया जाए, तो न मालूम कितने जन्मों के लिए खो जाता है। व्यक्तित्व ठीक से पहचानकर साधना में उतरे, यह जरूरी है।

इसलिए मैंने कहा, अगर आप बहिर्मुखी हैं, तो या तो आप वैश्य हो सकते हैं या क्षत्रिय हो सकते हैं। अंतर्मुखी हैं, तो या शूद्र हो सकते हैं या ब्राह्मण हो सकते हैं। ये पोलेरिटीज हैं, ये ध्रुवताएं हैं। लेकिन शूद्र होना तो प्रकृति से ही हो जाता है; ब्राह्मण होना उपलब्धि है। वैश्य होना प्रकृति से ही हो जाता है; क्षत्रिय होना उपलब्धि है।[130]

ब्राह्मण गाय

अगर हम पशुओं को भी गौर से देखें, तो आपको पता चलेगा, उनमें भी व्यक्तित्व है। श्रेष्ठ, निकृष्ट उनमें भी है। उनमें भी आपको ब्राह्मण और शूद्र मिल जाएंगे। अब तो हम आदमियों में भी मिटाने की कोशिश कर रहे हैं; लेकिन उनमें भी आपको ब्राह्मण-शूद्र मिल जाएंगे। वहां भी आपको लगेगा कि कोई वृत्ति और ही है।

रमण महर्षि के आश्रम में जब भी रमण बोलते थे—जब भी वे बोलते थे—तो उनके सुनने वालों में एक गाय भी नियमित आती थी। यह वर्षों तक चला। दूसरों को तो खबर हो जाती थी, गाय को तो कोई खबर भी नहीं की जा सकती थी। दूसरों को पता होता कि आज रमण पांच बजे बोलेंगे। गाय को कैसे खबर होती! गाय को कौन खबर करने वाला था! लेकिन पांच बजे, दूसरे चाहे थोड़ी देर-अबेर पहुंचें, गाय ठीक समय पर उपस्थित हो जाती।

जब गाय मरी, तो रमण ने कहा कि वह मुक्त हो गई। और रमण ने गाय के साथ वही व्यवहार किया, जो उन्होंने सिर्फ एक और व्यक्ति के साथ किया जीवन में और फिर कभी नहीं किया। जब उनकी मां मरी, तो जो व्यवहार उन्होंने किया, वही व्यवहार उन्होंने उस गाय के मरने पर किया। और दोनों की पूरी की पूरी अंत्येष्टि ठीक वैसे ही की; जैसी अपनी मां की की, वैसी उस गाय की की।

कोई ने रमण से पूछा कि आप यह क्या कर रहे हैं एक गाय के लिए! उन्होंने कहा, वह तुम्हें गाय दिखाई पड़ती थी। तुम आदमी दिखाई पड़ते हो, इससे ही आदमी नहीं हो जाते। वह गाय दिखाई पड़ती थी, इसलिए सिर्फ गाय ही नहीं थी। वह गायों में बड़ी श्रेष्ठ थी। उसने एक दूसरा आयाम छू लिया था। और वह मुक्त हो गई।[131]

ब्राह्मण श्वेतकेतु

ब्राह्मण तो वही है जो स्वयं के भीतर के ब्रह्म को जान ले। ब्राह्मण तो वही है जो स्वयं के भीतर के ब्रह्म को और बाहर के ब्रह्मांड को एक जान ले। ब्राह्मण तो वही है, जो भीतर और बाहर एक का ही विस्तार है, ऐसा जान ले।

और याद रखना, जब मैं कहता हूं, जान ले, तो मेरा मतलब है अनुभव कर ले। सुन कर न जान ले, पढ़ कर न जान ले। पढ़ कर सुना हुआ तो खतरनाक है। उससे भ्रांति पैदा होती है। लगता है जान लिया और जाना कुछ भी नहीं। अज्ञान छिप जाता है, बस ऊपर ज्ञान की पर्त हो जाती है।

उधार ज्ञान, बासा ज्ञान अज्ञान से भी बदतर है।

उद्दालक ने अपने बेटे श्वेतकेतु को कहा है...। जब श्वेतकेतु वापिस लौटा गुरु के घर से सब जान कर—मेरे जानने के अर्थ में नहीं; जानने का जैसा अर्थ शब्दकोश में लिखा है वैसे अर्थ में—सब जान कर, पारंगत हो कर, वेद को कंठस्थ करके जब लौटा तो स्वभावतः उसे अकड़ आ गई। बाप इतना पढ़ा-लिखा न था। जब बेटे विश्वविद्यालय से लौटते हैं तो उनको पहली दफा दया आती है बाप पर कि बेचारा, कुछ भी नहीं जानता! ऐसा ही उद्दालक को देख कर श्वेतकेतु को हुआ होगा। श्वेतकेतु सारे पुरस्कार जीतकर लौट रहा है गुरुकुल से। उसको ऐसी भीतर अकड़ आ गई कि उसने अपने बाप के पैर भी न छुए। उसने कहा: 'मैं और पैर छुऊं इस बूढ़े अज्ञानी के जो कुछ भी नहीं जानता!' बाप ने यह देखा तो उसके आंखों में आंसू आ गये। नहीं कि बेटे ने पैर नहीं छुए, बल्कि यह देख कर कि यह तो कुछ भी जान कर न लौटा। इतना अहंकारी हो कर जो लौटा, वह जान कर कैसे लौटा होगा!

तो जो पहली बात उद्दालक ने श्वेतकेतु को कही कि सुन, तू वह जान लिया है या नहीं जिसे जानने से सब जान लिया जाता है? श्वेतकेतु ने कहा: 'यह क्या है? किसकी बात कर रहे हो? मेरे गुरु जो सिखा सकते थे, मैं सब सीख आया हूं। मेरे गुरु जो जानते थे, मैं सब जान आया हूं। इसकी तो कभी चर्चा ही नहीं उठी, उस एक को जानने की तो कभी बात ही नहीं उठी, जिसको जानने से सब जान लिया जाता है। यह एक क्या है?'

तो उद्दालक ने कहा : 'फिर तू वापिस जा। यह तू जान कर अभी आ गया, इससे तू ब्राह्मण नहीं होगा। और हमारे कुल में हम जन्म से ही ब्राह्मण नहीं होते; हमारे कुल में हम जान कर ब्राह्मण होते रहे हैं। तू जा। तू जान कर लौट। ऐसे न चलेगा। तू शास्त्र सिर पर रख कर आ गया है, बोझ तेरा बढ़ गया है। तू निर्भार नहीं हुआ है, शून्य नहीं हुआ, तेरे भीतर ब्रह्म की अग्नि नहीं जली, अभी तू ब्राह्मण नहीं हुआ। और ध्यान रख, हमारे कुल में इस तरह हम ब्राह्मण होने का दावा नहीं करते कि पैदा हो गये तो बस ब्राह्मण हो गये; अब ब्राह्मण घर में पैदा हो गये तो ब्राह्मण हो गये! ब्रह्म को जान कर ही हमारे पुरखे दावे करते रहे हैं। और जब तक यह जानना न हो जाए, लौटना मत अब।'

गया श्वेतकेतु वापिस। बड़ी कठिन-सी बात मालूम पड़ी। क्योंकि गुरु जो जानते थे, सब जान कर ही आ गया है। जब गुरु को जाकर उसने कहा कि मेरे पिता ने ऐसी उलझन खड़ी कर दी है कि वे कहते हैं, उस एक को जान कर आ, जिसे जानने से सब जान लिया जाता है; और जिसे बिना जाने सब जानना व्यर्थ है। वह एक क्या है? आपने कभी बात नहीं की!

तो गुरु ने कहा : उसकी बात की भी नहीं जा सकती। शब्द में उसे बांधा भी नहीं जा सकता। लेकिन अगर तू तय करके आया है कि उसे जानना है तो उपाय हैं। शब्द उपाय नहीं है। शास्त्र उपाय नहीं, सिद्धांत उपाय नहीं। वह तो मैंने तुझे सब समझा दिया। तू सब जान भी गया। तू उतना ही जानता है जितना मैं जानता हूं। लेकिन अब तू जो बात उठा रहा है, यह बात और ही तल की है, और ही आयाम की है। एक काम कर—जा गौओं को गिन ले आश्रम में कितनी गौएं हैं, इनको ले कर जंगल चला जा। दूर से दूर निकल जाना; जहां आदमी की छाया भी न पड़े, ऐसी जगह पहुंच जाना। आदमी की छाया न पड़े, ताकि समाज का कोई भी भाव न रहे।

जहां समाज छूट जाता है वहां अहंकार के छूटने में सुविधा मिलती है। जब तुम अकेले होते हो तो अकड़ नहीं होती। तुम अपने बाथरूम में स्नान कर रहे हो तब तुम भोले-भाले होते हो; कभी मुंह भी बिचकाते हो आईने के सामने; छोटे बच्चे जैसे हो जाते हो। अगर तुम्हें पता चल जाए, कोई कुंजी के छेद से झांक रहा—तुम सजग हो गये, अहंकार वापिस आ गया! अकेले तुम जा रहे हो सुबह रास्ते पर, कोई भी नहीं, सन्नाटा है, तो अहंकार नहीं होता। अहंकार के होने के लिए 'तू' का होना जरूरी है। 'मैं' खड़ा नहीं होता बिना 'तू' के।

तो गुरु ने कहा : दूर निकल जाना जहां आदमी की छाया न पड़ती हो। गौओं के ही साथ रहना, गौओं से ही दोस्ती बना लेना। यही तुम्हारे मित्र, यही तुम्हारा परिवार।

निश्चित ही गौएं अदभुत हैं। उनकी आंखों में झांका! ऐसी निर्विकार, ऐसी शांत!

कभी संबंध बनाने की आकांक्षा हो श्वेतकेतु तो गौओं की आंखों में झांक लेना। और तब तक मत लौटना जब तक गौएं हजार न हो जाएं। बच्चे पैदा होंगे, बड़े होंगे।

चार सौ गौएं थीं आश्रम में, उनको सबको ले कर श्वेतकेतु जंगल चला गया। अब हजार होने में तो वर्षों लगे। बैठा रहता वृक्षों के नीचे, झीलों के किनारे, गौएं चरती रहतीं; सांझ विश्राम करता, उन्हीं के पास सो जाता। ऐसे दिन आए, दिन गये; रातें आईं, रातें गईं; चांद उगे, चांद ढले; सूरज निकला, सूरज गया। समय का धीरे-धीरे बोध भी न रहा, क्योंकि समय का बोध भी आदमी के साथ है। कैलेंडर तो रखने की कोई जरूरत नहीं जंगल में। घड़ी भी

रखने की कोई जरूरत नहीं। यह भी चिंता करने की जरूरत नहीं कि सुबह है कि सांझ है कि क्या है कि क्या नहीं है। और गौएं तो कुल साथी थीं, कुछ बात हो न सकती थी। गुरु ने कहा था, कभी-कभी उनकी आंख में झांक लेना तो झांकता था; उनकी आंखें तो कोरी थीं, शून्यवत! धीरे-धीरे श्वेतकेतु शांत होता गया, शांत होता गया! कथा बड़ी मधुर है। कथा है कि वह इतना शांत हो गया कि भूल ही गया कि जब हजार हो जाएं तो वापिस लौटना है। जब गौएं हजार हो गईं तो गौओं ने कहा: 'श्वेतकेतु, अब क्या कर रहे हो? हम हजार हो गये। गुरु ने कहा था...। अब वापिस लौट चलो आश्रम। अब घर की तरफ चलें।' गौओं ने कहा, इसलिए वापिस लौटा। कथा बड़ी प्यारी है! गौओं ने कहा होगा, ऐसा नहीं। लेकिन इतनी बात की सूचना देती है कि ऐसा चुप हो गया था, मौन कि अपनी तरफ से कोई शब्द न उठे; खयाल भी न उठा। अतीत जा चुका। मन के साथ ही गया अतीत—मन के साथ ही चला जाता है। इस मौन क्षण में एक जाना जाता है।

लौटा! गुरु द्वार पर खड़े थे। देखते थे, गुरु ने अपने और शिष्यों से कहा: 'देखते हो! एक हजार एक गौएं लौट रही हैं।'

एक हजार एक! क्योंकि गुरु ने श्वेतकेतु को भी गौओं में गिना। वह तो गऊ हो गया। ऐसा शांत हो गया जैसे गाय। वह उन गऊओं के साथ वैसा ही चला आ रहा था जैसे और गायें चली आ रही थीं। गऊओं और उसके बीच इतना भी भेद नहीं था कि मैं मनुष्य हूं और तुम गाय हो।

भेद गिर जाते हैं शब्द के साथ; अभेद उठता है निःशब्द में।[132]

ब्रह्मा, विष्णु, महेश

प्रकृति के तीन गुण हैं, रजस, तमस, और सत्व। प्रकृति त्रिगुणा है। और मैं आपको यह कहूं कि यह तीन गुणों की बात जब कृष्ण ने कही थी, तब बड़े वैज्ञानिक आधार रखती थी। लेकिन कृष्ण के बाद पिछले पांच हजार सालों में जितने लोगों ने कही, उनको इसके विज्ञान का कुछ बोध नहीं था। दोहराते रहे।

लेकिन अभी पश्चिम में पिछले बीस साल में विज्ञान ने फिर कहा कि प्रकृति त्रिगुणा है। जिस दिन हम आधुनिक सदी में परमाणु का विश्लेषण कर सके, परमाणु को तोड़ सके, उस दिन बड़े चकित होकर हमें पता चला कि परमाणु तीन हिस्सों में टूट जाता है। पदार्थ का जो अंतिम परमाणु है, वह तीन हिस्सों में टूट जाता है, इलेक्ट्रान, न्यूट्रान और प्रोटान में टूट जाता है। और वैज्ञानिक कहते हैं कि इन तीन के बिना परमाणु नहीं बन सकता। और इन तीन के जो

गुणधर्म हैं, वे वही गुणधर्म हैं, जो सत, रज और तम के हैं। ये तीन जो काम करते हैं, वे वही काम करते हैं, जो हम बहुत पुराने दिनों से सत, रज और तम शब्दों से लाते थे।

उसमें तमस जो है, इनरशिया, वह अवरोध का तत्व है, स्थिरता का तत्व है। अगर तमस न हो, तो जगत में कोई भी चीज स्थिर नहीं रह सकती। आप एक पत्थर उठाकर फेंकते हैं। अगर जगत में कोई तमस न हो, कोई ग्रेविटेशन न हो, रोकने वाली कोई ताकत, अवरोधक न हो, तो फिर पत्थर कभी भी गिरेगा नहीं। फिर आपने फेंक दिया, फेंक दिया; फिर वह चलता ही रहेगा, अनंत काल तक। फिर वह गिरेगा कैसे? कुछ अवरोध हो, कोई हो जो रोकता हो। आप भी पृथ्वी पर नहीं हो सकेंगे। कभी के हम उड़ गए होते। वह जमीन खींच रही है, तमस, ग्रेविटेशन का भार हमें रोके हुए है।

अभी जो अंतरिक्ष यात्री अंतरिक्ष यात्रा पर गए, उनकी बड़ी से बड़ी कठिनाइयों में एक कठिनाई यह है कि जैसे ही जमीन के ग्रेविटेशन के बाहर होते हैं दो सौ मील के पार, वैसे ही कशिश समाप्त हो जाती है, तो आदमी गुब्बारे जैसा हो जाता है, जैसे गैस भरा गुब्बारा उड़ने लगता है। तो अगर बेल्ट न बंधा हो कुर्सी से, तो आप यान की कुर्सी से तत्काल उठकर यान के टप्पर से गुब्बारे की तरह टकराने लगेंगे। फिर नीचे भी उतर नहीं सकते, कोई ताकत काम नहीं करती नीचे उतरने के लिए। चांद पर यही कठिनाई है, क्योंकि तमस चांद का कम है, आठ गुना कम है। इसलिए चांद पर अगर हम मकान बनाएंगे, तो चोर आठ गुना ऊंची छलांग लगा सकता है। फुटबाल को वहां चोट मारेगा खिलाड़ी, तो यहां जमीन पर जितनी ऊंची जाती है, उससे आठ गुनी ऊंची चली जाएगी।

यह जो तमस का अर्थ है इनरशिया, अवरोधक शक्ति। अब बड़े मजे की बात है कि अगर अवरोधक शक्ति न हो, तो गति भी असंभव है। गति भी इसीलिए संभव है कि अवरोधक शक्ति का उपयोग कर पाते हैं। आपकी कार में जैसे ब्रेक न हों, फिर गति भी संभव नहीं है, आप पक्का समझ लेना। फिर कार चलनी भी संभव नहीं है। इसका मतलब यह नहीं कि नहीं चल सकती। चल गई, बस एक ही दफा चल गई। उसमें वह ब्रेक भी चाहिए, जो अवरोधक है। एक्सीलेरेटर ही काफी नहीं है, उसमें अवरोधक...।

जीवन एकदम विस्फोट हो जाए, अगर उसमें रोकने वाली ताकत न हो। इनरशिया, तमस जो है, वह रोकने वाली ताकत है। रजस जो है, वह गति की मूवमेंट की ताकत है। ये उलटी ताकते हैं। तमस रोकता, रजस गति देता। शक्ति है, एनर्जी है। सत्व तीसरा कोण है। जैसे कि हम एक ट्राएंगल बनाएं, दो कोण नीचे हों और एक ऊपर हो। सत्व इन दोनों के ऊपर है, कहें कि इन दोनों का बैलेंस है, संतुलन है। सत्व बैलेंसिंग है, वह संतुलन है। अगर गति भी हो, रोकने वाला भी हो, लेकिन संतुलन न हो...।

जैसे एक कार है, उसमें एक्सीलेरेटर भी है और ब्रेक भी है, लेकिन ड्राइवर नहीं है। वह जो ड्राइवर है, वह पूरे वक्त बैलेंसिंग है। जब जरूरत होती है, तो ब्रेक पर पैर ले जाता है; जब जरूरत होती है, तो एक्सीलेरेटर पर पैर ले जाता है। वह पूरे वक्त बैलेंस कर रहा है। सत्व जो है, वह बैलेंसिंग है।

ये तीन तत्व हैं, जिनको भारत ने ऐसे नाम दिए थे। पश्चिम जिनको इलेक्ट्रान, प्रोटान,

न्यूट्रान कहे, कोई और नाम दे, इससे कोई अंतर नहीं पड़ता। एक बात बहुत अनिवार्य रूप से सिद्ध हो गई है कि जीवन का अंतिम विश्लेषण तीन शक्तियों पर टूटता है। इसलिए हमने इन तीन शक्तियों को ये कई तरह से नाम दिए थे। जो लोग वैज्ञानिक ढंग से सोचते थे, उन्होंने रजस, तमस, सत्व ऐसे नाम दिए। जो लोग मेटाफोरिकल, काव्यात्मक ढंग से सोचते थे, उन्होंने कहा, ब्रह्मा, विष्णु, महेश। उनका भी काम वही है। वे तीन नाम भी यही काम करते हैं। उसमें ब्रह्मा सर्जक शक्ति हैं, विष्णु सस्टेनिंग, संभालने वाले और शिव विनाश करने वाले। उन तीन के बिना भी नहीं हो सकता। ये जो इलेक्ट्रान, न्यूट्रान और प्रोटान हैं, ये भी ये तीन काम करते हैं। उसमें जो इलेक्ट्रान है, वह निगेटिव है। वह ठीक शिव जैसा है, निगेट करता है, तोड़ता है, नष्ट करता है। उसमें जो प्रोटान है, वह ब्रह्मा जैसा है, पाजिटिव है, इसलिए प्रोटान उसका नाम है। वह विधायक है, वह निर्माण करता है। और उसमें जो न्यूट्रान है, वह न निगेटिव है, न पाजिटिव है। वह सस्टेनिंग है, वह बीच में है, बैलेंसिंग है।

मनुष्य के भीतर—जो भी घटित होता है, बाहर और भीतर—वह इन तीन शक्तियों का खेल है। इन तीन शक्तियों के अनुसार सब घटित होता है। आदमी धकाया जाता, रोका जाता, जन्माया जाता, मरण को उपलब्ध होता, हंसी को उपलब्ध होता, रोने को उपलब्ध होता—वह इन सारी तीन शक्तियों का काम है। ये तीन शक्तियां अपना काम क़रती रहती हैं। ये परमात्मा के तीन रूप जीवन को सृजन देते रहते हैं।[133]

तंत्र : धर्म की अलौकिक अभिव्यक्ति

प्यारे ओशो, आपके आश्रम को देख कर मैं भाव-विभोर हो गया। ऐसा लगता है कि खजुराहो के मंदिर यहां जीवंत हो गए हैं। मंदिर के बाहर नृत्य, संगीत, उत्सव; मंदिर के भीतर अपूर्व मौन, घनी शांति। बाहर काम से राम, संभोग से समाधि; भीतर राम से काम, समाधि से संभोग—तंत्र की ऐसी अनूठी अभिव्यक्ति न मैंने कभी सुनी, न मैंने कभी देखी। आपके इस उत्सवी आश्रम में प्रवेश की क्या शर्तें हैं, बताएं!

एक ही शर्त है। ज्यादा शर्तें नहीं हैं। सरल-सी शर्त है। उसे मैं ध्यान कहता हूं, मौन कहता हूं, शून्य कहता हूं, समाधि कहता हूं। इस महोत्सव में सम्मिलित होना हो तो ध्यान के बीज बोओ, ताकि समाधि के फूल खिलें, ताकि भगवत्ता के फल लगें। फिर कुछ भेद नहीं है काम में और राम में, संभोग में और समाधि में। फिर तो तुम जो करो, वही समाधि है। जैसे जीओ, वही सत्य है। तब तुम्हारी श्वास-श्वास में परमात्मा ही आंदोलित होगा। तुम्हारी हृदय की धड़कन तुम्हारी न रह जाएगी, इस सारे अस्तित्व की धड़कन हो जाएगी।

और जब तक यह नहीं हुआ है तब तक तुम चाहे उछलो-कूदो, मगर उत्सव पैदा नहीं होगा। यह तो तुम ठीक कहते हो कि तंत्र की ऐसी अनूठी अभिव्यक्ति न मैंने कभी सुनी, न मैंने कभी देखी। सदियां हो गईं, तंत्र का अदभुत लोक विनष्ट ही कर दिया गया। खजुराहो के मंदिर तो मिट्टी में दबे पड़े रहे, बच गए। ऐसे बहुत मंदिर थे, वे सब नष्ट कर डाले गए।

खजुराहो के मंदिर तो बच गए, लेकिन खजुराहो के मंदिरों के पुजारियों का कोई पता नहीं। खजुराहो के मंदिर तो बच गए, लेकिन मंदिरों के रखे शास्त्रों का कोई पता नहीं। खजुराहो के मंदिर तो बच गए, क्योंकि कुछ संवेदनशील लोगों में उनको बचाने की, कलाकृतियों की तरह बचाने की अभीप्सा थी।

इन संवेदनशील लोगों में रवींद्रनाथ ठाकुर का नाम प्रमुख है। उनको ही यह गौरव जाता है कि उन्होंने खजुराहो के मंदिर बचा लिए। क्योंकि महात्मा गांधी और उनके एक बड़े शिष्य पुरुषोत्तमदास टंडन खजुराहो के मंदिरों को फिर मिट्टी में दबा देने के लिए आयोजन कर रहे थे। उनका कहना था कि ये मंदिर दबा दिए जाने चाहिए। कभी अगर पुरातत्व की किसी खोज-बीन के लिए जरूरत हो तो मंदिर की मिट्टी हटा कर उनका अध्ययन किया जा सकता है। बस उस अध्ययन के काम के लिए कभी सौ, दो सौ वर्ष में एक बार इनको उघाड़ा जा सकता है, अन्यथा ये दबा दिए जाने चाहिए।

और जब महात्मा गांधी और पुरुषोत्तमदास टंडन जैसे लोग प्रस्तावना कर रहे हों तो कौन इनकार करता? मैं तो उस वक्त था नहीं इनकार करने को। लेकिन रवींद्रनाथ ने बड़ी हिम्मत

की, बड़ा साहस किया। हालांकि उस साहस में भी, मैं जो कहता हूं वह बात नहीं थी। उन्होंने तो इतना ही कहा कि ये सुंदर मूर्तियां हैं, कलाकृतियां हैं, इनको मिट्टी में दबाना अशोभन होगा।

ये सिर्फ सुंदर कलाकृतियां ही नहीं हैं, ये सुंदर मूर्तियां ही नहीं हैं, इनके पीछे एक पूरी जीवन-दर्शन की प्रक्रिया थी। इनके पीछे काम को राम में बदलने का पूरा विज्ञान था। वही तंत्र था।

तुम जो कहते हो यही मेरी आकांक्षा है कि यह मेरी मधुशाला जीवंत खजुराहो हो। इसलिए तो मुझे इतनी गालियां पड़ रही हैं। जब मंदिर, मुर्दा मंदिर, पत्थर की मूर्तियों तक को महात्मा गांधी मिट्टी में दबा देने को राजी थे, इच्छुक थे, तैयार ही थे...और रवींद्रनाथ ने बाधा न डाली होती तो यह घटना घट ही गई होती। रवींद्रनाथ के विरोध में महात्मा गांधी हिम्मत न जुटा सके। लेकिन मंदिरों को बचाने से क्या होगा? मंदिरों की पूरी जीवन-दृष्टि भी तो बचनी चाहिए। मैं उसी जीवन-दृष्टि को बचाने की कोशिश में लगा हूं। पुनर-आविष्कार कर रहा हूं।

भारत में तंत्र के विनाश के साथ ही धर्म की गरिमा खो गई। फिर धर्म हो गया पाखंड, झूठ, दमन, एक मानसिक रुग्णता। और धर्म के नाम पर फैला घना पाखंड। मेरी लड़ाई उसी पाखंड से है।

तुम भी अगर इस महत क्रांति में सम्मिलित होना चाहते हो तो जरूर सम्मिलित हो जाओ। कोई और शर्त नहीं है, बस एक ही शर्त है—ध्यान। क्योंकि ध्यान करोगे तो ही समझ पाओगे, तो ही समझ पाओगे, नहीं तो मेरी हर बात गलत समझी जाएगी। मेरी हर बात गलत समझी जा रही है। मैं कुछ कहता हूं, कुछ उसके अर्थ निकाले जाते हैं। उनका भी कोई कसूर नहीं है। कसूर मेरा ही है कि मैं कुछ ऐसी बातें कह रहा हूं जो सदियों से नहीं कही गई हैं। मैं कुछ ऐसी बातें कह रहा हूं जिन बातों को बिलकुल हमने दबा दिया था, जिन स्वरों को हमने दबा दिया था, जिन तारों को तोड़ डाला था, जिनसे यह संगीत उठ सकता था। मैं कुछ भूले-बिसरे सुर फिर से छेड़ रहा हूं। उनको सुनने वाले खो गए हैं। उनको समझने वाले खो गए हैं। मुझे न केवल नए स्वर छेड़ने हैं, फिर से नए उनको समझने वाले भी पैदा करने हैं।

तुम्हारा स्वागत है। उन सबका स्वागत है जो इस उत्सव को समझ सकते हैं। कम से कम इतना तो तुमने किया कि तुमने इस उत्सव को देख कर अपने को भाव-विभोर पाया। ऐसे ही थोड़े-से लोग भी अगर भारत में बने रहे तो वह जो आग राख में दब गई है, उसे फिर उभारा जा सकता है। ऐसे ही थोड़े-से लोग तो भारत में जिंदा लोग हैं, बाकी तो मुर्दों की कतार। बाकी तो यह देश क्या है, मोहनजोदड़ो है। मोहनजोदड़ो का मतलब होता है: मुर्दों का टीला। इसमें कभी कोई एकाध जिंदा आदमी कहीं निकल आता है। उन्हीं जिंदा आदमियों को मैं इकट्ठा करने में लगा हूं।

मगर जिंदा होना भर काफी नहीं है; उस जिंदगी में ध्यान की सुगंध भी होनी चाहिए, तो ही मैं जो कह रहा हूं, वह समझ में आ सकेगा। और तब तुम्हें यह दिखाई पड़ेगा कि शाश्वत धर्म की यह नई अभिव्यक्ति है। जीवन को प्रेम करने वाला धर्म, जीवन का निषेध करने वाला नहीं। जीवन के राग और जीवन के रंग को स्वीकार करने वाला धर्म; जीवन का दुश्मन नहीं, जीवन के प्रति घृणा से भरा हुआ नहीं, निंदा से भरा हुआ नहीं।

नहीं ऐसी अभिव्यक्ति कहीं है आज, इसलिए तुम देखते कैसे, सुनते कैसे? इसलिए तो मैं अकेला पड़ गया हूं। इस बड़े बीहड़ जंगल में मैं अकेला पड़ गया हूं। मेरा साथ देने के लिए

बस कुछ थोड़े-से हिम्मतवर लोग हैं। कभी मुश्किल से कोई हिम्मतवर आदमी धार्मिक जगत से साथ दे पाता है।

शर्त सिर्फ एक है और कोई शर्त नहीं—ध्यान में डूबो। ध्यान में डूबे तो प्रेम में भी अपने आप डूब जाओगे। और उस प्रेम में, जो प्रेम साधारण प्रेम नहीं; जो व्यक्तियों पर नहीं चुक जाता, वरन जो अनंत तक फैलता चला जाता है। व्यक्तियों से निश्चित शुरुआत होती है, लेकिन अनंत पर उसका फैलाव होता है। व्यक्ति द्वार बन जाते हैं—लेकिन द्वार आकाश के। और तब जो मैं कह रहा हूं और जो मैं कर रहा हूं, उसको ठीक-ठीक तुम समझ पाओगे। न केवल समझ पाओगे, बल्कि जी भी पाओगे, क्योंकि बिना जीए समझा नहीं जा सकता। और जिसने समझा वह बिना जीए रुक नहीं सकता है।

सबका स्वागत है। मगर सिर्फ साहसी ही प्रवेश कर सकेंगे। किसी को रुकावट नहीं है। लेकिन कमजोरों को, अंधों को, पक्षपातियों को इकट्ठा कर लेकर क्या करना है? उन तक मेरी बात पहुंच ही न पाएगी। उनके हृदय के चारों तरफ इतनी सख्त दीवारें हैं कि उनको पार करना बहुत मुश्किल हो जाएगा। उन्हीं दीवारों को पिघलाने के लिए ध्यान की शर्त लगाता हूं, क्योंकि ध्यान तुम्हारे विचारों को समाप्त कर देता है, तुम्हारे पक्षपातों का अंत कर देता है, राख कर देता है जला कर। रह जाता है शुद्ध चैतन्य। और उस शुद्ध चैतन्य का एक ही परिणाम होता है कि तुम्हारे बाहर के जगत में प्रेम की किरणें फूटने लगती हैं। जैसे दीया जले तुम्हारे घर में और तुम्हारे खिड़की, द्वार-दरवाजों से उसकी रोशनी बाहर जाने लगे। ऐसा ही ध्यान का जब दीया जलता है तो तुम्हारे खिड़की, द्वार-दरवाजों से, तुम्हारी आंखों से, तुम्हारे हाथों से, तुम्हारे कानों से, तुम्हारी वाणी से, तुम्हारी श्वासों से प्रेम बहने लगता है—सहस्त्र धाराओं में।

प्रेम और ध्यान, इन दोनों की संयुक्त कीमिया का नाम तंत्र है। और तंत्र धर्म की अलौकिक अभिव्यक्ति है।[134]

आह्वान

हिंदुस्तान में दो प्रयोग चलते थे पिछले सत्तर-अस्सी सालों में। शायद आपको खयाल में भी नहीं होगा कि हिंदुस्तान में दो विपरीत ढंग के प्रयोग पचास सालों में चले। एक प्रयोग गांधी ने किया, एक प्रयोग श्री अरविंद करते थे।

गांधी ने एक प्रयोग किया, एक-एक मनुष्य के चरित्र को ऊपर उठाने का। उसमें गांधी सफल होते हुए दिखाई पड़े, लेकिन बिलकुल असफल हो गए। और गांधी के पीछे जिन लोगों को गांधी ने सोचा था कि इनका चरित्र मैंने उठा लिया, वे बिलकुल मिट्टी के पुतले साबित हुए।

जरा-सा पानी गिरा और सब रंग-रोगन बह गया। बीस साल में उनका रंग-रोगन बह गया, वह हम सब देख रहे हैं। दिल्ली में उनके नंगे शरीर खड़े हुए हैं, उनका सब रंग-रोगन बह गया। कहीं कोई रंग-रोगन नहीं है अब। वह जो गांधी ने पोत-पात कर तैयार किया था, वह सब वर्षा में बह गया। जब तक पद की वर्षा नहीं हुई थी, तब तक उनकी शकलें बहुत शानदार मालूम पड़ती थीं, और उनके खादी के कपड़े बहुत धुले हुए दिखाई पड़ते थे, और उनकी टोपियां ऐसी लगती थीं कि मुल्क को ऊपर उठा लेंगी। लेकिन आज वे ही टोपियां इस योग्य हो गई हैं कि गांव-गांव में उनकी होली जलाई जाए। क्योंकि वे बुर्जुआ, क्योंकि वे मुल्क के भ्रष्टाचार की प्रतीक बन गई हैं।

गांधी ने एक प्रयोग किया था जिसमें मालूम हुआ कि वे सफल हो रहे हैं, लेकिन बिलकुल असफल हो गए। गांधी जैसा प्रयोग बहुत बार किया गया और हर बार असफल हो गया।

श्री अरविंद एक प्रयोग करते थे, जिसमें वे सफल होते हुए नहीं मालूम पड़े, नहीं सफल हो सके, लेकिन उनकी दिशा बिलकुल ठीक थी। वे यह प्रयोग कर रहे थे कि क्या यह संभव है कि थोड़ी-सी आत्माएं इतने ऊपर उठ जाएं कि उनकी मौजूदगी, उनकी प्रेजेंस दूसरी आत्माओं को ऊपर उठाने लगे और पुकारने लगे और दूसरी आत्माएं ऊपर उठने लगें? क्या यह संभव है कि एक मनुष्य की आत्मा ऊपर उठे तो उसके साथ पूरी मनुष्य-जाति की आत्मा का स्तर ऊपर उठ जाए?

यह न केवल संभव है, बल्कि केवल यही संभव है। दूसरी आज कोई बात सफल नहीं हो सकती। आज आदमी तो इतना नीचे गिर चुका है कि अगर हमने यह फिक्र की कि हम एक-एक आदमी को बदलेंगे, तो शायद यह बदलाहट कभी नहीं होगी। बल्कि जो आदमी उनको बदलने जाएगा, उनके सत्संग में उसके खुद के बदल जाने की संभावना ज्यादा है। उसके बदल जाने की संभावना ज्यादा है कि वह भी उनके साथ भ्रष्ट हो जाए।

आप देखते हैं, जितने जनता के सेवक जनता की सेवा करने जाते हैं, थोड़े दिन में पता चलता है कि वे ही जनता की जेब काटने वाले लोग सिद्ध हो रहे हैं। वे गए थे सेवा करने, वे गए थे लोगों को सुधारने, थोड़े दिन में पता चलता है कि लोग उनको सुधारने का विचार कर रहे हैं।

नहीं, यह नहीं हो सकता। दुनिया का मनुष्य-जाति की चेतना का इतिहास यह कहता है कि दुनिया की चेतना किन्हीं कालों में एकदम ऊपर उठ गई। आपको शायद अंदाज न हो, पच्चीस सौ वर्ष पहले हिंदुस्तान में बुद्ध हुए, महावीर हुए, प्रबुद्ध कात्यायन हुआ, मक्खली गोशाल हुआ, संजय वेलट्ठीपुत्त हुआ। यूनान में सुकरात हुआ, प्लेटो हुआ, अरस्तू हुआ, प्लेटिनस हुआ। चीन में लाओत्से हुआ, कनफ्यूशियस हुआ, च्वांगत्से हुआ। पच्चीस सौ साल पहले सारी दुनिया में कुछ दस-पंद्रह लोग इतनी कीमत के हुए कि उन सौ वर्षों में दुनिया की चेतना एकदम आकाश छूने लगी। सारी दुनिया का स्वर्णयुग आ गया, ऐसा मालूम हुआ। इतनी प्रखर आत्मा मनुष्य की कभी प्रकट नहीं हुई थी।

महावीर के साथ पचास हजार लोग दीयों की तरह जल गए और गांव-गांव घूमने लगे। बुद्ध के साथ हजारों भिक्षु खड़े हो गए और उनकी रोशनी और उनकी ज्योति गांव-गांव को जगाने लगी। जिस गांव में बुद्ध अपने दस हजार भिक्षुओं को लेकर पहुंच जाते, तीन दिन के भीतर उस गांव की हवा के अणु बदल जाते। जिस गांव में वे दस हजार भिक्षु बैठ जाते, जिस गांव में वे दस

हजार भिक्षु प्रार्थना करने लगते, उस गांव से जैसे अंधकार मिट जाता, जैसे उस गांव में प्रार्थना छा जाती, जैसे उस गांव के हृदय में कुछ फूल खिलने लगते जो कभी नहीं खिले थे।

ऊपर देखने जैसा कुछ भी नहीं है। किसकी तरफ देखो? कौन है ऊपर? और इससे बड़ा दुर्भाग्य क्या हो सकता है कि ऊपर देखने जैसी आत्माएं नहीं हैं, जिनकी तरफ देखकर प्राणों में आकर्षण उठता है, जिनकी तरफ देखकर प्राणों में पुकार उठती है, जिनकी तरफ देखकर प्राण धिक्कारने लगते हैं अपने को कि यह दीया तो मैं भी हो सकता था! ये फूल तो मेरे भीतर भी खिल सकते थे! ये गीत तो मैं भी गा सकता था! यह बुद्ध और यह महावीर और यह कृष्ण और क्राइस्ट तो मैं भी हो सकता था!

एक बार यह खयाल आ जाए कि मैं भी हो सकता था यह—लेकिन कोई हो तो जिसे देखकर यह खयाल आ जाए—तो प्राण ऊपर की यात्रा शुरू कर देते हैं। और स्मरण रहे कि प्राण हमेशा यात्रा करते हैं, अगर ऊपर की नहीं करते तो नीचे की करते हैं। प्राण रुकते कभी नहीं हैं, या तो ऊपर जाएंगे या नीचे। रुकाव जैसी कोई चीज नहीं है, ठहराव जैसी कोई चीज नहीं है, स्टेशन जैसी कोई जगह नहीं है चेतना के जगत में कि जहां आप रुक जाएं और विश्राम कर लें। या ऊपर या नीचे, जीवन प्रति क्षण गतिमान है। ऊपर की तरफ चेतनाएं खड़ी करनी हैं।

मैं सारी दुनिया में एक आंदोलन चाहता हूं। बहुत ज्यादा लोगों का नहीं, थोड़े-से हिम्मतवर लोगों का, जो प्रयोग करने को राजी हों। अगर सौ लोग हिंदुस्तान में प्रयोग करने को राजी हों और सौ लोग कस्त कर लें इस बात को कि हम अब आत्मा को उन ऊंचाइयों तक ले जाएंगे जहां तक आदमी का जाना संभव है, बीस वर्ष में हिंदुस्तान की पूरी शकल बदल सकती है। विवेकानंद ने मरते वक्त कहा था कि मैं पुकारता रहा सौ लोगों को, कि सौ लोग आ जाओ, लेकिन वे सौ लोग नहीं आए और मैं हारा हुआ मर रहा हूं। सिर्फ सौ लोग आ जाते, तो मैं पूरे देश को बदल देता।

लेकिन विवेकानंद पुकारते रहे, सौ लोग नहीं आए। और मैंने यह तय किया है कि मैं पुकारूंगा नहीं, गांव-गांव खोजूंगा, आंख-आंख में झांकूंगा कि वह कौन आदमी है। जो आदमी अगर पुकारने से नहीं आता है, तो खींचकर लाना पड़ेगा। अगर सौ लोगों को भी लाया जा सके, तो यह मैं आपको विश्वास दिलाता हूं कि सौ लोगों की उठती हुई आत्माएं एक एवरेस्ट की तरह, एक गौरीशंकर की तरह खड़ी हो जाएंगी। और पूरे मुल्क के प्राण उस यात्रा पर आगे बढ़ सकते हैं।

तो जिन मित्रों को मेरी चुनौती ठीक लगती हो और जिनको साहस और बल मालूम पड़ता हो कि जाने की हिम्मत है उस रास्ते पर, जो बहुत अनजान है, जो बहुत अपरिचित है, उस रास्ते पर, उस समुद्र में, जिसका कोई नक्शा नहीं है हमारे पास, तो उसमें जाने की जिसकी भी हिम्मत हो, जिसका भी साहस हो, उसे समझ लेना चाहिए कि उसमें इतनी हिम्मत और साहस सिर्फ इसलिए है कि बहुत गहरे में परमात्मा ने उसको पुकारा होगा, नहीं तो इतना साहस और इतनी हिम्मत नहीं हो सकती थी। मिश्र में कहा जाता था कि जब कोई परमात्मा को पुकारता है तो उसे जानना चाहिए कि उसके बहुत पहले परमात्मा ने उसे पुकार लिया होगा, अन्यथा पुकार ही पैदा नहीं होती।

जिनके भीतर भी पुकार है, उनके ऊपर एक बड़ा दायित्व है आज जगत के लिए। आज तो जगत के कोने-कोने में जाकर कहने की यह बात है कि कुछ थोड़े-से लोग बाहर निकल आएं और सारे जीवन को समर्पित कर दें ऊंचाइयां अनुभव करने के लिए। जीवन के सारे सत्य, जीवन के आज तक के सारे अनुभव असत्य हुए जा रहे हैं। जीवन की आज तक की जितनी ऊंचाइयां थीं, जो छुई गई थीं, वे सब काल्पनिक हुई जा रही हैं, पुराण-कथाएं हुई जा रही हैं। सौ, दो सौ वर्ष बाद बच्चे इनकार कर देंगे कि ये बुद्ध और महावीर और क्राइस्ट जैसे लोग नहीं हुए, ये सब कहानियां हैं।

एक आदमी ने तो पश्चिम में एक किताब लिखी है और उसने लिखा है कि क्राइस्ट जैसा आदमी कभी नहीं हुआ। यह सिर्फ एक पुराना ड्रामा है जो धीरे-धीरे लोग भूल गए कि ड्रामा है और लोग समझने लगे कि हिस्ट्री है।

अभी हम रामलीला खेलते हैं। हम समझते हैं कि राम कभी हुए और इसलिए हम रामलीला खेलते हैं। सौ वर्ष बाद बच्चे कहेंगे कि रामलीला खेली जाती रही और लोगों को भ्रम पैदा हो गया कि राम कभी हुए। रामलीला पहले है, राम पीछे। यह रामलीला एक नाटक रहा होगा, बहुत दिनों से चलता रहा। क्योंकि जब हमारे सामने राम और बुद्ध और क्राइस्ट जैसे आदमी दिखाई पड़ने बंद हो जाएंगे, तो हम कैसे विश्वास कर लें कि ये लोग कभी हुए!

फिर आदमी का मन कभी यह मानने को राजी नहीं होता कि उससे ऊंचे आदमी भी हो सकते हैं। आदमी का मन यह मानने को कभी राजी नहीं होता कि मुझसे ऊंचा भी कोई है। हमेशा उसके मन में यह मानने का मन होता है कि मैं सबसे ऊंचा आदमी हूं। अपने से ऊंचे आदमी को तो बहुत मजबूरी में मानता है, नहीं तो कभी मानता नहीं है। हजार कोशिश करता है खोजने की कि कोई भूल मिल जाए, कोई खामी मिल जाए, तो बता दूं कि यह आदमी भी नीचा है। तृप्त हो जाऊं कि नहीं, यह बात गलत थी। कोई पता चल जाए तो जल्दी से घोषणा कर दूं कि पुरानी मूर्ति खंडित हो गई, वह पुरानी मूर्ति अब मेरे मन में नहीं रही, वह खंडित हो गई। क्योंकि यह आदमी, अरे! इस आदमी में यह गलती मिल गई। खोज इसी की चलती थी कि कोई गलती मिल जाए। नहीं मिल जाए, तो ईजाद कर लो। ताकि तुम निश्चिंत हो जाओ अपनी मूढ़ता में और तुम्हें लगे कि मैं बिलकुल ठीक हूं।

आदमी धीरे-धीरे सबको इनकार कर देगा, क्योंकि उनके प्रतीक, उनके चिह्न कहीं भी दिखाई नहीं पड़ते। पत्थर की मूर्तियां कब तक बताएंगी कि बुद्ध हुए थे और महावीर हुए थे! और कागज पर लिखे गए शब्द कब तक समझाएंगे कि क्राइस्ट हुए थे! और कब तक तुम्हारी गीता बता पाएगी कि कृष्ण थे!

नहीं, ज्यादा दिन यह नहीं चलेगा। हमें आदमी चाहिए, जीसस जैसे, कृष्ण जैसे, बुद्ध जैसे, महावीर जैसे। अगर हम वैसे आदमी आने वाले पचास वर्षों में पैदा नहीं करते हैं, तो मनुष्य-जाति एक अत्यंत अंधकारपूर्ण युग में प्रविष्ट होने को है। उसका कोई भविष्य नहीं है।

जिन लोगों को भी लगता हो कि जीवन के लिए वे कुछ कर सकते हैं, उनके लिए एक बड़ी चुनौती है।[135]

बुद्धों का भारत

लेकिन एक और भारत भी है :

बुद्धों का भारत, सनातन भारत।

मैं उसका हिस्सा हूं, तुम उसके हिस्से हो।

दरअसल, कहीं भी, जहां ध्यान हो रहा है,

वह व्यक्ति सनातन भारत का हिस्सा हो जाता है।

वह सनातन भारत भौगोलिक नहीं है,

यह एक आध्यात्मिक भावदशा है।[136]

उपसंहार

प्रातः के पौने छह बजे हैं। ओशो कम्यून के हरे-भरे परिसर में चारों ओर से पक्षियों का मधुर कलरव सुनाई पड़ रहा है। दुनिया भर से आए हजारों लोग सक्रिय ध्यान के लिए गौतम बुद्ध सभागार की ओर बढ़ रहे हैं। उनके पैरों में थिरकन है, हृदय में नई उमंग है, प्राणों में नई पुलक है। एक अज्ञात ऊर्जा से भरे सौ देशों से आए ये लोग एक ऊर्जस्वी स्थल पर ध्यान में संलग्न हो गए हैं। इनके चेहरे पर एक अपूर्व आभा है, एक आलोक है, जिसका असली अर्थ है : भारत।

भारत शब्द का वही अभिप्राय है। भा अर्थात प्रकाश; रत अर्थात संलग्न। जो प्रकाश में संलग्न है वह भारत। एक समय था जब यह पूरा का पूरा देश प्रकाश की यात्रा में संलग्न था और पूरी दुनिया से लोग यात्रा करके यहां अंतर्यात्रा के लिए आया करते थे। वे आज भी आ रहे हैं। वे सब सच्चे अर्थों में भारतीय हैं। भले ही उनकी राष्ट्रीयता कुछ भी हो—अमरीकी, रूसी, चीनी, युरोपियन...। दूसरी ओर यह भी सच है कि जो लोग इस अनूठे भूखंड पर रहते हुए भी पश्चिमोन्मुखी हैं, जिन्हें देर रात तक डिस्को पार्टियों में जाना है, बिजनेस डील करने हैं और सब तरह की बहिर्यात्राओं की चकाचौंध में उलझकर अपने को खो देना है, वे केवल अपनी राष्ट्रीयता में भारतीय हैं, वास्तव में उनका भारत से कोई संबंध नहीं है। उन्हें पश्चिम में होना चाहिए। लाखों ऐसे लोग भारत छोड़कर पश्चिम में बस भी गए हैं जिन्हें हम अप्रवासी भारतीय पुकारते हैं। लेकिन करोड़ों ऐसे लोग यहां भारत में बसे हुए हैं जिनके प्राण तो पश्चिम में हैं, पर वे किन्हीं कारणों से इस भूखंड पर समय काट रहे हैं।

स्पष्ट है कि इस भूखंड पर रहने मात्र से कोई भारतीय नहीं हो जाता। ओशो कहते हैं : 'असली भारत मनुष्य की आत्मा की खोज है—भूगोल नहीं, राजनीतिक इतिहास नहीं, बल्कि अंतर्यात्रा। ध्यान की यात्रा ही असली भारत है। महावीर इसका प्रतिनिधित्व करते हैं। बुद्ध इसका प्रतिनिधित्व करते हैं। कृष्ण और क्राइस्ट और नानक—वे असली भारत का प्रतिनिधित्व करते हैं। और मेरे पास उन सबकी धरोहर है—और उससे अधिक भी।'

'दि ग्रेट नथिंग' एक दर्शन डायरी है ओशो की। इसमें भारत के संबंध में एक उल्लेख है। पश्चिम से आए एक युवक को ओशो अपने नव संन्यास में दीक्षा देते हैं और उसका नामकरण करते हैं : स्वामी देव भारतम्। नाम का आशय समझाते हुए ओशो कहते हैं : 'देव का अर्थ है दिव्य और भारत इंडिया का असली नाम है। इसका अभिप्राय होता है दिव्य भारत। और मैं यह नाम तुम्हें दे रहा हूं क्योंकि तुम अपने पूर्व जन्म में भारत में रह चुके हो। इंडिया इस देश का असली नाम नहीं है; यह दिया गया नाम है। असली नाम है भारत। यह नाम एक बहुत महान सम्राट का था जो अपने राज को त्याग कर संन्यासी हो गया था। यह एक पूर्व-ऐतिहासिक बात

है, इसलिए इसका कोई इतिहास नहीं है। संभवतः लगभग दस हजार वर्ष पहले रहा होगा। लेकिन देश का यह नाम एक संन्यासी से जुड़ा था। यह भारत के हृदय की आधारभूत आंतरिकता रही है। इसने कभी सम्राटों का सम्मान नहीं किया है, इसने संन्यासियों का सम्मान किया है। इसने कभी धनी लोगों का सम्मान नहीं किया है, इसने कभी राजाओं का सम्मान नहीं किया है; इसने व्यक्तियों का, चेतनाओं का तथा अध्यात्म का सम्मान किया है।'

ऐसे ही आज हजारों युवक पश्चिम की भौतिकता छोड़कर ओशो के चरणों में आकर उनके नव-संन्यास में दीक्षित हो गए हैं और भारत के सनातन अमृत-पथ पर चल पड़े हैं। वह अमृत भारत, वह ज्योतिर्मय भारत कोई इतिहास नहीं हो गया है—वह आज भी जिंदा है, आज भी धड़क रहा है, आज भी नृत्य कर रहा है, महोत्सव मना रहा है : यहां पुणे में, ओशो कम्यून के प्रांगण में। ध्यान का वह शंखनाद आज भी यहां सुनाई पड़ता है।

जब बहिर्यात्राओं से जी भर जाए, प्राण थक जाएं, तब तो लोग आ ही जाते हैं। लेकिन ऐसी स्थिति की प्रतीक्षा क्यों करनी ? जिनके प्राण संवेदनशील हैं, और वे अपने जीवन को पंख देना चाहते हैं अपने अंतर आकाश में उड़ने के लिए, उन्हें निमंत्रण है, एक आह्वान है उन्हें भारत का : अमृतस्य पुत्रः! अमृत के पुत्रो, आओ, भारत तुम्हें पुकार रहा है। असली भारत का आह्वान सुनो! उठो, जागो और आगे बढ़ो! तमसो मा ज्योतिर्गमय!

ओशो कहते हैं : 'भारत का भाग्य मनुष्य की नियति है।'

—स्वामी चैतन्य कीर्ति

स्रोत-सूची

1—फिर पत्तों की पांजेब बजी, प्रवचन ०१
2—ओशो उपनिषद, प्रवचन २१
3—कोंपलें फिर फूट आईं, प्रवचन १२
4—जिन खोजा तिन पाइयां, प्रवचन ६
5—अष्टावक्र : महागीता-१, प्रवचन-१४
6—अष्टावक्र : महागीता-२, प्रवचन १४
7—अष्टावक्र : महागीता-४, प्रवचन ५
8—अष्टावक्र : महागीता-५, प्रवचन ४
9—अष्टावक्र : महागीता-६, प्रवचन ९
10—ताओ उपनिषद-१, प्रवचन १३
11—अष्टावक्र : महागीता-१, प्रवचन १५
12—पतंजलि योग-सूत्र-१, प्रवचन १
13—सर्वसार उपनिषद, प्रवचन ९
14—संतो मगन भया मन मेरा, प्रवचन ०६
15—संभोग से समाधि की ओर, प्रवचन ०१
16—संभोग से समाधि की ओर, प्रवचन ०१
17—गीता-दर्शन भाग-२ अध्याय ४, प्रवचन १८
18—अथातो भक्ति जिज्ञासा भाग-२, प्रवचन १८
19—महावीर वाणी भाग-२, प्रवचन २०
20—अष्टावक्र : महागीता भाग-५, प्रवचन १४
21—अष्टावक्र : महागीता-१, प्रवचन-१२
22—नहिं राम बिन ठांव, प्रवचन ०६
23—अष्टावक्र : महागीता-२, प्रवचन १४
24—सहज योग, प्रवचन ०८
25—नहिं राम बिन ठांव, प्रवचन १६
26—एक ओंकार सतनाम, प्रवचन ८
27—हंसा तो मोती चुगैं, प्रवचन ०१
28—संभोग से समाधि की ओर, प्रवचन ०६
29—अष्टावक्र : महागीता भाग-५, प्रवचन ५
30—अष्टावक्र : महागीता भाग-५, प्रवचन १०
31—अष्टावक्र : महागीता-१, प्रवचन ९

32—अष्टावक्र : महागीता भाग-५, प्रवचन १४
33—अष्टावक्र : महागीता-३, प्रवचन ११
34—अष्टावक्र : महागीता-३, प्रवचन १३
35—अष्टावक्र : महागीता-४, प्रवचन ९
36—अष्टावक्र : महागीता-६, प्रवचन ३
37—अष्टावक्र : महागीता-२, प्रवचन १४
38—ताओ उपनिषद-१, प्रवचन १८
39—ताओ उपनिषद-१, प्रवचन १८
40—अष्टावक्र : महागीता-४, प्रवचन ६
41—गीता-दर्शन भाग-१ अध्याय ३, प्रवचन ४
42—हंसा तो मोती चुगैं, प्रवचन ०३
43—मरौ हे जोगी मरौ, प्रवचन ०१
44—न कानों सुना न आंखों देखा, प्रवचन ११
45—अष्टावक्र : महागीता-४, प्रवचन २
46—अष्टावक्र : महागीता-६, प्रवचन १०
47—मन ही पूजा मन ही धूप, प्रवचन १
48—पद घुंघरू बांध, प्रवचन ११
49—हंसा तो मोती चुगैं, प्रवचन ०१
50—झरत दसहुं दिस मोती, प्रवचन ०१
51—अंग्रेजी पुस्तक 'दि तंत्रा एक्सपिरियंस, प्रवचन १' से अनुवादित
52—गीता-दर्शन भाग-३ अध्याय ६, प्रवचन १५
53—गीता-दर्शन भाग ३ अध्याय ७, प्रवचन ९
54—एक ओंकार सतनाम, प्रवचन २०
55—ताओ उपनिषद-१, प्रवचन १८
56—गीता-दर्शन भाग-१ अध्याय १-२, प्रवचन १४
57—गीता-दर्शन भाग १ अध्याय १-२, प्रवचन १३
58—जगत तरैया भोर की, प्रवचन १
59—जगत तरैया भोर की, प्रवचन २
60—अंग्रेजी पुस्तक 'दी बिलवेड, प्रवचन १' से अनुवादित
61—ताओ उपनिषद भाग ५, प्रवचन १०६
62—गीता-दर्शन भाग-३ अध्याय ६, प्रवचन १९
63—एक ओंकार सतनाम, प्रवचन ४
64—अष्टावक्र : महागीता-२, प्रवचन १
65—एक ओंकार सतनाम, प्रवचन १०
66—अष्टावक्र : महागीता-३, प्रवचन १०

67—अष्टावक्र : महागीता भाग-६, प्रवचन ८
68—एक ओंकार सतनाम, प्रवचन ४
69—ताओ उपनिषद भाग ५, प्रवचन ८७
70—एक ओंकार सतनाम, प्रवचन १२
71—अष्टावक्र : महागीता-५, प्रवचन ७
72—अष्टावक्र : महागीता-६, प्रवचन १४
73—एक ओंकार सतनाम, प्रवचन ८
74—अष्टावक्र : महागीता-५, प्रवचन १५
75—सुनो भाई साधो, प्रवचन ९
76—ताओ उपनिषद-१, प्रवचन ०७
77—अष्टावक्र : महागीता-५, प्रवचन ३
78—गीता-दर्शन भाग-३ अध्याय ६, प्रवचन ५
79—गीता-दर्शन भाग-१ अध्याय ३, प्रवचन १०
80—अष्टावक्र : महागीता-४, प्रवचन ५
81—गीता-दर्शन भाग-२ अध्याय ५, प्रवचन २
82—गीता-दर्शन भाग-३ अध्याय ६, प्रवचन १८
83—भजगोविन्दम् मूढ़मते, प्रवचन ४
84—गीता-दर्शन भाग-३ अध्याय ६, प्रवचन १३
85—बिन घन परत फुहार, प्रवचन ४
86—गीता-दर्शन भाग-३ अध्याय ६, प्रवचन १३
87—अष्टावक्र : महागीता-४, प्रवचन ७
88—गीता-दर्शन भाग-३ अध्याय ६, प्रवचन ११
89—गीता-दर्शन भाग-५ अध्याय ११, प्रवचन ४
90—अष्टावक्र महागीता भाग-६, प्रवचन ९
91—गीता दर्शन भाग-५ अध्याय १०, प्रवचन ०५
92—जिन खोजा तिन पाइयां, प्रवचन १६
93—गीता-दर्शन भाग-१ अध्याय १-२, प्रवचन ९
94—जिन खोजा तिन पाइयां, प्रवचन १५
95—ताओ उपनिषद भाग ५, प्रवचन ९१
96—गीता-दर्शन भाग-३ अध्याय ६, प्रवचन २०
97—गीता-दर्शन भाग ३ अध्याय ७, प्रवचन ३
98—गीता दर्शन भाग-४ अध्याय ९, प्रवचन ०७
99—एक ओंकार सतनाम, प्रवचन १५
100—गीता-दर्शन भाग-३ अध्याय ७, प्रवचन ७
101—गीता-दर्शन भाग ८ अध्याय १८, प्रवचन १४

102—गीता-दर्शन भाग ८ अध्याय १७, प्रवचन १०
103—गीता-दर्शन भाग ८ अध्याय १७, प्रवचन ०७
104—गीता-दर्शन भाग ८ अध्याय १७, प्रवचन ०१
105—गीता-दर्शन भाग-५ अध्याय १०, प्रवचन १२
106—गीता-दर्शन भाग-५ अध्याय १०, प्रवचन १२
107—गीता-दर्शन भाग-४ अध्याय ८, प्रवचन ०७
108—अष्टावक्र : महागीता-४, प्रवचन १
109—गीता दर्शन भाग-४ अध्याय ८, प्रवचन ०७
110—गीता दर्शन भाग-३ अध्याय ६, प्रवचन ०६
111—गीता-दर्शन भाग ३ अध्याय ६, प्रवचन ६
112—जिन खोजा तिन पाइयां, प्रवचन १९
113—गीता दर्शन भाग-४ अध्याय ८, प्रवचन ०१
114—जिन खोजा तिन पाइयां, प्रवचन १५
115—गीता-दर्शन भाग-२ अध्याय ५, प्रवचन ९
116—गीता-दर्शन भाग-३ अध्याय ६, प्रवचन ६
117—गीता-दर्शन भाग-८ अध्याय १८, प्रवचन १९
118—गीता-दर्शन भाग-८ अध्याय १८, प्रवचन ३
119—गीता-दर्शन भाग ३ अध्याय ७, प्रवचन ३
120—गीता-दर्शन भाग ३ अध्याय ७, प्रवचन ७
121—गीता-दर्शन भाग ८ अध्याय १८, प्रवचन १९
122—अष्टावक्र : महागीता-३, प्रवचन १२
123—अष्टावक्र : महागीता-४, प्रवचन ५
124—अष्टावक्र : महागीता-४, प्रवचन ६
125—अष्टावक्र : महागीता-६, प्रवचन ९
126—अष्टावक्र : महागीता-४, प्रवचन ८
127—ताओ उपनिषद-१, प्रवचन १८
128—गीता-दर्शन भाग-१ अध्याय ३, प्रवचन ३
129—गीता-दर्शन भाग-१ अध्याय ३, प्रवचन ५
130—गीता-दर्शन भाग-१ अध्याय ३, प्रवचन २
131—गीता-दर्शन भाग-५ अध्याय १०, प्रवचन १०
132—अष्टावक्र : महागीता-३, प्रवचन १४
133—गीता-दर्शन भाग-१ अध्याय ३, प्रवचन ९
134—सांच सांच सो सांच, प्रवचन ३
135—मैं मृत्यु सिखाता हूं, प्रवचन ०२
136—दि सीक्रेट ऑफ सीक्रेट्स-२, प्रवचन ५

ओशो का हिंदी साहित्य

उपनिषद
सर्वसार उपनिषद
कैवल्य उपनिषद
अध्यात्म उपनिषद
कठोपनिषद
ईशावास्य उपनिषद
निर्वाण उपनिषद
आत्म-पूजा उपनिषद
केनोपनिषद
मेरा स्वर्णिम भारत (विविध उपनिषद-सूत्र)

कृष्ण
गीता-दर्शन
(आठ भागों में अठारह अध्याय)
कृष्ण-स्मृति

महावीर
महावीर-वाणी (दो भागों में)
जिन-सूत्र (दो भागों में)
महावीर या महाविनाश
महावीर : मेरी दृष्टि में
ज्यों की त्यों धरि दीन्हीं चदरिया

बुद्ध
एस धम्मो सनतनो (बारह भागों में)

अष्टावक्र
अष्टावक्र महागीता (छह भागों में)

लाओत्से
ताओ उपनिषद (छह भागों में)

कबीर
सुनो भई साधो
कहै कबीर दीवाना
कहै कबीर मैं पूरा पाया
न कानों सुना न आंखों देखा (कबीर व फरीद)

शांडिल्य
अथातो भक्ति जिज्ञासा (दो भागों में)

अन्य रहस्यदर्शी
नाम सुमिर मन बावरे (जगजीवन)
अरी, मैं तो नाम के रंग छकी (जगजीवन)
कानों सुनी सो झूठ सब (दरिया)
अमी झरत बिगसत कंवल (दरिया)
हरि बोलौ हरि बोल (सुंदरदास)
ज्योति से ज्योति जले (सुंदरदास)
अजहूं चेत गंवार (पलटू)
सपना यह संसार (पलटू)
काहे होत अधीर (पलटू)
जस पनिहार धरे सिर गागर (धरमदास)
का सोवै दिन रैन (धरमदास)
सबै सयाने एक मत (दादू)
पिव पिव लागी प्यास (दादू)
कन थोरे कांकर घने (मलूकदास)
रामदुवारे जो मरे (मलूकदास)
भक्ति-सूत्र (नारद)
शिव-सूत्र (शिव)
भजगोविन्दम् मूढ़मते (आदिशंकराचार्य)
एक ओंकार सतनाम (नानक)
जगत तरैया भोर की (दयाबाई)
बिन घन परत फुहार (सहजोबाई)
पद घुंघरू बांध (मीरा)
नहीं सांझ नहीं भोर (चरणदास)
संतो, मगन भया मन मेरा (रज्जब)
कहै वाजिद पुकार (वाजिद)
मरौ हे जोगी मरौ (गोरख)
सहज-योग (सरहपा-तिलोपा)
बिरहिनी मंदिर दियना बार (यारी)
प्रेम-रंग-रस ओढ़ चदरिया (दूलन)

पलटू
अजहूं चेत गंवार
सपना यह संसार
काहे होत अधीर

धरमदास
जस पनिहार धरे सिर गागर
का सोवै दिन रैन

दादू
सबै सयाने एक मत
पिव पिव लागी प्यास

मलूकदास
कन थोरे कांकर घने
रामदुवारे जो मरे

शांडिल्य
अथातो भक्ति जिज्ञासा (दो भागों में)

अन्य रहस्यदर्शी
भक्ति-सूत्र (नारद)
शिव-सूत्र (शिव)
भजगोविन्दम् मूढ़मते (आदिशंकराचार्य)
एक ओंकार सतनाम (नानक)
जगत तरैया भोर की (दयाबाई)
बिन घन परत फुहार (सहजोबाई)
पद घुंघरू बांध (मीरा)
नहीं सांझ नहीं भोर (चरणदास)
संतो, मगन भया मन मेरा (रज्जब)
कहै वाजिद पुकार (वाजिद)
मरौ हे जोगी मरौ (गोरख)
सहज-योग (सरहपा-तिलोपा)
बिरहिनी मंदिर दियना बार (यारी)
दरिया कहै सब्द निरबाना
(दरियादास बिहारवाले)
प्रेम-रंग-रस ओढ़ चदरिया (दूलन)
हंसा तो मोती चुगैं (लाल)
गुरु-परताप साध की संगति (भीखा)
मन ही पूजा मन ही धूप (रैदास)
झरत दसहुं दिस मोती (गुलाल)
जरथुस्त्र: नाचता-गाता मसीहा (जरथुस्त्र)

प्रश्नोत्तर
नहिं राम बिन ठांव
प्रेम-पंथ ऐसो कठिन
उत्सव आमार जाति, आनंद आमार गोत्र
मृत्योर्मा अमृतं गमय
प्रीतम छवि नैनन बसी
रहिमन धागा प्रेम का
उड़ियो पंख पसार
सुमिरन मेरा हरि करैं
पिय को खोजन मैं चली
साहेब मिल साहेब भये
जो बोलैं तो हरिकथा
बहुरि न ऐसा दांव
ज्यूं था त्यूं ठहराया
ज्यूं मछली बिन नीर
दीपक बारा नाम का
अनहद में बिसराम
लगन महूरत झूठ सब
सहज आसिकी नाहिं
पीवत रामरस लगी खुमारी
रामनाम जान्यो नहीं
सांच सांच सो सांच
आपुई गई हिराय
बहुतेरे हैं घाट
कोंपलें फिर फूट आईं
फिर पत्तों की पांजेब बजी
फिर अमरित की बूंद पड़ी
क्या सोवै तू बावरी
चल हंसा उस देस
कहा कहूं उस देस की
पंथ प्रेम को अटपटो

दरिया कहै सब्द निरबाना
(दरियादास बिहारवाले) हंसा तो मोती
चुगैं (लाल)
गुरु-परताप साध की संगति (भीखा)
मन ही पूजा मन ही धूप (रैदास)
झरत दसहुं दिस मोती (गुलाल)
जरथुस्त्रः नाचता-गाता मसीहा (जरथुस्त्र)

प्रश्नोत्तर

नहिं राम बिन ठांव
प्रेम-पंथ ऐसो कठिन
उत्सव आमार जाति, आनंद आमार गोत्र
मृत्योर्मा अमृतं गमय
प्रीतम छवि नैनन बसी
रहिमन धागा प्रेम का
उड़ियो पंख पसार
सुमिरन मेरा हरि करैं
पिय को खोजन मैं चली
साहेब मिल साहेब भये
जो बोलैं तो हरिकथा
बहुरि न ऐसा दांव
ज्यूं था त्यूं ठहराया
ज्यूं मछली बिन नीर
दीपक बारा नाम का
अनहद में बिसराम
लगन महूरत झूठ सब
सहज आसिकी नाहिं
पीवत रामरस लगी खुमारी
रामनाम जान्यो नहीं
सांच सांच सो सांच
आपुई गई हिराय
बहुतेरे हैं घाट
कोंपलें फिर फूट आईं
फिर पत्तों की पांजेब बजी
फिर अमरित की बूंद पड़ी
क्या सोवै तू बावरी
चल हंसा उस देस
कहा कहूं उस देस की
पंथ प्रेम को अटपटो
माटी कहै कुम्हार सूं
मैं धार्मिकता सिखाता हूं, धर्म नहीं

झेन, सूफी और उपनिषद की कहानियां

बिन बाती बिन तेल
सहज समाधि भली
दीया तले अंधेरा

तंत्र

संभोग से समाधि की ओर
तंत्र-सूत्र (पांच भागों में)

योग

पतंजलिः योग-सूत्र (पांच भागों में)
योगः नये आयाम

विचार-पत्र

क्रांति-बीज
पथ के प्रदीप

पत्र-संकलन

अंतर्वीणा
प्रेम की झील में अनुग्रह के फूल
पाथेय

बोध-कथा

मिट्टी के दीये

ध्यान, साधना

ध्यानयोगः प्रथम और अंतिम मुक्ति
नेति-नेति
चेति सकै तो चेति
हसिबा, खेलिबा, धरिबा ध्यानम्
समाधि कमल
साक्षी की साधना
धर्म साधना के सूत्र
मैं कौन हूं
समाधि के द्वार पर
अपने माहिं टटोल
ध्यान दर्शन
तृषा गई एक बूंद से
ध्यान के कमल

जीवन संगीत
जो घर बारे आपना
प्रेम दर्शन
साधना-शिविर
साधना-पथ
मैं मृत्यु सिखाता हूं
जिन खोजा तिन पाइयां
समाधि के सप्त द्वार (ब्लावट्स्की)
साधना-सूत्र (मेबिल कॉलिन्स)
ध्यान-सूत्र
जीवन ही है प्रभु
रोम-रोम रस पीजिए
राष्ट्रीय और सामाजिक समस्याएं
देख कबीरा रोया
स्वर्ण पाखी था जो कभी और
अब है भिखारी जगत का
शिक्षा में क्रांति
नये समाज की खोज
नये भारत की खोज
नये भारत का जन्म
नारी और क्रांति
शिक्षा और धर्म
भारत का भविष्य
विविध
अमृत-कण
मैं कहता आंखन देखी
एक एक कदम
जीवन क्रांति के सूत्र
जीवन रहस्य
करुणा और क्रांति
विज्ञान, धर्म और कला
शून्य के पार
प्रभु मंदिर के द्वार पर
तमसो मा ज्योतिर्गमय
प्रेम है द्वार प्रभु का
अंतर की खोज
अमृत की दिशा
अमृत वर्षा
अमृत द्वार
चित चकमक लागे नाहिं
एक नया द्वार
प्रेम गंगा
समुंद समाना बुंद में
सत्य की प्यास
शून्य समाधि
व्यस्त जीवन में ईश्वर की खोज
अज्ञात की ओर
धर्म और आनंद
जीवन-दर्शन
जीवन की खोज
क्या ईश्वर मर गया है
नये मनुष्य का धर्म
धर्म की यात्रा
स्वयं की सत्ता
सुख और शांति
अनंत की पुकार

ओशो के ऑडियो-वीडियो प्रवचन एवं साहित्य के संबंध में समस्त जानकारी हेतु संपर्क सूत्र :

साधना फाउंडेशन

17 कोरेगांव पार्क, पुणे 411001

फोन: 020-6136655 फैक्स: 020-6139955

E-mail: distrib@osho.net Website: www.osho.com

ओशो का आलौकिक साहित्य

ओशो साहित्य डीलक्स संस्करण

- ☐ जस पनिहार धरे सिर गागर (धनी धरमदास की वाणी) 150.00
- ☐ का सोवे दिन रैन (धनी धरमदास की वाणी) 150.00
- ☐ नाम सुमिर मन बावरे (जगजीवन साहब की वाणी) ... 100.00
- ☐ अरी, मैं तो नाम के रंग छकी (जगजीवन साहब की वाणी) 150.00
- ☐ ज्योति से ज्योति जले (संत सुंदरदास की वाणी) .. 150.00
- ☐ समाधि के नृत्य गीत (संत सुंदरदास की वाणी) ... 120.00
- ☐ दुख के पार 75.00
- ☐ मौलिक क्रान्ति 100.00
- ☐ जीवन अमृत 100.00
- ☐ मौन संगीत 60.00
- ☐ आत्मपूजा उपनिषद्-भाग-I 150.00
- ☐ आत्मपूजा उपनिषद्-भाग-II 150.00
- ☐ प्रेम-रंग, रस ओढ़ चदरिया 150.00
- ☐ सन्तो मगन भया मन मेरा (संत रज्जब की वाणी) 150.00
- ☐ समाधि की सुराही (संत रज्जब की वाणी) 150.00
- ☐ गुरु परताप साध की संगति (भीखा वाणी) 150.00
- ☐ झरत दसहुं दिस मोती (संत गुलाल की वाणी) 150.00
- ☐ मन मधुकर खेलत वसंत (संत गुलाल की वाणी) 150.00
- ☐ अजहूं चेत गंवार (संत पलटूदास की वाणी) 150.00
- ☐ अवसर बीता जाए 120.00
- ☐ सद्गुरु समर्पण (Take it easy) 100.00
- ☐ संभोग से समाधि की ओर-I 40.00
- ☐ संभोग से समाधि की ओर-II 40.00
- ☐ संभोग से समाधि की ओर-III 40.00
- ☐ संभोग से समाधि की ओर-IV 40.00
- ☐ मिट्टी के दीये (बोध कथा) 40.00

जिन खोजा तिन पाइयां

- ☐ कुंडलिनी यात्रा 40.00
- ☐ कुंडलिनी और तंत्र 40.00
- ☐ कुंडलिनी जागरण और शक्तिपात 40.00
- ☐ कुंडलिनी और सात शरीर 40.00
- ☐ गीता : विज्ञान, कला, अध्यात्म 40.00
- ☐ गीता : समस्त योगों का सार 40.00
- ☐ गीता : मनोविज्ञान का परम शास्त्र 40.00
- ☐ गीता : कृष्ण योग विज्ञान 40.00
- ☐ सम्बोधि के क्षण 40.00
- ☐ राम खुमारी 40.00
- ☐ अभिनव धर्म 40.00
- ☐ करुणा और क्रान्ति 40.00
- ☐ मुक्ति बोध 40.00
- ☐ साधना सूत्र : आत्मा का कमल 40.00
- ☐ साधना सूत्र : हेरत हेरत हे सखी 40.00
- ☐ साधना सूत्र : हृदय संगीत 40.00
- ☐ अमृत की दिशा 40.00
- ☐ सम्भावनाओं की आहट 40.00
- ☐ शून्य का दर्शन 40.00
- ☐ प्रार्थना के बीज 40.00
- ☐ नये समाज की खोज 40.00
- ☐ मैं धार्मिकता सिखाता हूं, धर्म नहीं (प्रश्नोत्तर) 40.00
- ☐ योग सूत्र : एक वैज्ञानिक दृष्टि 40.00
- ☐ योग सूत्र : आन्तरिक अनुशासन 40.00
- ☐ योग सूत्र : सतगुरु को समर्पण 40.00
- ☐ योग सूत्र : प्रज्ञा और समाधि 40.00
- ☐ योग सूत्र : नींद, स्वप्न और बोध 40.00
- ☐ योग सूत्र : अहंकार और समर्पण 40.00
- ☐ योग सूत्र : बुद्धों का मनोविज्ञान 40.00
- ☐ योग सूत्र : समाधि के दो रूप 40.00
- ☐ शून्य समाधि 40.00
- ☐ सहेजे रहिबा 40.00
- ☐ एक एक कदम 40.00
- ☐ शिक्षा और विद्रोह 40.00
- ☐ शिक्षा में क्रांति 40.00
- ☐ शिक्षा और जागरण 40.00
- ☐ शिक्षा : नये प्रयोग 40.00
- ☐ ध्यान : एक शून्य गगन 40.00
- ☐ भीतर का दीया 40.00
- ☐ उपनिषद शून्य संवाद 40.00

ओशो साहिन्य में 250 पुस्तके प्रकाशित। सूची पत्र के लिए पत्र लिखें

पुस्तकें V.P.P. से मंगवायें। डाक व्यय प्रति पुस्तक 20/- तीन पुस्तकें एक साथ मंगवाने पर डाक व्यय फ्री।

डायमंड बुक्स

X-30, ओखला इंडस्ट्रियल एरिया, फेज-II नई दिल्ली-110020, फोन : 011-51611861-865,
फैक्स : 011-51611866, 26386124, ई-मेल : mverma@diamondpublication.com, वेबसाइट : www.diamondpocketbooks.com

www.ingramcontent.com/pod-product-compliance
Lightning Source LLC
LaVergne TN
LVHW040413051026
849517LV00002B/303
* 9 7 9 8 1 7 1 8 2 3 4 5 0 *